Nostradamus

Band 1

Erfüllte Prophezeiungen

Von der Mitte des sechzehnten Jahrhunderts
bis in die Gegenwart

mit der Wiedergabe des Urtextes,
einer Übersetzung ins Deutsche
sowie Kommentaren und einem Glossar

von
Christoph B. Carius

Endymion Verlag 2000

Alle Rechte bei Endymion Verlag

83038 Bad Aibling
Postfach 1453

Zweite überarbeitete Auflage, August 2000

ISBN 3-00-006650-0

Vom selben Autor bereits erschienen

Band 2

Vom Schicksal der christlichen Religion
Prophezeiungen für die letzte Zeit der alten Erde

ISBN 3-00-005284-4

Herstellung:

Libri Books on Demand
Gutenbergring 53
22858 Norderstedt
internet: www.bod.de

Inhaltsübersicht

Hinweise zum Gebrauch des Buchs:

1) Im Glossar S. 192ff. werden einige häufig auftretende Begriffe erklärt, die N. in besonderer Bedeutung verwendet.

2) Der kleingedruckte Anmerkungsapparat jeweils im Anschluß an die Übersetzung berücksichtigt möglichst vollständig alle Abweichungen vom modernen Französisch und kann helfen, die Übersetzung des schwierigen Textes nachvollziehbar zu machen.

3) Die Anordnung der Verse geht auf die Beobachtung zurück, daß öfters Verse in einen Zusammenhang gehören, die einhundert oder fünfzig >Hausnummern< oder ein ganzzahliges Vielfaches dieser Beträge voneinander entfernt sind. Demnach scheinen die Zahlen 100 und 50 Bestandteil des Schlüssels zu sein, der es vielleicht irgendwann ermöglichen wird, die ursprüngliche Reihenfolge der Verse wiederherzustellen. Wenn es ihn gibt, wird dieser Schlüssel eines Tages gefunden werden, ohne gesucht worden zu sein, als Nebenprodukt der Deutungsarbeit. Um es dem Forschenden zu erleichtern, die genannte Beobachtung auszuwerten, wurden die Verse entsprechend zusammengestellt und mit Hinweisen (--->) versehen.

4) Wer keinen Ehrgeiz zum Forschen hat, kann die Reihenfolge der Verse ignorieren und sich z.B. am Register orientieren. Die Querverweise in den Anmerkungen und Kommentaren können dazu dienen, daß jeder Leser, seinem Interesse folgend, einen eigenen Weg durch das Labyrinth geht.

Register

Maria II./Wilhelm III. von England	2/67, 2/68, **10/22**, 3/80, 4/89, 4/96
Ludwig XIV.	2/64, 3/15, 3/80, 10/45
Türkenkriege um 1700	**8/59**, 10/62, **1/49**
Spanischer Erbfolgekrieg	4/2, 6/2
Georg I. von Großbritannien	2/87
Ludwig XV.	3/15, 5/38
Ludwig XVI.	2/2, 1/57, 10/16, **9/20**, 9/23, 8/87, 6/89, 6/92, 2/98, **4/49**, 3/50
Marie-Antoinette	10/17, 9/77
Robespierre	10/57, 9/77, 6/92
Französische Revolution	2/2, 1/3, 1/57, 10/57, **2/8**, 6/8, **2/10**, 1/61, 2/12, 1/13, 4/63, **7/14**, 5/20, 9/21, 9/23, 9/74, 5/77, 9/77, 8/87, 5/33, 6/89, 5/40, 10/40, 1/42, 6/92, 1/44, 2/44, 6/46, 2/98, 2/99, **4/49**, 3/50, VH (35), (36)
England 1789-1815	4/54, 4/70, 1/77, 5/33, 5/40, 10/40, 2/94, 10/48
Italien 1789-1815	4/1, 4/54, 8/57, 5/20, 10/24, 1/75, 2/26, 6/46, 2/99
Napoléon	4/1, 4/54, 6/57, 8/57, 1/60, 2/12, 7/13, 2/66, 4/70, 5/20, 2/23, 3/23, 10/23, 9/74, 10/24, 1/75, 1/76, 2/26, 4/26, 10/76, 1/77, 5/77, 10/34, 3/35, 1/88, 10/90, 2/44, 2/94, 10/46, 1/98, 10/48, 2/99, 9/99
Kaiser Franz II.	6/87, 6/46, 10/46
Papst Pius VI.	1/75, 6/46, 2/99
Papst Pius VII.	1/88
Ludwig XVIII.	10/76, 3/73, 10/23, 6/32, 10/90, 3/96
Karl X.	**8/43**
Louis-Philippe	4/64, 2/69, 3/73, 9/89, 5/92, 8/42, **8/43**
Entdeckung Neptuns	**4/33**
Papst Pius IX.	**8/53**, 3/63, 6/13, 10/64, **1/15**, **6/22**
Italien 1815 bis 1870	5/3, **8/53**, 1/6, 8/8, 6/13, 10/64, 7/20, **4/73**, 5/30, 6/87, 5/39, VH (36)

Napoléon III.	6/52, **6/22**, **4/73**, 6/23, 2/92, 5/92, 8/43
Deutsch-franz. Krieg 1870/71	10/51, 6/52, 3/63, **1/15**, **6/22**, **6/23**, 5/30, 5/81, 6/87, **2/92**
1. Weltkrieg	1/64, **6/22**, 5/26, 8/31, 1/40, 6/43, **3/95**
Sowjetunion/Kommunismus	VH (19), 5/26, **3/95**, **4/50**
Osmanisches Reich	**8/59** (Bd.2), 10/62, 3/77, 4/39, 1/40, 5/90, **3/95**, **3/97**, **1/49**
Viktor Emanuel III. von Italien	**8/66**, 6/31, 8/31
Papst Pius XI.	**5/56**, **5/21**
Zeit nach 1./ vor 2. Weltkrieg	**8/66**, 9/78, **5/4**, **5/29**, 8/31, 1/34, 10/38, 1/40, **2/90**, 9/90, **3/97**
Spanischer Bürgerkrieg	9/16, 9/78, **2/39**, 6/45
Mussolini	1/12, **8/66**, 6/31, 8/31
Hitler	9/53, **2/55**, **1/8**, **3/58**, 1/9, 1/12, 4/65, 6/65, 8/65, 6/67, **9/17**, 2/24, 9/76, **5/29**, **2/82**, **3/33**, 1/34, 6/84, 2/36, 10/38, 9/90, 5/94, 9/94
Goebbels	6/84
Stalin	**2/55**, 5/26, **1/31**, 2/38, 10/38, 5/94
Churchill	**5/4**, **1/31**, 5/99
Pétain	4/59, 8/65, 1/78, 8/81, 3/47
2. Weltkrieg	**1/51**, 3/1, **5/4**, **2/55**, **3/57**, **1/8**, **3/58**, 1/9, 4/59, 4/65, 6/65, 8/65, **8/66**, 6/67, **5/21**, 2/24, 2/25, 5/26, 9/76, 1/78, 2/80, 4/80, **1/31**, 5/81, 8/81, **2/82**, **3/33**, 2/38, **2/39**, 9/90, 6/43, **1/93**, 5/94, 9/94, 5/99
Holokaust/Israel	9/53, **9/17**, 2/24, **8/96**, **3/97**
Papst Pius XII.	**5/56**, 6/31
Zeit nach 2. Weltkrieg	**1/31**, 10/32, 2/38, 2/89, 6/45, **8/96**, 8/97
Papst Johannes Paul II.	**2/28**
Persien 1978/79	**1/70**, **8/70**
Golfkrieg 1991	**1/55**

01/01 Estant assis de nuit secret estude,/ Seul repousé sur
la selle d' aerain,/ Flambe exigue sortant de solitude,/
Fait proferer (!) qui n' est à croire vain. (1555)
**Sitzend des nachts (bei) verborgenem Studium,/
allein, in Ruhe versetzt auf dem ehernen Stuhl./
(Eine) schwache Flamme, heraustretend aus der Abgeschiedenheit,/
läßt zum Vorschein kommen, was nicht vergeblich geglaubt werden soll.**

2) Das provencalische v.t. repoousa ist französisch reposer. Das
Verbum repouser ist somit ein provencalisch abgewandeltes
v. reposer in Ruhe versetzen, ausruhen lassen, entspannen.
Man kann auch denken an repousser zurückweisen, verwerfen;
doch als verwerflich empfand N. seine Studien nicht; er wird sie
nachts betrieben haben, um ungestört zu sein.

Hier wie in 1/2 schildert der Seher die Szenerie seiner nächtlichen
Visionen und der sich daran anschließenden Studien.   Er läßt erkennen,
daß ihm niemand assistiert hat und daß er allein war, um ungestört zu
sein.   Deutlich wird, daß er einen eigenen Zugang zu prophetischem
Wissen beansprucht und nicht das Geheimwissen irgendeiner Bruder-
schaft oder eines Ordens bearbeitet und weitergibt.   Daß er von Gott
inspiriert sei und seine Visionen daher "nicht vergeblich geglaubt werden
sollen", behauptet die letzte Vz.   Das schließt die Behauptung ein, daß
die Centurien 1) nicht aus Geltungs- oder Gewinnsucht >erstunken und
erlogen<, also ein bloßes "Machwerk" seien, **3/94** (Bd.2), und 2) nicht als
Niederschlag einer pathologischen Verirrung zu werten seien.   Seine
Intoleranz gegenüber Abweichlern von der katholischen Orthodoxie, **5/72**,
hält sich im Rahmen des Zeitüblichen, und was darüber hinausgehen
mag, läßt sich als Folge seiner Gefährdung durch Denunzianten verstehen.   Ein Kennzeichen der seltenen Fälle echter Besessenheit ist die
Ablehnung alles Religiösen oder das Bewußtsein, daß nur dort Heilung zu
finden ist;   N. lehnte die Religion nicht ab noch hatte er das Bedürfnis,
von seinen Visionen geheilt zu werden, suchte diese vielmehr erkennbar
auf.   Es liegt bei ihm, soweit heute noch auszumachen, kein psychopatho-
logisches Bild vor. -   Er konnte durch Herstellung der äußeren
Bedingungen und durch Hilfsmittel wie den "ehernen Stuhl" und die
anderen im Anschlußvers genannten Gegenstände die "schwache
Flamme", die er als "göttliches Leuchten", als Ausfluß des Heiligen
Geistes deutete, 1/2, gewissermaßen zu sich bitten.   Er konnte die Wahrnehmungen in seiner Trance, die auf das Wesen ihres Gegenstandes
gingen, aber auch optische und akustische Eindrücke umfaßten, 1/64, in
das Alltagsbewußtsein mit hinübernehmen und, verglichen mit anderen
Paragnosten, außerordentlich gut koordinieren.   Doch die Frage, ob die
Verse den Inhalt echter Intuitionen wiedergeben oder erfunden sind, kann
letztlich nicht von einem Punkt außerhalb des Werkes entschieden
werden, setzt vielmehr dessen Kenntnis voraus.

01/51 Chef (!) d' Aries, Iuppiter & Saturne,/ Dieu eternel quelles
mutations !/ Puis par lôg siecle son maling têps retourne,/
Gaule & Itale quelles esmotions ! (1555)
[Zweiter Weltkrieg] (Kommentar S. 12)
Haupt des Widders, Jupiter und Saturn - /
Ewiger Gott, welche Umwälzungen !/
Dann kehrt für lange Zeit seine böse Zeit zurück./
Frankreich und Italien, welche Erschütterungen !

> 1) Man beachte den Singular "Chef" der Urfassung. Das Wort
> chef konnte auch bedeuten Kopf, Haupt (des Menschen), den
> Monatsersten, > lat. n.n. caput .
> 3) N.f. siècle 1. Jahrhundert 2. lange Zeit 3. Zeitalter.
> 4) N.f. émotion Aufregung, Bestürzung.   Alte Bedeutungen:
> Aufruhr, Krawall (émeute), körperliches Unwohlsein (malaise
> physique) > lat. v. emovere hinausschaffen, in Bewegung
> setzen, erschüttern.
> ---> 3/1 (2.WK)

02/51 Le sang du iuste à Londres fera faute/ Bruslés par fouldres
de vint trois les six./ La dame antique cherra de place haute:/
De mesme secte (!) plusieurs seront occis. (1555)
[Karl I. von England/ London 1666]
Das Blut des Gerechten wird in London fehlen,/
verbrannt durch zahlreiche Blitze, die drei Sechsen./
Die antike Dame wird stürzen von hohem Ort./
Vom selben Bekenntnis werden mehrere erschlagen werden.

> 1) Idiom faire faute fehlen, vermißt werden.
> 2) Zahlwort vingt 1. zwanzig 2. zahlreich

Die Wendung faire faute bedeutet fehlen, vermißt werden, abwesend
sein, ausbleiben, von Menschen gesagt: nicht an dem Ort sein, wo man
erwartet wird oder sein sollte.   Mit dem "Gerechten" ist der englische
König gemeint, dessen Thron die Spitze der gerechten i.S.v. gottgefälli-
gen Ordnung der Monarchie bildet.   Das Fehlen des Blutes oder Geblüts
ist die Vakanz dieses Throns, welche der Seher für die nahe Zukunft
erschaute, 8/76, und die 1649 eintrat, als der Puritaner Cromwell seine
Diktatur errichtete und König Karl I. hingerichtet wurde.   Als es mit dieser
Diktatur schon einige Jahre wieder vorbei war, brach 1665 in London eine
schwere Pestepidemie aus, 9/11, und 1666 brannte die Stadt ab, was "die
drei Sechsen" hier andeuten.   N. glaubt an einen
Zusammenhang zwischen Königsmord und Brand: Die Stadt habe mit
dem Sturz und der Hinrichtung des Monarchen eine Schuld auf sich
geladen, die sich rächen werde, 2/53.   Die >Rache des Himmels< wird
bildlich als Unwetter dargestellt, das durch Blitze den Brand von 1666
verursacht. -   Die "griechische Dame" ist in 9/78 die im antiken Griechenland geborene Idee eines Gemeinwesens ohne Monarchen,
die Idee der Herrschaft des Volkes.   Cromwell, ein religiöser Eiferer, hatte
die alten Gewalten und das Königtum gestürzt, eine bürgerliche Ordnung
mit Vormachtstellung des Militärs errichtet, welcher er als >Lord
Protektor< vorstand.   Nach seinem Tod 1658 zerbrach diese Ordnung
wieder, die >antike Dame< stürzte, Karl II. wurde König. -   Mit
"demselben Bekenntnis", "derselben Gruppe" (secte) sind hier die unter

Cromwell führenden Puritaner gemeint. Zur Rechenschaft wurden unter Karl II. nur jene von ihnen gezogen, die man für die Verurteilung seines Vorgängers zum Tod verantwortlich machen konnte.

03/01　**Apres (!) combat & bataille nauale,/ Le grand Neptune à son plus hault beffroy,/ Rouge auersaire de fraieur (!) viendra pasle,/ Metant le grand ocean en effroy. (1555)**
[Zweiter Weltkrieg/ USA/ Japan]
Nach Gefecht und Schlacht auf See/
(wird) der große Neptun in seinem höchsten Alarm (sein)./
Roter Feind wird vor Furcht bleich werden/
wenn er den großen Ozean in Schrecken versetzt.
　　2) N.m. beffroi Turmwarte, Sturmglocke, sonner le - Sturm läuten.

Der "große Ozean" ist das Weltmeer. Die bedeutendste Seemacht war lange Großbritannien, 10/100, das im zwanzigsten Jahrhundert hierin durch die USA abgelöst wurde. Somit dürfte mit dem "großen Neptun" eine dieser beiden Mächte gemeint sein. "Rot" nennt N. alles, was sich gegen eine legitime Ordnung auflehnt und dadurch Blutvergießen herauf-beschwört, 1/3. -　　　　　　Die bedeutendste Seeschlacht während der Koalitionskriege war die Schlacht von Trafalgar im Oktober 1805, die Großbritannien gewann. Im Jahr 1806 verkündete daraufhin Napoléon, der die europäische Ordnung durcheinanderbrachte (roter Feind) die Kontinentalsperre gegen das Inselreich (großer Ozean in Schrecken). Höchst alarmiert war England nach Trafalgar aber nicht, zumal sich die Blockade dann als "erfolgloser Terror" erwies, 2/94. -　　　　　　Nach dem Überfall auf die Basis Pearl Harbor im Dezember 1941 traten die USA in den Krieg ein, der dadurch zum Weltkrieg wurde. Das Land war "in höchstem Alarmzustand", es wurde mobilgemacht, die Wirtschaft auf den Krieg umgestellt. Im Juni 1942 war die Schlacht bei den Midway-Inseln. Japan, das den Kriegseintritt mit seinem Überfall ausgelöst hatte, eroberte danach große Teile des Pazifik, war wegen seines expansiven Imperialismus der "rote Feind", der "den großen Ozean in Schrecken" versetzte. -　　　　　Die USA traten den japanischen Streitkräften im Pazifik und den deutschen im Atlantik entgegen. Der "rote Feind" lernte die Übermacht der amerikanischen Kriegsmaschinerie kennen und fürchten, Japan insbesondere die Atombombe. "Vor Furcht bleich", kapitulierte das Land. -　　　　　Gegen diese Deutung könnte man einwenden, daß hier der räumliche Geltungsbereich der Centurien überschritten wird, den N. selbst in VH (4) angibt als den Ausdehnungs-bereich der antiken europäischen Zivilisation mit Kleinasien und Nord-afrika. Daran ändert sich durch Vers 3/1 nichts, aber wir lernen hier, daß diese Angabe nicht exklusiv zu verstehen ist, sondern in einzelnen Fällen auch überschritten werden kann. Andere Beispiele: 2/99 (Rußland), 2/89 (USA/Sowjetunion). (Eine Parallele gibt es beim zeitlichen Geltungs-bereich, der **3/94** (Bd.2) zufolge im wesentlichen bis 2055 reicht, einer Stelle in der Vorrede an Caesar N. zufolge aber noch weiter geht.)
　　---> 1/51 (2.WK)

03/51 **PARIS côiure un grand meurtre commettre,/ Bloys le fera sortir
en plain effet:/ Ceux d' Orleans voudrôt leur chef remetre,/
Angiers, Troye, lâgres leur ferôt grâd forfait (!). (1555)
[Heinrich III.]
Paris verschwört sich, eine große Mordtat zu begehen,/
Blois wird sie hervorkommen lassen in der Wirkung./
Die von Orleans werden ihr Oberhaupt wiedereinsetzen wollen./
Angiers, Troyes, Langres werden ihnen eine große Schandtat antun.**

Im Jahr 1587 bildete sich in Paris unter dem Eindruck von Gerüchten
über eine Invasion deutscher Protestanten eine katholische >Liga der
Sechzehn<, angeführt von den lothringischen Guisen. Die Autorität des
Königs Heinrich III., der zwischen den Fronten der Eiferer stand, nahm
immer mehr ab. Als er in Blois sein Königtum ausgehöhlt und sich zu
Unternehmungen gegen die Hugenotten genötigt sah, die er nicht
billigte, ließ er den Führer der Liga Heinrich von Guise ermorden, 3/55.
Daraufhin sagten sich die Hauptstadt und viele andere Städte vom
König los. Im Jahr darauf wurde er selbst von einem fanatisierten
Mönch nahe Paris ermordet. Nach dem Mord an Guise in Blois radikali-
sierte sich die schon vorher gegen den König gerichtete Stimmung in
Paris so, daß der Königsmord möglich wurde. Das dürfte in Vz 2
gemeint sein. - Der Herzog von Mayenne wurde anschließend
Führer der katholischen Partei, und den Kardinal von Lothringen stellte
man gegen Heinrich von Navarra zum König auf, Vz 3. Die katholische
Partei, zu der er hielt, sieht N. in der Tradition des französischen
Freiheitskampfes und nennt sie daher "die von Orléans". - Als
das Kriegsglück den Hugenotten Heinrich von Navarra begünstigte und
der 1593 zum Katholizismus übertrat, waren auch die vorher zur
Gegenseite haltenden Städte bereit, ihm zu huldigen, eine "Schandtat"
für den Seher als strammen Katholiken.

04/01 **Cela du reste de sang non espandu:/ Venise quiert
secours estre donné:/ Apres auoir bien long temps
attendu./ Cité liurée au premier corn sonné. (1555)
[Venedig 1797/ Napoleon Bonaparte]
Jener Rest von Blut wird nicht vergossen werden./
Venedig begehrt Hilfe, sie wird gewährt./
Nachdem es recht lange Zeit erwartet worden war,/
wird die Stadt preisgegeben, wenn das erste Horn erschallt.**

> 2) Altfr. v. quere, querre, querir 1° suchen (chercher), holen
> (aller chercher), nachforschen (rechercher) 2° ersehnen
> (désirer), begehren (vouloir) 3° beabsichtigen (avoir l' intention)
> 4° fordern (demander), ersuchen, bitten (prier), anrufen
> (invoquer), beanspruchen (réclamer), > lat. quaerere.

Nach dem Krieg um die spanische Erbfolge verlor Venedig einen großen
Teil seiner Besitzungen. Seit dieser Zeit ohne starke militärische Verteidigung, war das Zentrum der ältesten Republik Europas doch nie kriegerisch bedrängt worden, bis der französische General Buonaparte ihr auf
seinem Italienfeldzug am 2.5.1797 den Krieg erklärte, der am 16.5. mit der
Kapitulation der Stadt endete. Dem ersten, der zum Angriff auf sie blasen
lassen wird, wird die Stadt gehören, gibt der Vers in der letzten Zeile zu
erkennen. In diesem Krieg wurde kein Blut vergossen, man ergab sich

nach diplomatischen Geplänkeln. Der letzte Doge dankte ab, die Stadt gab ihre Souveränität auf, wurde in den folgenden sieben Jahrzehnten von Österreich und Frankreich hin- und hergeschoben, dann Bestandteil des geeinten Italiens. - Seit langem hatte man die Venezianer als Pfeffersäcke eingeschätzt, denen es zu gut gehe, um noch Krieg führen zu können. Somit sei dieses Ende absehbar gewesen, Vz 3. - Die Verhandlungsposition der Stadt war schwach, im Vorfeld der Besatzung hatte man in dem Bestreben, dem vermuteten Idealismus des Revolutionsgenerals entgegenzukommen, sogar die oligarchische Verfassung der Republik geändert. Der Seher erkennt darin voller Ironie ein Ersuchen um Hilfe: >Hilf uns beim Sterben, französischer General, laß es ohne Blutvergießen geschehen!< Und diese "Hilfe wurde gewährt", indem von der politischen Führungsschicht niemand persönlich zu Schaden kam. Der >Rest von Blut<, des Lebens aus eigener Kraft und eigenem Recht, wich auch so aus dem altersschwachen Körper der Stadt.

10/51 **Des lieux plus bas du pays de Lorraine,/ Seront des basses**
Allemaignes unis,/ Par ceux du siege Picards, Normans, du Maisne/
Et aux cantons se seront reunis. (1568)
[Deutsch-französischer Krieg 1870/71]
Einige tiefergelegene Regionen des lothringischen Landes/
werden mit deutschen Tieflanden vereint werden/
durch jene, die Pikardie, Normandie und Maine belagern./
Und aus den Bezirken werden sie sich wiedervereint haben.
   3) Wörtlich: "... durch jene von der Belagerung (der) Pikarden,
   (der) Normannen und des Maine".
Die Kämpfe im deutsch-französischen Krieg von 1870/71 waren auf den Norden und Osten Frankreichs beschränkt. Neben Elsaß und Lothringen waren es Pikardie, Normandie und Maine, die von den Deutschen belagert wurden, bevor man die Hauptstadt selbst angreifen konnte. - Die "deutschen Tieflande", nämlich das federführende Preußen, besiegte damals mit seinen süddeutschen Verbündeten das imperiale Frankreich. Beim Frankfurter Frieden vom Mai 1871 wurden das Elsaß und erhebliche Teile Lothringens dem neuen deutschen Kaiserreich zugeschlagen. Man "jagte" Frankreich "über den Rhein hinweg", 6/87. Darin erkannte N. den Grund neuer Kriege, **6/22.** - Auch auf der deutschen Seite vollzog sich unter dem Eindruck des Sieges ein bedeutsamer Wandel. In Versailles wurde das (zweite) deutsche Kaiserreich ausgerufen, dem sich die süddeutschen Länder anschlossen. Die deutsche Kleinstaaterei, der das einende Band des Kaisertums 1806 abhanden gekommen war, 6/46, fand ein Ende. "Aus den Bezirken werden sie" - die Belagerer Frankreichs - "sich wiedervereint haben".

Chef (!) d' Aries, Iuppiter & Saturne,
Dieu eternel quelles mutations !
Puis par log siecle son maling teps retourne,
Gaule & Itale quelles esmotions !

(Urfassung bei Macé Bonhomme, Lyon 1555)

Übersetzung der Urfassung:

Haupt des Widders, Jupiter und Saturn,
Ewiger Gott, welche Umwälzungen !
Dann kehrt für lange Zeit sein Elend zurück.
Frankreich und Italien, welche Erschütterungen !

Kommentar und Zusammenfassung der Detailanalyse (S.184ff.):
N. spielt hier mit den möglichen Bedeutungen von "Chef d' Aries". Nach astrologischer Anschauung >regiert< der Planet Mars das Tierkreiszeichen Widder, ist insofern dessen "Chef". Mars hieß aber auch der römische Kriegsgott. Das Wort chef konnte Spitze oder Anfang bedeuten, hier wären das die ersten Grade Widder der Ekliptik. Und schließlich ist chef, das lat. caput, auch das Haupt oder der Kopf - des **Sternbildes** Widder.

Die dritte Vz spricht von "seiner" bösen Zeit, der des Krieges nämlich - große Kunststücke erfordert die Deutung hier nicht. Anders in der ersten Verszeile, um deren Deutung zwei Alternativen - die ersten Grade Widder der Ekliptik und der Kopf des Sternbildes Widder - konkurrieren. Es kommen nur Konjunktionen der beiden großen Planeten in Betracht, 1) weil Gestirnstände anderer Art näher gekennzeichnet sein müßten (wie in **4/33**) und 2) weil es einleuchtet, daß zwei in der Vision nebeneinander erscheinende Planeten auch in der sprachlichen Wiedergabe nebeneinander genannt werden.

Innerhalb des hauptsächlichen Vorhersagezeitraums, zwischen 1555 und 2055, **3/94** (Bd.2), war es nur das Jahr 1702, in dem die beiden großen Planeten sich auf den ersten Graden Widder trafen. 1701 bis 1713 war der Krieg um die spanische Erbfolge, doch dessen Schlachtfelder lagen alle außerhalb Frankreichs.

Der Kopf des Widders wird in den alten Darstellungen durch den Stern Alpha Arietis markiert. Dort treffen sich Jupiter und Saturn nur alle 800 bis 900 Jahre, eine Angabe, die das langsame Vorrücken der ekliptiknahen Sternbilder (Präzession) einbezieht. Das genaueste dieser Treffen der beiden großen Planeten beim Widderkopf innerhalb des Zeitrahmens fand 1940/41 statt, als Alpha Arietis bei einer ekliptikalen Länge von rund 37° entsprechend 7° Stier anzutreffen war (Werner/Schmeidler 1986). Die Ankündigung von Krieg, "Umwälzungen" und "Erschütterungen" in Frankreich und Italien ist damals in Erfüllung gegangen.

Die Jupiter-Saturn-Konjunktion beim Widderkopf war zwischen April 1940 und Januar 1941 dreimal exakt. Wenn es heißt, daß dann für "lange Zeit" (siecle) die "mißlichen Umstände" des Krieges zurückkehren würden, ist daraus entnehmbar, daß Umwälzungen und Erschütterungen sowie der dann zu erwartende Krieg wohl nicht ein Jahrhundert, aber doch längere Zeit beanspruchen würden, als die genannte Planetenbegegnung am Himmel zu beobachten sein würde.

So erweist sich der Vers als Stenogramm einer Vision von Jupiter und Saturn beim Widderkopf. Daraus folgt, daß Konstellationsangaben mit den Tierkreisnamen auch die Sternbilder statt der Ekliptikabschnitte meinen können.

01/02 La verge en maî mise au milieu de BRANCHES/ De l' onde il
moulle & le limbe & le pied./ Vn peur & voix fremissent par
les manches,/ Splendeur divine. Le diuin prés s' assied. (1555)
Die Rute in Händen, mitten in die Zweige des Branchos versetzt,/
von Fluten trieft er, auch der Saum und der Fuß./
Eine Furcht und Stimme rauschen durch die Ärmel,/
göttlicher Glanz, das Göttliche läßt sich nieder ganz nah.
  1) N.f. branche Ast, Zweig.
  3) V. fremir brausen, rauschen, schwirren.
Vers 1/1 fortsetzend, macht N. Angaben über Hilfsmittel, die ihm dienten,
und versucht, den Vorgang der Inspiration zu schildern. Branchos von
Milet war ein von Apollon begabter Seher. Aber das griechische Wort
brangchos Heiserkeit deutet auch auf Probleme beim Artikulieren.

02/02 La teste blue fera la teste blanche/ Autant de mal que France
a fait leur bien./ Mort a l' anthêne grand pêdu sus la branche,/
Quand prins des siês le roy dira combien. (1555)
[Französische Revolution/ Ludwig XVI.]
Der blaue Kopf wird dem weißen Kopf/
ebenso viel Übles antun, wie Frankreich ihnen Gutes getan hat./
Tod für die Blume, der Große aufgehängt oben am Ast./
Wenn gefangen von den Seinen, wird der König sagen, wieviele...
  3) anthene ist gebildet in Anlehnung an das griech. anthos
  Blume, Blüte, anthinos blumig.   Altfr. sus 1° über (sur)
  2° oberhalb von (en haut de) 5° obendrauf (dessus).
teste bedeutet hier den Kopf einer Partei, die Führung eines politischen
Lagers. Weiß war in Frankreich die Farbe des Königs und im Frankreich
der Revolution die Farbe der Königstreuen, ihrer Fahne wie ihres
Waffenrocks. Blau war die Farbe des Waffenrocks der Armee, die dem
revolutionären Paris unterstellt war. Frankreich hat den Revolutionären
das Leben geschenkt, doch sie entzweien das Land so sehr, daß sich
Landsleute gegenseitig abschlachten, Vz 2. -   "Die Blume",
nämlich die Lilie der französischen Könige, steht hier für Ludwig XVI., der
im Januar 1793 auf der Guillotine hingerichtet wurde. Mancher Kopf
eines Guillotinierten wurde vom Henker mit einer Pike aufgespießt dem
gaffenden Volk präsentiert. -   In der letzten Vz dürfte
Robespierre gemeint sein, der wie in 9/77 als König angeredet wird. Am
Ende seiner Schreckensherrschaft bezichtigte man ihn der Tyrannei und
verdächtigte ihn, eine Diktatur errichten zu wollen. In den Sitzungen des
Konvents sprach er von Verschwörungen und nannte nur gelegentlich die
Namen von Verdächtigen, wußte so Furcht zu verbreiten. Ende Juli 1794
wurde er in einer dramatischen Sitzung zusammen mit einigen Getreuen
verhaftet. Er mußte erkennen, daß er die meisten seiner Anhänger in der
Nationalversammlung und in den Sektionen der Stadt verloren hatte.

**04/02 Par mort la France prendra voyage à faire/ Classe par mer, marcher
monts Pyrenées,/ Hespagne en trouble, marcher gêt militaire:/
Des plus grand dames en Frâce emmenées.** (1555)
[Spanischer Erbfolgekrieg]
**Wegen (eines) Todes wird Frankreich eine Fahrt unternehmen,/
Flotte über 's Meer, sie marschieren (über) die Pyrenäen./
Spanien in Unordnung, es marschieren die Söldner./
Einige der größten Damen werden nach Frankreich geführt werden.**
2) Lat. n.f. classis 1. Abteilung 2. Heerschar 3. Flotte.

Der letzte spanische Habsburger Karl II., der im November 1700 kinderlos
starb, hatte Philipp von Anjou, einen Enkel Ludwigs XIV., in seinem
Testament zum Erben eingesetzt. Dessen Vater und Großvater hatten
spanische Infantinnen geheiratet, wobei die Ansprüche ihrer Kinder auf
den spanischen Thron vertraglich ausgeschlossen worden waren. Auf
Betreiben des >Sonnenkönigs< wurden diese Verzichtleistungen nun für
ungültig erklärt. Mit einer dynastischen Verbindung Frankreichs und Spaniens drohte die Balance der europäischen Mächte gestört zu werden.
Daran entzündete sich im Frühjahr 1701 der Krieg. -   Der Kaiser,
mit der jüngeren Tochter Philipps IV. von Spanien verheiratet, erhob dann
für seinen Sohn Karl Anspruch auf den spanischen Thron. Am Krieg
nahmen die Seemächte auf seiten Österreichs teil, Vz 2. In Spanien
selbst waren bürgerkriegsähnliche Unruhen zu verzeichnen, Vz 3.
Französische Truppen, die über die Pyrenäen gekommen waren, griffen
in die Kämpfe ein. -   Die letzte Verszeile handelt nicht von aus
Spanien stammenden weiblichen Vorfahren Ludwigs XIV., sondern nennt
das Ergebnis des Krieges. Im Frieden von Utrecht 1713 kamen
spanische Nebenlande (Mailand, Neapel, Sardinien) an Österreich, doch
das Hauptland und die Kolonien erhielt Philipp von Anjou. Die "größten
Damen", nämlich die Völker Spaniens und seiner überseeischen
Kolonien, waren von nun an einer Linie der Bourbonen verbunden, Vz 4.
Zu >Dame< und König s. **8/70**.
---> 6/2 (Spanischer Erbfolgekrieg)

**06/02 En l' an cinq cens octante plus & moins,/ On attendra le siecle
bien estrange:/ En l' an sept cens, & trois cieux en tesmoings./
Que plusieurs regnes un à cinq feront change.** (1568)
[1580/ Spanischer Erbfolgekrieg]
**Im Jahre fünfhundertachtzig, mehr oder weniger,/
wird man einem recht fremdartigen Zeitalter entgegensehen./
Im Jahr siebenhundertunddrei (wird es sein), (die) Himmel bezeugen es,/
daß mehrere Reiche, eins für fünf, sich wandeln werden.**

Eingangs dürfte das Jahr 1580 gemeint sein. Das Jahrzehnt endete in
Frankreich mit dem Untergang der Valois, und mit Heinrich IV. kam ein
Protestant auf den Thron. Mit der Niederlage der Armada 1588 begann
der Niedergang Spaniens, der katholischen Vormacht. Für den Seher
als Parteigänger des Katholizismus waren diese Wandlungen sehr
bedauerlich. Er kannte Europa kaum noch wieder und spricht daher
von einem "fremdartigen Zeitalter". -   Im Jahr 1703 wurde
während des Krieges um die spanische Erbfolge Karl von Österreich
zum König von Spanien erhoben, als Gegenkönig zu Philipp V.. Daß es
"die Himmel bezeugen", bedeutet, daß N. Konstellationen von Planeten

sah, die ihn dann beim Nachrechnen auf das Jahr 1703 schließen ließen. - Die Formel "eins bei fünf" oder "eins an fünf" bezieht sich auf das Ergebnis des Erbfolgekrieges, nämlich die Aufteilung des spanischen Reiches: 1) das Hauptland und die überseeischen Besitzungen erhielt ein Bourbone, sie gingen >an Frankreich<, 4/2. 2) Österreich bekam Mailand, Neapel und Sardinien; 3) Sizilien kam zu Savoyen. 4) Großbritannien erwarb u.a. Gibraltar und Menorca, 5) die Niederlande bekamen einige ehedem spanische Festungen.
---> 4/2 (Spanischer Erbfolgekrieg)

06/52   En lieu du grand qui sera condemné,/ De prison hors son amy
en sa place:/ L' espoir Troyen en six moys ioinct, mort nay,/
Le Sol à l' urne serout prins fleuues en glace. (1568)
Variante: "... seront peins fleuve en glace." (Ed. Chevillot 1611)
[Napoléon III./ Deutsch-französischer Krieg 1870/71]
Anstelle des Großen, der verurteilt werden wird,/
(tritt), aus dem Gefängnis entlassen, sein Freund an seinen Platz./
Die trojanische Hoffnung, in sechs Monaten lebendig, (ist) tot geboren./
Sonne in der Urne, sie werden betrübt sein, Flüsse vereist.
3) nay ist eine alte Form des p.p.p. né von naître.
Mittelfr. estre joint nahe sein (être près). Adj. join(c)t 2. lebendig
(vif), munter (alerte).
4) peinés wegen des Metrums verkürzt zu peins. Aber auch die
Variante prins ergibt einen Sinn, weil Napoleon III. bis zum
19.3.1871 auf Schloß Wilhelmshöhe gefangen war.
serout ist ein verschriebenes seront.
Der "Große" ist der französische Kaiser Napoléon III., der am 2.9.1870 in der Schlacht bei Sedan den Krieg gegen Preußen und dessen Verbündete verlor. Am 4.9. wurde in Paris die Republik und die Absetzung des Kaisers proklamiert, weil er als Schuldiger an der Niederlage "verurteilt" wurde. - Die "trojanische Hoffnung" ist die Hoffnung, trotz einer Niederlage und des Verlustes der Heimat ein großes Reich neu begründen zu können, wie es dem aus Troja geflohenen Aeneas gelang, dem eine Beteiligung an der Gründung Roms nachgesagt wurde. In den auf die Niederlage folgenden "sechs Monaten" zerrann die Hoffnung auf eine Rückkehr als Kaiser, bis am 1.3.1871 die neu gewählte Nationalversammlung die Absetzung des Kaisers erneut und endgültig bestätigte. - Am 1.3. stand die Sonne bei 10° Fische, die "Urne" des Sternbilds Wassermann, markiert durch Alpha bis Lambda Aquarii (Fasching 1996), war 1871 bei 2° bis 20° Fische anzutreffen (Werner/Schmeidler 1986). - Nach dem Vorfrieden vom 28.2.1871 wurde der monarchistisch gesonnene ("Freund") Marschall Mac Mahon, der in preußische Gefangenschaft geraten war, entlassen. Er trat als Armeeführer an die Stelle des Kaisers und schlug im Auftrag der republikanischen Regierung den Aufstand der Kommune, 6/23, nieder. Sein Ansehen wuchs immens. Im Jahr 1875 wurde er Präsident der Republik und sah sich als Platzhalter der Monarchie.

01/03 **Quand la lictiere du tourbillon versée/ Et seront faces de leurs manteaux couuers,/ La republique par gens nouueaux vexée,/ Lors blancs & rouges iugeront à l' enuers.** (1555)

[Französische Revolution]
Wenn die Sänfte vom Wirbelsturm umgestürzt (sein wird)/
und Gesichter unter Mänteln versteckt sein werden,/
wird die Republik von neuen Leuten zerrüttet werden./
Dann werden sich Weiße und Rote gegenseitig verurteilen.

1) lictiere ist eine alte Form von litière 1. Streu 2. Sänfte

Sänften waren dem Adel und hohen Klerus vorbehalten. Wenn die Sänfte "vom Wirbelsturm umgestürzt" ist, bedeutet das den Sturz einer feudalen Ordnung. Der >Wirbelsturm< bedeutet eine Revolution, und ab 1792 war Frankreich erstmals republikanisch verfaßt. - Unmittelbar nach dem Umsturz flohen viele Adlige außer Landes. Viele Adlige paßten ihr Erscheinungsbild der neuen bürgerlichen Mode an, man hielt die adlige Abkunft >bedeckt<. Man zeigte nicht mehr >das Gesicht<, welches durch Haartracht, Puder usw. den adligen Stand der Person kenntlich gemacht hatte. - Die "neuen Leute" sind die Revolutionäre, die ganz überwiegend dem dritten Stand, dem Bürgertum angehörten. Diese Bezeichnung entspricht dem homo novus = neuer Mann, wie im alten Rom ein Emporkömmling ohne adligen Stammbaum genannt wurde. - Weiß war die Farbe der Königstreuen, 2/2. Rot ist bei N. die Farbe derer, die sich unter Blutvergießen gegen eine Ordnung des Gemeinwesens auflehnen, die er für legitim hält. Hier ist es mithin die Farbe der Revolutionäre.

03/53 **Quand le plus grand emportera le pris/ De Nureberg d' Auspurg & ceux de Basle/ Par Agrippine chef Francqfort repris/ Transuerserôt par Flamans iusques en Gale.** (1555)

[Kaiser Karl V./ Niederlande 1567ff/ Kaiser Maximilian II.]
Wenn der Größte einfahren wird den Lohn/
von Nürnberg, von Augsburg, und (von) denen von Basel,/
(wird) durch Kölner Oberhaupt Frankfurt getadelt (werden)./
Sie werden Flandern durchqueren bis nach Gallien.

1) Altfr. n.m. pris 1° zu zahlender Betrag (somme à payer)
2° Belohnung (récompense).
3) Colonia Agrippina ist der römische Name von Köln.
4) Gale steht, reimbedingt abgewandelt, für Gaule.

Nach dem Nürnberger Religionsfrieden von 1532 erstarkte der Protestantismus im Reich. Im Augsburger Interim 1548 und im Augsburger Religionsfrieden 1555 wurden den Protestanten ihre Freiheiten bestätigt. Bei den Eidgenossen waren Genf, Zürich und Basel Zentren der Reform. Den "Lohn von Nürnberg" usw. nennt N. in sarkastischem Ton den sich ausdehnenden Protestantismus, 6/15. Er sei die Quittung für die zu nachgiebige Haltung des "Größten", nämlich Karls V., der zu Lebzeiten des N. Kaiser war. - 1567 entsandte der spanische König den Herzog von Alba in seine widerspenstige Nordprovinz, um ein streng katholisches Regiment einzuführen. Daraufhin machten die Kurfürsten des Reichs, in dem Religionsfrieden herrschte, dem Kaiser, damals Maximilian II., energische Vorhaltungen. Er könne das spanische Vorgehen nicht dulden, da die Niederlande als Teil des Reichs an dessen Frieden teilhaben müßten (von Ranke, Span. Geschichte S. 250). Die deutschen Fürsten tadelten insofern >Frankfurt<. Die Stadt, seit dem zwölften Jahrhundert Ort der Kaiserwahl, steht hier allegorisch für den Inhaber dieser Institution des Reichs. Der Erzbischof von Köln (Agrippine chef), zugleich Kurfürst, war einer der Tadler. - Die Truppen Albas kamen von Süden (Italien) und "durchquerten Flandern", suchten die Provinz zu unterwerfen. Der Nachfolger im Amt des spanischen Statthalters der Niederlande, Alexander Farnese, mischte zwanzig Jahre später auf katholischer Seite mit im Kampf um die Nachfolge Heinrichs III. von Frankreich. Insofern kamen die Spanier "bis nach Gallien".

02/53   **La grande peste de cite maritime/ Ne cessera que mort soit vengée,/ De iuste sang, par pris dame sans crime/ De la grande dame par feincte n' outraigée. (1555)**
[Karl I. von England/ Pest in London 1665]
Die große Seuche wird von der Stadt am Meer/
nicht weichen, bevor gerächt ist der Tod¹ des gerechten Geblüts,
>zum Lohn< verurteilt, ohne Verbrechen,/
von der großen Dame, der vorgeblich nicht gekränkten.

   3) N.m. pris s. oben Vers 3/53 Anm. 1)

Nach dem Bürgerkrieg 1642-48, den die Puritaner unter Cromwell gewannen, wurde König Karl I. von England im Januar 1649 hingerichtet. Das hat er nach Meinung des Sehers nicht verdient, er werde "ohne Verbrechen" verurteilt werden, >zum Lohn< für seine Verdienste um das Land, das ist sarkastisch gemeint. Verdient dagegen habe ein Land, das seinen König tötet, die Pestepidemie, die 1665 in London ausbrach und den Brand der Stadt im folgenden Jahr, 2/51. N. gefällt sich hier als Prophet eines rächenden Gottes, wenn er Pest und Brand als >Rache< des Himmels ankündigt und in 9/11 darauf hinweist, daß auch die dem König verurteilenden Richter würden fliehen müssen. - Völker als ganze sind bei N. weiblich, 8/70. Die "große Dame" ist hier im Zusammenhang das englische Volk, dessen Parlamentarier die Idee ihrer Souveränität gegen die von Gott verliehene Gewalt setzten, die der König für sich beanspruchte, 2/51. Am Schluß deutet N. an, daß der König nicht verurteilt worden wäre, wenn es wirklich nach dem Willen des Volkes gegangen wäre. In der Tat waren alle verhandlungsbereiten Mitglieder des Unterhauses von diesem ausgeschlossen oder verhaftet worden.

05/03   **Le successeur de la Duché viendra,/ Beaucoup plus outre que la mer Tosquane./ Gauloise branche la Florence tiendra,/ Dans son giron d' accord nautique Rane. (1568)**
[Italien 1860] Der Erbe des Herzogtums wird kommen/
von weit jenseits des toskanischen Meeres./
Gallischer Zweig wird Florenz erhalten./
In seinem Schoß (ist) einverstanden der seefahrende Frosch.

   4) Lat. n.f. rana Frosch.

Im März 1861 wurde Viktor Emanuel II., König von Sardinien-Piemont, zum König von Italien proklamiert. Auch das Herzogtum Toskana schloß sich dem neuen Königreich an und ging in diesem auf. - Zu Viktor-Emanuels Vorfahren zählt Heinrich IV. von Frankreich, 5/39. Daher war es ein "gallischer Zweig", der Florenz erhielt. Er kam aus Sardinien bzw. Piemont, und wenn man sich auf die Herkunft bezieht, >aus Frankreich< und insofern von "jenseits des toskanischen Meeres". - Der "seefahrende Frosch" ist wie in 6/46 ein blumiger Name für Venetien, das sich 1866 nach einem Krieg gegen Österreich an Italien anschloß.

08/53 Dedans Bolongne vouldra lauer ses fautes,/ Il ne pourra au temple de soleil,/ Il volera faisant choses si haultes,/ En hierarchie n' en fut oncq vn pareil. (1568)
[Papst Pius IX.] (Kommentar S. 19)
In Bologna wird er abwaschen wollen seine Vergehen/ er wird (es) nicht vermögen im Tempel der Sonne./ Er wird sehr hochfliegende Dinge vollbringen,/ in der Hierarchie gab es nie einen Ebenbürtigen.

09/53 Le Neron ieune dans les trois cheminees/ Fera de paiges vifz pour ardoir getter,/ Heureux qui loing sera de telz menees,/ Trois de son sang le feront mort guetter. (1568)
[Hitler/ Holokaust]
Der junge Nero wird in die drei Kamine/ friedliche Juden werfen lassen, um sie zu verbrennen./ Glücklich, wer fern sein wird von solchen Umtrieben./ Drei von seinem Geblüt werden machen, daß (der) Tod ihn belauert.
2) Paige gibt und gab es nicht. - Der phonetische Unterschied zwischen paiges vifs und paix juifs besteht darin, daß der stimmhafte Mitlaut bei den paiges vifs zum ersten Wort, bei den paix juifs zum zweiten Wort gehört. Bei normalem Sprechtempo ist dieser Unterschied nicht hörbar.

Hitler wird hier als "junger Nero" angekündigt, weil er Unschuldige verfolgen ließ, die er zu Sündenböcken gemacht hatte, so wie einst Kaiser Nero Christen zum Tode verurteilen ließ, weil Schuldige am Brand Roms gebraucht wurden. Die Insassen der Vernichtungslager fanden den Tod durch Gas und die unmenschlichen Zustände. Die Leichen verbrannte man in großen Krematorien, 9/17. - Es scheint, als enthalte der Vers keinen Hinweis auf das Volk, das in den Lagern hauptsächlich umkam. Aber die **paiges vifs** unterscheiden sich der Lautung nach kaum von **paix juifs**, was wörtlich "Frieden Juden" heißt. Da es das Wort paiges nicht gibt, ist zu schlußfolgern, daß hier die Opfer buchstäblich versteckt sind. Vers **8/96** belegt mit größerer Sicherheit, daß N. die Verfolgung der Juden gesehen hat. Hier sind die Vorgänge genauer beschrieben als dort, aber schwerer zugänglich, -. Es wird glücklich gepriesen, wer an den "Umtrieben" nicht beteiligt ist, Opfer wie Täter. Am Ende des Verses geht es um den deutschen Widerstand mit Goerdeler, Beck und Stauffenberg als führenden Köpfen. Das von dem praktisch einarmigen Stauffenberg ausgeführte Attentat, 9/76, schlug fehl. - Allen drei Nero-Versen ist kein Hinweis auf Deutschland als Wirkungsfeld des Gemeinten zu entnehmen. Der Name dieses römischen Kaisers hätte vor Eintreffen der Ereignisse eher an die Verfolgung von Christen denken lassen. (Es waren >nur< einige tausend Christen, die unter den Nazis wegen ihres Christentums ums Leben kamen. Bei einem Sieg Hitlers allerdings wäre es dabei nicht geblieben (Deschner 1988 S. 16).)

Dedans Bolongne vouldra lauer ses fautes,
Jl ne pourra au temple du soleil,
Jl volera faisant choses si haultes,
En hierarchie n' en fut oncq vn pareil.
(Textfassung bei Benoist Rigaud, Lyon 1568)

Übersetzung:

In Bologna wird er abwaschen wollen seine Vergehen,
er wird (es) nicht vermögen im Tempel der Sonne.
Er wird sehr hochfliegende Dinge vollbringen,
in der Hierarchie gab es niemals einen Ebenbürtigen.

Kommentar zu 8/53:

Als 1848 in Europa vielerorts antifeudale Tendenzen aufflammten, geriet die katholische Kirche in Konflikt mit den nationalitalienischen Einigungsbestrebungen. Die republikanisch gesonnenen italienischen Nationalisten hätten den neuen Papst gern als Vorkämpfer an der Spitze der Bewegung gesehen. Aber von einer Sympathie für republikanische Ideen war Pius IX. "himmelweit entfernt" (L. v. Ranke), forderte vielmehr die Italiener auf, ihren Fürsten gehorsam zu sein. Im Kirchenstaat selbst stellte er sich gegen die Forderungen nach einer Säkularisierung der Verwaltung. Am Ende des Jahres 1848 wurde Pius IX. von aufgebrachtem Volk in seinem Palast belagert und konnte sich den auf ihn einstürzenden Zumutungen nur durch Flucht entziehen. Zur Wiederherstellung seiner Souveränität rief er die Hilfe ausländischer katholischer Mächte herbei, woraufhin französische Truppen Rom eroberten und Österreich sich in den Besitz Bolognas und Anconas brachte, die damals zum Kirchenstaat gehörten.

Die antimoderne Gesinnung des Papstes, seine fehlende Unterstützung für die italienische Einigung sowie die Inanspruchnahme ausländischer Besatzungsmächte waren aus der Sicht der Vorkämpfer der italienischen Einheit schwere "Fehler", deren sich das Oberhaupt der Kirche schuldig gemacht hatte. Um seinem gesunkenen Ansehen aufzuhelfen, unternahm Pius IX. nach seiner Rückkehr mehrere Reisen durch italienische Länder. Außerhalb seiner Domäne wurde er zum Teil begeistert empfangen, doch im Kirchenstaat selbst waren die Vorbehalte deutlich zu spüren. Er traute seiner persönlichen Autorität wohl zu, das heraufziehende Gewitter des Umsturzes noch einmal zu vertreiben, vermochte dies aber nicht wirklich zu bewerkstelligen. Er "wird seine Fehler abwaschen wollen", dies aber im "Tempel der Sonne nicht können". So nennt N. den >geheiligten irdischen Bezirk des Christentums<, d.h. den Kirchenstaat; die >Sonne< reserviert er bekanntlich für die christliche Religion, 5/72. In Bologna brach kurz nach Abzug der Österreicher im Jahr 1859 die Empörung offen aus. Man sagte sich von Rom los und unterstützte Sardinien-Piemont, das die Einigung Italiens vorantrieb.

Verbunden mit der fehlenden Bereitschaft, das Schwinden seiner weltlichen Macht hinzunehmen, 1/6, war bei Pius IX. ein gesteigertes Bewußtsein seines geistlichen Primates in der katholischen Welt und das Bedürfnis, die Menschen über die >Irrtümer der Zeit< zu belehren. Im Geiste seiner unumschränkten Autorität verkündete Pius IX. die selbst im Hochmittelalter umstrittene Lehre von der Erbsündefreiheit Mariens, aus der abgeleitet wurde, daß sie >unbefleckt empfangen< ward. Der Höhepunkt seines Schaffens war dann das Dogma von 1870, daß der Papst unfehlbar sei, wenn er ex cathedra spreche. Zwei Monate nach diesen "hochfliegenden Dingen" war es mit der weltlichen Herrschaft des Papstes endgültig vorbei - deutlich herauszuhören ist der Spott, mit dem der Seher bei aller Kirchentreue diesen Mann überzieht.

01/54   Deux reuolts faits du malin falcigere,/ De regne & siecles
faict permutation:/ Le mobil signe à son endroict si ingere/
Aux deux egaux & d' inclination. (1555)
[Heinrich IV./ Edikt von Nantes 1598] (Kommentar S. 22)
**Zwei Umläufe vom üblen Sichelträger vollendet,/
(ist) Änderung der Regierung und Wechsel der Jahrhunderte geschehen./
Das bewegliche Zeichen, auf dessen Gebiet mischt er sich ein/
zwischen zwei Gleiche, (gleiche) auch der Neigung nach.**
1) Lat. revolvere zurückrollen, davon mittellat. n.f. revolutio
Rückkehr, Umlauf (von Himmelskörpern). Lat. n.f. falx Sense,
Sichel, v. gerere tragen. Adj. falcifer sicheltragend.
2) N.f. permutation > lat .n.f. permutatio Veränderung, Wechsel.
3) V. s' ingerer (unberechtigt) einschreiten, sich einmischen
(ohne gebeten zu sein), meist abwertend.

04/54   Du nom qui onques ne fut au Roy Gaulois,/ Iamais ne fut vn
fouldre si craintif:/ Tremblant l' Italie, l' Espaigne & les Anglois,/
De femme estrangiers grandement attentif. (1568)
Variante: "De femme estrange..." (Ed. P. Rigaud, 1605)
[Napoleonische Kriege]
**Von einem Namen, den niemals ein gallischer König trug,/
ging niemals ein so furchtsamer Bann aus,/
es beben Italien, Spanien und die Engländer./
Auf (ihre) Frau (sind) Fremde sehr aufmerksam.**
Den Namen Napoléon trug nie zuvor ein französischer König, und N.
erkennt in diesem Namen die Ankündigung des Schicksals, daß hier ein
kaum zu bändigender Verderber der Völker seinen geschichtlichen
Auftritt hat, 1/76. -   Großbritannien hatte im Oktober 1805 die Seeschlacht bei Trafalgar gewonnen, 1/77, und sich so die Seeherrschaft
gesichert.   Napoleon traute danach der französischen Marine nicht
mehr zu, in der offenen Auseinandersetzung gegen England bestehen
zu können. So blieb nur die Blockade, der Wirtschaftskrieg. Im November 1806 verhängte der Kaiser die sog. Kontinentalsperre. "Furchtsam"
war dieser "Bann", weil der Seekrieg nicht gewagt wurde. -   Zur
Durchsetzung der Blockade hat Napoleon Kriege in Spanien und Italien
geführt, die daher >bebten<.   Trotzdem wurde die Kontinentalsperre
vielfach unterlaufen, war letztlich "erfolgloser Terror", 2/94. -   Die
anderen Fürsten Europas waren besorgt, daß ihre >Frauen< - gemeint
sind ihre Völker, **8/70** - von der Revolution in Frankreich angesteckt
werden könnten und bekämpften auch deshalb den aus ihr hervorgegangenen Napoléon.

05/04   Le gros mastin de cité deschassé,/ Sera fasche de
l' estrange alliance,/ Apres aux champs avoir le cerf chassé,/
Le loup & l' Ours se donront defiance. (1568)
[Churchill/ Zweiter Weltkrieg] (Kommentar S. 23)
**Der dicke Hund, aus der Stadt verjagt,/
wird erzürnt sein über das befremdliche Bündnis./
Nachdem sie über die Felder den Hirschen gejagt haben,/
werden der Wolf und der Bär einander beargwöhnen.**
1) Altfr. n.m. mastin dicker Hund (gros chien).

08/04 Dedans Monech le coq sera receu,/ Le Cardinal de
France apparoistra/ Par Logarion Romain sera deceu/
Foiblesse a l' Aigle, & force au Coq naistra. (1568)
[Ludwig XIII./ Richelieu] In Monaco wird der Hahn aufgenommen
werden,/ der Kardinal von Frankreich wird erscheinen./
Durch >Wort vom König< (?) wird (der) Römer getäuscht werden,/
Schwäche wird dem Adler, und Stärke dem Hahn erwachsen.
1) Lat. Herculis Monoeci portus, heute Monaco.
3) Logarion kann als Log(os) a Roi(n) aufgefaßt werden, was
"Wort vom König" bedeutet.

Monaco verbündete sich 1641 mit Frankreich, nachdem die französische
Flotte Ende der 1630er Jahre erstmals Erfolge im Mittelmeer gegen die
Spanier hatte erringen können. Der "Kardinal von Frankreich" ist demnach Richelieu, damals Minister und mächtigster Mann unter Ludwig XIII.
Er gestaltete die Außenpolitik des Landes und hatte das volle Vertrauen
des Königs, sein Wort galt den Diplomaten wie das des Königs. Er verfolgte ausschließlich das Interesse Frankreichs, und der Papst war
"getäuscht", wenn er von dem Kardinal irgendwelche Rücksichten auf
Rom erhoffte. -   Der "Adler", das Kaiserreich lag darnieder durch
den anhaltenden Krieg in deutschen Landen. Vorbereitet durch Riche-
lieus Politik, stand Frankreichs ruhmvolle Zeit unter Ludwig XIV. bevor.

10/04 Sus la minuict conducteur de l' armee/ Se sauluera, subit
esuanouy,/ Sept ans apres la fame non blasmee,/
A son retour ne dira oncq ouy. (1568)
[Karl II. von England]
Nah um Mitternacht wird (der) Führer der Armee/
sich retten, (ist) plötzlich verschwunden./
Sieben Jahre später, der Ruf unbeschädigt,/
wird er bei seiner Rückkehr niemals "ja" sagen.
1) Altfr. Präposition sus, suz 1° über (sur) 2° oberhalb von (en
haut de) 3° verbunden mit, ganz nah bei (joignant, tout proche
de) 4° auf ... zu, auf seiten von (vers à coté de).
2) Altfr. v. esvanir, esvanuir 1° verschwinden (disparaître)
2° schwächer werden, nachlassen (s' affaiblir) 3° ohnmächtig
werden (se trouver mal), vergehen, zerrinnen (s' evanouir).
3) Altfr. n.f. fame Ansehen (réputation), guter Ruf (renommée).

Die Schotten hatten nach der Hinrichtung Karls I. von England dessen
Sohn zu ihrem König ausgerufen. Der kam daraufhin aus dem französi-
schen Asyl nach Schottland und sammelte ein Heer, wurde aber von
Cromwells Armee 1650 geschlagen. 1651 stieß er nach England vor,
erlitt aber bei Worcester erneut eine Niederlage, mußte fliehen, war
"plötzlich" vom Schauplatz "verschwunden". Er suchte Zuflucht in
Frankreich. 1658, sieben Jahre später, starb der Lord Protector. Die
Republik konnte sich nicht halten, Karl zog im Mai 1660 als König Karl II.
in London ein. -   Es wurde festgesetzt, daß nur jene Gesetze des
Langen Parlamentes weitergelten sollten, denen sein Vorgänger auf dem
Thron noch zugestimmt hatte. Infolgedessen waren sämtliche seit 1642
beschlossenen Gesetze aufgehoben, keines galt weiter, keinem der
Gesetze aus den Zeiten des Bürgerkriegs und der Diktatur stimmte Karl II.
zu, Vz 4. Die Restauration des Throns war eine bedingungslose und
stellte die Rechte des Königs nicht vollständig, aber weitgehend wieder
her.

Deux reuolts faits du malin falcigere,
De regne & siecles faict permutation :
Le mobil signe à son endroict si ingere
Aux deux egaux & d' inclination.

(Urfassung bei Macé Bonhomme, Lyon 1555)

Übersetzung der Urfassung:

Zwei Umläufe vom üblen Sichelträger vollendet,
(ist) Änderung der Regierung und Wechsel der Jahrhunderte geschehen.
Das bewegliche Zeichen, auf dessen Gebiet mischt er sich ein
zwischen zwei Gleiche, (gleiche) auch der Neigung nach.

Kommentar zu 1/54:

Auf dem Feld der Religion war es Ziel der Politik von Franz I. von Frankreich, die Einheit der Kirche in seinem Reich zu bewahren, ohne den humanistisch Gebildeten Denkverbote aufzuerlegen. Aber wer sich dem Verdacht aussetzte, eine neue Kirche gründen zu wollen, mußte mit Verfolgung rechnen. Im Edikt von Fontainebleau vom 1.6.1540 die Abweichler vom katholischen Glauben verurteilt.

Knapp 58 Jahre später, kurz vor der Wende zum siebzehnten Jahrhundert (des siecles permutation), erließ Heinrich IV., selbst im reformierten Glauben erzogen, 1593 aber zum Katholizismus übergetreten, am 13.4.1598 das Toleranzedikt von Nantes. Dieses gewährte den Hugenotten das Recht auf freie Ausübung ihrer Religion sowie Sicherheitsplätze in bestimmten Landesteilen. Der Saturn, den alte Darstellungen gern als Sensenmann zeigen, hatte seit 1540 knapp "zwei Umläufe zurückgelegt". Das mittellat. revolutio bedeutet Umdrehung, Umlauf von Gestirnen; die moderne Bedeutung von révolte kommt im Zusammenhang mit einem Planeten, der sie vollführt, nicht in Betracht.

Das Tierkreiszeichen Waage nennt der Seher im Hinblick auf das Sigel mit den Waagschalen das "bewegliche Zeichen" (mobil signe). Die astrologischen Regeln, welche Zeichen als beweglich gelten, interessieren ihn aber nicht. Er beschreibt das Symbol, die Beweglichkeit und Neigung der Waagschalen, um das gemeinte Tierkreiszeichen verdeckt anzusprechen.

Die unter dem Waagesymbol firmierenden Grade des Tierkreises gelten astrologisch als Gebiet des Abwägens und Ausgleichens. Es war also "ihr Gebiet", auf welchem Heinrich IV. - selbst mit der Waage im Aufgang - "sich dazwischenstellte", indem er das Existenzrecht beider Religionen gleichermaßen anerkannte. Er stellte damit den Katholizismus als Staatsreligion nicht in Frage, änderte aber die Religionsgesetzgebung Frankreichs (permutation de regne).

Doch es trifft nicht zu, daß Heinrich IV. sich beiden Glaubensrichtungen gleichermaßen geneigt zeigte, was man doch daraus folgern müßte, daß die Waagschalen "auf gleicher Höhe" (esgaux d' inclination) standen. Der alte Glaube, der Katholizismus, blieb Staatsreligion, und die neue Religion wurde in dem Edikt als der "angeblich reformierte Glaube" (religion prétendue reformée) mit spitzen Fingern angefaßt. Aber dem Seher, der die Haltung der Toleranz nicht einnehmen wollte, schien hier der Geist einer abwegigen Gleichmacherei zu herrschen.

Er war mit diesem Edikt ganz und gar nicht einverstanden, **5/72**. Daß der König sich in Dingen der Religion darauf beschränken könnte, die Ausübung eines jeden Glaubens zu garantieren, war ihm nicht geheuer. Er trauerte der alten Zeit unter Franz I. nach, der die Einheit Frankreichs auf religiösem Gebiet noch weitgehend hatte bewahren können, was diesem Herrscher in **10/72** (Bd.2) die Bezeichnung "großer König" einträgt.

Le gros mastin de cité deschassé,
Sera fasché de l' estrange alliance,
Apres aux champs auoir le cerf chassé,
Le loup & l' Ours se donront defiance.

(Textfassung bei Benoist Rigaud, Lyon 1568)

Übersetzung:

Der dicke Hund, aus der Stadt verjagt,
wird erzürnt sein über das befremdliche Bündnis.
Nachdem sie über die Felder den Hirschen gejagt haben,
werden der Wolf und der Bär einander beargwöhnen.

Kommentar zu 5/4:

Die Kampf- und Risikobereitschaft Churchills und die Schimpftiraden, mit denen er sich in Gegner zu verbeißen vermochte, hatten ihm Karikaturen eingetragen, die ihn als zähnefletschende Bulldogge, als seiner Statur entsprechend "dicken Hund" zeigten. Diese Eigenschaften bewirkten in der Vorkriegszeit, daß er mit seinen Warnungen vor Hitler weitgehend isoliert dastand. Seit 1930 nur noch einfacher Abgeordneter, war er kaltgestellt, zwar nicht aus der Stadt, aber doch aus der Macht "vertrieben", weil man in ihm ein eiferndes Fossil sah.

Mit dem "seltsamen Bündnis" ist ausweislich der Memoiren Churchills das Münchner Abkommen vom 30.9.1938 gemeint, an dem auch Großbritannien beteiligt war, und in dem Hitler seine Gebietsansprüche für erfüllt erklärte. Man glaubte, Hitler auf diese Weise zufriedenstellen zu können. "Befremdlich" nennt der Seher dieses Abkommen, weil er erkannte, daß Hitler kein zivilisierter Mann war. Der "dicke Hund" gehörte zu den wenigen, die damals schon den >Führer< richtig einschätzten und erkannten, daß der nicht ein kühl die Interessen seines Landes kalkulierender Mann war. Aber dafür wollte man ihn im übrigen Europa gerne halten, 1/34. Churchills Warnungen blieben unbeachtet, erwiesen sich jedoch wenig später als prophetisch: Schon im März 1939 marschierten deutsche Truppen in die >Rest-Tschechei< ein. Im Mai 1940 wurde Churchill zum Premierminister gewählt.

Das Geweih des Hirsches ist Zeichen seines Ranges, ähnlich wie ein König seine Krone als Symbol seines Ranges und seiner Würde trägt. Dem oftmaligen Abwerfen und Wiedernachwachsen des Hirschgeweihs entspricht ein König, der seine Königskrone bzw. ein Volk, das seine Souveränität des öfteren verliert, dem sie aber auch immer wieder zuwächst. So kann der Hirsch zum Symbol für eine Nation wie die polnische werden, die in ihrer Geschichte mehrfach unterworfen wurde, Teilungen erdulden und fremden Herren dienen mußte, ihre Souveränität also nicht ausüben, aber doch immer wieder die Freiheit erkämpfen konnte. Das wiederholte sich im zweiten Weltkrieg. Am 1.9.39 marschierten die Deutschen in Polen ein, ab dem 17.9. stieß die Rote Armee nach Ostpolen vor, "Wolf und Bär jagten den Hirsch".

Der Wolf ist in **2/82** und **3/33** Symbol Hitlers und des von ihm beherrschten Landes wegen der wölfischen Merkmale seiner Ideologie und seines Verhaltens. Rußlands >Ferne zur Zivilisation< macht das Land vor dem Hintergrund jahrhundertealter geschichtlicher Erfahrungen zu einem Ort, von dem wie vom Bären die Gefahr eines unvermuteten Einbruchs von Lebensgefahr und Grausamkeit droht. >Bär< und >Wolf< hatten im August 1939 einen Nichtangriffspakt mit zusätzlicher geheimer Revieraufteilung geschlossen. Aber nach dem Überfall auf Polen beargwöhnte einer den anderen (donner defiance), ob dessen Hunger schon gestillt wäre - mit Grund, wie sich dann herausstellte, 5/94.

- 23 -

01/55   Sous l' opposite climat Babylonique/ Grande sera de
        sang effusion,/ Que terre & mer, air, ciel sera inique:/
        Sectes, faim, regnes, pestes, confusion. (1555)
[Golfkrieg 1991] (Kommentar S. 25)
Unterhalb des Gegenübers (der) babylonischen Gegend/
wird es ein großes Blutvergießen geben,/
und auf Land und Meer wird Luft und Himmel widrig sein./
Bekenntnisse, Hunger, Reiche, Seuchen, Durcheinander.
   3) Adj. inique unbillig, ungerecht, > lat. iniquus 1. ungleich,
   uneben, schief 2. widrig, beschwerlich 4. feindlich, aufsässig.

02/55   Dans le conflit le grand qui peuvalloyt,/ A son dernier fera
        cas merueilleux:/ Pendant qu' Hadrie verra ce qu' il falloyt,/
        Dans le banquet pongnale l' orguilleux. (1555)
[Zweiter Weltkrieg/ Stalin/ Hitler] (Kommentar S. 26)
In dem Krieg wird der Große, der wenig galt,/
zuletzt einen erstaunlichen Ausgang herbeiführen./
Wenn Hadrian sehen wird, daß er versagte,/
tut (sich) beim Festessen Gewalt an, der Hochmütige.
   2) Altfr. n.m. cas 1° Sturz (chute) 2° Vorfall (accident), Ereignis
   (événement) 3° Unternehmung (affaire), Werk (oeuvre), > lat.
   n.m. casus 1. Fall 2. Verfall 3. (zeitliches) Ende, Ausgang.
   3) Altfr. v. faloir 1° verfehlen, versäumen (manquer à) 2° fehlen,
   versagen, fehlschlagen (manquer)

03/55   En l' an qu' un oeil en France regnera,/ La court sera à (!)
        un bien fascheux trouble:/ Le grand de Bloys son ami tuera:/
        Le (l) regne mis en mal & doute double. (1555)
[Heinrich II. 1559/ Heinrich III. 1588]
In dem Jahr, in welchem ein Auge in Frankreich herrschen wird,/
wird der Hof in einer sehr zornigen Verwirrung sein./
Der Große von Blois wird seinen >Freund< töten./
Das Reich gestürzt in doppeltes Übel und doppelte Ungewißheit.
   Das Königsgeschlecht der Valois ging durch Aussterben unter. Der
   Vers handelt vom gewaltsamen Tod zweier Valois-Könige, des viert-
   letzten, den N. persönlich kannte, und des letzten. -   Beim Turnier-
   kampf verlor im Juli 1559 König Heinrich II. von Frankreich ein Auge,
   durch das ein Splitter der Lanze des Gegners bis ins Gehirn eindrang,
   1/35. Die Verletzung war tödlich, der König regierte nur noch wenige
   Tage lang mit "einem Auge" das Land. -   Der "Große von Blois"
   ist König Heinrich III., der 1588 die Stände nach Blois einberief, um sein
   Königtum zu befestigen und die von Heinrich von Guise angeführte Liga
   der Katholiken auf sich neu zu verpflichten. Der König suchte die Unterstützung durch Guise, der nicht sein Freund war, den er aber gern so
   erscheinen lassen wollte. Guise aber konnte sich weitgehend durchsetzen, der König sah sich beseite gedrängt. Daraufhin ließ er den
   Konkurrenten ermorden. Nur ein halbes Jahr später wurde er dann
   selbst ermordet, 3/51. -   Mit dem "doppelten Übel" können
   die Morde an den beiden führenden Männern gemeint sein sowie die
   Tatsache, daß mit dem Tod des letzten Valois nicht nur ein König, sondern eine ganze Dynastie ihr Ende fand, 1/36. Die "doppelte Ungewißheit" ist die Frage, wie es in Frankreich weitergehen werde, wer politisch die Macht erringen und welche Religion sich durchsetzen werde.

Sous l' opposite climat Babylonique
Grande sera de sang effusion,
Que terre & mer, air, ciel sera inique :
Sectes, faim, regnes, pestes, confusion.

(Urfassung bei Macé Bonhomme, Lyon 1555)

Übersetzung der Urfassung:

**Unterhalb des Gegenübers (der) babylonischen Gegend
wird es ein großes Blutvergießen geben,
und auf Land und Meer wird Luft und Himmel widrig sein.
Bekenntnisse, Hunger, Reiche, Seuchen, Durcheinander.**

Kommentar zu 1/55:

Wenn sich gegenwartsnahe Ereignisse für die Deutung eines Verses anbieten, ist grundsätzlich Zurückhaltung angebracht, da es oft genug geschah, daß Aussagen des Sehers auf die jeweilige Gegenwart des Deutenden bezogen wurden, sich aber später ganz anders geklärt haben. Hier aber sprechen doch mehrere Merkmale dafür, daß der sogenannte Golfkrieg von 1991 oder ähnliche in naher Zukunft bevorstehende Ereignisse in derselben Weltgegend gemeint sind, nämlich erstens die Ortsangabe, zweitens die Hinweise zur Art der Kriegführung und drittens die Schilderung der Situation danach. Wenn man dann noch der Annahme folgt, daß Vers **1/56** (Bd.2) sich auch in der ursprünglichen Reihenfolge an den vorliegenden Vers anschließt, kommt viertens noch die Angabe eines Zeitrahmens dazu.

Dann würden nämlich die Ereignisse **beider** Verse in die Zeit des erneuten Aufstiegs und Machtzuwachses des Islam fallen, welchen N. für die Zeit ab 1975 bis 1980 angekündigt hat, **1/48** (Bd.2), sowie in die Zeit **vor** dem Kippen der Erdachse, welches wohl an der Jahrtausendwende eintreten wird, Vorrede H (18) (Bd.2).

Schaut man mit den beflügelten Augen des Sehers von Südfrankreich aus in die Richtung, wo früher Babylon lag, heute Bagdad liegt, also in die "babylonische Gegend" (climat Babylonique), bildet "das Gegenüber" (l' opposite) der Persische Golf. Und "unterhalb" (sous) des gegenüberliegenden Persischen Golfs ist die arabische Halbinsel zu erkennen, welche 1990/91 als Aufmarschgebiet der alliierten Truppen diente.

Die doppelte Erwähnung von "Luft" und "Himmel", welche "widrig" oder "aufgewühlt" (inique) waren, weist darauf hin, daß hier ein Krieg gemeint ist, der schwerpunktmäßig in der Luft geführt wird. Erst in den letzten Tagen des Krieges von 1991 wurden die in wochenlangem Bombardement sturmreif geschossenen irakischen Stellungen mit Panzern überrannt.

Das durch die Niederlage Iraks dort zunächst entstandene Machtvakuum sorgte für ein "Durcheinander" (confusion), die schiitische Minderheit im Süden des Landes erhob sich, die Kurden im Norden sagten sich von Bagdad los.

Mit den "Seuchen" oder "Verseuchungen" - pestes kann beides bedeuten - können die von den brennenden Ölquellen herrührenden rußigen Niederschläge ebenso gemeint sein wie die Wirkung der chemischen Waffen, die Irak nach neueren Erkenntnissen wohl doch eingesetzt hat.

Dans le conflit le grand qui peuvalloyt,
A son dernier fera cas merueilleux:
Pendant qu' Hadrie verra ce qu' il falloyt,
Dans le banquet pongnale l' orguilleux.

(Urfassung bei Macé Bonhomme, Lyon 1555)

Übersetzung der Urfassung:

In dem Krieg wird der Große, der wenig galt,
zuletzt einen erstaunlichen Ausgang herbeiführen.
Wenn Hadrian sehen wird, daß er versagte,
tut (sich) beim Festessen Gewalt an, der Hochmütige.

Kommentar zu 2/55:

Hitler wollte die Juden >mit Stumpf und Stiel< ausrotten. Der römische Kaiser Hadrian hatte Jerusalem dem Erdboden gleichmachen lassen, um das unbotmäßige Volk ein für allemal zu unterwerfen. Es ist die Radikalität seines Vorgehens gegen die Juden, die dem Seher den Namen des antiken Kaisers als Decknamen für Hitler geeignet erscheinen ließ, 1/8.

Einen Tag vor seinem Selbstmord am 30.4.1945 heiratete der vorzeitig vergreiste >Führer< seine langjährige Verlobte Eva Braun, und es gab, inmitten der umkämpften Reichshauptstadt, eine kleine Feier (banquet) im Bunker der Reichskanzlei. Bevor die beiden tags darauf Zyankali nahmen und sich erschossen, hatte Hitler noch verlauten lassen, das deutsche Volk habe wegen seiner Unterlegenheit und Schwäche im Kampf sein Existenzrecht verwirkt. So erwies er sich ein letztes Mal als "hochmütig".

Das mittelfr. Hauptwort poignal bedeutet Faust, was man in der Faust hält und besonders einen Schwertknauf. In Anlehnung daran hat N. das Verbum poignaler gebildet, mittelfr. poigner, modern empoigner. Es war, der modernen Zeit gemäß, kein Schwert, in das Hitler sich stürzte, sondern eine Pistole, mit der er sich erschoß.

In seiner Churchill-Biographie kommt S. Haffner zu dem Urteil, der britische Kriegspremier habe "mit aller Welt zwei Fehleinschätzungen geteilt: die Überschätzung der Luftmacht und die Unterschätzung Rußlands". Wie um dieses unter Historikern verbreitete Urteil zu widerlegen, streut Churchill in seine Erinnerungen des öfteren Anmerkungen ein, die belegen sollen, wie oft und wie früh er auf eine verstärkte Einbeziehung Rußlands in die Kriegsanstrengungen der Alliierten gedrungen habe. Doch erst als sich im November 1943 in Teheran der amerikanische Präsident Roosevelt mit Stalin verbündete, wurde der mögliche Beitrag Rußlands zu einem Sieg über Hitlerdeutschland realistischer bewertet. Demnach ist mit dem "Großen, der wenig galt" (le grand qui peuvalloyt), Stalin bzw. Rußland gemeint. Rußland war bei Hitlers Überfall auf einen Krieg (noch) nicht vorbereitet, und dem Land wurde 1942 kaum zugetraut, sich selbst zu verteidigen, geschweige denn einen Beitrag zur Besiegung Hitlers leisten zu können. Doch russische Truppen waren es, die eine Wende des Krieges erreichten, noch bevor die Amerikaner massiv eingriffen, und so einen, gemessen an der anfänglichen Geringschätzung, "erstaunlichen Ausgang" (cas merueilleux) herbeiführten.

Die ersten beiden Verszeilen, die den Beitrag Rußlands zum Sieg über Deutschland würdigen, und die letzten beiden Verszeilen, die auf das Ende Hitlers abheben, sind dadurch miteinander verzahnt, daß es die Truppen des "gering geschätzten Großen" waren, die Berlin eroberten und den deutschen Diktator in den Selbstmord trieben.

01/06 L' oeil de Rauenne sera destitué,/ Quand à ses pieds les
aesles failliront,/ Les deux de Bresse auront constitué/
Turin, Verseil que Gauloys fouleront. (1555)
[Italien 19. Jahrhundert/ Papst Pius IX.]
Das Auge Ravennas wird herabgesetzt sein,/
wenn zu seinen Füßen die Flügel sinken werden./
Die zwei von Bresse werden aufgerichtet haben/
Turin, Vercelli, welche (die) Gallier mißachten werden.

1) Altfr. v. destituer 1° entfernen, beseitigen (écarter) 2° herab-
setzen, schmälern (déprécier) 3° Unterstützung, Hilfsmittel entziehen (priver de soutien, des ressources), lat. v. destituere
allein lassen, im Stich lassen, täuschen.

Ravenna gehörte zum Kirchenstaat, welcher 1870 dem neuen Nationalstaat Italien zugeschlagen wurde. Das geschah gegen den Willen Papst
Pius' IX., der sich anschließend als >Gefangener im Vatikan< bezeich-
nete, 8/8. Er verlor nach eigener Auffassung seine Freiheit, was hier mit
dem Niedersinken der Flügel angedeutet ist. Nicht als Papst, aber als
Fürst des Kirchenstaats wurde er abgesetzt, seiner weltlichen Macht
beraubt. - Das Auge galt als göttliches Organ, steht für göttliche
Eigenschaften wie Allwissenheit und Weisheit. Weil er sich - etwa zur
gleichen Zeit, nämlich im Jahr seiner Absetzung als weltlicher Herrscher -
Unfehlbarkeit zuschreiben ließ, 8/53, wird das gemeinte Kirchenober-
haupt hier >das Auge< Ravennas genannt. - Die Bresse, eine
Landschaft zwischen der Saône und dem Westrand der Alpen, gehörte
bis 1601 zum Herzogtum Savoyen, kam dann an die französische Krone.
Savoyen, allerdings ohne die französische Bresse, gehörte seit 1815
wieder zum Königreich Sardinien-Piemont. Dessen König Viktor Emanuel
aus dem Haus Savoyen-Carignano war zusammen mit seinem aus Turin
stammenden Minister Graf Cavour (= die zwei von Bresse) Vorkämpfer
der italieni-schen Einigung. - Diese Männer werden "Turin und
Vercelli aufrichten", Städte auf dem Gebiet Sardinien-Piemonts. Dessen
König ließ sich 1861 als Viktor Emanuel II. zum König von Italien
ausrufen. Diese Gründung wurde gegen die Interessen des imperialen
Frankreich vollzogen, Vz 4, das den italienischen Partikularismus und
besonders des Kirchenstaat erhalten wollte, 5/92.

05/56 Par le trespas du tresuieillard Pontife/ Sera esleu Romain
de bon aage:/ Qui sera dict que le siege debiffe,/
Et long tiendra & de picquant ouvrage. (1568)
[Päpste Pius XI./ Pius XII.] (Kommentar S. 28)
Durch das Hinscheiden des sehr greisen Pontifex/
wird (ein) Römer gewählt werden in gutem Alter./
Von ihm wird es heißen, der Thron sei ausgestrichen,/
doch lange wird er ihn innehaben, und mit hervorstechender Bemühung.

3) V. debiffer ist nicht gebräulich, kann aufgefaßt werden als
Intensivum von biffer ausstreichen (raturer), zerkratzen (rayer),
sperren (barrer), streichen (supprimer).

Par le trespas du tres vieillard Pontife
Sera esleu Romain de bon aage,
Qui sera dict que le siege debiffe,
Et long tiendra & de picquant ouvrage.

(Textfassung bei Benoist Rigaud, Lyon 1568)

Übersetzung:

Durch das Hinscheiden des sehr greisen Pontifex
wird gewählt werden (ein) Römer in gutem Alter.
Von ihm wird es heißen, der Thron sei ausgestrichen,
doch lange wird er ihn innehaben, und mit hervorstechender Bemühung.

Kommentar zu 5/56:

Von den fünf Päpsten, die seit der Veröffentlichung des Verses im Jahr 1558 in Rom geboren wurden, sind es nur Paul V. (1605-1621) und Pius XII. (1939-1958), die hier in Frage kommen. Die beiden inhaltlichen Hinweise sind eindeutig Pius XII. zuzuordnen.

Eugenio Pacelli wurde am 2.3.1876 als Sproß eines alten römischen Adelsgeschlechtes in Rom geboren, war "Römer" nach Heimat und Herkunft. Mit 63 Jahren wurde er 1939 zum Papst gewählt und war damit in einem für neue Päpste durchschnittlichen, aber noch "guten Alter". Er löste als Pius XII. Papst Pius XI. ab, der im Alter von 82 Jahren hinübergegangen war (trespas), **5/21**, und stand der Kirche bis ins Jahr 1958 vor.

In den beiden Angaben, die den Papst und seine Amtsführung charakterisieren, spiegelt sich die ausgesprochene Gespaltenheit des Urteils der Mit- und Nachwelt über Pius XII., welche selbst zum Kennzeichen dieses Pontifikats wurde. Es ist davon die Rede, was "über ihn gesagt werden wird". Es werde heißen, daß in seiner Zeit "der Thron ausgestrichen" oder "für ungültig erklärt" worden sei. Man hätte hier vermuten können, daß die Rechtsstellung des Papstes oder der katholischen Kirche Einbußen erleiden werde, oder daß die Kirche in politischer Hinsicht einen Einfluß verlieren werde, der ihr bis dahin zu Gebote stand.

Gemeint sind die Stellungnahmen des Vatikans zu den Greueln der Judenvernichtung im nationalsozialistisch beherrschten Europa, welche deren Verurteilung durch die Kirche zwar erkennen ließen, aber so diplomatisch zurückhaltend formuliert waren, daß sie von vielen Zeitgenossen als Schweigen der Kirche und als Versagen des Papstes empfunden wurden. Pius XII. tat Vieles, um Menschen zu retten und retten zu lassen, wählte aber öffentlich die Zurückhaltung. Als Grund dafür wurde später angegeben, daß durch deutliche Worte Repressionen der Machthaber geschürt und noch mehr Menschen dem Tod ausgeliefert worden wären. **Von den Betroffenen wurde sein Verhalten als Schweigen der Kirche gedeutet. Das hat der Seher wahrgenommen. Dieses Verhalten werde nicht verstanden und dem Papst als Versagen angekreidet werden**, 6/31.

Der wahre Grund für die Zurückhaltung lag eher darin, daß der Papst das deutsche Regime wie zuvor schon den italienischen Faschismus als Bollwerk gegen den Kommunismus begrüßt und unterstützt hatte, **5/21**. Damit hatte er sich und seine Kirche mitten in den politischen Kampf hineingestellt. Deutlichere Worte zum Holokaust hätten das Eingeständnis eigener politischer Fehleinschätzungen bedeutet. Das brachte dieser Mann offenbar nicht über sich.

Daß er "höchste Bemühung" oder "deutlichste Ausarbeitung" (picquant ouvrage) walten ließ, ist ein Hinweis auf die Arbeit dieses theologisch hochgebildeten Papstes an Kirchenrecht und Dogma, dessen Kanon er erweiterte.

01/57 Par grand discord la trombe tremblera./ Accord rompu
dressant la teste au ciel:/ Bouche sanglante dans le
sang nagera:/ Au sol la face ointe de laict & miel. (1555)
[Hinrichtung Ludwigs XVI.]
Unter großem Mißklang wird der Sturm erbeben./
Der Zusammenklang unterbrochen, hebt man den Kopf zum Himmel./
Ein blutender Mund wird in dem Blut schwimmen,/
am Boden das Antlitz, das mit Milch und Honig gesalbte.

1) N.f. trombe Windhose, Wasserhose. Idiom arriver en trombe
mit Getöse daherkommen, angesaust kommen.

Mit Milch und Honig aus der goldenen Ampulle wurden die französischen
Könige bei ihrer Krönung in Reims gesalbt. Es ist also ein König von
Frankreich, dessen "Antlitz am Boden" liegt und im Blut schwimmt. Es
kommt nur Ludwig XVI., der letzte König des Ancien Régime in Frage, der
am 21.1.1793 hingerichtet wurde. Der Vers zeichnet mit wenigen
Strichen, doch in plastischer Deutlichkeit die Szenerie dieser Hinrichtung.
Zitat aus einem zeitgenössischen Flugblatt in deutscher Sprache (nach
Pabst 1989): "Als der Scharfrichter ihm die Haare abschnitt, ward er
erschüttert, wendete sich an das Volk, und sagte mit lauter Stimme:
>Franken: ich sterbe unschuldig. Von diesem Schaffotte herunter, in dem
Augenblick, da ich bereit bin vor Gott zu erscheinen, sage ich euch diese
Wahrheit! doch ich verzeihe meinen Feinden, und wünsche, daß
Frankreich - - < Hier wirbelten die Trommeln, wodurch die Stimmen, die
Gnade riefen, erstickt wurden, und die Henker banden ihm Hände und
Füße auf ein Brett, und streckten den Körper auf die Guillotine oder
Kopfmaschine! Die Exekution dauerte nicht 8 Sekunden, und kaum war
der Streich geschehen, als sich ein allgemeines Geschrei erhob: >Es
lebe die Nation! Es lebe die Republik!< ... Der Henker nahm hierauf den
Kopf, und zeigte ihn zweimal dem jubelnden Volke, und der Rumpf ward in
den Korb gelegt...". - Für den königstreuen Seher erzeugten die
Trommeln einen "Mißklang", denn in seiner Schau war es eine Blutschuld,
die das Volk damit auf sich lud, **4/49.**
---> 6/57, 10/57 (FR)

03/57 Sept foys changer verrés gent Britannique/ Taintz en sang en deux
cent nonante an:/ Franche (l) non point par apui Germanique./
Aries doute son pole Bastarnan. (1555)
[Großbritannien 1649 bis 1939/ 2. WK] (Kommentar S. 32)
Siebenmal werdet ihr sich wandeln sehen (das) britannische Volk,/
gefärbt im Blut in zweihundertneunzig Jahren./
Frei ganz und gar nicht durch germanische Hilfe,/
Widder zögert (mit) seinem bastarnischen Volk.

3) Manche spätere Ausgaben haben France. Die weibliche
Form des Adjektivs franc, franche steht wegen gent, das meist
n.f. ist, worauf es sich demnach bezieht. Es kann bedeuten
1° adlig, edelmütig (noble) 2° frei (libre) 3° fränkisch, Franke.
4) V. douter zweifeln, Bedenken tragen. Alte Bedeutungen
(großer Larousse): sich fragen (se demander si); zögern (hésiter
à); argwöhnen, verdächtigen (suspecter)
4) Altfr. I. n.f. pole Mädel (jeune fille), > lat. puella II. n.m. pole,
pule Volk (peuple), Masse, Gewimmel (foule), Menge (multi-
tude), > lat. populum III. pole 1° n.f. Huhn (poule), > lat. pullus
2° n.m. Hahn (coq).

04/57 **Ignare enuie au grand Roy supportee,/ Tiendra propos deffendre**
les escriptz:/ Sa femme non femme par vn autre tentee,/
Plus double deux ne fort ne criz. (1568)
[Heinrich II.] **>Unwissender< Verdruß wird dem großen König**
zugetragen,/ er wird die Äußerung machen, die Schriften zu verbieten./
Seine Frau, (die) nicht (seine) Frau (ist), durch einen anderen
>in Versuchung geführt<,/
mehrere, zwei doppelte machtlos, (werden) nicht gerufen.

Bei Allgeier (1988) findet sich eine treffende Deutung. Der Seher hatte
seinen König, Heinrich II., vor Kämpfen gewarnt, weil sein Leben dabei
gefährdet sei, und hatte dies auch in einigen Versen niedergelegt, 1/35,
3/55. Die Warnung wurde von seiner Frau Katharina, doch nicht vom
Adressaten selbst ernst genommen, war ihm nur "unwissender Verdruß"
(ignare enuie), weil er Zukunftsschau für unmöglich hielt. Die Mätresse
des Königs, Diane de Poitiers, wurde durch einen anderen Astrologen
ebenfalls gewarnt. Beide Frauen beschworen den König, die Teilnahme am Turnier im Juli 1559 abzusagen. Doch dieser wollte sich
durch die Leichtgläubigkeit der Frauen in seiner Umgebung nicht
beirren lassen. Die abwertenden Termini (unwissender Verdruß, >in
Versuchung geführt<) widerspiegeln die Haltung des Königs und
klingen aus des Sehers Mund hintersinnig, denn so kam es, daß die
Voraussage sich erfüllte.

06/57 **Celuy qu' estoit bien auant dans le regne,/ Ayant chef rouge**
proche à la hierarchie:/ Aspre & cruel, & se fera tant craindre,/
Succedera à sacré monarchie. (1568)
[Französische Revolution/ Napoléon I.]
Jener, der es weit gebracht hatte in der Herrschaft/
und dabei (einen) roten Vorgesetzten hatte nah bei der Hierarchie,/
(ist) hart und grausam und wird dafür sorgen, daß man ihn sehr fürchtet./
Er wird die heilige Monarchie beerben.

Robespierre stieg für kurze Zeit zum wichtigsten Mann der Republik
auf, wird deshalb in 9/77 und 10/57 als "König" bezeichnet. Er wurde
wegen der vielen Bluturteile, die durch seinen Einfluß zustandekamen,
gefürchtet. Vor seiner Karriere war er Anwalt. - Napoléon
wurde Ende 1793 auf Vorschlag eines Kommissars des Wohlfahrtsausschusses, des Bruders Robespierres, zum Brigadegeneral ernannt.
Das revolutionäre Regime und seine Vertreter nennt N. rot, weil es aus
der blutigen Auflehnung gegen die alte Ordnung hervorgegangen war,
1/3. Nach dem Ende der Terreure wurde Napoléon 1795 von Barras,
einem Mitglied des Wohlfahrtsausschusses protegiert (roter Vorgesetz-
ter) und stieg zum kommandierenden General des Innern auf. In dieser
Stellung bewies er seine republikanische Gesinnung durch Niederschlagung innerer Unruhen. - Nach dem Staatsstreich vom
9.11.1799 wurde Napoléon erster Konsul unter der neuen Verfassung.
Faktisch errichtete er eine Militärdiktatur mit demokratischem Anstrich.
Gefürchtet wurde sein Polizeiminister Fouché. Im Dezember 1804
krönte sich Napoléon zum Kaiser und hat insofern "die heilige
Monarchie beerbt".
---> 1/57, 10/57 (FR)
---> 8/57 (Napoleon)

08/57 De souldat simple paruiendra en empire,/ De robe courte paruiendra
à la longue/ Vaillant aux armes en eglise ou plus pyre,/
Vexer les prestres comme l' eau fait l' esponge. (1568)
Variante: "De robe contre..." (Ed. Chevillot, 1611)

[Napoléon I.]
Vom einfachen Soldaten wird er zum Imperium emporkommen,/
von dem kurzen Kleid wird er es bringen zum langen./
Mutig mit Waffen gegen (die) Kirche, wo (er) noch schlimmer (ist),/
zu plagen die Priester, wie der Schwamm (es mit) dem Wasser macht.
2) Das Attribut contre bildet hier den Gegenpart zu longue,
so daß die Lesart courte zutreffen dürfte.

Als die Revolution 1789 in Frankreich ausbrach, war Napoleone
Buonaparte nicht einfacher Soldat, sondern Offizier in der Armee des
Königs von Frankreich, aber noch völlig unbekannt und undekoriert. Das
wallende Gewand eines Kaisers hatte er seinem genialen Feldherrentum
zu verdanken, was durch den Mut mit den Waffen angedeutet wird. Mit
der katholischen Kirche ging er recht unsanft um, Friedensschlüsse bzw.
Waffenstillstände ließ er sich teuer bezahlen. Die Verstaatlichung von
Kirchengütern in Frankreich war nicht sein Werk, aber die Ausdehnung
der Säkularisation auf weite Teile Europas geht auf seine Feldzüge
zurück.
---> 6/57 (Napoleon)

10/57 Le subleué ne cognoistra son sceptre,/ Les enfans ieunes des
plus grands honnira:/ Oncques ne fut un plus ord cruel estre,/
Pour leurs espouses à mort noir bannira. (1568)

[Französische Revolution/ Robespierre]
Der Emporgekommene wird sich nicht auf sein Szepter verstehen,/
die kleinen Kinder der Größten wird er mißhandeln./
Nie gab es ein schändlicheres, grausameres Wesen,/
wegen ihrer Frauen wird (der) finstere König (sie) tödlich ächten.
1) Lat. v. sublevare aufrichten, emporheben.
2) Altfr. v. honir 1° entehren (deshonorer), verwünschen
(maudire) 2° mißhandeln (maltraiter) 3° beschmutzen, besudeln
(salir).
3) Altfr. Adjektiv ord 1° gemein (sale), schändlich (ignoble)
2° abstoßend (repoussant).

Die Kinder Ludwigs XVI. wurden nach dem fehlgeschlagenen Fluchtversuch der Königsfamilie gefangengehalten. Durch die Todesurteile
gegen ihre Eltern wurden sie zu Waisen. Der kleine Dauphin wurde einer
Handwerkerfamilie zur Umerziehung übergeben. Er wurde schwer krank
und ist wahrscheinlich als Kind gestorben. -   Nach dem Gesetz
über Verdächtige vom 17.9.1793 war schon der Umgang mit Personen,
die vor Gericht als Anhänger der alten Ordnung bekannt waren, ein Grund
dafür, verhaftet zu werden. So konnten z.B. Männer, deren Frauen zu
eidverweigernden Priestern gingen, belangt werden. -   Der
"Emporgekommene" ist Robespierre, der die Blutjustiz in Gang setzte und
hielt. Als "König" wird er auch in 9/77 bezeichnet.
---> 1/57, 6/57 (FR)

Sept foys changer verrés gent Britannique
Taintz en sang en deux cent nonante an:
Franche non point par apui Germanique.
Aries doute son pole Bastarnan.

(Urfassung bei Macé Bonhommé, Lyon 1555)

Übersetzung der Urfassung:

Siebenmal werdet ihr sich wandeln sehen (das) britannische Volk,
gefärbt im Blut in zweihundertneunzig Jahren.
Frei ganz und gar nicht durch germanische Hilfe,
Widder zögert mit seinem bastarnischen Volk.

Kommentar zu 3/57:

Der germanische Stamm der Bastarner siedelte nördlich der Donaumündung, nahe
den nomadischen Sarmaten des Weichsel- und Wolgaraums, 3/58. Der "Widder"
gibt durch das besitzanzeigende "sein" Begehrlichkeit bezüglich der "Bastarner" zu
erkennen, "zögert" aber zugleich. Hitler suchte im Osten Europas >Lebensraum<
für sein Volk. Den Termin für den Einmarsch nach Polen hat er mehrmals ver-
schoben. Im September 1939 war es dann soweit. An dem Krieg war England als
Garantiemacht Polens von Anfang an beteiligt. Der "Widder", dem der Mars, der
römische Kriegsgott zugeordnet wird, steht hier für das zum Krieg aufgerüstete
Deutschland.

Von 1939 rückwärts kommt man nach 290 Jahren auf 1649, ein herausragendes
Jahr in der englischen Geschichte. Es markiert das Ende des Bürgerkrieges und
brachte die Abschaffung des Oberhauses und der Monarchie durch die militanten
Puritaner. König Karl I. Tudor wurde im Januar hingerichtet, 9/11. Anschließend
errichtete Cromwell, ein großer "Schreier", 3/81, und "Schlächter", 8/76, eine
puritanische Diktatur.

Die Gemeinsamkeit der Jahre 1939ff und 1649 ist, was Großbritannien bzw.
Britannien angeht, die Gefährdung der bestehenden Ordnung durch Bedrohung
von innen oder von außen. Das werde es zwischen 1649 und 1939 noch weitere
fünf Male geben, läßt sich ableiten.

1) Aus der Sicht des königstreuen N. ging es zunächst um die Wiederherstellung
der Monarchie. Karl II. kämpfte um den Thron seines Vaters, mußte sich aber
1651 in offener Feldschlacht gegen Cromwell geschlagen geben und konnte erst
nach dessen Tod 1660ff. auf den restaurierten Thron zurückkehren, 10/4.

2) Doch das Reich werde in Aufruhr bleiben, 8/58, bis 1688/89. Der König wurde
vertrieben, 3/80, allerdings ohne Blutvergießen. Eine konstitutionelle Monarchie,
gestützt auf die anglikanische Staatskirche, trat an die Stelle des absoluten Königtums der katholischen Stuarts. Aus Sicht N.s war das keine wirkliche Monarchie
mehr, 10/22, es kam ein >Bastard< auf den Thron, 3/80.

3) 1715 kam mit dem Kurfürsten von Hannover ein "deutscher Fürst aus weit entfernten Landen" auf den "goldenen Thron" Großbritanniens, 2/87. Diese Sukzes-
sion war umstritten, die katholischen Jakobiter mußten niedergekämpft werden.

4) In die Kriege gegen das revolutionäre Frankreich und gegen Napoleon war
England verwickelt, nahm insbesondere am zweiten und fünften Koalitionskrieg teil
und war schweren wirtschaftlichen Sanktionen ausgesetzt, 2/94, 10/40.

5) Englands Teilnahme am ersten Weltkrieg ist nicht belegt.
Trotz des deutschen Ursprungs seines Königshauses (seit 1715) werde dem
Inselreich in seinem Bestreben, die Freiheit zu erhalten, von Deutschland nicht
geholfen werden, sondern im Gegenteil werde es 1939ff. von dort bedroht werden.
So dürfte Verszeile 3 zu verstehen sein.

01/08 Combien de foys prinse cité solaire/ Seras (l), changeant les
loys barbares & vaines./ Ton mal s' aproche: Plus seras tributaire/
La grand Hadrie reourira (l) tes veines. (1555)
[Zweiter Weltkrieg/ Hitler] (Kommentar S. 36)
Wieviele Male erobert, Sonnenstadt,/ wirst du werden,
und (wie oft) werden sich wandeln die Gesetze, fremde und grundlose!/
Dein Unheil naht. In größerer Abhängigkeit wirst du stehen./
Der große Hadrian wird deine Adern erneut öffnen.

    4) reourira gibt es nicht. Gemeint sein dürfte reouvrira, da das
    erneute Öffnen (reouvrir) ein Objekt verlangt, als welches die
    "Venen" einen Sinn ergeben, im Unterschied zur Interpolation
    recourira in der Ausgabe von 1568.
    4) In 2/55 ist mit "Hadrie" eine männliche Person gemeint. Da
    "Hadrie" hier als handelnde Person auftritt, ist es wahrscheinlich,
    daß diese Person auch hier gemeint ist (und nicht die Adria).
    Statt "La" hätte daher "Le" stehen sollen.
    ---> 3/58 (2.WK/ Hitler)

02/08 Temples sacrés prime facon Romaine/ Reieteront les goffes
fondements,/ Prenant leurs loys premieres & humaines,/
Chassant, non tout, des saints les cultements. (1555)
[Französische Revolution] (Kommentar S. 37)
Die Tempel, geweiht nach ursprünglicher römischer Art - /
sie werden die schweren Fundamente verwerfen,/
indem sie sich ihren >ersten und menschlichen Gesetzen< unterstellen/
und die Verehrung fast aller Heiligen abschaffen.

    2) Mittelfr. adj. goffe schlecht gewachsen (mal fait), grob, plump
    (grossier), schwer, schwerfällig (lourd).
    Prov. adj. goffe, goffo geschwollen (gonflé), aufgetrieben
    (bouffé). Ital. adj. goffo plump, schwerfällig.
    3) Altes Idiom prendre la loy, des loys sich dem Gesetz oder den
    Gesetzen unterstellen oder unterwerfen.
    4) cultement ist eine reimbedingte Abwandlung des n.m. culte
    Gottesverehrung, Kult, Religionsausübung.
    ---> 6/8 (FR)

04/08 La grâd cité d' assaut prompt repentin/ Surprins de nuict,
gardes interrompus/ Les excubies & veilles saint Quintin/
Trucidés, gardes & les pourtails rompus. (1555)
[Bartholomäusnacht 1572]
Die große Stadt von plötzlichem, unvermutetem Angriff/
überrascht des nachts, Schutzleute ausgeschaltet./
Die Wachmannschaften und Wachen (von) St. Quentin/
umgebracht, Schutzleute und die Portale zerschlagen.

    1) Lat. adj. repentinus plötzlich, unvermutet.
    3) Lat. n.m. excubitus, n.f.pl. excubiae Wache, Wachtposten.

Bei Allgeier (1988) findet sich eine passende Deutung. Ende August
1572 waren in Paris wegen der Vermählung des Hugenotten Heinrich von
Navarra mit Marguérite de Valois, einer Tochter der Königinwitwe
Katharina von Medici, fast der gesamte hugenottische Adel des Landes
anwesend. In der Nacht vom 23. auf den 24. August gab der wider-
strebende König Karl IX. auf Betreiben der Guisen und seiner Mutter den
Befehl zum Losschlagen, 4/47. Mehrere tausend Hugenotten wurden

niedergemetzelt, darunter auch ihr Anführer Admiral Gaspard de Coligny. Die zu seinem Schutz abgestellten zwölf Schweizer wurden umgebracht oder gefangengesetzt. Coligny hatte sich 1557 bei St. Quentin gegen die Spanier für den König von Frankreich geschlagen. - Die Hochzeit ging als Bluthochzeit, die Nacht als Bartholomäusnacht in die Geschichte ein.

06/08 **Ceux qui estoyent en regne pour scauoir,/ Au Royal change deuiendront apouuris:/ Vns exilez sans appuy, or, n' auoir,/ Lettrez & lettres ne seront a grand pris.** (1568)
[Französische Revolution] Jene, die an der Regierung waren wegen ihrer Kenntnisse,/ werden beim Wechsel des Königs arm werden./ Manche werden ins Exil geschickt ohne Unterstützung, Gold, noch Habe./ Gebildete und Bildung werden nicht sehr hoch geschätzt sein.
> 2) Verarmen heißt appauvrir, und so deutet das nicht gebräuchliche Wort apouvris darauf hin, daß die Gemeinten auch Macht (pouvoir) verlieren, in Übereinstimmung mit Vz 1.

Bildung war im Ancien Régime weitgehend ein Privileg von Adel und Klerus. So bedeutete die Flucht vieler Adliger aus dem Land der Revolution auch einen Aderlaß an der Schicht der Gebildeten. Am 23.10.1792 verhängte der Konvent die Verbannung auf Lebenszeit über die Emigranten, die dadurch langfristig ihre Güter verloren.
> ---> 2/8 (FR)

03/58 **Aupres du Rin des montaignes Noriques/ Naistra vn grand de gents trop tart venu,/ Qui defendra SAVROME & Pannoniques,/ Qu' on ne saura qu' il sera deuenu.** (1555)
[Hitler/ Zweiter Weltkrieg] (Kommentar S. 38)
Am Rhein der norischen Berge wird ein Großer geboren werden/ von dem zu spät gekommenen Volk./ Dieser wird Sarmatien und Pannonien verteidigen./ Und man wird nicht wissen, was aus ihm geworden ist.
> --> 1/8 (2.WK/ Hitler)

08/08 **Pres de linterne dans de tonnes fermez,/ Chiuaz fera pour Aigle la menee,/ L' esleu cassé luy ses gens enfermez,/ Dedans Turin rapt espouse emmenee.** (1568)
[Italien 1859ff.] Nah bei Literno (sind sie) von Kanonen eingeschlossen./ Chivasso wird wegen des Adlers das Manöver veranstalten./ Der Gewählte abgesetzt, er (und) seine Leute eingesperrt,/ nach Turin (wird) geraubte Gemahlin weggeführt.
> 1) Mittelfr. n.f. tonne großes Faß (grand tonneau). Mittelfr. n.m. tonneau bedeutete auch: Element einer Befestigung oder eine Art einfache Kanone (engin de guerre, sorte de bombarde).
> 4) N.m. rapt Menschenraub. Aber hier ist rapt als ein verkürztes lat. p.p.p. rapta geraubt aufzufassen, attributiv zu espouse.

Chivasso, eine Stadt nicht weit von Turin, steht hier für Turin. Der "Adler" ist das alte Signum des Kaiserreichs. Unterstützt vom >Adler<, Kaiser Napoleon III., führte Sardinien 1859 Krieg "wegen des" anderen "Adlers" Österreich, um die Einigung Italiens gegen die österreichischen Interessen voranzubringen. - Bei Literno am Fluß Volturno in der Tiefebene nördlich Neapel kämpften 1860 mit gleicher Zielrichtung die Truppen des Freischärlers Garibaldi gegen die Armee des Königs beider

Sizilien. Der kapitulierte im Februar 1861. - Im März 1861 riefen die Anhänger des risorgimento das neue Königreich Italien aus, dessen provisorische Hauptstadt Turin wurde (1861-65). In ihm gingen das Königreich Sardinien-Piemont und das Königreich beider Sizilien auf. Als "geraubte Gemahlin" werden hier die Völker Süditaliens bezeichnet, weil sie von da an dem König von Italien verbunden waren, von ihm >heimgeführt< wurden, 4/2. Zu >Dame< und König s. 8/70. - "Der Gewählte", Papst Pius IX., mußte im Dezember 1860 hinnehmen, daß der größte Teil des Kirchenstaates besetzt wurde. Im September 1870 wurde der Rest des kirchlichen Territoriums an Italien angegliedert. Pius wurde "abgesetzt", nicht als Papst, aber als weltlicher Herrscher. Er war beleidigt und nannte sich selbst einen >Gefangenen im Vatikan<.

08/58   Regne en querelle aux freres diuisé,/ Prendre les armes & le nom Britannique/ Tiltre Anglican sera tard aduisé,/ Surprins de nuict mener à l' air Gallique. (1568)
[Karl II./ Jakob II. von England]
Reich in Aufruhr, unter den Brüdern entzweit,/ sie greifen zu den Waffen und nehmen den britannischen Titel an./ Anglikanisches Anrecht, darauf hat man es schließlich abgesehen./ Nächtliche Überraschung führt in gallische Luft.

1) V. diviser teilen, trennen; metaphorisch: entzweien.
3) Altfr. v. aviser 1° ansehen, betrachten (regarder, considerer)
2° wahrnehmen (apercevoir), wiedererkennen (reconnaître)
3° auf etwas zielen, nach etw. trachten (viser).

Karl II. wurde 1660 König von England und Schottland, 10/4, nahm "den britannischen Titel" an. England und Schottland sind zusammen Britannien. Er versuchte sein Land zu einen, gerade auch in religiöser Hinsicht (Act of Indulgence 1672). Gelungen ist ihm das wegen des politischen Widerstandes nicht. Das Parlament zwang ihm sogar ein Gesetz auf, das nur Bekennern der anglikanischen Kirche den Zutritt zu Ämtern ermöglichte. Schließlich wurden Katholiken ausdrücklich ausgeschlossen von Hof und Parlament. An der Frage der Ausschließung seines katholischen Bruders von der Thronfolge entzündete sich ein Streit, der das Land bald in die Nähe eines erneuten Bürgerkrieges brachte ("sie greifen zu den Waffen"). - 1685, als Karl starb, wurde sein Bruder als Jakob II. König von England und Schottland. Dessen absolutistische, Katholiken bevorzugende Politik entfremdete ihn seinen Untertanen. Aus Sicht der Anglikaner wollte er der >Scheidung< des Landes von Rom nicht zustimmen, 10/22. So war das "Reich" auch unter ihm "entzweit". Die englischen Protestanten wollten ihre Kirche als Staatskirche durchsetzen, hatten es "auf anglikanisches Anrecht abgesehen". - Daher ließ man im November 1688 "das Tor über dem Ozean offen" stehen, 2/68, d.h. setzte einer Invasion der Insel durch den protestantischen Wilhelm von Oranien, den Schwiegersohn Jakobs, keinen Widerstand entgegen. - Einen Monat nach dessen Landung sah sich der König gezwungen, das Land zu verlassen. Bei seiner Flucht in der Nacht vom 10. auf den 11. Dezember mit einem Zollhausboot wurde er gefaßt, ausgeraubt, dann erst als König erkannt und nach London zurückgebracht (nächtliche Überraschung). Zwei Wochen später ließ man ihn dann ziehen, er suchte Zuflucht in Frankreich (gallische Luft).

Combien de foys prinse cité solaire
Seras (!), changeant les loys barbares & vaines.
Ton mal s' approche: Plus sera tributaire
La grand Hadrie reourira (!) tes veines.

(Urfassung bei Macé Bonhomme, Lyon 1555)

Übersetzung der Urfassung:

Wieviele Male erobert, Sonnenstadt,/ wirst du werden,
und (wie oft) werden sich wandeln die Gesetze, fremde und grundlose !
Dein Unheil naht. In größerer Abhängigkeit wirst du stehen.
Der große Hadrian wird deine Adern erneut öffnen.

Kommentar zu 1/8:

Das "Gesetz der Sonne" ist in Vers **5/72** eine Lebens- und Rechtsordnung, die im christlichen Glauben wurzelt. "Tempel der Sonne" heißt in Vers **8/53** der Kirchenstaat, der große Teile Mittelitaliens umfaßte. Die Sonne dient dem Katholiken N. als Symbol des in Christus offenbar gewordenen Gottes. Daher ist hier der Ort gemeint, von dem aus das geistige Licht des Evangeliums überall verbreitet werden soll, so wie das natürliche Licht der Sonne die ganze Erde bescheint. Die "Sonnenstadt" ist demnach Rom.

Rom also werde erobert und fremden, grundlosen Gesetzen unterworfen werden, und es wird deutlich, daß N. mehrere solcher Eroberungen erschaute. Zur Zeit Napoléons standen große Teile Europas, darunter Italien, unter seiner Vorherrschaft. Selbstherrlich schuf er Staaten auf dessen Boden. Um seiner gegen England gerichteten Kontinentalsperre auch in Italien Geltung zu verschaffen, 2/94, wurde Rom am 2.2.1808 von französischen Truppen besetzt, die sich am Ende des Jahres aus dem Kirchenstaat wieder zurückzogen.

In Hitlers Krieg war das faschistisch beherrschte Italien zunächst sein Verbündeter. Doch als in Italien unter dem Eindruck der vordringenden alliierten Invasion des Landes der Duce abgesetzt und ein Waffenstillstand mit dem Kriegsgegner vereinbart worden war, ließ Hitler das Land und seine Hauptstadt besetzen, 5/81. Das Land war vollkommen ohnmächtig und zum Kampfplatz des Großdeutschen Reiches in dessen Todeskampf herabgesunken, war insofern "abhängiger" - von der Willkür des Usurpators und dem Befreiungskampf der Alliierten - als jemals zuvor.

Im Bild des >Öffnens der Adern< Roms ist enthalten, daß sich jemand Zutritt verschafft und die Stadt >ausbluten< läßt, sie des Lebens beraubt, des Lebens nach eigener Bestimmung und aus eigenem Recht.

Hitler erhält hier den Decknamen "Hadrian", den Namen eines Kaisers der römischen Antike, der an der Spitze des damaligen Weltreichs stand, so wie Hitler die Vorherrschaft über Europa für einige Jahre erzwang, 9/90. Aber warum gerade Hadrian ? Unter Kaiser Titus wurde 70 n. Chr. Jerusalem zerstört, der dortige jüdische Kultus erlosch, die Diaspora des jüdischen Volkes begann. Die in Judäa ansässig gebliebenen Juden erhoben sich noch einmal (Bar-Kochba-Aufstand), als während des Feldzuges Hadrians gegen die Parther die Hoffnung aufkeimte, Rom könne zurückgedrängt werden. Daraufhin ließ Hadrian Jerusalem bis auf die Grundmauern zerstören. **Es ist der Wille Hadrians, das unbotmäßige Volk ein für allemal und restlos zu besiegen, weshalb der Seher ihn als antikes Vorbild für Hitler erkannte, der das jüdische Volk ausrotten, es restlos vernichten wollte.**

Temples sacrés prime facon Romaine
Reieteront les goffes fondements,
Prenant leurs loys premieres & humaines,
Chassant, non tout, des saints les cultements.

(Urfassung bei Macé Bonhomme, Lyon 1555)

Übersetzung der Urfassung:

Die Tempel, geweiht nach ursprünglicher römischer Art -
sie werden die schweren Fundamente verwerfen,
indem sie sich ihren >ersten und menschlichen Gesetzen< unterstellen
und die Verehrung fast aller Heiligen abschaffen.

Kommentar zu 2/8:

Eine loy ist bei N. eine Rechtsordnung als ganze und ihr Prinzip, **2/90**. Die Philosophie der Aufklärung entwickelte im 18. Jahrhundert das Konzept der Menschenrechte, die allen Menschen gleichermaßen zugesprochen wurden. Sie sollten den Menschen kraft Geburt und von Geburt an zukommen. Wie 1776 in den USA wurde in der Revolution von 1789 die universelle Geltung der Menschenrechte zur Grundlage des neuen Staates erklärt.

Sie sind mit den "ersten und menschlichen Gesetzen" (loys premieres & humaines) gemeint. Die Anführungszeichen stehen in der gegebenen Übertragung, um das spürbare Befremden des Sehers hervortreten zu lassen, dem diese >neue Ordnung< als ein von allen guten Geistern verlassenes Chaos erschien, **2/10**. "Erste" Rechte heißen sie wegen des Vorrangs, der sie auszeichnet. Die Mehrzahl loys entspricht dem sich schnell ausweitenden Katalog dieser Rechte, welche am 13.9.1791 in Frankreich Verfassungsrang erhielten und zusammengenommen eine loy im oben angegebenen Sinne bildeten.

Diese neue Ordnung trat an die Stelle des erblichen Königtums, welches sich der bis dahin gültigen Anschauung zufolge auf einen ständig fortwirkenden Akt der Gnade des Schöpfers gründete. Damit war, wenn diese Anschauung zutraf, das Königtum im Wirklichen gegründet. Die neue Ordnung dagegen gründete sich auf den Glauben, daß der Mensch fähig sei, **seiner** Vernunft und Weisheit gemäß die Gesellschaft einzurichten. Die Philosophie meinte aus eigener Einsicht den Grund einer neuen Ordnung legen zu können, **7/14**. In dieser bezog sich alles, insbesondere auch der Freiheitsbegriff, Vorrede H (21), auf den Menschen und die Vielfalt seiner Wünsche an das Leben. Die Formel vom "Streben nach Glück" (pursuit of happiness) in der Präambel der amerikanischen Verfassung von 1776 ließ das deutlich hervortreten. **Es sind die Wünsche des Subjektiven nach einem von Beschränkungen und Leiden freien Leben, die als Menschenrechte zum Leitbild und Rechtsgrundsatz erhoben und in den Status des vermeintlich Objektiven versetzt wurden.** Deutlich ablesbar ist das z.B. an dem Satz "Die Würde des Menschen ist unantastbar" (Art. 1 des deutschen Grundgesetzes), der genaugenommen falsch ist. Denn richtig ist allein der Konjunktiv: Man hegt den Wunsch, daß es so sein möge, will also den Staat auf die Proklamation eines Wunsches gründen.

Es heißt, daß man die "Fundamente" der nach ursprünglicher römischer Art geweihten Tempel "verwerfen" werde. Gemeint ist die katholische Kirche. Vom geistigen Fundament des Königtums werde man, wie vom christlichen Glauben selbst, nichts mehr wissen wollen. Dieser Gesinnung entsprach es auch, die "Verehrung der Heiligen abzuschaffen", diese zu "vertreiben", um dem Volk die Anschauung der Gestalten zu nehmen, die sich auf Gott zubewegen.

Centurie 3, Vers 58

Aupres du Rin des montaignes Noriques
Naistra vn grand de gents trop tart venu,
Qui defendra SAVROME & Pannoniques,
Qu' on ne saura qu' il sera deuenu.
(Urfassung bei Macé Bonhomme, Lyon 1555)

Übersetzung der Urfassung:
Am Rhein der norischen Berge
wird ein Großer geboren werden von dem zu spät gekommenen Volk.
Dieser wird Sarmatien und Pannonien verteidigen.
Und man wird nicht wissen, was aus ihm geworden ist.

Kommentar zu 3/58:
Die römische Alpenprovinz Noricum mit ihrer Hauptstadt Iuvavum, heute Salzburg, lag zwischen den Provinzen Raetia und Pannonia. Ihre Ostgrenze bildete der Inn unterhalb von Kufstein. Im Norden erstreckte diese Provinz sich bis hinauf zur Donau. Der Inn entspringt wie der Rhein in den Alpen und ist darin dem Rhein vergleichbar. Mit dem "Rhein der norischen Berge" ist somit der Inn gemeint. In Braunau auf der österreichischen Seite des Inns und dem Gebiet der ehemaligen römischen Provinz Noricum, wurde am 20.4.1889 Adolf Hitler geboren, den der Seher einen "Großen" nennt, ohne damit eine Wertung zu verbinden. Groß nennt er jeden, der eine herausgehobene Machtstellung einnimmt. In **1/31** z.B. heißen Roosevelt, Churchill und Stalin "drei Große", obwohl er sie sehr unterschiedlich beurteilt, in Stalin einen blutrünstigen Menschen, 2/89, in Churchill dagegen einen realistischen Kämpfer erkennt, **5/4**.

Hitler wurde aus dem Volk geboren, das der Seher "zu spät gekommen" (trop tart venu) nennt. Deutschland hat viel später als Frankreich, England oder Spanien zur Einheit als Nation gefunden. Als es dann >da< war, hatten die anderen Nationen die Welt schon weitgehend durch Kolonialisierung unter sich aufgeteilt, so daß der Eindruck, leer ausgegangen, zu spät gekommen zu sein, für einen Deutschen am Ende des 19. Jahrhunderts entstehen konnte.

Die ersten beiden Verszeilen handeln von der Geburt eines "großen" Deutschen, die beiden letzten Zeilen schlagen die Brücke zu seinem Tod. Sauromatae oder Sarmatae hießen zur Zeit des antiken römischen Kaiserreiches Nomadenvölker, welche den Raum zwischen Weichsel und Wolga besiedelten. Diese Gebiete, den osteuropäischen Raum einschließlich der ungarischen Tiefebene, des antiken Pannonien, mußte die deutsche Wehrmacht in der Endphase des zweiten Weltkrieges gegen die anstürmenden sowjetischen Truppen verteidigen.

Nach Hitlers Tod gab es - nicht nur bei Parteigängern - noch lange Gerüchte, er habe irgendwohin entfliehen können. Auch z.B. Stalin glaubte das. Man "wird nicht wissen, was aus ihm geworden ist" (ne scaura qu' il sera devenu). Nahrung erhielten diese Gerüchte, weil die genauen Umstände des Todes sowie der Verbleib der Überreste nicht lückenlos und sicher geklärt werden konnten. Das gelang erst in jüngster Zeit, nachdem die russischen Archive zugänglich wurden. Nostradamus hat gesehen, daß Hitler sich "mit der Waffe richten" würde, **2/55**, und daß "zwei auf dem Betonboden geröstet" werden würden, 6/65, die Leichen Hitlers und seiner Frau, welche nach der Selbsttötung mit Benzin übergossen und abgefackelt wurden.

01/09 De l' Orient viendra le cueur Punique/ Facher Hadrie & les
hoirs Romulides,/ Acompaigne de la classe Libycque,/
Trembler (!) Mellites: & proches isles vuides. (1555)
[Zweiter Weltkrieg/ Hitler]
**Vom Morgenland her wird er kommen, der punische Kampfesmut,/
zu erzürnen Hadrian und die Erben (der) Romuliden,/
begleitet von der libyschen Flotte./
Es beben die Malteser und die Nachbarinseln, (die) unbewohnten.**
1) N.f. coeur Herz, metaphorisch auch: Mut.
2) Lat. Romulides männliche Nachkommen des Romulus.
4) Lat. Melita Malta. -   Altfr. Adj. vuit, vuide 1° was nichts
enthält (qui ne contient rien), unbesetzt (inoccupé) 2° entblößt
(dépourvu) 3° wer kein Geld hat (qui n' a pas d' argent)
5° leerstehend (vacant).

Als die nach der Zerstörung des Tempels in Palästina verbliebenen Juden
sich gegen Rom erhoben (Bar-Kochba-Aufstand), wollte der römische
Kaiser Hadrian das unbotmäßige Volk ein für allemal niederwerfen und
ließ Jerusalem dem Erdboden gleichmachen. Es ist die Radikalität des
Vorgehens Hitlers gegen die europäischen Juden, weshalb er hier wie in
1/8, **2/55** und 3/11 mit dem Decknamen des römischen Kaisers genannt
wird. -   Romulus gründete der Sage nach Rom,
und die "Romuliden" sind seine Nachfahren, die Römer der Antike. Deren
"Erben" sind die italienischen Faschisten der 1920er und 1930er Jahre,
weil diese sich bei der Antike die imperiale Größe Italiens >ausleihen<
wollten, **8/66**. Die schöne Identität ihrer Ahnen reizte die Nachfahren zur
Übernahme, weil man selbst nicht viel zu bieten hatte. -   Mit
dem "punischen Kampfesmut", der "vom Morgenland" herandrängt, sind
die alliierten Kampfverbände gemeint, die Ende 1942 zunächst in Nordafrika landeten, um von dort nach dem Kontinent zu greifen. Malta war
eine zentrale Basis der alliierten Luftwaffe, von der aus Ziele in weiten
Teilen Italiens erreichbar waren. -   Es ist zu schlußfolgern,
daß mit den Namen von Ländern oder Völkern nicht diese selbst gemeint
sein müssen. Denn es war durchaus keine "libysche" Flotte, die von
nordafrikanischen Stützpunkten aus nach Italien vordrang (was N. auch
erkannte, 5/99). Die Stationierung von Truppen in Nordafrika als
Aufmarschgebiet reichte dem Seher, sie >libysch< zu nennen. Das
erweitert auch an anderer Stelle den Auslegungsspielraum und erschwert
die Deutung vor Eintreffen der Ereignisse.
---> 4/59 (2.WK)

04/59 **Deux assiegez en ardente ferueur,/ De soif estaincts pour**
deux plaines tasses:/ Le fort limé, & vn vieillart resueur,/
Aux Geneuois de Nira monstra trasse. (1568)
Variante: "...en ardante fureur" (Ed. d' Amsterdam 1668)
[Zweiter Weltkrieg/ Pétain]
Zwei Belagerte in brennender Leidenschaft/
von Durst, gelöscht von zwei vollen Tassen./
Der Starke (wird) poliert, und (ein) Alter (ist ein) Träumer./
Den Genfern wird (man) von Iran her die Richtung weisen.

1) N.m. ferveur glühender Eifer, innige Leidenschaft, Inbrunst, >
lat. fervor siedende Hitze, Glut; das Kochen, Wogen;
Leidenschaft, Feuer, Unruhe.
2) V. éteindre löschen bedeutet in milit. Zusammenhang auch
vernichten, ausrotten.   Altfr. n.f. tasse Haufen, Menge (tas),
Anhäufung, Menge (amas).   Idiome boire à la grande tasse
ertrinken (se noyer), la grande tasse das Meer (la mer).
3) N.m. fort 1. Starker 2. Stärke 3. Festung, Fort.
3) V. limer schleifen (dégrossir), polieren (polir), altfr. v. limer
1° feilen (limer) 2° nagen, beunruhigen (ronger), reizen,
erzürnen (irriter) 3° büßen (expier).
4) trasse gibt es nicht, gleichlautend n.f. trace Spur, Fußspur,
Fährte.

Bei de Fontbrune (1991) findet sich die Idee zur Deutung. Die "zwei
Belagerten" sind die Achsenmächte Deutschland und Italien im zweiten
Weltkrieg. "Brennende Leidenschaft" und "Durst" kennzeichnen den
Kampfeifer der Belagerten. Dieser >Durst< wurde von den heranrücken-
den alliierten Truppen >gelöscht<. Vom Mittelmeer her ergoß sich ab
Mitte 1943 (Landung in Sizilien), vom Atlantik her ab Mitte 1944 (Landung
in der Normandie) der Strom der Westalliierten. Zwei >volle Tassen<
überfluteten die belagerten Länder. -   Hitler bzw. Deutschland
war der "Starke", der den Krieg angefangen hatte und nun >poliert<
wurde. Der "alte Träumer" ist der damals hoch in den Achtzigern
stehende Marschall Pétain, der gehofft hatte, er werde Vichy-Frankreich
aus dem Krieg heraushalten können, 8/65. Die Realität sah ab November
1942 anders aus, als die deutsche Armee in den bis dahin unbesetzten
Teil Frankreichs einrückte. -   Genf war Sitz des
Völkerbundes, der den Krieg nicht verhindert hatte und 1946 aufgelöst
wurde. Nach 1945 wurde die Stadt das europäische Zentrum der
Vereinten Nationen. **Genf steht hier als Allegorie der Völkergemein-**
schaft. -   Deren Interesse an der Niederringung Hitlerdeutschlands
nahmen während des Krieges die Alliierten, verkörpert in den "drei
Großen" wahr, **1/31**. Sie kamen Ende 1943 erstmals in Teheran zusammen; Nira steht demnach für Iran. Dort sprachen die obersten Repräsen-
tanten der drei alliierten Mächte erstmals gemeinsam über die einzuschlagende Strategie und darüber, wo es nach dem Krieg >langgehen<
sollte (trace). -   Es wird eingewandt (Pfändler 1999 S. 39), daß
es einen Staat namens Iran erst seit 1935 gebe, vorher habe das Land
Persien geheißen. Daran hätte sich N. halten müssen. Aber die
Benennung kann man auch so deuten, daß von Vorgängen nach 1935 die
Rede ist. Im übrigen ist es nicht Sache des Interpreten, dem Seher
Vorschriften zu machen, wie er etwas zu benennen hat.

---> 1/9 (2.WK)

01/60 Vn Empereur naistra pres d' Italie,/ Qui a l' Empire sera
vendu bien cher,/ Diront auecques quels gens il se ralie/
Qu' on trouuera moins prince que boucher. (1555)
[Napoléon I.]
Ein Kaiser wird geboren werden in der Nähe Italiens./
Der wird das Reich recht teuer zu stehen kommen./
Sie werden sagen: Mit was für Leuten umgibt er sich !/
Und man wird finden, daß er weniger Fürst als Schlächter ist.
Napoleone Buonaparte wurde 1769 in Ajaccio auf Korsika als Sohn
eines niederen Adligen geboren. Mit 35, im Jahr 1804, krönte er sich
zum Kaiser der Franzosen. Nach seinen Siegen im dritten und vierten
Koalitionskrieg wurde er zum Herrscher des >Grand Empire<, das sich
auf erhebliche Teile Europas erstreckte. - Seine politischen
Erfolge hatte der Mann seinem genialen Feldherrentum zu verdanken.
Folgerichtig rückte sein Ende näher, als ihn das Kriegsglück verließ. In
seinen Feldzügen verlor das Land ungefähr eine Million Menschen.
Allein der Rußlandfeldzug, 9/99, kostete - auf seiten der Franzosen und
ihrer Verbündeten - etwa 600000 Menschen das Leben ("Schlächter").
Das war einer der Gründe dafür, daß die Macht Frankreichs nach der
endgültigen Niederlage Napoleons im Jahr 1815 verfiel. Nie mehr war
das Land seitdem in der Lage, aus eigener Kraft einen siegreichen
Krieg in Europa zu führen (Dufraisse 1994 S. 160). - Nach
der endgültigen Niederlage Napoleons bei Waterloo 1815 wurde das
imperiale Frankreich durch die Friedensordnung des Wiener
Kongresses auf sein nationales Maß zurechtgestutzt.
---> 5/60 (NAP)

02/10 Auant long temps le tout sera range/ Nous esperons vn siecle
bien senestre:/ L' estat des masques & des seulz bien changé/
Peu troueront qu' a son rang veuille estre. (1555)
[Französische Revolution] (Kommentar S. 43)
Bevor für lange Zeit das Ganze in Ordnung gebracht sein wird,/
erwarten wir ein ganz verkehrtes Zeitalter./
Der Stand der Masken und der Alleinstehenden sehr verändert,
wenige werden finden, daß sie ihrem Stand angehören wollen.
2) Altfr. Adj. senestre 1° links (gauche) 2° ungünstig,
nachteilig (défavorable), ungeschickt, unbeholfen
(maladroit), > lat. sinister 1. links 2. verkehrt
3.a) glücklich, günstig b) unheilvoll, unglücklich.
4) N.m. rang 1. Reihe 2. (militärisches) Glied 3. Platz,
Stelle 4. Rang, Stand, Stellung.

05/60 **Par teste rase viendra bien mal eslire,/ Plus que sa charge
ne porte passera:/ Si grand fureur & raige fera dire,/
Qu' à feu & sang tout sexe trenchera. (1568)
[Napoléon I.]
Durch geschorenen Kopf wird (man) ein rechtes Übel wählen,/
zu übel, als daß seine Fuhre durch die Tür kommen wird./
Ein sehr großes Toben und Wüten wird er anführen (?)/
und wird mit Feuer und Blut beide Geschlechter beschneiden.**

1) Statt "man" könnte auch "Frankreich" als Subjekt interpoliert
werden.
3) Dire sagen paßt nicht recht zu den Objekten fureur und rage.
Es ist daher zu vermuten, daß duire hätte stehen sollen. Altfr.
v. duire **I.** unterrichten (instruire), > lat. docere **II.** 1° führen
(conduire) 2° steuern (gouverner), > lat. ducere.
4) Da es nur zwei Geschlechter gibt, kann tout sexe mit "beide
Geschlechter" übersetzt werden. Vgl. "tout sexe deux" in **5/70**
(Bd.2).

Wegen seines militärisch kurzen >Cäsarenhaarschnittes< heißt Napoléon
in 1/88 und 7/13 wortgleich "geschorener Kopf". Das Plebiszit, mit dem er
sich 1804 seine Ambition auf den Kaisertitel vom Volk absegnen ließ, war
genaugenommen keine Wahl. Vielmehr >wählte< Frankreich, nämlich die
maßgebenden Kräfte des Bürgertums schon 1799 den populären General
an die Spitze, um nach Wirren und Niedergang wieder Ordnung zu
schaffen. - Das "Übel" sieht N. darin, daß mit Napoléon ein
"inhumaner Tyrann", 10/90, und "Schlächter", 1/60, an die Macht kommen
werde. In der Tat brachten seine Kriege große Menschenverluste bei
Gegnern wie Franzosen mit sich. Sein "Toben und Wüten" werde "sehr
groß" sein. Es erfaßte erhebliche Teile Europas. - Der
Cäsarenkopf werde "beide Geschlechter beschneiden", Herren wie
>Damen<, d.h. Fürsten und die ihnen >ehelich< verbundenen Völker,
8/70. Fürsten und ihre Völker, die sich Napoléon nicht unterwarfen,
waren durch das >Feuer< des Krieges bedroht. - Aber N. sah
noch eine weitere Bedrohung, nämlich die mit dem >Blut< der Revolution,
den Ideen der Aufklärung nämlich, die den Aufstand belebt hatten. Ihre
Verbreitung über ganz Europa war ein Ziel Napoléons, und sie wurde
durch seine Feldzüge beschleunigt. (Zu >Blut< in der Bedeutung von
Ideen, die eine Ordnung geistig beleben, vgl. 8/76.) - Der "Üble"
werde am Ende "mit seiner Fuhre nicht durch die Tür kommen", d.h. sein
Vorhaben nicht verwirklichen können. Die Verbreitung aufklärerischer
Ideen in Europa kann da nicht gemeint sein, sie war auf Dauer nicht
reversibel. Aber der Traum vom Grand Empire, einem französisch
dominierten Europa war 1815 zerstoben.
---> 1/60 (NAP)

Auant long temps le tout sera range
Nous esperons vn siecle bien senestre :
L' estat des masques & des seulz bien changé
Peu trouueront qu' a son rang veuille estre.

(Urfassung bei Macé Bonhomme, Lyon 1555)

Übersetzung der Urfassung:

Bevor für lange Zeit das Ganze in Ordnung gebracht sein wird,
erwarten wir ein ganz verkehrtes Zeitalter.
Der Stand der Masken und der Alleinstehenden sehr verändert,
wenige werden finden, daß sie ihrem Stand angehören wollen.

Kommentar zu 2/10:

Die Zeit nach der französischen Revolution erschien dem provencalischen Seher
als ein "ganz verkehrtes" oder "unheilvolles Zeitalter" (siècle bien senestre). Den
Grund für das Unheil glaubt er in der Hinrichtung des Monarchen Louis XVI. am
21.1.1793 zu erkennen. Diese Untat, für den Seher ein Akt nicht nur politischen,
sondern vor allem christlichen Ungehorsams, werde die nachfolgende Zeit mit
einer Blutschuld belasten, die zu vergeben der Himmel sich lange nicht bereit
finden werde, **4/49**.

Vor der Revolution, im achtzehnten Jahrhundert also, war es bei den Adligen
Sitte, sich das Gesicht zu pudern sowie Perücken zu tragen. Somit sind es die
Adligen der vorrevolutionären Zeit, die hier als "der Stand der Masken" heißen.
Mit dem "Stand der Alleinstehenden" ist die zölibatär lebende katholische Geistlichkeit gemeint, welche in der alten Ordnung den ersten Stand bildete. Nach
deren Auflösung als Folge der Revolution würden sich diese beiden Stände "sehr
verändert" haben, deutet der Seher an. In der Tat verloren damals Priester und
Adlige ihre angestammten Vorrechte. Der Zerfall der feudalen Gesellschaftsordnung, der schon vorher begonnen hatte, trat in ein akutes Stadium. Dem
einzelnen Menschen war sein gesellschaftlicher Rang, seine Zugehörigkeit, sein
Beruf von nun an prinzipiell nicht mehr durch Geburt bestimmt, wie es bis zu dem
großen Umbruch gewesen war.

In der nachfolgenden, "unheilvollen" Zeit werde jedermann sich für alles zustän-
dig dünken dürfen, ohne es in Wahrheit zu sein. Jedermann werde auch alles
erreichen können, was der militärisch denkende Napoléon mit den Worten zu
verstehen gab, daß in seinem Heer auch der einfache Soldat "den Marschallstab
im Tornister" trage. In dieser Zeit würden daher nur "wenige finden, daß sie ihrem
Stand angehören wollen". Wenige würden den gesellschaftlichen Rang
einnehmen wollen, der für sie von Geburt in Frage kam. Denn die Stände als
verbindliche Formen der gesellschaftlichen Ordnung gab es nicht mehr, nur noch
deren unverbindlich gewordene Rudimente. Für mittelalterliches Denken ist das
ein ungeheurer, fast nicht vorstellbarer Vorgang, der die Ordnung der Welt aus
den Angeln hebt.

Aber der Seher deutet an, daß eine - heute nicht mehr ferne - Zeit kommen
werde, in welcher "das Ganze" wieder "in Ordnung" oder "auf die Reihe gebracht"
sein werde (le tout sera rangé). Das kann im gegebenen Zusammenhang nur
bedeuten, daß die Menschen dereinst sich wieder bereit finden werden, das ihnen
durch Geburt zugewiesene Maß ihres Lebens anzunehmen - in voller Freiheit.
Erst wenn eine solche Haltung wieder allgemein geworden sein wird, werden die
"auf Strohsäcken" Aufgewachsenen sich nicht mehr zu Diktatoren aufschwingen
können, 6/67, ohne dadurch auch nur im mindesten an Würde einzubüßen.

01/61 La republique miserable infelice/ Sera vastée du nouueau
magistrat:/ Leur grand amas de l' exil malefice/
Fera Sueue rauir (!) leur grand contract. (1555)

[Französische Revolution]
Die Republik, kümmerlich, unglücklich,/
wird menschenleer gemacht werden von der neuen Obrigkeit./
Ihnen (wird) eine große Menge vom Exil her Schaden (zufügen)./
Sie wird die Deutschen zerreißen lassen ihre große Übereinkunft.

2) Altfr. v. vaster 1° verderben, schaden (gâter) 2° verwüsten,
heimsuchen (dévaster), > lat. vastare (menschen)leer machen,
entblößen; zerrütten..
3) leur ihnen, den Vertretern der Obrigkeit. Altfr. v. ravir
gewaltsam wegnehmen (enlever de force), > lat. rapere an sich
raffen, aus- und zerreißen; wegschaffen, entreißen.
3) N.m. maléfice Verhexung, Zauberei. Altfr. n.m. malefice
Untat (méfait), Vergehen (délit).
4) Suebi nannten die Römer einen germanischen Stamm, der
zwischen Rhein und Elbe siedelte. Davon leiten die Schwaben
ihren Namen her.

Es geht um eine Republik, in der eine neue Obrigkeit herrscht mit der
Folge, daß Menschen das Land verlassen und ins Exil nach Deutschland,
und zwar nach Schwaben gehen. Von dort aus fügen die Exilanten ihrer
Heimat Schaden zu. - Genau das geschah in Frankreich nach
der Revolution. Adlige und Geistliche, insgesamt mehrere zehntausend
Menschen (amas), flohen ins benachbarte Ausland. Sie hegten die
Hoffnung, mit militärischer Hilfe des Auslands bald wieder zurückkehren
und die alte Ordnung wiederherstellen zu können. Daß die westlichen
Nachbarn Frankreichs Heere gegen das Land der Revolution aufstellten,
ist auch auf das Drängen des Exiladels zurückzuführen. - Das
Land führte dann Kriege gegen Koalitionen anderer europäischer Mächte.
Eine Folge war die Auflösung des alten deutschen Kaiserreiches, 10/46.
Dieses hatte "Heiliges Römisches Reich deutscher Nation" geheißen, weil
es im sakral begründeten Kaisertum des Mittelalters seine Wurzel hatte.
Auf "Übereinkunft" beruhte es insofern, als die Verrechtlichung der Herr-
schaft in den Reichsgrundgesetzen (Augsburger Interim, Westfälischer
Friede usw.) den jahrhundertelangen Niedergang begleitete.

03/11 Les armes batre au ciel longue saison,/ L' arbre au milieu
de la cite tumbé:/ Vermine, rongne, glaiue en face tyson,/
Lors le monarque d' Hadrie succombé. (1555)

[Zweiter Weltkrieg/ Hitler]
Die Waffen dröhnen am Himmel für eine lange Saison,/
der Baum in der Mitte der Stadt umgestürzt./
Verbrechergesindel, Pack, Schwert im Gesicht, Fackel,/
dann ist der Monarch Hadrian unterlegen.

1) Das v. battre schlagen kann auch verschiedene Geräusche
erzeugende Tätigkeiten bedeuten: klopfen, stampfen, klatschen,
trommeln.
3) V.t. rogner beschneiden, stutzen, v.t. ronger abnagen. Altfr.
n.f. rongnie Schlag (coup), altfr. n.f. rogne niederträchtige
Person (gale).
3) N.m. tison angesengtes Stück Holz, tisonner Feuer schüren.
Der Name "Hadrian" ermöglicht die eindeutige Zuordnung. Wegen der

Radikalität seines Vorgehens gegen die Juden erhält Hitler hier wie in **1/8** den Namen jenes römischen Kaisers, der Jerusalem bis auf die Grundmauern zerstören ließ. Mit dem "Schwert im Gesicht, Fackel" ist angedeutet, daß >Hadrian< sich mit der Waffe töten, **2/55**, und man seine Leiche anschließend abfackeln werde, 6/65. - Im Jahr 1942 begannen die alliierten Luftstreitkräfte mit den Flächenangriffen auf deutsche Städte, auch auf Berlin, die bis Kriegsende fortgesetzt wurden (longue saison). Am Ende war dann "Hadrian unterlegen" samt seinem "Verbrechergesindel". - Den "Baum in der Mitte der Stadt" deutet N.A. Centurio als den Tiergarten, der bei den Luftangriffen nicht verschont blieb.

09/11   Le iuste à tort à mort l' on viendra mettre/ Publiquement,
       & du milieu estaint:/ Si grande peste en ce lieu viendra
       naistre,/ Que les iugeans fuyr feront contraints. (1568)
         Variante: "... seront contraints" (Ed. Chevillot 1611)

[Karl I. von England 1649/ London 1665]
Der Gerechte, dem Unrecht, dem Tod wird man ihn überlassen/
öffentlich, und von der Mitte ausgelöscht./
Eine sehr schlimme Seuche wird an diesem Ort ausbrechen,/
so daß die Richter gezwungen sein werden zu fliehen.
    4) Da feront contraints grammatikalisch ein Unding ist, dürfte
    der Variante seront der Vorzug zu geben sein. Die Schrifttypen
    des Eingangs-s und des -f- unterscheiden sich bei N. kaum.

Der "Gerechte" ist wie in 2/51 der englische König Karl I., der nicht wegen seiner Persönlichkeit so genannt wird, sondern wegen seines Königtums, das für den Seher in der gerechten i.S.v. gottgewollten Ordnung steht. Er wurde im Januar 1649, als der Puritaner Cromwell durch den Bürgerkrieg an die Macht gekommen war, zum Tode verurteilt und hingerichtet. Vor Whitehall, wo sich die Könige nach ihrer Inthronisation dem Volk zeigten, wurde das Schafott errichtet. Er starb durch die Axt. - Die Seuche, in welcher N. die Rache des Himmels für diese Untat erkennen will, 2/53, brach 1665 aus. Zwischen 1601 und 1680 gab es in London Fälle von Pest, die schlimmste Epidemie grassierte 1665 mit 68000, die zweitschlimmste 1667 mit 35000 Toten (Ruffié/Sournia 1987). Daß viele der Wohlhabenden, die es sich leisten konnten, im Sommer 1665 aus der Stadt flüchteten, um der Pest zu entgehen, wird von Daniel Defoe in seinem Journal of the Plague Year eindrucksvoll beschrieben.

01/12 Dans peu dira faulce brute, fragile,/ De bas en hault esleué
promptement:/ Puys en instant desloyale & labile/
Qui de Veronne aura gouuernement. (1555)
[Hitler/ Mussolini]
**Binnen kurzem wird (man) eine verkehrte, brüchige Bestie nennen/
(den, der) von unten gleich nach oben emporgehoben (wurde)./
Dann (erweist sich) auf einmal (als) treulos und unstet,/
der über Verona die Regierungsgewalt haben wird.**
  3) Die männliche Endung des p.p.p. esleué ist ein Hinweis
  darauf, daß die "Bestie" männlichen Geschlechts ist.
Napoléon war ein Emporkömmling und hat 1797 Venetien niedergeworfen, 4/1, zu dem Verona damals gehörte. Aber einen extremen Wandel
der Bewertung durch die Zeitgenossen hat er nicht durchgemacht. Er war
anfangs sehr erfolgreich und am Ende nicht mehr. -   Im ersten
Weltkrieg nur Gefreiter, wurde Hitler von den Konservativen der Weimarer
Republik als Emporkömmling belächelt.   Beim Antritt seiner Herrschaft
und nach den Anfangserfolgen der ersten Jahre feierten die Deutschen
ihren >Führer< (von unten nach oben emporgehoben). -   Im
Jahr 1943 erwies sich das verbündete Italien, verkörpert durch den Duce,
Deutschland gegenüber als "treulos und unstet".   Mussolini wurde
abgesetzt und in Haft genommen, von den Deutschen befreit und an die
Spitze der >Republik von Salo< gestellt, eines Phantasiestaates am
Gardasee (Verona). -   Bei Kriegsende wurde Hitler von den
Zeitgenossen als Verbrecher verurteilt, 9/17, als der Umfang der Greuel
allgemein bekannt wurde (verkehrte Bestie). -   "Gleich",
vierzehn Jahre nach der Demütigung von Versailles, kam Hitler nach
oben. "Binnen kurzem", nach weiteren zwölf Jahren, erwies er sich dann
als "Bestie".   Das ist gesprochen aus der Überschau der Zeiten, sub
specie aeternitatis.

02/12 Yeux clos, ouverts d' antique fantasie/ L' habit des seulz seront
mis à neant,/ Le grand monarque chastiera leur frenaisie./
Rauir des temples le tresor par deuant. (1555)
[Französische Revolution/ Napoléon I.]
**Augen geschlossen, offen (nur) für antike Phantasien,/
die im Gewand der Alleinstehenden ins Nichts geschickt./
Der große Monarch wird ihre Verblendung geißeln./
Sie rauben der Kirchen Schatz zuvor.**
  "Antike" oder "griechische Dame" nennt N. ein demokratisch regiertes
Volk, 2/51, 9/78.   Die Angaben des Verses passen auf die Zeit, als
Frankreich Republik wurde, 1/3, und der für N. "antiken Phantasie"
huldigte, mit einer demokratischen Verfassung besser zu fahren als mit
der Monarchie.   Die Geistlichen, die sich nicht unterwerfen und auf die
Republik den Eid ablegen wollten, hatten Berufsverbot.   Die Kirchen-
güter wurden verstaatlicht. -   Der "große Monarch" ist Napoleon,
der dem Volk ein strengerer Zuchtmeister sein werde als das Ancien
Regime, 7/13. Er machte Schluß mit der Demokratie, räumte der katholischen Kirche ihrer Ordnung stiftenden Macht wegen im Konkordat von
1801 manches Recht wieder ein, schaffte den 1792 eingeführten neuen
Kalender, VH (35), 1804 wieder ab, "geißelte" insofern die "Verblendung" der Revolutionäre, löschte das Feuer der Revolution, 5/77.

06/12 Dresser copies pour monter a l' Empire,/ Du Vatican le sang
Royal tiendra:/ Flamans, Anglois, Espagne avec Aspire,/
Contre l' Italie & France contendra. (1568)
[Heinrich II./ Papst Paul IV.]
**Sie stellen Truppen auf, hinaufzusteigen zum Reich,/
vom Vatikan wird (man) am königlichen Geblüt festhalten./
Flamen, Engländer, Spanien mit Speyer (?)/
werden gegen Italien und Frankreich kämpfen.**
1) Lat. n.f.pl. copiae Truppen.
3) Speyer hieß im Mittelalter Spira (Nemetum).
4) Altfr. v. contendre 2° kämpfen (combattre), wetteifern
(rivaliser) 3° streitig machen (contester) > lat. contendere. Statt
contendront steht reimbedingt contendra.

Im Herbst 1555 schloß Heinrich II. mit Rom ein gegen die spanische Herrschaft in Italien gerichtetes Bündnis, Vz 2. Als Papst Paul IV. den
spanischen König mit dem Bann belegt hatte, kam es 1557 zum Krieg, in
dem Frankreich und der Papst gegen Spanien und den Kaiser standen,
Vz 3/4. Zu Spanien gehörten auch die Flamen der Nordprovinz des
Landes. England, noch unter Maria der Katholischen, trat im Herbst 1557
an der Seite Spaniens in den Krieg ein. Gekämpft wurde an der französischen Grenze zum Reich und in Italien; Heinrichs Feldherr Guise gelangte nur durch das Reich (Savoyen, Piemont) zum italienischen Schauplatz,
Vz 1. - Aspire ist ungeklärt.

10/62 Pres de Sorbin pour assaillir Ongrie,/ L' heraut de Brude
les viendra auertir:/ Chef Bizantin, Sallon de Sclauonie,/
A loy d' Arabes les viendra conuertir. (1568)
[Türkenkriege um 1700] **In der Nähe Serbiens (stehen sie), um Ungarn
anzugreifen,/ der Bote der Phantasten wird kommen, sie zu warnen./
Das Haupt von Byzanz, Saloniki wird von Slawonien her/
sie zum Gesetz der Araber bekehren wollen.**
2) V. broder sticken. Metaphorisch: ausschmücken, entstellen,
hinzudichten, übertreiben, seine Phantasie spielen lassen.

Slawonien ist das Land zwischen Drau und Save, in der Antike zu den
pannonischen Provinzen gehörig, später beim Byzantinischen Reich,
dann von den Osmanen, ab 1686 von Österreich erobert. - Daß um
1700 "die vom Morgenland" bis zum Rand des Reiches vordringen
würden, teilt N. in 1/49 mit. Im Jahr 1683 stand in der Tat ein türkisches
Heer vor Wien. Das "Haupt von Byzanz, Saloniki" nennt N. den türkischen Sultan, damals Mehmet IV., dessen Heerführer Großwesir Kara
Mustafa war. - Daß mit dem "Gesetz der Araber" der Islam gemeint ist, läßt sich hier folgern aus dem Verbum convertir bekehren. Die
Brudes oder Brodes kommen bei N. mehrmals vor: in 8/34, 3/92, 4/3 (alle
nicht historisch). Wenn die Ableitung vom Verbum broder zutrifft, kann
man das Wort mit "Phantasten", "Lügner" oder "Spinner" wiedergeben.
Diese Deutung bezieht sich auf das im Mittelalter und noch in der Neuzeit
gängige Vorurteil der Europäer gegenüber den Anhängern des Islam, das
von N. geteilt wurde, VH (9). - Der Einwand, den Türken sei es nicht
hauptsächlich um die Verbreitung des Islam gegangen (Pfändler 1996),
trifft zu. Aber für den streitbaren Katholiken N. steht dieser Aspekt im
Vordergrund. Wer objektive Einschätzungen von ihm erwartet wie von
einem Historiker, dem werden sich die Centurien nicht erschließen.

**01/13   Les exiles par ire, haine intestine,/ Feront au roy grand
coniuration:/ Secret mettront ennemis par la mine,/
Et ses vieux siens contre eux sedition. (1555)**
[Französische Revolution]
**Die ins Exil Gegangenen werden, aus Zorn (und) Wut im Bauch,/
gegen den König eine große Verschwörung ausführen./
Heimlich senden sie Feinde durch den Stollen,/
und seine alten Angehörigen (betreiben) gegen sie (den) Aufstand.**
2) Adj. grand männlich, demnach zu roy, müßte dann aber
eigentlich vor roy stehen. Daher eher zu coniuration.
Es geht um Vorgänge aus den Jahren 1789 bis 1793, als große Teile des
französischen Adels ins benachbarte Ausland gehen mußten, 1/61. Auch
die beiden jüngeren Brüder von Louis XVI., die selbst König werden
wollten, hetzten dort gegen das revolutionäre Regime, ohne Rücksicht auf
den gefangenen Monarchen und seine Familie zu nehmen ("gegen sie").
Das nennt N. eine "große Verschwörung" und erkennt darin eine Beteiligung am "Aufstand". -   In Vz 3 dürften diplomatische Bemühungen
des Exiladels gemeint sein.   Militärische Erfolge der ersten Koalition
führten 1792 zur Erstürmung der Tuilerien, zu den Septembermorden und
der Erhebung der Anklage gegen den abgesetzten König. Das Aufkommen geheimer Kontakte ins Ausland belastete ihn. N. wirft den exilierten
Mitgliedern der Familie vor, zu dem Klima beigetragen zu haben, in dem
der Konventsbeschluß zur Hinrichtung des Königs möglich wurde.
       ---> 4/63, 7/13 (FR)

**03/63   Romain pouuoir sera du tout abas,/ Son grand voysin
imiter ses vestiges:/ Occultes haines ciuiles, & debats/
Retarderont aux bouffons leurs folligges. (1555)**
[Papst Pius IX./ Frankreich 1871]
**Römische Macht wird gänzlich am Boden sein,/
ihr großer Nachbar in ihre Fußstapfen treten./
Verborgene Gehässigkeiten, bürgerliche, und Streitereien mit Worten,/
ihre Narrheit wird sie sich bei Possenreißern aufhalten lassen.**
4) N.f. folie Narrheit hier reimbedingt abgewandelt.
Es geht um einen Niedergang politischer Macht Roms und seines "großen
Nachbarn". Bis ins 19. Jahrhundert gab es Italien als politische Einheit
mit dem staatlichen Machtzentrum Rom nicht. Das Land fand in dieser
Zeit erst mühsam zur Einheit. 1861 wurde Victor Emanuel II. von Sardinien-Piemont zum König von Italien ausgerufen. Damit untrennbar verbunden, vollendete sich 1870 der Niedergang des große Teile Mittelitaliens umfassenden Kirchenstaates, 6/13, der dem neuen Nationalstaat
einverleibt wurde. "Römische Macht", nämlich die weltliche Macht des
Papstes, war "gänzlich am Boden", die >Säule des Papsttums< erlebte
eine Wandlung, 10/64 -   Kurz darauf war es mit dem französischen Kaiserreich vorbei, das 1871 nach der Niederlage gegen Preußen
durch die dritte französische Republik abgelöst wurde, 6/22. Indem es am
1.3.1871 seinen Kaiser endgültig für abgesetzt erklärte, 6/52, tat es
Frankreich Italien nach, das im September 1870 den Papst zur Aufgabe
seiner weltlichen Macht nötigte.   Der "große Nachbar" Italiens trat "in
dessen Fußstapfen" . -   Vz 3/4 erklären sich aus dem
Ressentiment des Sehers gegen säkularen Staat und Demokratie.
       ---> 6/13 (Pius IX.)

04/63 L' armée Celtique contre les montaignars,/ Qui seront sceuz &
prins à la lipee:/ Paysans fresz pouseront tost faugnars,/
Precipitez tous au fil de l' espee. (1568)
Variante: "...à la pipee" (Ed. Chevillot 1611)
[Französische Revolution]
Die keltische Armee (wird) gegen die Bergbewohner (ziehen),/
die aufgespürt und gefangen werden (wie) bei der Jagd./
Hitzige Bauern werden sie treiben, bald Weinbauern (?),/
alle gestürzt ins scharfe Schwert.
2) Altfr. seu, sceu ist p.p.p. von savoir. N.f. pipée Vogeljagd.
Das alte n.f. lippée oder lipée Mundvoll, Happen (bouchée)
ergibt keinen Sinn.
3) Altfr. adj. fres, freis 1° frisch 3° lebendig (vif), eifrig, hitzig
(ardent). Prov. n.m. faugnaire ist nach Pfändler (1996) einer,
der an der Kelter steht.
4) Idiom passer au fil de l' épée über die Klinge springen lassen.
Armee gegen Bergbewohner - das könnte z.B. der Feldzug 1702 gegen
jene Hugenotten sein, die sich in die Bergregionen der Cevennen zurückgezogen hatten. Aber die Armee selbst ist "keltisch", und Kelten nennt N.
Menschen, die im Aufstand gegen die eigenen Herren ihre Freiheit
suchen und damit für N. vorchristliche Zustände in Geltung setzen, 2/99.
So geht es hier eher um das Vorgehen der Armee des revolutionären
Paris gegen verschiedene royalistische Aufstände im Land. Im März 1793
brach in der Vendée ein Aufstand aus, der erst im Dezember niedergeschlagen wurde. "Weißer Terror" stand gegen "roten Terror", auf
beiden Seiten wurden Greuel verübt.
---> 1/13, 7/13 (FR)

06/63 La dame seule au regne demeuree,/ L' vnic estaint premier
au lict d' honneur,/ Sept ans sera de douleur exploree,/
Puis longue vie au regne par grand heur. (1568)
[Katharina v. Medici/ Heinrich II.]
Die Dame allein in der Herrschaft verblieben,/
der Einzigartige ausgelöscht als erster auf dem Bett der Ehre./
Sieben Jahre wird sie vom Schmerz geprüft sein./
dann langes Leben in der Herrschaft bei großem Glück.
3) V. explorer eigentlich: erforschen, auskundschaften.
4) Altes n.m. heur Glück.
In der Widmung an Heinrich II. von Frankreich huldigt N. seinem König in
hohen Tönen, VH (1)ff.. Dazu paßt es, wenn er hier "der Einzigartige"
heißt. Die Teilnahme an Ritterturnieren galt damals als Sache der Ehre.
Bei solch einem Turnier schwer verletzt, 1/35, starb der König im Juli
1559 "auf dem Bett der Ehre". - Seine Frau, Katharina von Medici,
bekam dadurch maßgeblichen Einfluß auf die Politik in Frankreich, den
sie bis kurz vor ihrem Tod im Jahr 1589 behielt. Nach dem Tod ihres
Gatten trat sie im schwarzen Witwengewand auf ("vom Schmerz geprüft"),
hieß deshalb bei den Zeitgenossen die schwarze Königin. Ihre Trauerzeit
dauerte offiziell bis 1.8.1566, also sieben Jahre. - Das "lange
Leben in der Herrschaft" ist klar, und das "große Glück" braucht man nicht
anzuzweifeln, denn es will nur Kontrapunkt zu dem angekündigten Übel,
dem vorzeitigen Verlust des Gatten sein.

06/13 **Vn dubieux ne viendra loing du regne,/ La plus grand part**
le voudra soustenir:/ Vn Capitol ne voudra point qu' il regne,/
Sa grande charge ne pourra maintenir. (1568)
Variante: "Un dubiteux..." (Ed. d' Amsterdam 1668)
[Papst Pius IX./ Italien 1848, 1870]
Ein Zweifelhafter wird nicht für lange fern der Herrschaft kommen,/
der größte Teil wird ihn aufrecht halten wollen./
Ein Capitol wird ihn ganz und gar nicht herrschen lassen wollen,/
seine große Bürde wird er nicht erhalten können.
1) Lat. adj. dubius schwankend, ungewiß; zweifelhaft, unent-
schieden.
1) Altfr. adv. loing 1° in großer Entfernung (à une grande
distance) 2° in der Ferne (au loin) 3° (zeitlich) lange
(longuement, longtemps). Oben ist es doppelt wiedergegeben,
zeitlich **und** räumlich. Für das sinngemäß zu ergänzende
"... loing (hors) du regne" war in der Vz metrisch kein Platz
mehr.

Der im Juni 1846 gewählte Pius IX. ließ am Beginn seines Pontifikats
politische Gefangene frei und erweckte bei den Zeitgenossen durch verschiedene Maßnahmen den Eindruck liberaler, reformerischer Gesinnung.
Aber die revolutionäre Bewegung des Jahres 1848, die auch die Römer
erfaßte, überforderte ihn bei weitem.   Einem Krieg gegen Österreich
beizutreten weigerte er sich.   Die Idee der italienischen Einheit - unter
Einbeziehung des Kirchenstaates - widersprach seiner Anschauung von
der Souveränität des Amtes. So begann man an der reformerischen und
patriotisch-italienischen Gesinnung des neuen Mannes zu zweifeln, galt
er den Römern zunehmend als ein "Zweifelhafter". Im November 1848
mußte er fliehen, weil ihm Unzumutbares abverlangt wurde. Um seine
Rückkehr zu ermöglichen, rief er Österreich und Frankreich zu Hilfe. Sie
schickten ihre Heere, wollten "ihn" und den italienischen Partikularismus
"aufrecht halten". Im Frühjahr 1850 kehrte der Papst nach Rom zurück
("nicht für lange aus der Regierung"). -   Das antike Kapitol
war religiöser und politischer Mittelpunkt Roms. Die Italiener hielten
mehrheitlich fest an der Idee des risorgimento, der >Auferstehung<
Italiens. 1860 wurde der Kirchenstaat auf seinen Kern reduziert und 1870
gegen den Papst die Eingliederung des verbliebenen Rumpfes in das
neue Königreich durchgesetzt. Die "Bürde" ist der Kirchenstaat, die weltliche Macht des Papstes. Über deren Verlust besser erleichtert zu sein
als sie zu beklagen, scheint N. dem Papst durch diese Benennung
nahezulegen. -   Über die Legitimität eines >Tricks<, wie er hier
bei der Übersetzung der ersten Vz angewandt wurde, läßt sich trefflich
streiten. Wenn die anderen Angaben eines Verses auf bestimmte histo-
rische Vorgänge genau passen, dürfte es in Ordnung sein, ein wenig zu
>zaubern<. Wer auf strengen Beweisen beharrt, wird sich abwenden.
Aber bewiesen wird hier ohnehin nichts, es werden dem Leser nur
Deutungen nahegelegt.
---> 3/63 (Pius IX.)

07/13 De la cité marine & tributaire/ La teste raze prendra
la satrapie:/ Chasser sordide qui puis sera contraire,/
Par quatorze ans tiendra la tyrannie. (1568)
[Napoléon I./ Französische Revolution]
Von der tributpflichtigen Stadt am Meer/
wird der geschorene Kopf die Satrapie nehmen./
Die Schäbige verjagt (einer), der (ihr) dann entgegengesetzt sein wird./
Vierzehn Jahre hindurch wird er die Tyrannei innehaben.

Der "geschorene Kopf" ist wie in 1/88 Napoléon Bonaparte wegen
seiner G.J. Caesar nachempfundenen Frisur. -   Es wird hier
meist die Rückeroberung der Hafenstadt Toulon erkannt, das sich 1793
mit Unterstützung der Briten gegen das revolutionäre Paris gestellt
hatte. Das ist zwar nicht abwegig, aber "tributpflichtig" war Toulon den
Engländern nicht.   Auch wegen des engeren zeitlichen Zusammen-
hangs mit den vierzehn Jahren napoleonischer Herrschaft dürfte
folgende Auslegung besser passen. -   Bei seiner Expedition
nach Ägypten im Sommer 1798 berührte er auch die Hafenstadt
Alexandria.   Ägypten gehörte damals zum osmanischen Reich und war
diesem tributpflichtig.   Den von den Türken eingesetzten Pascha nennt
N. einen Satrapen, so hießen die Statthalter des persischen Großkönigs
in den Provinzen.   Napoléon besiegte das Mameluckenheer, besetzte
Kairo und verjagte die Türken. -   Im Oktober 1799 kehrte
er zurück nach Paris.   Im folgenden Monat, am 9. November alter
Zeitrechnung, putschte er sich an die Macht und "verjagte" dadurch "die
Schäbige". -   Völker als ganze sind bei N. weiblich, **8/70**.
Die "Niederträchtige" oder "Schäbige" ist das französische Volk, von N.
auch "verrückte Dame", 2/44, und "Mätresse" genannt, 9/77, wegen
seiner Begeisterung für die Revolution.   Die Politik des Direktoriums
hatte zu Bankrott, Anarchie und Sittenverfall geführt (Dufraisse 1994 S.
49). -   Der "geschorene Kopf" werde dem verrückt
gewordenen Volk "entgegengesetzt", d.h. ein strengerer Zuchtmeister
sein als es das Regime der Monarchen war, denn er werde sich als
Tyrann erweisen.   Napoléon ist für N. >Feuerlöscher< der Revolution,
5/77, aber auch Tyrann, 1/75.   Dazu machen ihn in N.s Schau sein
diktatorisches Regime im Innern, 6/57, und seine verlustreichen
Feldzüge, 1/60. -   Am 13. April 1814, nach "vierzehn
Jahren" und fünf Monaten mußte der zum Kaiser Aufgestiegene
abdanken.
---> 1/13, 4/63 (FR)

01/64 De nuit soleil penseront avoir veu/ Quâd le pourceau
demy-homme on verra,/ Bruict, chant, bataille, au ciel
battre aperceu/ Et bestes brutes a parler lon orra. (1555)
[Schlacht in einem modernen Krieg]
Sie werden meinen, nachts die Sonne gesehen zu haben,/
wenn man das Schwein, halb Mensch, sehen wird./
Dröhnen, Pfeifen, (eine) Schlacht - am Himmel Kämpfe zu erkennen,/
und Bestien wird man beim Sprechen zuhören.
<sub>4) Als bête brute werden idiomatisch Menschen bezeichnet, die
ungehobelt, unzivilisiert, brutal oder dumm sind.</sub>
Es ist die Schilderung optischer und akustischer Wahrnehmungen bei
einer nächtlichen Schlacht. Die moderne Zeit idt daran zu erkennen, daß
"am Himmel", sprich mit Flugzeugen gekämpft wird. Damit diese ihre
Ziele besser anpeilen können, wird Leuchtmunition verschossen, welche
die Szenerie taghell erleuchtet. Man "meint" die Sonne zu sehen, doch
sie ist es nicht, die da scheint. - In dem "Schwein, halb
Mensch" können mit Gasmasken ausgerüstete Soldaten erkannt werden.
Deren mit Luftlöchern versehene Eingänge mögen N. an Schweinerüssel
erinnert haben. Im ersten Weltkrieg wurden erstmals chemische Waffen
eingesetzt (bei Ypern 22.4.15). Die Vision könnte aus der Zeit 1915ff,
aber auch aus einem späteren Krieg stammen. - Die Unterhaltung von Bestien, Vz 4, läßt sich zwanglos als der Geschützdonner
verstehen, der auf beiden Seiten ertönt. Nicht diese Art der Schilderung
ist unheimlich, sondern die Szene selbst. - Abwegig sind
Deutungen, welche die Landung Außerirdischer oder "wunderbare
Lichterscheinungen" wie etwa das Nordlicht hier erkennen wollen.

02/14 A. Tours, lean (I), garde seröt yeux penetrants/ Descouuriront de
loing la grand sereyne,/ Elle & sa suitte au port seront entrants/
Combat, poulssés, puissance souueraine. (1555)
[Katharina von Medici]
(In) A(ngers), Tours, Gien (?) werden sie geschützt sein, durchdringende
Augen/ werden von weitem die große Huldreiche entdecken./
Sie und ihr Gefolge werden in den Hafen einfahren./
(Ein) Gefecht, Geschlagene, souveräne Macht.
<sub>1) Spätere Ausgaben haben Gien, auch als Gian auf alten
Karten verzeichnet. Diese Stadt liegt wie Tours an der Loîre.
Es scheint, daß hier Städte von ihren Häfen her besucht
werden.
2) Serein heiter, fröhlich wurde früher als Ehrenbezeichnung für
hochstehende Persönlichkeiten verwendet.</sub>
Auf der über zweijährigen >Tournee< der Regentin Katharina v. Medici
und ihres Hofes durch Frankreich, auf der sie, um N. zu befragen, auch
dem unbedeutenden Salon einen Besuch abstattete, kam die Königinmutter im November 1565 nach Tours. - Die "durchdringenden
Augen" könnten die des Sehers sein, denn die Aussage der Vz 1 läßt sich
als Antwort auf Fragen der Medici auffassen. - Die
Königinmutter mit ihrem Gefolge kam von Angers, weiter unterhalb an der
Loîre gelegen. In Tours beherrschten, anders als auf mancher früheren
Station der Reise, Eintracht unter altgläubigen und reformierten Untertanen sowie allgemeine Königstreue das Bild. Man ließ sich Veranstal-

tungen zur Unterhaltung der königlichen Gäste etwas kosten. Es scheint, daß dabei wie schon andernorts auch Schlachten als Schauspiel aufgeführt wurden, Vz 4 (nicht bestätigt). Die Bezeichnung der Königinmutter als "Huldreiche" sowie die angeblich "souveräne" Macht" des Königshauses, die in Orten wie Tours souverän erschien, obwohl sie es im Ganzen des Landes nicht war, sind Ergebenheitsadressen des Sehers, wie sie in seiner Zeit Herrschern gegenüber üblich waren.

02/64 **Seicher de faim, de soif gent Geneuoise./ Espoir prochain**
viendra au defaillir,/ Sur point tremblant sera loy Gebenoise./
Classe au grand port ne se peut acuilir. (1555)
[Edikt von 1685] Es vertrocknet vor Hunger, vor Durst
das Genfer Volk,/ (die) nächste Hoffnung wird schwinden./
Genau dann, wenn das Gesetz der Cevennen bebt,/
wird (eine) Flotte im großen Hafen nicht Aufnahme finden können.
    3) Lat. Cebenna Mons die Cevennen im Südosten des Zentralmassivs.
Das Edikt von Nantes, **1/54**, heißt hier "Gesetz der Cevennen", weil dort Hugenottengemeinden gehäuft anzutreffen waren. Sein >Beben< ist seine Revokation im Oktober 1685 durch Ludwig XIV. Die Hugenotten durften ihre Religion nicht mehr ausüben, mußten sich bekehren oder fliehen. Hunger und Durst kennzeichnen metaphorisch das Verbot der ihnen zuträglichen geistigen Nahrung, insbesondere des Abendmahls, dargereicht im protestantischen Ritus. Außerdem kamen viele Flüchtlinge in elendem Zustand in der Schweiz an. Sie also, nicht die Bewohner Genfs, sind hier das >Genfer Volk<. Der >große Hafen< ist die Schweiz, genauer: die protestantischen Kantone, auf welche die Flüchtlinge verteilt wurden. Die Schweizer halfen, so gut sie konnten, waren aber von der riesigen Zahl der in Not Geratenen überfordert und leiteten einen Teil nach Deutschland weiter, Vz 4. Das >Schiff< als Symbol für eine Glaubensgemeinschaft ist geläufig, **1/4** (Bd.2). So ist die >Flotte< hier die Vielzahl der vertriebenen hugenottischen Gemeinden, die erst auf den Schutz des Edikts von 1598 und dann auf die Rücknahme des Revokationsedikts gehofft hatten - beides erwies sich als Illusion, Vz 2.

04/64 **Le defaillant en habit de bourgeois,/ Viendra le Roy tempter**
de son offence:/ Quinze souldartz la plus part Vstagois,/
Vie derniere & chef de sa cheuance. (1568)
[Louis-Philippe] Der Schwächling im Bürgerkleid/
wird den König zu erreichen suchen mit seiner Beleidigung./
Fünfzehn Soldaten, die meisten >rot gefärbte< (?),/
Leben vergangen und (am Ende nur) Haupt seiner Liegenschaften.
    2) Altfr. v. tempter, tenter 1° zu erreichen suchen (chercher à atteindre) 2° untersuchen, ergründen (sonder) 3° versuchen, auf die Probe stellen, in Versuchung führen (tenter)'.
    3) Ustagois ist unklar. Das kroatische Wort wird kaum gemeint sein. Lat. n.f. usta gebrannter Zinnober, rote Farbe.
    4) Altfr. n.f. chevance 1° Erfüllung, Verwirklichung (accomplisse-ment) 2° Gewinn (profit) 4° Liegenschaften (bien-fonds).
N. akzeptierte nur das absolute Gottesgnadentum der Könige, **10/22**. So muß sein Urteil über einen Mann negativ ausfallen, der als "Bürgerkönig"

07/14 Faux exposer viendra topographie,/ Seront les cruches des
monumens ouuertes:/ Pulluler secte, faincte philosophie,/
Pour blanches, noires, & pour antiques vertes. (1568)
[Französische Revolution] (Kommentar S. 55)
Regelwidrig wird (man) die Landkarte darlegen,/
Die Krüge der Grabmonumente werden geöffnet sein./
Um sich greift (ein) Bekenntnis, erdichtet (durch) Philosophie./
Schwarzes (erklären sie) für weiß, und für uralt das Grüne.

3) Der typographische Unterschied zwischen Eingangs-s und -f-
ist im Urtext ein geringer, so daß der Setzer sich leicht vertan
haben kann. -   Es ist wahrscheinlich, daß hier saincte
philosophie >heilige< Philosophie hätte stehen sollen. Das wäre
von N. sarkastisch gemeint. -   Aber auch faincte läßt sich
in die Deutung einfügen.

10/64 Pleure Milan, pleure Lucques, Florance,/ Que ton grand Duc sur
le char montera,/ Changer le siege pres de Venise s' aduance,/
Lors que Colonne à Rome changera. (1568)
[Italien 1859/1870]
(Ich) beweine Mailand, beweine Lucca, Florenz dafür,/
daß dein großer Herzog den Wagen besteigen wird./
Sie verlegen den Thron, in die Nähe von Venedig geht er,/
wenn (eine) große Säule in Rom sich wandeln wird.

Der Habsburger Leopold II. war bis 1859 Großherzog der Toskana. Im
Krieg der italienischen Fürsten gegen Österreich verlor dieses 1859
Mailand. Venedig blieb bis 1866 österreichisch, wurde dann italienisch.
1870 verlor die katholische Kirche den Kirchenstaat an das neue Königreich Italien. -   Den Kirchenstaat nennt N. in Vers **8/53** den
>Tempel der Sonne<. Die zentrale Säule in diesem >Tempel< war die
Institution des Papsttums. Dieses verlor damals im Zuge der Einigung
Italiens seine weltliche Macht. Insofern "wandelte sich" eine große
>Säule< in Rom. Sie trägt seitdem nicht mehr eine weltliche, sondern
nur noch eine kirchliche Macht. -   Bleibt noch die Frage,
warum N. den Rückzug Österreichs bedauert. Dieses hatte bis 1806
den Kaiser des Römischen Reiches gestellt, 10/46, und bei dessen
Rücktritt ein auf Österreich-Ungarn beschränktes Kaisertum begründet.
Der Rückzug der kaiserlichen und königlichen Monarchie infolge der
nationalitalienischen Einigung wird dem Seher als ein weiterer Schritt
auf dem Weg zum endgültigen Zerfall des Kaiserreiches erschienen
sein, 6/87. Er sah die letzten Rudimente der mittelalterlichen Ordnung
der Welt versinken. Auf Untergänge war er spezialisiert.

Faux exposer viendra topographie,
Seront les cruches des monumens ouuertes:
Pulluler secte faincte philosophie,
Pour blanches, noires, & antiques vertes.

(Textfassung bei Benoist Rigaud, Lyon 1568)

Übersetzung:

Regelwidrig wird (man) die Landkarte darlegen.
Die Krüge der Grabmonumente werden geöffnet sein.
Um sich greift (ein) Bekenntnis, erdichtet (durch) Philosophie.
Schwarzes (erklären sie) für weiß, und für uralt das Grüne.

Kommentar zu 7/14:

Gemeint ist die Zeit der französischen Revolution, in der die Ideen der Aufklärung in die Praxis umgesetzt wurden. Man verwarf den Glauben als geistige Grundlage der gesellschaftlichen Ordnung, 2/8. Die neue Ordnung sollte allein auf die menschliche Vernunft gegründet werden, deren höchste Stufe man im Denken der Philosophen erreicht sah. Die Philosophen der Aufklärung und ihre Ideen, Montesquieu, Voltaire, Rousseau u.a., standen nun hoch im Kurs.

Skeptiker wie David Hume, der die Vernunft verdächtigte, eine Sklavin der Leidenschaften zu sein, wurden nicht gehört. Die Fortschritte bei der Erforschung der Natur und der Erklärung ihrer Ordnung bereiteten den Boden für die Vergottung und Heiligung des Intellekts, 4/49. An die Stelle des Glaubens an Gott trat der Glaube an die Macht der Vernunft des Menschen. Auf dem Höhepunkt der revolutionären Elans und der Blutjustiz wurde im Paris des Jahres 1794 von Robespierre sogar ein >Kult der Vernunft< öffentlich zelebriert.

Der Mathematiker Laplace nannte die Astronomie >das schönste Denkmal des menschlichen Geistes<, so als ob der Mensch einen Geist habe und als ob die Wandelsterne nicht schon seit Urzeiten die ihnen vorgegebene Bahn gezogen hätten und ihre Bewegung durch den sie betrachtenden >menschlichen Geist< erst geadelt werde.

Beflügelt durch Erfolge dieser Art, glaubte man auch die gesellschaftliche Ordnung allein auf die Vernunft gründen zu können. Ethische Gebote und Verbote sowie Glaubenssätze sollten sich ausschließlich vor diesem Forum rechtfertigen. Auf diese Weise sollte der >alte Aberglaube<, den die Kirche angeblich verbreitet, ausgetilgt werden. "Reißt sie nieder, die Ruchlose" war der Schlachtruf Voltaires.

Man erklärte die Menschenrechte, eine Idee der Aufklärung, für so alt wie den Menschen selbst, für älter als alle gesellschaftlich erst erworbenen Rechte. Diderot nannte in seiner Enzyklopädie die >natürliche Religion< des Menschen älter als alle Religionen, deren geschichtlichen Ursprung man angeben kann. Menschenrechte und natürliche Religion waren neue, N. zufolge >grüne<, d.h. unausgereifte Ideen, die ihren Gegenstand selbst für uralt erklärten.

Um die Zerstörung der alten Ordnung zu vervollkommnen, wurde Frankreich im Dezember 1789 in Départements eingeteilt, die an die Stelle der Provinzen mit ihren Fürstentümern und kirchlichen Ländereien traten, Vz 1.

In Saint-Denis, der alten Grablege fränkischer und französischer Könige, kam es zu Zerstörungen und Übergriffen auf die Gräber, Vz 2.

Mit der um sich greifenden >Sekte< (pulluler secte) meint N. das Bekenntnis zum Glauben an die Vernunft und an die Prinzipien der Revolution namens Freiheit, Gleichheit und Brüderlichkeit. Eine "Sekte" ist bei N. eine Gruppe, die ein weltanschauliches Bekenntnis teilt, gleich ob in kirchlicher oder politischer Erscheinungsform, 1/45 (Bd.2).

03/15 Cueur, vigueur, gloire le regne changera/ De tous points contre aiant son aduersaire./ Lors France enfance par mort subiuguera./ Le grand regent sera lors plus contraire. (1555)
[Ludwig XIV./ XV./ Aufstieg Großbritanniens]
Beherztheit, Kraft, Ruhm werden das Reich verwandeln,/
in jeder Hinsicht ihm dicht auf den Fersen sein Gegner./
Dann wird die Kindheit Frankreich durch Tod unterworfen./
Der große Regent wird dann ein noch stärkerer Gegner sein.
   2) Être contre entgegengesetzt sein, Gegner sein (être opposé).
"Das Reich" ist Frankreich, sein Konkurrent um die Vormachtstellung in
Europa und "Gegner" ist das aufstrebende Großbritannien. Unter Ludwig
XIV. erlebte das französische Königtum seine Glanzzeit, das Reich wurde
erweitert, die Stellung des Königs gegenüber dem Adel gestärkt, französische Hofsitte und Lebensart maßstäblich für Europa. (Und am Ende war
das Land bankrott.) Doch England baute sein Kolonialreich aus, eta-
blierte eine stabile konstitutionelle Monarchie, 2/68, war Kriegsgegner
Frankreichs (1690ff, 1701ff.) und konterkarierte das französische Hege-
moniestreben, wo immer möglich. -   Ludwig XV. stand
in seinem sechsten Lebensjahr, als er 1715 König wurde. Als Regent
der Herzog von Orleans eingesetzt, der zur Befestigung seiner Macht die
Parlamente, die Vertretung der Privilegierten, stärkte. Diese konnten
daher in den folgenden Jahrzehnten die notwendigen Reformen blockie-
ren. Die Politik des Regenten hat nicht unerheblich zu der Lage beigetragen, in welcher die Revolution möglich wurde (Hartmann 1994 S. 253).

04/65 Au deserteur de la grand' forteresse,/ Apres qu' aura son lieu habandonne,/ Son adversaire fera si grand prouesse,/ L' Empereur tost mort sera condamne. (1568)
[Zweiter Weltkrieg/ Hitler]
Dem von der großen Festung Abtrünnigen,/
nachdem der seine Stellung aufgegeben haben wird,/
wird sein Gegner eine große Heldentat antun./
Der Kaiser bald tot, er wird verurteilt werden.
   1) bis 3) enthalten eine Periode, denn nur so erklärt sich der
   Dativ zu Beginn, nämlich als Objekt zu fera grand prouesse.
Die Deutung auf den deutsch-französischen Krieg 1870/71 ist nicht abwegig, aber bei genauem Hinsehen paßt folgende Deutung besser. Die
"Festung" ist wie in 2/25 das zu Beginn des zweiten Weltkrieges rein
defensiv gerüstete Frankreich. In den französischen Linien waren englische Divisionen eingereiht, die nach dem deutschen Überfall an die
Kanalküste zurückgedrängt wurden und evakuiert werden mußten. Sie
sind mit dem "Abtrünnigen" gemeint, der seine Stellung aufgibt. Einseitig
vom Standpunkt Frankreichs urteilend, spricht N. gar vom "Verrat" durch
diese "Schutztruppe", 2/25. -   Anschließend werde sein,
des >Abtrünnigen< Gegner diesem eine "große Heldentat" antun. Das ist
Sarkasmus (wie in 9/17) und bezieht sich auf die nächtlichen Flächen-
bombardements englischer Städte, mit denen die Deutschen im September 1940 anfingen, um die Moral der Zivilbevölkerung zu brechen. -
Hitler wurde durch seinen Krieg für ein paar Jahre zum >Kaiser<, zum
"König der Könige" in Europa, 9/90. Nach seinem Tod wurde er von der
Nachwelt für seine unmenschlichen Befehle verurteilt, 9/17.
   —> 6/65, 8/65 (2.WK/ Hitler)

06/15 Dessoubs la tombe sera trouée le Prince,/ Qu' aura le pris par dessus Nuremberg:/ L' Espaignol Roy en Capricorne mince,/ Fainct & trahy par le grand Vuitemberg. (1568)
[Kaiser Karl V.]
Unter dem Grabmal wird gefunden werden der Fürst,/ der den Lohn für Nürnberg erhalten wird./ Der spanische König (wird) im Steinbock fadenscheinig (werden),/ getäuscht und verraten durch den großen Wittenberg.

2) Altfr. n.m. pris 1° zu zahlende Summe (somme à payer)
2° Lohn, Belohnung (récompense).
3) V.i. mincir dünner werden (devenir plus mince).
4) Bei Fürsten war die Anrede mit dem Namen des Fürstentums
in ihrem Titel üblich.   Das gilt hier entsprechend für den
>großen Reformator<.

Die Kaiserwürde hatte Karl V. im Alter von 55 Jahren am 12.1.1556 seinem Bruder Ferdinand übertragen und seinen Sohn Philipp zum König von Spanien ernannt. Am 12.1.1556 stand die Sonne bei 1 bis 2 Grad Wassermann. Das Sternbild Steinbock, auf das es bei solchen Angaben ankommen dürfte, **1/51**, lag damals zwischen 23° Steinbock und 21° Wassermann.   Am 21.9.1558 starb Karl beim Kloster San Yuste in Spanien. Der Vers wurde erstmals 1557 veröffentlicht, als nur der Tod Karls noch in der Zukunft lag. -   Im Sommer 1532 war in Nürnberg ein erster Religionsfriede geschlossen worden, in dessen Folge sich der Protestantismus in deutschen Landen stark ausbreiten konnte, was N. sarkastisch "Lohn für Nürnberg" nennt. Wittenberg hatte durch Luthers Thesen Bedeutung erlangt, war zum >protestantischen Rom< geworden.   Der Reformator war Karls Gegner, aber verraten und getäuscht hat er den Kaiser nicht, den er über seine unbeugsame Haltung nicht im unklaren ließ. Protestanten waren für N. schon wegen ihres >Abweichens vom rechten Glauben< Verräter. -   Der Erfolg des Protestantismus hat zur Abdankung Karls beigetragen.

06/65 Gris & bureau demie ouuerte guerre,/ De nuict seront assailis & pillez:/ Le bureau prins passera par la serre,/ Son temple ouvert, deux au plastre grillez. (1568)
[Zweiter Weltkrieg/ Hitler]
Halb grau und halb amtlich (wird) eröffnet (der) Krieg,/ des nachts werden sie angegriffen und beraubt werden./ Der Braune gefangen, er wird durch die Kelter gehen,/ sein Tempel offen, zwei auf dem Pflaster gegrillt.

1) N.m. bureau Büro, Amt, Dienststelle, Kommando.
3) Das alte n.m. bureau konnte auch ein Stück braunen Stoffes
(bure) bedeuten, wie er für Mönchskutten hergenommen wurde
(großer Larousse). -   N.f. serre 1. Tätigkeit des Zusammen-
pressens, Kelterns 2. Klaue, Kralle.
4) Altfr. n.m. plastre 1° Gips, Figur (plâtre) 2° gepflasterter
Boden (sol pavé), Plattenfußboden (dallage), Fußboden
(plancher).

Am 1.9.1939 begann mit dem Feuer eines Schulschiffes auf die Freie Stadt Danzig der Krieg gegen Polen, um 4:45 Ortszeit, also "nachts". Es werde nur "zurückgeschossen", erklärte Hitler dann verharmlosend im

Reichstag, es gab also keine offizielle Kriegserklärung (halb >grau< und halb amtlich). Es war ein reiner Raubzug, durch nichts bemäntelt, von den Phantasien des >Führers< über ein >Herrenvolk ohne Raum< auf das Dürftigste begründet. - Die zweite Vershälfte schlägt, wie in **3/58**, die Brücke zum Ende des >Führers<. Die Rede von "seinem Tempel" läßt den pseudoreligiösen Anstrich und Anspruch seines Regimes erkennbar werden. Gemeint ist die Reichskanzlei, die im Zuge der Eroberung Berlins von sowjetischen Truppen erstürmt wurde. "Der Braune" heißt er, weil braun neben schwarz die Symbol- und Kultfarbe des >Dritten Reiches< war als Kennzeichen der >erdigen<, Blut und Boden verehrenden Ideen Hitlers. - Hitler wurde nicht "ergriffen" oder "gefangen", war aber zum >Gefangenen< seiner Strategie geworden, stand am Ende "in der Mitte des Drucks", **2/82**, der alliierten Heere. Mit der "Kelter" ist hier ein Bild für diesen militärischen Druck von außen gegeben. Und wenn er "durch die Kelter geht", wird deutlich, daß er ihm erliegen und nicht am Leben bleiben werde. Neben der Reichskanzlei übergoß man Hitler und seine Frau nach der Selbsttötung mit Benzin und fackelte sie ab, 3/11.
—> 4/65, 8/65 (2.WK/ Hitler)

08/65 **Le vieux frustré du principal espoir,/ Il paruiendra au chef de son empire:/ Vingt mois tiendra le regne à grand pouuoir,/ Tiran, cruel en delaissant vn pire. (1568)**
[Zweiter Weltkrieg/ Pétain/ Hitler]
Der Alte, um seine ursprüngliche Hoffnung gebracht,/ wird emporkommen zum Oberhaupt seines Reiches./ Zwanzig Monate wird er die Herrschaft mit großer Macht ausüben,/ es dadurch einem grausamen Tyrannen preisgebend, einem schlimmeren.
Als der Westfeldzug Hitlers im Mai 1940 begann, war der 84jährige Marschall Pétain Chef des französischen Generalstabes. Die französische Strategie orientierte sich an den Erfahrungen der Jahre 1914ff und war rein defensiv eingestellt, 2/25. Man hoffte, die Deutschen erneut in einen Stellungskrieg zu verwickeln. Nach wenigen Wochen war diese Hoffnung zerstoben. - Pétain wurde im Juli 1940 vom französischen Rumpfparlament in Vichy an die Spitze eines Regimes gestellt, das den von Deutschland nicht besetzten Süden des Landes verwaltete. Pétains autoritäres Regime von Hitlers Gnaden beherrschte kein "Imperium", das ist ironisch gemeint. - Im November 1942 wurde Vichy-Frankreich von den Deutschen besetzt, 8/81, Pétain wurde vom Kollaborateur zur Marionette der Deutschen. Die zwanzig Monate sind die Zeit von da an bis zur Befreiung des Landes durch die Westalliierten im Sommer 1944. (Die Invasion in der Normandie war im Juni 1944, die in der Provence im August 1944). In dieser Zeit werde "der Alte" die Herrschaft "mit großer Macht" ausüben, das ist schon Sarkasmus. - Der Seher wirft Pétain vor, daß er durch seine Kollaborationsbereitschaft ("dadurch") das Land einem schlimmeren Tyrannen, als er es selbst war, nämlich Hitler preisgab, indem er dazu half, den Widerstand im Innern niederzuhalten.
—> 4/65, 6/65 (2.WK/ Hitler)

02/66 **Par grans dangiers le captif echapé:/ Peu de temps grand**
la fortune changée./ Dans le palais le peuple est atrapé/
Par bon augure la cité est assiegée. (1555)
[Napoléon I.]
Durch große Gefahren der Gefangene entkommen./
Für kurze Zeit (wird ein) Großer das Glück gewendet (haben)./
Im Palast wird das Volk getäuscht./
Unter gutem Vorzeichen wird die Stadt belagert.

Der nach Elba verbannte Napoléon verließ am 25.2.1815 die Insel und
landete am 1.3. im Golf von Juan an der Côte d' Azur. Er setzte sich
der Gefahr aus, vom französischen Volk, das der Kriege müde war,
nicht mehr akzeptiert zu werden. Durch die >Magie< seiner Rhetorik
konnte er diese Gefahr meistern (lebendig erzählt bei Sieburg 1956).
Sein verlorenes "Glück" war noch einmal "gewendet". Am 20. März
kehrte er in die Tuilerien zurück. - Soweit die Soldaten, die
ihm zujubelten, mit der dauerhaften Wiederaufrichtung des Kaisertums
rechneten, täuschten sie sich. Auch das Versprechen demokratischer
Reformen wurde nicht mehr eingelöst. Denn nur für "kurze Zeit", für
hundert Tage nämlich, 10/90, konnte sich der Kaiser halten. "Durch
große Anstrengung von Ausländern", der vereinten Armeen Preußens,
Großbritanniens, Österreichs usw. wurde er beim belgischen Waterloo
"überwunden", 10/24. - Anschließend wurde Paris von
Soldaten der Allianz eingeschlossen, "unter gutem Vorzeichen". Denn
der "Tyrann" Napoléon, 10/90, dankte am 22. Juni erneut und endgültig
ab. Daß mit Ludwig XVIII. der legitime König zurückkehren konnte,
10/76, dürfte für N. das wichtigste positive Ergebnis des Friedens-
schlusses gewesen sein.

07/16 **Entree profonde par la grand Royne faicte/ Rendra le lieu**
puissant inaccessible:/ L' armee des troys Lyons sera deffaite/
Faisant dedans cas hideux & terrible. (1568)
[Maria I. von England/ Calais 1558]
(Der) tiefe Vorstoß, durch die große Königin befohlen,/
wird den Ort mächtig (und) >uneinnehmbar< machen./
Die Armee der drei Löwen wird geschlagen werden/
und darin einen scheußlichen und schrecklichen Vorfall anrichten.

Während des französisch-spanischen Krieges 1556ff. trat England
unter der katholischen Königin Maria I. im Herbst 1557 an der Seite
Spaniens in den Krieg ein. Als Stützpunkt der Engländer auf dem
Kontinent diente die seit über 150 Jahren im Besitz der englischen
Krone befindliche Hafenstadt Calais. Doch im Januar 1558 konnte der
Herzog von Guise die Stadt zurückerobern; die Uneinnehmbarkeit ist
wohl ironisch zu verstehen. England hatte drei Leoparden im Wappen.
Die "Armee der drei Löwen" ist die englische Besatzung, die
geschlagen und vertrieben wurde. Zuvor nahm sie an der
französischen Bevölkerung der Stadt Rache, Vz 4.

**08/66 Quand l' escriture D.M. trouuee,/ Et caue antique à lampe
descouuerte,/ Loy, Roy & Prince Vlpian esprouuee,/
Pauillon Royne & Duc sous la couuerte. (1568)**
[Viktor Emanuel III. von Italien/ Mussolini/ 2.WK] (Kommentar S. 62)
**Wenn die Inschrift D.M. gefunden/
und (eine) antike Höhle mit der Lampe entdeckt (werden wird),/
(sind) Gesetz, König und Fürst Ulpian auf die Bewährungsprobe gestellt./
Mutterbusen (der) Königin und Führer (werden) darunter begraben.**

1) Die Inschrift D.M. für Dis Manibus auf antiken Gräbern war
"den vergöttlichten Seelen der Toten" oder "den guten Geistern
der Ahnen" gewidmet.
3) Altfr. esprover 1° auf die Probe stellen (mettre à l' épreuve),
die Richtigkeit, Echtheit prüfen (vérifier) 2° unterscheiden
(distinguer), wiedererkennen (reconnaître) 3° billigen, gutheißen
(approuver) 4° sich bewähren (faire ses preuves).
4) Altfr. n.m. pavillon konnte Mutterbusen (sein de la mère)
bedeuten, was hier im Zusammenhang mit Royne sich anbietet.
Royne ist eine alte Form von Reine Königin.
1) bis 4) Es wird für absurd gehalten, in den Buchstaben D.M.
eine Abkürzung von Duce Mussolini zu erkennen, dann könne
hier auch die Deutsche Mark gemeint sein (Pfändler 1999 S. 27).
Mussolini hatte über 20 Jahre lang in Italien das große Sagen.
Daher ist es nicht absurd anzunehmen, daß N. ihn gesehen
haben könnte. Die Namen mancher Akteure konnte N. erkennen,
9/16, 2/28, 8/81. Die Inschrift D.M., die 1922 in der italienischen
Öffentlichkeit Furore machte, kannte N. von antiken Grabsteinen.
Seine Intuition erschloß ihm der Zusammenhang beider, die
Ahnenverehrung der antiken wie der modernen Römer der 1920er
und 1930er Jahre. Die selbsternannten "Erben der Romuliden",
1/9, wollten an die imperiale Größe des antiken Rom anknüpfen.
—-> 9/16 (Zeit vor 2.WK)

**09/16 De castel Franco sortira l' assemblee,/ L' ambassadeur non
plaisant fera scisme:/ Ceux de Ribiere seront en la meslee,/
Et au grand goulphre desnier ont l' entree. (1568)**
[Spanischer Bürgerkrieg 1936ff.]
**Aus (einer) Festung wird Franco den Verein hinausführen./
Der Botschafter nicht angenehm, er wird eine Spaltung bewirken./
Die von Rivera werden beim Streit dabei sein./
Dem großen Abgrund werden sie den Eintritt verwehren.**

3) Die Buchstaben b und v lauten im Spanischen gleich.
Ribiere ist ein französisch abgewandeltes Rivere.
N.f. melée Handgemenge, Schlachtgetümmel, Schlägerei,
Streit.
4) N.m. gouffre 1. Abgrund (abîme) 2. großer Wirbelsturm auf
dem Meer (immense tourbillon dans la mer), > griech kolpos
Golf. Idiom être au bord du gouffre sich in einer schweren
unmittelbaren Gefahr befinden.

Das Ende der spanischen Monarchie 1931 und die sie beerbende
Demokratie, die nach Spanien überführte "griechische Dame", 9/78,
haben dem Seher als Anhänger der Monarchie nicht gefallen. Als im
Sommer 1936 eine Volksfrontregierung an die Macht kam, drohte für N.
das "neue Babylon", d.h. der Unglaube, in Spanien Einzug zu halten. So
nennt er in der Vorrede an Heinrich den Kommunismus, VH (19). Daß es
aus N.s Sicht hier um Glaubensfragen ging, macht auch das Wort scisme

deutlich, das eine Glaubensspaltung bedeutet. Es waren in der Tat welt-
anschauliche Differenzen, die zum Bürgerkrieg führten. Für N. drohte
Spanien im "großen Abgrund" zu versinken, aus dem in der Offenbarung
des Johannes der Drache aufsteigt, Offb 117. -   Ähnlich
apokalyptisch sahen das auch einige spanische Generäle, die dann den
Bürgerkrieg eröffneten, um den >Abgrund< abzuwenden. Zu ihnen
gehörte Francisco "Franco" Bahamonde, damals in Spanisch-Marokko
stationiert, 6/45. Sein Militärputsch gegen die Republik im spanischen
Teil Marokkos enthielt die Botschaft, daß auch in Spanien die Republik
gefährdet sei. Diese Botschaft war "nicht angenehm", denn sie bedeutete
Krieg. Der Bürgerkrieg spaltete das Land in Republiktreue und Nationa-
listen/Faschisten. -   Am 12.9.36 wurde Franco in der alten
Festungsstadt Burgos (castel) von den revoltierenden Militärs zum
Oberbefehlshaber der Truppen und Regierungschef ernannt. Auf seiten
Francos kämpften die Truppen der faschistischen Falange unter Führung
von J.A. Primo de Rivera, Vz 3. -   Die Formulierung der Vz 4
macht einen Erfolg der Gegner des >großen Abgrundes< wahrscheinlich.
--> 8/66 (Zeit vor 2.WK)

10/16   **Heureux au regne de France, heureux de vie/ Ignorant sang,**
         mort, fureur & rapine,/ Par non flateurs seras mis en enuie,/
         Roy desrobé trop de foy en cuisine. (1568)
            Variante: "... trop de foye en cuisine" (Ed. Chevillot 1611)
         [Ludwig XVI.]
         Glücklich in der Herrschaft über Frankreich, voller Lebensfreude,/
         weiß er nichts von Blut, Tod, Raserei und Raub./
         Von nicht Furzenden wirst du beneidet werden./
         (Der) König des Amtskleides beraubt, zuviel Glaube an die Küche.
            3) N.m. flatteur Schmeichler. Lat. n.m. flatus Blähung, die
            Endung -eur weist hin auf Personen.
            4) Altfr. v. desrober 1° des (Amts-)Kleides berauben (ôter la
            robe) 2° jdn. entblößen (dépouiller quelqu' un).
            foye en "Leber in" lautet gleich wie foy en, was "Glaube an..."
            bedeutet.
         Ludwig XVIII., Bruder des von der Revolution gestürzten Königs, war ein
         starker Esser vor dem Herrn. 1814 König geworden, mußte er während
         der hunderttägigen Herrschaft Napoléons fliehen, konnte dann auf den
         Thron zurückkehren. Er starb als König 1824, wurde also nicht seiner
         Würde "entkleidet". -   Dieses Schicksal hatte sein älterer
         Bruder Ludwig XVI. erlitten, der erst von einem absoluten zu einem kon-
         stitutionellen König gemacht, später abgesetzt und dann zum Tod
         verurteilt wurde. Wie sein Bruder war er ein starker Esser. Die
         unzureichende Versorgung der Pariser Bevölkerung kontrastierte mit dem
         Wohlleben am Königshof und gehörte zum Hintergrund des Aufstandes.
         Weil "zuviel Leber in der Küche" ist oder "zuviel Glaube an die Küche"
         herrscht, liegt die Deutung der non flateurs als der daran nicht Teil-
         habenden nahe. -   Des Königs Gutartigkeit und seine
         Ahnungslosigkeit gegenüber dem heraufziehenden Gewitter der
         Revolution werden in dem Vers ironisiert.

Centurie 8, Vers 66

Quand l' escriture D.M. trouvee,
Et cave antique à lampe descouverte,
Loy, Roy & Prince Ulpian esprouvee,
Pavillon Royne & Duc sous la couverte.

(Textfassung bei Benoist Rigaud, Lyon 1568)

Übersetzung:

Wenn die Inschrift D.M. gefunden
und (eine) antike Höhle mit der Lampe entdeckt (werden wird),
(sind) Gesetz, König und Fürst Ulpian auf die Bewährungsprobe gestellt,
Mutterbusen (der) Königin und Führer (werden) darunter begraben.

Kommentar zu 8/66:

Die Buchstaben D.M. für Duce Mussolini, d.h. Führer Mussolini wurden von den faschistischen Schwarzhemden im Jahr 1922 in Italien überall an die Hauswände gemalt. D.M. für Dis Manibus stand auf antiken römischen Grabsteinen zum Zeichen der Verehrung der Ahnen. Von deren >Manen< erbaten sich die Römer Schutz. N. gibt zu verstehen, daß die italienischen Faschisten wie ihre Vorfahren >die Toten verehren<, d.h. sich bei der Vergangenheit die antike Größe Italiens würden ausleihen wollen. Sie wollten an Glanz und Ruhm des alten Rom anknüpfen und heißen deshalb in 1/9 die "Erben der Romuliden". Der italienische Faschismus erscheint als Totentanz, als Kult der Ahnen.

Am 27.10.1922 erteilte der Duce den Befehl zum Marsch auf Rom, am 29.10. erhielt er vom König den Auftrag zur Regierungsbildung, am 30.10. marschierten seine Gefolgsleute kampflos in die Hauptstadt ein. Am 5.11.1922 wurde im Tal der Könige bei Luxor in Oberägypten das 3300 Jahre alte und gleichwohl unversehrte Grab des Pharaos Tutanchamun entdeckt, was damals großes Aufsehen erregte. Dieser Fund eines Grabes ist also einmal wörtlich gemeint, während es andernorts meist mit Personen oder Völkern der Antike sich verbindende Ideen sind, die aus ihren >Gräbern< geholt werden, 6/66 (Bd.2).

Domitius Ulpian war im 3. Jahrhundert n. Chr. Präfekt des Prätoriums, d.h. Kommandeur der kaiserlichen Truppen, ein Amt, dessen Inhaber nicht selten mächtiger als der Kaiser war. Der Name Ulpian besagt, daß in Italien neben den König (Roy), doch ohne das Königtum (Loy) formell in Frage zu stellen, ein mächtiger Mann treten werde. Im faschistischen Italien blieb der König capo dello stato, neben den der >Führer des Faschismus< als capo del governo, als Regierungschef trat.

In dieser Zeit würde das Königtum, d.h. die staatlichen Institutionen Italiens und ihre rechtliche Grundlage (Loy) "auf die Probe gestellt" werden bzw. "sich bewähren" müssen, d.h. in eine Existenzkrise geraten. Unter dem "Mutterbusen der Königin" ist hier das Königtum als Institution zu verstehen, aus welcher immer neue Könige hervorgehen und >sich nähren<. Es ist ablesbar, daß das Königtum Italiens, aber auch der Duce die "Probe" nicht bestehen werde. Denn es heißt, daß beide "unter ihr" - der Inschrift D.M. - "begraben" werden würden. Und so kam es auch: Die Diktatur des Duce mit ihrer imperialistischen Politik verstrickte Italien an der Seite Hitlerdeutschlands, 5/29, in den zweiten Weltkrieg, zu dessen Verlierern das Land zählte. Das Königreich Italien war 1945 nach 84 Jahren an seinem Ende angekommen, das Land wurde Republik.

Die Erscheinung der Chiffre D.M. an den Hauswänden von 1922 war für N. ein Zeichen, daß das Ende des Königreiches Italien nicht mehr fern war.

02/67 Le blonde au nez forche viendra cômetre/ par le duelle &
chassera dehors:/ Les exiles dedans fera remetre/
Aux lieux marins commetât les plus forts. (1555)
[Wilhelm III. von England/ Glorious Revolution]
Der Blonde mit dem Zinken wird (es) sich zuschulden kommen lassen/
durch den Zweikampf und wird (den Gegner) hinausjagen./
Die Verbannten wird er ins Land zurückkommen lassen./
Auf See ernennt er die Stärksten.

1) Modern fourche(tte) Gabel, altfr. forche. N.m. fourchon
Zinken (einer Gabel). Der metaphorische Gebrauch ist wahrscheinlich, obwohl kein Beleg gefunden werden konnte.

Mittelfr. blond goldgelb ist hier Kennzeichen des Fürsten Wilhelm von
Oranien-Nassau, in dessen Namen das Gold (or) enthalten ist, 4/89.
Auf den Porträts ist eine starke Nase zu erkennen (Zinken). Sein Gegenspieler war König Jakob II., der die Katholiken seines Landes protegierte,
ein Parlament aus eigenem Recht ablehnte und daher bei seinen
Untertanen wenig Rückhalt hatte. -   Nach Verhandlungen mit
den protestantischen Gegnern des Königs, 4/96, setzte der Niederländer
im November 1688 mit einer holländisch-englischen Flotte über den
Kanal. Auf der Insel verweigerte man Jakob den Gehorsam, er mußte
das Land verlassen, 8/58. Das war der Auftakt zu der Verfassungs-
änderung von 1689, die mit der Declaration of Rights die Macht der Krone
konstitutionell beschränkte ("Glorious Revolution"). Die "Herrschaft"
wurde "neu zusammengefügt", 2/68, die Zerrissenheit des Landes unter
den beiden Vorgängern, 8/58, überwunden. Wilhelm wurde König neben
seiner Frau Maria, der Tochter Jakobs, 4/96. Militante Puritaner, die sich
unter Jakob zur Emigration gezwungen gesehen hatten, konnten zurückkehren, Vz 3. Zwischen England und Frankreich, das den gestürzten
Jakob unterstützte, kam es 1690-97 zum Seekrieg, in dem England die
Oberhand behielt, etwa im Mai 1692 beim Kap La Hogue, Vz 4.

06/67 Au grand Empire paruiendra tout un autre/ Bonté distant
plus de felicité:/ Regi par un issu non loing du peaultre,/
Corruer regnes grande infelicité. (1568)
[Hitler/ Zweiter Weltkrieg]
Zum großen Reich wird emporkommen ein ganz Anderer,/
von Güte weiter entfernt als von Glück./
Regiert von einem, (der) hervorgegangen (ist) nicht weit vom Strohlager,/
brechen Länder zusammen, großes Unglück.

3) Altfr. n.m. peautre, peltre Strohsack (pailasse).
4) Lat. v. corruere zusammenstürzen, zugrundegehen

Der Vers paßt auf Napoléon wie auf Hitler, etwas besser auf letzteren.
Empire ist das französische Wort für Kaiserreich. Napoléon wie Hitler
haben zu ihrer Zeit den europäischen Kontinent dominiert. Adolf Hitler
war ein Emporkömmling, stammte aus kleinbürgerlichen Verhältnissen.
Nicht die einfache Herkunft wird verworfen, sondern der Anspruch auf
Herrschaft von dieser Grundlage her. -   In gleichen Worten (issu du
peautre) wird in 9/76 die Herkunft eines Mannes beschrieben, den N. dort
mit Nero vergleicht. In **9/17** ist es eindeutig Hitler, der wegen seiner
Verfolgung Unschuldiger mit Nero verglichen wird. -   Um sein
Imperium zu errichten, hat der haßgelenkte >Führer< viele europäische
Länder unterworfen und in seinen Krieg hineingezogen.

---> 9/17 (Hitler)

09/17   Le tiers premier pys que ne feit Neron,/ Vuidez vaillant
que sang respandre:/ R' edifier fera le forneron,/
Siecle d' or mort, nouueau Roy grand esclandre. (1568)
[Hitler/ Holokaust] (Kommentar S. 65)
Der dritte Erste wird Schlimmeres tun als Nero tat./
>Evakuierte<, >mutig< (wird er sein), Blut zu vergießen./
Wiedererbauen lassen wird er den schwarzen Ofen./
>Goldenes Zeitalter< tot, neuer König (ein) großer Skandal.
1) "feit" ist ein altes passé simple, modern "fit" er, sie, es
machte.
2) Altfr. v.t. vuider oder vuidier 1° leer machen (rendre vide),
ausräumen (dégamir) 2° evakuieren (évacuer), verlassen
(quitter). >Evakuieren< war bei den Nazis der Deckname für
Liquidieren.
4) Altfr. n.m. fornier Ofen (fournier); die Endung ist reimbedingt,
zugleich klingt das ital. adj. nero schwarz an.   Altfr. n.m.
esclandre, escandre 1° Skandal (scandale) 2° Verleumdung
(calomnie) 3° Haß, Feindschaft (haine, inimitié).
---> 6/67 (Hitler)

10/17   La Royne Ergaste voiant sa fille blesme,/ Par un regret dans
l' estomach encloz,/ Crys lamentables seront lors d' Angolesme,/
Et au germain mariage fort clos. (1568)
[Marie-Antoinette 1793]
Die Königin (als) Häftling sieht ihre Tochter blaß/
durch einen Schmerz, in der Seele eingeschlossen,/
jämmerliches Wehklagen wird es dort geben von (der) Angoulême./
Und mit dem Neffen (eine) verworfene Heirat.
1) Lat. n.n. ergastulum Arbeitshaus, Zuchthaus, n.m. ergastulus
Häftling, Gefangener. Aus Ergaste kann man auch noch durch
Buchstabenumstellung estrage oder stragee machen; Royne
stragee bedeutet in Anlehnung an das lat. n.f. strages das
Niedergeworfenwerden: "gestürzte Königin".
4) Germain frère kann bedeuten 1. Bruder 2. Neffe 3. Geistes-
verwandter 4. Großneffe (großer Larousse).
Altfr. v. forclore 1° fernhalten, verwerfen (éloigner), vertreiben
(chasser) 2° verhindern, verhüten (empêcher)
Als man Marie-Antoinette, die abgesetzte Königin, im Temple gefangen-
hielt, war ihre mitgefangene Tochter Marie Thérèse Charlotte vierzehn
Jahre alt. Im Januar 1793 wurde Louis XVI., Vater der Marie Thérèse,
hingerichtet. Dann setzte Hébert, ein Mann niedrigster Gesinnung, unter
dessen Aufsicht die königliche Familie stand, es durch, daß man Marie-
Antoinette den Sohn, der Schwester den Bruder entzog, der damals acht
Jahre zählte und Louis XVII. geworden wäre. Die Königin war nun mit
ihrer Tochter und einer treuen Gouvernante allein. Grund zur Trauer gab
es für die zerstörte Familie genug. -   Die Tochter heiratete später
ihren Neffen, den Sohn des Comte d' Artois, des späteren Charles X.,
eine eigentlich unzulässige Verbindung.   Ihr Mann trug den Titel eines
Herzogs von Angoulême, und sie wurde durch die Heirat Herzogin von
Angoulême. Die abgekürzte Anrede von Personen mit dem Namen des
Fürstentums in ihrem Titel war üblich.

Le tiers premier pis que ne fit Neron,
Vuidez vaillant que sang respandre.
R' edifier fera le forneron,
Siecle d' or mort, nouveau Roy grand esclandre.
(Textfassung bei Benoist Rigaud 1568)

Übersetzung:
Der dritte Erste wird Schlimmeres tun als Nero tat.
>Evakuierte<, >mutig< (wird er sein), Blut zu vergießen.
Wiedererbauen lassen wird er den schwarzen Ofen.
>Goldenes Zeitalter< tot, neuer König (ein) großer Skandal.

Kommentar zu 9/17:
Die Deutung auf die französische Revolution (Centurio 1977) findet für den "Ofen" keine zufriedenstellende Erklärung.

Die nationalsozialistische Propaganda erklärte Hitler zum >Führer und Reichs-kanzler<. Sein >Reich< war in der Schau des Nostradamus nach dem ersten Kaiserreich (bis 1806) und dem kurzlebigen Grand Empire Napoleons das "dritte" Imperium, das ganz Europa beherrschen wollte. Er war "der dritte Erste" eines Großreiches.

Es sollte der Propaganda zufolge tausend Jahre währen. Tausend Jahre währt in der Offenbarung des Johannes (Kap. 20) das Reich Christi. Auch an dieser Propagandaformel war der pseudoreligiöse Anspruch des >Dritten Reiches< und seiner Ideologie zu erkennen. Es sollte nun eine neue Zeit nationaler Größe und in diesem Sinne ein >Goldenes Zeitalter< für die Deutschen anbrechen.

Dem Kaiser Nero wurde eine Schuld am Brand Roms nachgesagt. Um von diesen Gerüchten abzulenken, ließ er nach >Schuldigen< suchen und kam dabei auf die kleine Schar der Christen. Einige von ihnen ließ er anläßlich seiner Feste kreuzigen, manche auch anzünden. Darin, daß der antike Kaiser dem >jungen Nero< Hitler nicht von ferne das Wasser reichen konnte, muß man dem Seher Recht geben. Denn eine systematische Verfolgung und Vernichtung hat es unter Nero nicht gegeben noch ist das Ausmaß des Mordens im >Dritten Reich< damals auch nur annähernd erreicht worden. Vergleichbar ist nur die groteske Schuld-zuweisung an Unschuldige mit Todesfolge für diese.

Die zweite Verszeile handelt von der Deportation der Juden nach Osteuropa und ist sarkastisch gemeint, da es keinen Mut erfordert, Wehrlose zu töten. Das Wort vom "Wiedererrichten des Ofens" stimmt genau genommen nicht, da Nero keine Öfen bauen, sondern >nur< Einzelne anzünden ließ. In den deutschen Vernichtungslagern wurden die Leichen der Getöteten in großen Krematorien verbrannt.

Als das >tausendjährige Reich< nach zwölf Jahren am Ende und das "Goldene Zeitalter tot" (siecle d' or mort) waren, kam heraus, daß Hitler unter den Bedingun-gen des Krieges so radikal gegen die Juden vorgegangen war, wie es von den meisten Zeitgenossen nicht erwartet worden war. Daher wurden die Bilder des Grauens aus den Lagern allgemein als "großer Skandal" empfunden. Die daraus und aus dem verlorenen Krieg resultierende Kehrtwendung im Urteil vieler Deutscher über den >neuen König< Hitler kommt in der letzten Verszeile in nicht zu unterbietender Prägnanz wie Kürze zum Ausdruck.

Daß es hauptsächlich die Juden waren, die Verfolgung und Vernichtung erleiden würden, ist im vorliegenden Vers nicht zu erkennen. Aber aus **8/96** und 9/53 geht hervor, daß N. den Holokaust an den Juden gesehen hat.

02/68 De l' Aquilon les effors seront grands:/ Sus (I) l' Ocean sera la
porte ouuerte,/ Le regne en l' isle (I) sera reintegrand:/
Tremblera Londres par voile descouuerte. (1555)
[England 1688/89]
Vom Adlerland her werden sie große Anstrengungen unternehmen./
Über dem Ozean wird das Tor offen sein./
Die Herrschaft auf der Insel wird wieder neu zusammengefügt werden./
London wird beben, wenn eine Flotte entdeckt wird.

> **1)** Lat. n.f. aquila Adler, lat. n.m. aquilo Nordwind. Vgl. coing
> Aquilonaire >Ecke< des Reiches, 1/49, und vent Aquilon
> Nordwind, 9/99. Beide Bedeutungen sind möglich.
> **3)** V. réintegrer rückgliedern, rückführen, > lat. v. redintegrare
> ganz wiederherstellen, > n.f. integratio Erneuerung, Wiederher-
> stellung eines Ganzen.

Wegen des Adlers als Hoheitszeichen heißt hier das römische Reich
(deutscher Nation) Adlerland. Es umfaßte zu Lebzeiten des Sehers auch
die Niederlande. Es geht um die unblutige Eroberung Englands durch
Wilhelm von Oranien, der im November 1688 mit einer englisch-holländi-
schen Flotte über den Kanal setzte, 2/67. König Jakob II., sein Gegenspieler, förderte als Katholik die Religionsfreiheit in England. Außerdem
war seine Politik der Tendenz nach absolutistisch, so betrachtete er auch
die anglikanische Staatskirche als ihm untergeben. Daher war er bei
seinen überwiegend protestantischen Untertanen unbeliebt, und es gab
keinen Widerstand gegen die Landung fremder Truppen, "das Tor über
dem Ozean" war "offen". Als Wilhelm durch dieses offene Tor auf die
Insel kam, "bebte London", d.h. Jakobs Herrschaft war in Gefahr. Einen
Monat später mußte er fliehen, 8/58. Wilhelm wurde 1689 König neben
seiner Frau, der Tochter Jakobs, 4/96. Ein Parlament mit erweiterten
Rechten konstituierte sich (Declaration of Rights), religiös wurde Toleranz
verordnet (Toleration Act). Die innere Zerrissenheit des Landes unter
seinen beiden Vorgängern, 8/58, wurde überwunden (reintegration).

04/18 Des plus letrés dessus les faits celestes/ Seront par princes
ignorants reprouuées:/ Punis d' Edit, chassés, comme
scelestes,/ Et mis à mort la ou seront trouués. (1555)
[1600ff] Die Gelehrtesten in den himmlischen Tatsachen/
werden von unwissenden Fürsten verdammt werden,/
mit Strafe bedroht durch öffentliche Verfügung, gejagt wie Verbrecher/
und zu Tode gebracht da, wo sie angetroffen werden.

> **1)** Pfändler (1996) weist zu Recht darauf hin, daß zu Lebzeiten
> N.s Astrologie und Astronomie noch nicht streng geschieden
> waren. Aber ein fait ist eine Tatsache, ein Sachverhalt, was
> eher dafür spricht, daß hier die Astronomen gemeint sind. Denn
> sie beschäftigen sich mit den Tatsachen des Himmels, während
> es den Astrologen um deren Deutung geht.

Der geniale Giordano Bruno war Philosoph und Dichter, aber er lehrte
auch, daß die Erde nur eine annähernde Kugelgestalt besitze und an den
Polen abgeplattet sei, daß sich auch die Sonne um ihre eigene Achse
drehe, daß alle Fixsterne Sonnen seien und sich zahlreiche Planeten um
sie bewegen. Für letztgenannte These werden gegenwärtig die ersten
Beweise erbracht. Im Februar 1600 wurde er in Rom als Ketzer verbrannt, weil er seine Zweifel am Trinitätsdogma nicht widerrufen mochte. -
Galilei meinte, daß das Buch der Natur in der Sprache der Mathematik

geschrieben sei und wollte daher mit Beobachtung und Berechnung in ihm lesen. Als sich das Heilige Offizium zu Rom im Jahr 1616 mit seinen Schriften befaßte, wurde er aufgefordert, seine astronomischen Lehren zu widerrufen. - Des Kopernikus Buch von 1543 "Über die Umläufe der Himmelskörper", nach dem die Sonne im Mittelpunkt des Planetensystems steht, wurde 1616 auf den Index der verbotenen Bücher gesetzt. Wer danach eine heliozentrische Position vertrat, mußte damit rechnen, daß seine Veröffentlichungen verboten und seine Person verfolgt werden würden, soweit der Arm Roms reichte. Die Kirchenfürsten bezogen ihr >Wissen< aus der Bibel und von Aristoteles und meinten, daß der Wahrheitsanspruch der neuen astronomischen Lehren den katholischen Glauben gefährde. Sie wollten daher "unwissend" bleiben, die neuen Lehren nicht zur Kenntnis nehmen und versuchten, sie zu unterdrücken, 8/71.

09/18 Le lys Dauffois portera dans Nansi/ lusques en Flandres electeur de l' empire,/ Neufue obturee au grand Montmorency/ Hors lieux prouez deliure à claire peyne. (1568)
[Ludwig XIII.] Die delphinische Lilie wird er nach Nancy bringen,/ bis nach Flandern (wird man bringen) einen Kurfürsten des Reichs./ Neues (Gefängnis), abgedichtet für den großen Montmorency,/ außerhalb bewährter Orte ausgeliefert deutlicher Strafe.
1) Adj. Dauphinois hier verkürzt zu Dauffois.
3) Es fehlt das Subjekt. Einen Sinn ergibt das n.f. prison Haft.
Die Lilie hatten die französischen Könige im Wappen. Bis zur Geburt seines ersten Sohnes 1638 behielt Ludwig XIII. den Titel Dauphin. So bedeutet hier das "delphinisch" so viel wie "noch kinderlos". Im August 1633 belagerte eine französische Armee das lothringische Nancy, damals verbündet mit dem Kaiser. Die Stadt wurde wenig später genommen, der Herzog der französischen Krone verpflichtet. - 1635 setzten die Spanier den Kurfürsten von Trier gefangen, der unter dem Schutz des Königs von Frankreich stand, nun aber nach Brüssel in die spanische Niederlande gebracht wurde. Er wurde dann mit französischer Hilfe befreit. - Im Jahr 1632 hatte der Gouverneur des Languedoc, Herzog von Montmorency, an einer offenen Rebellion gegen den König teilgenommen und war dafür vom Parlament in Toulouse zum Tode verurteilt worden. Die für seine Begnadigung eintraten, konnten nur erreichen, daß die Bestrafung nicht, wie sonst üblich, auf dem Marktplatz, sondern auf dem Hof des Gefängnisses vollstreckt wurde.
—> 9/18 (Ludwig XIII.)

08/68 Vieux Cardinal par le ieune deceu,/ Hors de sa charge se verra desarme,/ Arles ne monstres, double soit aperceu,/ Et Liqueduct & le Prince embausme. (1568)
[Ludwig XIII./ Richelieu]
Alter Kardinal durch den Jungen getäuscht,/ von seinem Amt entfernt, wird er sich entwaffnet sehen./ Arles, du sollst nicht zeigen, (daß ein) Duplikat aufgekommen ist,/ und Flüssiggeführter und der Fürst einbalsamiert.
4) Mittellat. liquentia ruhiges Wasser, > lat. adj. liquidus flüssig; lat. ductus geführt
Der "alte Kardinal" ist Richelieu, der unter Ludwig XIII. der mächtigste

Mann in Frankreich war, der "Junge" ist Henri d' Effiat, Marquis de Cinqmars. Im Jahr 1642 war Richelieu 57, Cinqmars 22 Jahre alt. Cinqmars
hatte am Hof Karriere gemacht, von Richelieu protegiert, der ihn daher als
seine Kreatur ansah. Aber der Ehrgeiz verleitete den Emporkömmling
und Favoriten des Königs, den Kardinal verdrängen zu wollen. Der verlor
zwar nicht seine Ämter, aber vorübergehend an Einfluß beim König. -
Im März 1642 nahm Cinqmars an einer Verschwörung teil, die mit
Spanien einen geheimen Vertrag schloß. Ein Duplikat des Dokuments fiel
dem Kardinal in die Hände, als der sich in Arles aufhielt. Er zögerte nicht,
die unverhoffte >Munition< zu verwenden, schickte es dem König, und
Cinqmars wurde hingerichtet. - Richelieu reiste wegen seiner
Gicht in einer riesigen Sänfte und gern auf Schiffen, also >flüssig< im
Sinne von erschütterungsfrei. Er starb im Dezember 1642, im Mai 1643
folgte ihm König Ludwig XIII. Das nahe eigene Ende des Kardinals war
wohl der Grund, weshalb N. es für nicht ratsam hielt, sich noch die
Mitschuld am Tod eines jungen Mannes aufzuladen.
—> 9/18 (Ludwig XIII.)

**10/18   Le ranc Lorrain fera place à Vendosme,/ Le hault mys bas, &
le bas mys (en) hault,/ Le filz de Hamon sera esleu dans Rome,/
Et les deux grands seront mis en deffault. (1568)
[Heinrich IV.]
Die lothringische Reihe wird für Vendôme Platz machen,/
der Hohe wird erniedrigt, und der Niedrige kommt nach oben./
Der Sohn des Amon wird erwählt werden in Rom,/
und die beiden Großen läßt man scheitern.**
   3) Den Namen Amon oder Ammon, römisch Hamon trugen
   1. ein ägyptischer Gott, 2. ein jüdischer König (2. Kön 21), der
   Religionsvermischung zuließ und ermordet wurde.
Heinrich von Navarra hatte den Titel eines Herzogs von Vendôme 1562
von seinem Vater geerbt. Am Pariser Hof, von dem er 1576 floh, nannte
man ihn abschätzig den "kleinen Vendôme". Nach dem Tod des letzten
Valois-Königs 1589 kämpften die Katholiken, an der Spitze die lothringischen Guise, mit "Vendôme" um den Thron. Sie hatten Karl von Bourbon,
den Kardinal von Lothringen zum König aufgestellt, 9/50. Er ist der
"Hohe", und der von N. verachtete Hugenotte Heinrich von Navarra isr der
"Niedrige". Bis 1594 konnte er sich durchsetzen, Vz 1, zunächst noch
ohne Absolution durch den Papst. - Sein Gegner mußte ihm selbstverständlich die Treue schwören, was nur ein parteilicher Standpunkt, den
N. inbezug auf Heinrich IV. allerdings einnahm, 10/45, als >Erniedrigung<
werten kann. Karl von Guise, dem Führer der katholischen Partei, wurde
dann, was nicht selbstverständlich war, die Regierung der Provence
übertragen. - Im September 1595 hob Rom die Exkommunikation
Heinrichs auf und anerkannte den Übergetretenen als katholischen König,
Vz 3. Daß er hier als Sohn Amons bezeichnet wird, eines jüdischen
Königs, der wegen seiner Vielgötterei den Zorn Gottes auf sich zog (2.
Kön 21), ist nur durch das Ressentiment des Sehers zu erklären, der
Heinrichs religiöse Gesinnung für höchst zweifelhaft hielt, 5/72, 3/25. -
Einer der beiden Großen, deren Politik durch die päpstliche Anerkennung
Heinrichs eine Niederlage erlitt, war der spanische König Philipp II., der
andere Kaiser Rudolf II. Beide hatten den Hugenotten auf dem Thron
Frankreichs verhindern wollen.

02/69 Le roy Gauloys par la Celtique dextre/ Voiant discorde de la
grand Monarchie,/ Sus les trois pars fera fleurir son sceptre,/
Contre la cappe de la grand Hirarchie. (1555)

[Louis-Philippe]

**Der gallische König, wegen des keltischen Handschlags/
sieht er in Zwietracht die große Monarchie./
Über den drei Teilen wird er sein Szepter blühen lassen,/
gegen das Ornat der großen Hierarchie.**

1) Lat. n.f. dextra rechte Hand; Handschlag, gegebenes Wort,
feierliche Versicherung der Treue; Treue; Tapferkeit, Mut.

4) Mittellat. n.f. cappa Mantel, Kapuze; Ornat der Geistlichen.

"Keltisch" nennt der Seher Franzosen, die sich gegen eigene oder fremde
Herren im Namen der Freiheit auflehnen, 2/99, **1/93**. Mit dem "keltischen
Handschlag" ist hier die Treue zu den Prinzipien der Revolution von 1789
gemeint, die der >Bürgerkönig< Louis-Philippe im Juli 1830 geschworen
hatte. Darin lag im Urteil des Sehers der Konstruktionsfehler seines
Königtums und der Grund für die "Uneinigkeit" des Landes unter seiner
Führung, **8/43**. Im Februar 1848 wurde sein Regime durch eine Revolu-
tion hinweggefegt. - Mit den "drei Teilen" sind die drei Farben der
Trikolore gemeint, welche 1789 an Stelle des Lilienbanners trat und zur
Fahne der französischen Republik wurde. Neben den Pariser Stadtfarben
Rot und Blau ist darin das königliche Weiß enthalten. Wenn der
Gemeinte sein Szepter über dieser Fahne blühen läßt, will er König in
einer Republik sein, für N. ein Unding. Er stelle sich damit gegen das
Königtum seiner Vorfahren, gegen die Krone und in diesem Sinne "gegen
das Ornat der großen Hierarchie". Das wertet N. als Beleidigung wahren
Königtums, **4/64**.

10/19 Iour que sera par royne saluee,/ Le iour apres le
salut, la priere:/ Le compte fait raison & valbuee,/
Par avant humble oncques ne fut si fiere. (1568)

[Elisabeth I. von England]

**Wenn sie als Königin begrüßt werden wird,/
(ist) tags darauf der Ehrensalut, das Gebet./
Die Aufzählung rechtfertigt und (wird) geachtet./
Zuvor demütig, war sie niemals so stolz.**

3) Mittelfr. v. compter, mettre en compte aufzählen (énumerer).

3) Altes Idiom faire raison durch Begründung rechtfertigen.

3) valbuee ist wohl ein verschriebenes valuee.

Mit der "Aufzählung" dürfte hier die Reihe der Thronanwärter gemeint
sein, denn sie "rechtfertigt" oder "gibt Grund", daß eine Frau Königin wird,
10/84. Beim Tode Heinrichs VIII. von England im Jahr 1547 war Elisabeth
nach ihren Halbgeschwistern Edward und Maria die dritte in der
Thronfolge. Edward starb 1553, Maria wurde Königin. Im April 1554
wurde Elisabeth der Mitwisserschaft an einer Verschwörung verdächtigt,
mußte zwei Monate im Tower verbringen und mit dem Schaffott rechnen.
Sie beteuerte ihre Treue zu Maria, mußte sich vor dieser demütigen, Vz 4.
Man konnte ihr nichts nachweisen, und sogar Philipp II. von Spanien,
Gatte Marias, riet davon ab, gegen die schon damals populär Werdende
vorzugehen. - Nach dem Tod Marias im November 1558 wurde
Elisabeth im Januar 1559 in London zur Königin gekrönt (Ehrensalut).
Das Volk feierte eine junge Königin, die anders als ihre halbspanische

Vorgängerin reine Engländerin war.

01/70 Pluie, faim, guerre en Perse non cessée/ La foy trop grande
trahira le monarque,/ Par la finie en Gaule commencée:/
Secret augure pour à vng estre parque. (1555)
[Persien 1978/79] (Kommentar S. 73)
Regen, Hunger, Krieg haben in Persien nicht nachgelassen,/
der Glaube allzu stark, preisgeben wird er den Monarchen./
Am Ende (wird er) in Frankreich begonnen (haben),/
geheimes Vorzeichen dafür, daß einer in die Enge getrieben wird.
4) V. parquer einpferchen. Das p.p.p. ist verfremdet durch die
metrisch bedingte Betonung auf der ersten Silbe.
---> 8/70 (Persien 1978ff.)

04/70 Bien contigue des grans monts Pyrenees,/ Vn contre l' aigle
grand copie addresser,/ Ouuertes veines, forces exterminees,/
Que iusqu' à Pau le chef viendra chasser. (1568)
[Napoléon I.]
Ganz in der Nähe großer Gipfel der Pyrenäen/
wird einer gegen den Adler (ein) großes Heer schicken./
Venen geöffnet, Streitkräfte vernichtet,/
und bis nach Pau wird (man) das Haupt jagen.
2) Lat. n.f.pl. copiae Truppen
4) Andere Möglichkeit: "Bis nach Pau wird das Oberhaupt
rennen".
Im Juni 1813 siegte Wellington bei Vitoria im Baskenland über ein
französisches Heer.   Der britische Feldherr trieb seinen französischen
Gegner Marschall Soult vor sich her.   Er zog über San Sebastian, Orthez,
Pau, Tarbes bis nach Toulouse.   Die >geöffneten Venen< sind ein Bild für
das nach vielen Kriegsjahren ausgeblutete Land, auf dessen eigenem
Boden der Krieg nun angekommen war.
---> 5/20 (NAP)

05/20 Dela les Alpes grande armée passera,/ vn peu deuant
naistre monstre vapin:/ Prodigieux & subit tournera/
Le grand Tosquan a son lieu plus propin. (1568)
[Französische Revolution]
Jenseits der Alpen wird (eine) große Armee ziehen,/
kurz vorher wird schnaubendes Untier geboren./
Erstaunlich(erweise) und plötzlich wird sich umwenden/
der große Toskaner zu seinem ihm günstigeren Ort.
2) Das Adjektiv vapin ist von N. gebildet in Anlehnung an vapeur
Dampf.   N.f. vape Benommenheit, Abgestumpftheit, Schock.
4) Adj. propice gnädig, günstig reimbedingt abgewandelt zu
propin.   Oder es handelt sich um das lat. adj. propinquus
benachbart: "... zu seinem, ihm näheren Ort".
Das revolutionäre Frankreich entsandte in den Jahren 1796/97, 1798 und
1800/01 Armeen nach Italien.   Im Frühjahr 1800 zog eine Armee unter
Napoléon, damals erster Konsul, über die Alpenpässe Kl. und Gr. Sankt
Bernhard sowie Sankt Gotthard in die oberitalienische Ebene. -   Nach
dem Sieg bei Marengo mußte im Frieden von Lunéville der Großherzog
von Toskana, Ferdinand III., im Jahr 1801 auf sein Land verzichten.   Auf
dessen Boden wurde von Napoléons Gnaden das Königreich Etrurien

gegründet. Herzog Ferdinand III. stammte aus dem Haus Habsburg-Lothringen, wurde nach seiner Vertreibung Kurfürst von Salzburg (lieu plus propin), dann von Würzburg und konnte erst 1815 in sein Land zurückkehren. - Bleibt noch das "schnaubende Untier". Manche Kommentatoren wollen hier die Dampfmaschine erkennen, die im 18. Jahrhundert erfunden und Ende der achtziger Jahre erstmals industriell eingesetzt wurde. Der Wortlaut des Verses ermöglicht selbstverständlich diese Deutung. Sie ist aber wenig wahrscheinlich, weil N. an Erfindungen wenig interessiert war. Das >schnaubende Untier< steht hier für die Revolution selbst, die "kurz vor" dem gemeinten Feldzug ausbrach - zehn oder elf Jahre sind aus N.s Perspektive kurz. Der >Drache<, ein Untier, ist ein altes Bild des Teufels, sein >Schnauben< ein Bild seines Zorns, der sich gegen die alte, im Glauben gegründete Ordnung richtet. Für N. ist es also der Teufel, in dessen Diensten man diese Ordnung aus den Angeln heben werde. - In dem Ziel, Ordnung mittels Freisetzung der in ihr gebundenen Energie zu zerstören, treffen sich industrielle und politische Revolution.
 ---> 4/70 (NAP)

**07/20   Ambassadeurs de la Toscane langue,/ Auril & May Alpes
& mer passer:/ Celuy de veau exposera l' harangue,/
Vie Gauloise ne venant effacer. (1568)
[Italien 1856/1860]
Botschafter toskanischer Sprache/
fahren im April und Mai über Alpen und Meer./
Jener vom Kalb wird eine öffentliche Ansprache halten,/
nicht (so weit) kommend, französisches Leben zu verdrängen.**
   Turin hieß in römischer Zeit Augusta Taurinorum, ist also dem Namen nach mit Stieren, den lateinischen tauri verbunden. "Jener vom Kalb" wäre demnach einer aus Turin. Graf Benso de Cavour, ein gebürtiger Turiner, war einer der bedeutendsten italienischen Politiker des 19. Jahrhunderts. - Als Verfechter der Einheit des Landes, des risorgimento, nahm er im Frühjahr 1856 teil am Pariser Kongreß, auf dem es um den Frieden nach dem Krimkrieg ging. Er forderte von Kaiser Napoléon III. öffentlich Unterstützung ein für die Sache Italiens als Gegenleistung für die Teilnahme Sardiniens am Krieg auf französischer Seite, hatte aber noch keinen durchgreifenden Erfolg, Vz 4. Erst im März 1861 konnte er die Einigung Italiens erwirken, zunächst noch ohne Venetien und das Patrimonium Petri, den Kern des von Frankreich weiterhin unterstützten Kirchenstaates. - Der zentralitalienische Dialekt, das gesprochene Florentinisch, wurde im Zuge der neugeschaffenen Einheit des Landes als Schriftsprache verbindlich. Ein "Botschafter toskanischer Sprache" ist damit als Fürsprecher der Einheit ausgewiesen.

08/70 Jl entrera vilain, meschant infame/ Tyrannisant la
Mesopotamie/ Tous amys fait d' adulterine dame,/
Tertre horrible noir de phisonomie. (1568)
Variante: "Terre horrible..." (Ed. Chevillot 1611)
[Persien 1978ff.] (Kommentar S. 74)
Er wird Einzug halten, bösartig, abstoßend, verrufen,/
und Mesopotamien tyrannisieren./
Er macht alle zu Freunden der ehebrecherischen Dame,/
(das) Land (hat einen) schrecklichen König, schwarz von Physiognomie.
4) Die Variante tertre Anhöhe erfüllt das Versmaß nicht und
ergibt keinen Sinn.
4) Das Adj. noir schwarz ist hier zugleich Anagramm von Roi(n)
König.
---> 1/70 (Persien 1978ff.)

09/20 De nuit viendra par la forest de Reines,/ Deux pars vaultorte
Herne la pierre blanche,/ Le moine noir en gris dedans Varennes/
Esleu cap. cause tempeste feu, sang tranche. (1568)
[Ludwig XVI./ Marie-Antoinette] (Kommentar S. 75)
Nachts wird er kommen durch den Wald von Reims./
Zwei Gefährten gebeugten Willens >erben nicht den weißen Stein<,/
der Mönchskönig in grau in Varennes./
Gewähltes Haupt verursacht Sturm, Feuer, Blut, Schneide./
1) Reines steht hier reimbedingt für Reims.
2) Altfr. n. par I. n.f. 1° Seite (côté) 2° Teilnahme (participation)
II. n.m./f.1° Gefährte, Kamerad (compagnon) 2° Gleicher, Eben-
bürtiger (pair).
Die Eigenschöpfung **vaultorte** ergibt einen Sinn, wenn sie als
Zusammensetzung aufgefaßt wird aus dem lat. n.f. voluntas
Wille und dem lat. adj. tortus gewunden, verwickelt, gequält.
Das Idiom marquer un jour d' une **pierre blanche** bedeutet
einen Durchbruch schaffen.
Die Eigenschöpfung **Herne** ergibt einen Sinn, wenn man darin
das lat. n.m./f. heres Erbe und das lat. Adverb ne = nicht
erkennt und beides zusammen das Prädikat der Vz ist.
3) Das Adjektiv noir ist hier wie öfters ein Anagramm von Roi(n)
König. Die Bedeutung schwarz kommt nicht in Betracht, weil
der Gemeinte farblich schon anders gekennzeichnet ist (grau).
4) Lat. n.n. caput Haupt, mittellat. n.f. cappa geistliches
Gewand, Soutane. N.m. capelan (armer) Priester.
Exkurs (für die Deutung nicht erforderlich): Der astrologischen Anschauung
zufolge ist die **Ehe von Volk und König, 8/70,** kein Sinnbild, sondem
Wirklichkeit. Ein Beispiel ist der Neptuntransit (1787-1790) über den Mond
im Geburtshoroskop der französischen Königin Marie-Antoinette, der eine
Situation der Geschlechtskonkurrenz anzeigt (Döbereiner 1983). Ihr Gatte,
Ludwig XVI., war allerdings das Gegenbild eines Frauenhelden, aus dieser
Richtung hatte sie nichts zu befürchten. Wenn der König in Wahrheit mit
seinem Volk verheiratet ist, fällt der Königin die Rolle einer Stellvertreterin
des Volkes zu, die die Erbfolge zu sichern hat. In Konkurrenz zum Volk kann
sie nur geraten, wenn sie die wahre Gattin des Königs sein will. Dann kann
es geschehen, daß das Volk sich vernachlässigt fühlt und rebellisch wird.
Der Grund dafür, daß sich der Haß des Volkes besonders gegen Marie-
Antoinette richtete, war nichts Einzelnes, nicht die österreichische Herkunft,
nicht die Halsbandaffäre und nicht die Günstlingswirtschaft am Hof. Marie-
Antoinette verkannte den stellvertretenden und dienenden Charakter ihrer
Stellung und war neben einem schwachen König Mittelpunkt des Hofes.

Pluie, faim, guerre en Perse non cessée
La foy trop grande trahira le monarque,
Par la finie en Gaule commencée :
Secret augure pour à ung estre parque.

(Urfassung bei Macé Bonhomme, Lyon 1555)

Übersetzung der Urfassung:

Regen, Hunger, Krieg haben in Persien nicht nachgelassen,
der Glaube allzu stark, preisgeben wird er den Monarchen.
Am Ende (wird er) in Frankreich begonnen (haben),
geheimes Vorzeichen dafür, daß einer in die Enge getrieben wird.

Kommentar zu 1/70:

"Regen" ist kein geschichtsträchtiges Ereignis, ist somit nicht wörtlich zu verstehen, steht vielmehr für die Mißlichkeiten (>Regenwetter<), welche vorausgehen, bevor etwas Neues wachsen kann. "Hunger" kann bei N. auch ohne nähere Bezeichnung metaphorisch zu verstehen sein, nämlich als >Siegeshunger<, 2/82, oder als >Freiheitshunger<, 5/90.

Im Zusammenhang gelesen, bedeuten die drei Begriffe am Anfang des Verses, daß in "Persien" eine mißliche Lage eintritt, in der etwas Neues aufwachsen will, wodurch es zu einem Kampf kommt, der >hungrig< ausgefochten wird. All das hält lange an, man gibt nicht auf, läßt nicht nach (non cessée).

Wer gegen wen kämpft, verrät die zweite Verszeile: "Der Glaube" steht gegen "den Monarchen". Gemeint ist Schah Reza Pahlevi, der sich im Januar 1979 gezwungen sah, sein Land zu verlassen, weil sein Volk ihm in erdrückender Mehrheit die Gefolgschaft verweigerte. Vorausgegangen waren langandauernde, sich zuspitzende Kämpfe, in denen die Soldaten des Schah religiös motivierten Demonstranten gegenüberstanden, die ihnen die blanke Brust darboten. Treibende Kraft des Umsturzes war die schiitische Geistlichkeit, die ihren religiösen Einfluß in eine überlegene politische Gegenmacht umzumünzen verstand. "Der Glaube" erwies sich als "sehr groß" und >der Glaube< - hier zu verstehen als politische Gegenmacht - war es auch, der am Ende den Monarchen "preisgeben" oder ihm "die Treue aufkündigen" würde, 8/70.

An der Spitze der Bewegung stand Ayatollah Khomeini, der seit 1963 im Exil lebte. Während dieser Zeit betrieb er seine Rückkehr, die einen grundlegenden Wandel der Verhältnisse in Persien voraussetzte. Erst "am Ende" seiner Umtriebe verlegte er 1978 seinen Wohnsitz von Irak nach Frankreich. Und daher war es "in Frankreich", von wo dann >der Glaube<, nämlich dessen politische Speerspitze, seinen "Ausgang nahm".

Diese Übersiedlung Khomeinis nach Frankreich war für den Seher ein "geheimes Vorzeichen" dafür, daß "einer", nämlich der zuvor erwähnte Monarch "in die Enge getrieben" werden würde. Denn wer den Vers 1978 verstanden hätte, für den wäre seit dem Wechsel Khomeinis nach Paris der Sturz des Schah absehbar gewesen. Da ihn aber ex ante wohl niemand verstanden hat, blieb dieses Vorzeichen ein geheimes. Daß man seine Verse im vorhinein nicht verstehen, jedenfalls darauf nicht hören werde, hat der Seher also gleich mit vorausgesehen.

Jl entrera vilain, meschant infame
Tyrannisant la Mesopotamie
Tous amis fait d' adulterine dame,
Terre horrible noir de phisonomie.
(Textfassung Edition Chevillot 1611)

Übersetzung:

Er wird Einzug halten, abstoßend, bösartig, verrufen,
und Mesopotamien tyrannisieren.
Er macht alle zu Freunden der ehebrecherischen Dame,
(das) Land (hat einen) schrecklichen König, schwarz von

Physiognomie.

Kommentar zu 8/70:

In **1/70** ist von Unruhen in Persien und davon die Rede, daß "der allzu starke Glaube den Monarchen verraten" und ihn "in die Enge treiben" werde, woran obenstehender Vers anknüpft. Seine Angaben passen in ihrer Gesamtheit auf den Gegenspieler des Schah, einen im Exil lebenden Geistlichen namens Khomeini. Die Bemühungen der Islamisten, an die Stelle des westlich orientierten Schah-Regimes einen islamischen Gottesstaat zu setzen, bündelten sich in der Person dieses Mannes, der am Ende seiner langjährigen Bemühungen am 1.2.1979 in Teheran "Einzug halten" konnte. Bald darauf, im Jahr 1980, brach er einen Krieg mit dem Irak vom Zaun und ließ so "Mesopotamien tyrannisieren".

Die Rede von der "ehebrecherischen Dame" (adulterine dame) geht zurück auf eine alte, schon bei den vorchristlichen Kulturen des Orients zu findende und auch den Propheten Israels geläufige Anschauung, die das Verhältnis Gottes zu den Menschen im Bilde von Brautschaft und Ehe beschreibt, **9/20**. So spricht der Prophet sein Volk als Jungfrau und Braut an, deren sich ihr künftiger Bräutigam, "dein Erbauer", erfreuen wird, Jes 625. Ps 21 läßt erkennen, daß durch den von Gott erwählten Fürsten sich dem Volk die Herrschaft Gottes vermittelt. Das Sinnbild der Braut oder Ehefrau bedeutet demnach ein Volk als ganzes, dessen >Gatte< der König ist. Beide, Volk und König, haben als >Eheleute< Rechte und Pflichten, dienen einander.

Eine "ehebrecherische Dame" müßte demnach ein Volk sein, welches mit >einem anderen< als dem ihr >Angetrauten< liebäugelt, eine Affäre hat. Dieser andere ist hier Khomeini, und es stimmt zugleich, daß er "alle zu Freunden des untreuen Volkes machte" (tous amis fait d' adulterine dame). Er tat im Exil nämlich alles, um dem aufrührerischen Volk im schiitischen Klerus möglichst viele Freunde zu schaffen, um so die >Scheidung< vom Schah und seine eigene >Heirat< und Rückkehr zu ermöglichen.

Das Wort noir ist Anagramm für Roi und zugleich Hinweis auf das finstere Wesen des Gemeinten. Die Attribute, die der herrschsüchtige Geistliche im Vers darüber hinaus erhält, lassen diese Einschätzung noch deutlicher werden - eindrucksvoll das Wort von der "schwarzen Physiognomie", in dem das dunkle Habit des Ayatollah wie auch sein finsterer Gesichtsausdruck eingefangen sind.

De nuit viendra par la forest de Reines,
Deux pars vaultorte Herne la pierre blanche,
Le moine noir en gris dedans Varennes
Esleu cap. cause tempeste feu, sang tranche.

(Textfassung bei Benoist Rigaud, Lyon 1568)

Übersetzung:

Nachts wird er kommen durch den Wald von Reims.
Zwei Gefährten gebeugten Willens >erben nicht den weißen Stein<,
der Mönchskönig in grau in Varennes.
Gewähltes Haupt verursacht Sturm, Feuer, Blut, Schneide.

Kommentar zu 9/20:

Die königliche Familie war 1789ff in Paris de facto interniert, insofern war ihr "Wille gebeugt". Am 21. Juni 1791, nachts um halb drei, ergriff sie die Flucht und versuchte das Ausland zu erreichen, um Truppen gegen das von den Umstürzlern beherrschte Land aufzustellen. Die Stadt Reims lag nahe der Route.

Die Rede vom Mönchskönig greift das biblische Sinnbild von der >Ehe< des Volkes mit seinem Herrscher auf, **8/70**. Der König war >von seinem Volk verlassen< worden, da es ihn als wirklichen König, dem es Gehorsam schuldet, nicht mehr anerkannte. Dem alleinstehenden Mönch in der Klausur entspricht der von seinem Volk alleingelassene und eingesperrte König. Das Bild ist insofern schief, als der Mönch die Ehelosigkeit freiwillig wählt, während der verlassene Ehemann unfreiwillig in diese Lage gerät. Der Einwand, daß die Monarchie in Frankreich in der gemeinten Zeit immer noch Anhänger besessen habe, der König gar so allein nicht gewesen sei, hat dagegen kein Gewicht, weil die Königstreuen machtlos waren.

Die Königsfamilie fuhr >in grau<, ohne den königlichen Prunk, was allerdings nur unvollständig gelang. Man hatte bürgerliches Gewand angelegt, um unerkannt zu bleiben, der Dauphin war als Mädchen verkleidet. Aber es half alles nichts, in Varennes nah der Grenze wurden die Flüchtlinge erkannt, festgehalten und zur Rückkehr genötigt. Die Königsfamilie >erbte nicht den weißen Stein<, schaffte den erhofften Ausbruch aus ihrer verzweifelten Lage nicht. In den Geschichtsbüchern heißt das gescheiterte Unternehmen >die Flucht nach Varennes<, weil sie hier endete.

Im September leistete der König den Eid auf die Verfassung, die ihn neben der Nationalversammlung als Autorität einsetzte. Er war König nicht mehr aus eigenem Recht, sondern kraft der neuen Verfassung. Nun scheitern viele Interpreten an der Klippe, die sie darin erkennen, daß Ludwig XVI. nie, auch nicht nach der Verfassung vom September 1791 "gewählt" worden sei, was zutrifft.

Aber der Nationalkonvent wählte ein konstitutionelle Monarchie als Verfassung für das Land mit einem >König< als Statisten an der Spitze. Daß es sich hier um eine wirkliche Wahl handelte, zeigte sich schon im September 1792, als man die Alternative wählte, eine Republik ausrief und das Amt des Königs suspendierte. Der Abgesetzte wurde unter Anklage gestellt. Während des Verfahrens erinnerte man sich eines Ahnen der Bourbonen namens Hugo Capet und sprach den Angeklagten als "Bürger **Cap**et" an.

Ludwig XVI. hat die Revolution nicht verursacht, aber durch seine Ahnungslosigkeit, 10/16, und seine Unentschlossenheit, 10/43, zum Ende des Königtums in Frankreich beigetragen. Er endete auf der Guillotine (sang tranche), **4/49**.

05/21 Par le trespas du monarque latin,/ Ceux qu' il aura
par regne secouruz:/ Le feu luyra diuisé le butin,/
La mort publique aux hardis incoruz. (1568)
[Papst Pius XI./ Zweiter Weltkrieg] (Kommentar S. 78)
Bei dem Hinscheiden des lateinischen Monarchen/
(zündeln) jene, die er durch seine Politik unterstützt haben wird./
Das Feuer wird aufflammen, geteilt die Beute./
Der öffentliche Tod für die dreisten (ihrer Strafe) Ausgesetzten.

> **2)** Das Prädikat muß interpoliert werden. Der Vorschlag
> "zündeln" ergibt sich daraus, daß anschließend "das Feuer
> aufflammt".
> **4)** Altfr. adj. hardi mutig, beherzt (courageux), frech, dreist
> (audacieux). - Das Wort incoruz dürfte ein verschriebenes
> encourus sein. V. encourir sich zuziehen, sich aussetzen, auf
> sich laden, namentlich: Strafen, Vorwürfe, Ungnade o.ä.

08/71 Croistra le nombre si grand des astronomes,/ Chassez, bannis
& liures censurez,/ L' an mil six cens & sept par sacre glomes/
Que nul aux sacres ne seront asseurez. (1568)
[Papst Paul V. 1605ff] (Kommentar S. 79)
Wachsen wird sehr stark die Zahl der Astronomen,/
(sie werden) gejagt, gebannt und (ihre) Bücher zensiert (werden)./
Das Jahr 1607, durch (eine) Weihe Verstrickungen,/
und keiner wird vor den Geweihten sicher sein.

> **1)** N. spricht von Astronomen, an anderer Stelle (in der Legis
> Cantio, s. Nachwort Band 2) von Astrologen, unterscheidet also
> zwischen beiden. Vgl. die Anmerkung zu 4/18.
> **3)** Altfr. n.m. sacre I. Raubvogel (oiseau de proie) II. Weihe
> (consécration), > lat. adj. sacer heilig, geweiht, n.m. sacerdos
> Priester. Lat. n.n. glomus Knäuel, v. glomerare sich ballen, sich
> zu einem Knäuel zusammenballen, sich drängen.

06/71 Quand on viendra le grand Roy parenter/ Avant qu' il ait du
tout l' ame rendue:/ Celuy qui moins le viendra lamenter,/
Par lyons, d' aigles, croix, couronne vendue. (1568)
[Heinrich II./Heinrich IV.]
Wenn man kommen wird, dem großen König die Totenehre zu erweisen,/
(geschieht das), noch bevor er seine Seele ganz zurückgegeben hat./
(An) jenen, der ihn weniger beklagen wird,/
(wird) durch Löwen, von Adlern Kreuz (und) Krone verkauft (werden).

> **1)** Altfr. v. parenter 1° als Eltern behandeln (traiter en parent)
> 2° sich wiedererkennen unter Verwandten (se reconnaître entre
> parents), > lat. parentare am Grabe der Eltern oder Verwandten
> ein Totenopfer bringen.

Nachdem Heinrich II. sich bei einem Turnier am 1.7.1559 eine schwere
Verletzung zugezogen hatte, 1/35, wurden die besten Ärzte des Landes
nach Paris gerufen, doch sie konnten den Tod nicht verhindern. Immerhin
aber lebte der König noch knapp zehn Tage lang, so daß dem Hof relativ
viel Zeit blieb, sich mit dem Gedanken an den wahrscheinlichen Tod des
Monarchen und die neue Lage danach vertraut zu machen. -   In
den beiden letzten Vz dürfte der damals fünfjährige Heinrich von Navarra
gemeint sein, der durch das Aussterben der Valois, beginnend mit dem
Tod von Heinrichs II., dreißig Jahre später thronfolgeberechtigt wurde.

Diesem König, den der Seher wegen seines protestantischen Bekennt-
nisses auch andernorts mit Schmähungen überzieht, 9/45, 10/45, wird
hier unterstellt, er habe den Tod des Königs im Hinblick auf eigene
zukünftige Thronansprüche "weniger" als andere "beklagt", was mit der
geschichtlichen Realität nichts zu tun hat, sondern pures Ressentiment
ist. Denn das Ende der Valois-Dynastie war im Jahr 1559 überhaupt noch
nicht abzusehen. - England mit den drei Löwen, eigentlich
Leoparden im Wappen, und die Adlerländer im "Reich", dem römischen
Reich deutscher Nation, 2/44, trugen nur indirekt dazu bei, daß Heinrich
IV. König werden konnte. Aber der "Verkauf" der französischen Krone an
fremde Mächte ist eine übertreibende Verzerrung, mit der Heinrich IV.
unterstellt werden soll, er habe sich sein Königtum erkauft. Wahr daran
ist, daß in seinem Heer auch deutsche, englische, schweizerische und
andere Söldner aus protestantischen Ländern standen. Doch die
katholische Partei ließ sich von Spanien und dem Papst helfen, benützte
in gleicher Weise das verbündete Ausland.

09/21 Au temple hault de Bloys sacre Salonne,/ Nuict pont de Loyre,
Prelat, Roy pernicant,/ Curseur victoire aux marestz de la Ione/
D' où prelature de blancs à bormeant. (1568)
   Variante: "... de la Sone" (Ed. d' Amsterdam 1668)
[Französische Revolution]
Beim hohen Tempel von Blois, heiliger Solon,/
nachts (auf der) Loîre-Brücke (ein) Prälat, (dem) König den Rest gebend./
(Ein) Läufer: Sieg in den Sümpfen von (?),/
von dort (die) Prälatur der Weißen verabscheuend (?).
   1) Die Kathedrale Saint-Louis in Blois soll bis 1730 Saint
   Salonne geheißen haben, sie könnte auch gemeint sein.
   2) Lat. v. pernecare völlig töten.
   4) à bormeant wohl vom v. abominer verabscheuen.
Es soll sich um Vorgänge während der französischen Revolution handeln.
Dafür sprechen "die Weißen", wie die Partei der Königstreuen wegen des
weißen Banners des Königs genannt wurde. Die "Prälatur der Weißen"
ist die papsttreue, dem Ancien Régime ergebene, den Eid auf die Verfassung der Republik verweigernde französische Kirche. Für die Zeit der
Revolution spricht auch der "heilige Solon", wenn er gemeint ist. Im
antiken Griechenland ordnete er wie die Revolutionäre das Staatswesen
aus eigener Vollmacht und nach eigenem Gutdünken ganz neu, 9/23.
Aus der Sicht N.s huldigte man "antiken Phantasien", 2/12. - Der
Generalvikar des Bischofs von Blois hatte 1791 Gegner der Revolution
um sich geschart. Nach dem Sieg des französischen Heeres über das
Heer der Koalition bei Valmy 1792 kam es zu den Septembermorden. In
Blois wurden zahlreiche Geistliche zum Tod verurteilt und von einer
Brücke in die Loîre gestürzt. Diese revolutionsfeindlich gesonnenen
Geistlichen trugen bei zu der Stimmung, in der die Verurteilung des
Königs zum Tod im Januar 1793 möglich wurde, will N. in Vz 2 wohl zu
verstehen geben. - Wer in Vz 3/4 gemeint ist, bleibt noch unklar.

Par le trespas du Monarque Latin,
Ceux qu' il aura par regne secouruz:
Le feu luyra diuisé le butin,
La mort publique aux hardis incoruz.

(Textfassung bei Benoist Rigaud, Lyon 1568)

Übersetzung:

Bei dem Hinscheiden des lateinischen Monarchen
(zündeln) jene, die er durch seine Politik unterstützt haben wird.
Das Feuer wird aufflammen, geteilt die Beute.
Der öffentliche Tod für die dreisten (ihrer Strafe) Ausgesetzten.

Kommentar zu 5/21:

Der Vatikan begrüßte unter Papst Pius XI. (1922-39) den Faschistenführer Mussolini als den von der Vorsehung gesandten Retter der italienischen Nation (Deschner 1988). Die Zusammenarbeit mit der faschistischen Regierung gipfelte in den Lateranverträgen von 1929. Darin verzichtete der Vatikan formell auf den seit 1870 an Italien verlorenen Kirchenstaat. Im Gegenzug erkannte Italien den Katholizismus als die >herrschende Religion< an. Für den König und den Duce zu beten, legte der Papst im Februar 1929 dem italienischen Klerus ans Herz. Im Herbst 1935 verurteilte alle Welt den italienischen Überfall auf Abessinien, nur der Vatikan nicht. Man kann also sagen, daß die katholische Kirche unter Pius XI. den italienischen Faschismus unterstützt hat.

Das von Rom lange angestrebte Konkordat mit dem deutschen Reich kam erst nach der Machtergreifung Hitlers zustande und wurde am 20.7.1933 unterzeichnet. Der Preis für die der Kirche eingeräumten Rechte war ihre Verpflichtung, jegliche politische Aktivität zu unterlassen. Damit wurde dem politischen Katholizismus in Deutschland der Boden entzogen. Das Zentrum, die katholische Volkspartei, löste sich am 5.7.1933 auf.

Die Verträge mit der katholischen Kirche brachten den faschistischen Regimen in Italien und Deutschland einen innen- wie außenpolitischen Prestigegewinn. Die >nationale Revolution< in Deutschland wurde in ihrer Anfangsphase durch das Konkordat mit dem Vatikan international aufgewertet. Trotz der Differenzen, die später für die Öffentlichkeit - in Italien deutlich, in Deutschland weniger - erkennbar wurden, wird man die Politik des Vatikans als Unterstützung beider Diktaturen werten müssen. So sah es auch Nostradamus (secourus).

Die Zeitachse des Verses bildet das Jahr 1939. Von dort schaut N. zurück und voraus bis zum Ende des Krieges. Im Februar 1939 starb Papst Pius XI., der "sehr greise Pontifex", **5/56**, hier "lateinischer Monarch" genannt. Im März marschierte die Reichswehr in die >Rest-Tschechei< ein, im April annektierte Italien Albanien. Die beiden verbündeten Regimes spielten mit dem Feuer, das sich im September dann mit dem deutschen Einmarsch in Polen zum Krieg entzündete.

Zur "Beute" Italiens wurden Abessinien, Albanien und Libyen. Die "Beute" Hitlerdeutschlands war zunächst ein Teil Polens. Man teilte sich diese >Beute< mit dem >Bären<, **5/4**, gemäß dem im August 1939 mit Stalin geschlossenen geheimen Vertrag (divise le butin).

Die Führer der Angriffskriege kamen nicht mit dem Leben davon. Öffentlich aufgehängt wurde im April 1945 die Leiche Mussolinis, des Führers des italienischen Faschismus. Die Leichen Hitlers und seiner Frau wurden neben der Reichskanzlei abgefackelt, 6/65.

Croistra le nombre si grand des astronomes,
Chassez, bannis & liures censurez,
L' an mil six cens & sept par sacre glomes
Que nul aux sacres ne seront asseurez.

(Textfassung bei Benoist Rigaud, Lyon 1568)

Übersetzung:

Wachsen wird sehr stark die Zahl der Astronomen,
(sie werden) gejagt, gebannt und (ihre) Bücher zensiert (werden).
Das Jahr 1607, durch (eine) Weihe Verstrickungen,
und keiner wird vor den Geweihten sicher sein.

Kommentar zu 8/71:

Im 17. Jahrhundert nahm das Interesse für die Erklärung der Erscheinungen am Firmament stark zu. Im März 1616 ordnete Rom an, daß die Lehre des Kopernikus über die Sonne als Zentralgestirn der katholischen Wahrheit zuwiderlaufe und daher nicht mehr gedruckt und verbreitet werden dürfe. Es war das erste Mal, daß eine astronomische Lehre zum Gegenstand der Theologie gemacht wurde.

Als treibende Kraft hinter den Vorgängen erkennt der Seher Paul V., der allerdings nicht 1607, sondern in Mai 1605 zum Papst gewählt wurde und ein Mann war, der alte Rechtspositionen des Papsttums mit unnachgiebiger Härte wiederherstellen wollte. Unter ihm kam es zu einer "Verstrickung" der Theologie in die für den Glauben nicht notwendige Erkenntnis der geschaffenen Natur. Herausgefordert wurde die Verstrickung durch Galilei, der sich nicht damit begnügte, das kopernikanische System als Hypothese zu diskutieren, was ihm die Kirche erlaubte, sondern als >wahr< durchsetzen wollte, was sich dann als richtig erwies.

Was mit den Mitteln des Verstandes bewiesen werden kann, ist richtig. Was die religiöse Urteilskraft (Blüher 1949) als wahr erkennt, ist für den Urteilenden wahr, aber nicht richtig, da nicht beweisbar. Es wurde damals notwendig, den weltlichen Erkenntnisbereich und den religiösen klar zu trennen. Zu sagen, daß sich damals >die Natur der Wahrheit geändert< habe (Fölsing 1983), ist dagegen unsauber, denn an der Wahrheit ändert sich kein Deut, wenn Menschen durch geschliffene Linsen ins Firmament blicken. Solche Rede gehört gerade zu der Verstrickung, welche die wissenschaftliche Denkhaltung in Konkurrenz zur verweltlichten Kirche brachte. Seit den Zeiten Augustins begriff sich die Kirche als Keimzelle der civitas dei, des >Reiches Gottes auf Erden<. Darin wurde sie Vorbild für die Wissenschaft, die den Menschen das Paradies auf Erden kraft ihres Fortschritts verspricht und damit eine neue Abgötterei an die Stelle der alten setzte.

Die konvexen Linsen hätten zur Erkenntnis der Wahrheit schon beitragen können, wenn nämlich das gewandelte Bild der geschaffenen Natur als Gleichnis zugelassen und nicht verdrängt worden wäre. Die Bewegung der Erde um die Sonne, welche den Wandelstern an der lebenzeugenden Kraft des Schöpfers teilhaben läßt, rückt diesen in den Mittelpunkt, und sein irdisches Geschöpf erscheint als gering, aus der Mitte vertrieben und ruhelos. Ein solches Licht auf die Wahrheit gefiel der römischen Kirche nicht, die sich selbst im Mittelpunkt des religiösen Lebens aller Christen sah und diesen Anspruch gegen die reformatorischen Bewegungen durchsetzen wollte.

Statt das Unbehagen an der neuen Lehre theologisch zu artikulieren, hielt Rom die astronomischen >Quälgeister< mit Machtmitteln nieder. Wer sich zu weit vorwagte, wurde "verjagt, gebannt", seine "Bücher zensiert", 4/18. Ohne Not wurde so die Abwendung von der Kirche unter Naturforschern und frei Denkenden heraufbeschworen.

05/72 Pour le plaisir d' edict voluptueux,/ On meslera la poison
dans l' a loy:/ Venus sera en cours si vertueux,/
Qu' obfusquera du Soleil tout à loy. (1568)
> Variante: "On mestera la poison dans la foy." (Ed. Chevillot 1611)

[Edikt von Nantes 1598] (Kommentar S. 81)
Für das Vergnügen eines sinnenfrohen Edikts/
wird man das Gift in das Gesetz mischen./
Venus wird >auf so tugendhaftem Pfad< sein,/
daß sie (den Lauf) der Sonne verdunkeln wird, ganz nach Gesetz.

> **2)** Nachdem eine legitime loy bei N. auf dem christlichen
> Glauben (foy) beruht, ergibt die Variante foy den gleichen Sinn.
> **4)** V. obfusquer altertümelnd für offusquer verdunkeln.
> Um das Genitiv-Attribut du Soleil zu erklären, muß ein Objekt
> zu obfusquer interpoliert werden (tout ergibt keinen Sinn). Da
> im selben Satz vom Pfad oder Lauf der Venus die Rede ist,
> bietet sich cours dafür an.
>
> **1) bis 4)** Gegen die vorgeschlagene Deutung wird eingewandt (Pfändler
> 1996), daß 1598 nicht in den katholischen Glauben selbst eingegriffen
> worden sei, wovon Vz 2 doch handle. -   Der Einwand
> verkennt die Unversöhnlichkeit der Perspektive des Sehers. Es gibt für ihn
> nicht einen katholischen und einen protestantischen Glauben, sondern nur
> den einen wahren christlichen Glauben, so wie ihn seine Kirche verkündet.
> Die Lehren der Hugenotten waren für ihn wie für die meisten Zeitgenossen
> ein ganz anderer Glaube. Wenn ein Glaube auftritt, der Anderes lehrt,
> aber auch christlich zu sein vorgibt, können die Menschen unsicher
> werden, ob die Kirche noch die Wahrheit auf ihrer Seite hat, zumal wenn
> die >Ketzer< mit Erleichterungen für den Priesterstand >locken<. Macht
> ein König den >Ketzern< Zugeständnisse (weil er selbst in Wahrheit einer
> ist, 3/25), werden die Menschen anfällig für Glaubenszweifel und in diesem
> Sinne wird >Gift in den Glauben< auch der Rechtgläubigen gemischt.

06/22 Dedans la terre du grand temple celique/ Nepeuu à Londres par
paix faincte meurtry:/ La barque alors deviendra scismatique,/
Liberté faincte sera au corn & cry. (1568)

[Napoléon III./ Zeit nach 1870/71] (Kommentar S. 82)
Auf dem Boden des großen prächtigen Tempels/
wird in London (der) Neffe während des Scheinfriedens gepeinigt./
Das Boot wird in dieser Zeit spalterisch werden./
Eine unechte Freiheit wird es geben, lauthals (verkündet).

> **1)** Mittelfr. celique himmlisch (céleste), > lat. adj. caelicus
> himmlisch im Sinne von prächtig (Georges Handwörterbuch).
> **2)** Mittelfr. v. meurtrir 1° töten (tuer), meuchlings morden
> (assassiner) 2° quetschen (contusionner) 3° verletzen (blesser),
> zerreißen, peinigen (déchirer).
> **4)** Idiom (réclamer) à cor et à cri ungestüm, lauthals (fordern).

10/22 Pour ne vouloir au consentir au diuorce,/ Qui puis apres
sera cogneu indigne,/ Le roy des Isles sera chassé par force,/
Mis a son lieu qui de roy n' aura signe. (1568)

[Jakob II./ Wilhelm III. von England] (Kommentar S. 83)
Weil nicht einwilligen will in die Scheidung,/
der dann später bekannt wird als unwürdig,/
wird der König der Inseln mit Gewalt vertrieben werden./ An seine Stelle
(wird) eingesetzt (werden), der das Zeichen des Königs nicht hat.

> **1)** Altfr. v. consentir 1° bewilligen, zugeben (accorder), geneh-
> migen (approuver) 2° nahelegen (suggérer) 3° übereinstimmen
> (être d' accord).

Centurie 5, Vers 72

Pour le plaisir d' edict voluptueux,
On meslera la poison dans l' a loy:
Venus sera en cours si vertueux,
Qu' obfusquera du Soleil tout à loy.

(Textfassung bei Benoist Rigaud, Lyon 1568)

Übersetzung:

Für das Vergnügen eines sinnenfrohen Edikts
wird man das Gift in das Gesetz mischen.
Venus wird >auf so tugendhaftem Pfad< sein,
daß sie (den Lauf) der Sonne verdunkeln wird, ganz nach Gesetz.

Kommentar zu 5/72:

Eine loy ist bei N. eine Rechtsordnung als ganze, gegründet auf ihr jeweiliges Prinzip, **2/90**. Die Sonne steht für den in Christus offenbar gewordenen Gott, offenbar als "das Licht der Welt und des Lebens", Joh 812. "Das Gesetz", ohne nähere Angabe, ist die Rechtsordnung auf der Grundlage der christlichen Religion. Sie heißt in Vers **5/53** (Bd.2) explizit "Gesetz der Sonne".

Venus, die griechische Aphrodite, folgt als Wandelstern der Erscheinung des Mondes und geht der Sonne voraus, steht vermittelnd zwischen den Gegensätzen und wurde deshalb dem Waage-Stadium des Tierkreises zugeordnet, wo es nach astrologischer Anschauung um den Ausgleich der Gegensätze der Individuen im Dienst der Arterhaltung geht.

Es wird vorgeschlagen, daß mit dem "sinnenfrohen Edikt" das Toleranzedikt Heinrichs IV. von 1598 gemeint ist. (Die früheren Edikte der Valois-Könige wurden nicht durchgesetzt; sie scheiden aus, weil N. sich über wirkungslos gebliebene Gesetze nicht aufgeregt haben wird.)

Im Edikt von Nantes erstrebte Heinrich IV. einen Ausgleich zwischem dem Katholizismus, der Staatsreligion blieb, und der "vorgeblich reformierten Religion", wie sie in dem Edikt durchgängig hieß, **1/54**. Den Reformierten wurde das Recht garantiert, ihren Glauben auszuüben. Die Vermittlung zwischen den verfeindeten Parteien im Dienste des Friedens ist der sarkastisch sogenannte >tugendhafte Pfad< der Venus, die N. zufolge in Wirklichkeit nur an die Liebe denke.

Dieses Urteil über den Wandel der französischen Religionsgesetzgebung ist abwegig, wie seine Beurteilung Heinrichs IV. überhaupt, **10/45**. In dem Edikt konnte es nicht um die inhaltliche Auseinandersetzung mit dem reformierten Glauben gehen, sondern >nur< um die Wiederherstellung des Friedens im Lande. Die Hervorhebung der Tatsache, daß die Hugenotten ihren Priestern die Ehe erlaubten, geht am Inhalt des Edikts vorbei, schien dem Seher aber der unmittelbar einsichtigste Hinweis auf die Verwerflichkeit einer Gesetzgebung zu sein, die diesem Treiben nicht Einhalt gebot.

N.s Einseitigkeit ist nur durch seinen Glaubenseifer und dadurch erklärbar, daß ihm, der 1566 starb, die Erfahrung jahrzehntelanger Glaubenskämpfe, die 1562 erst begannen, noch erspart blieb. Seine Unfähigkeit zur Toleranz fällt heute auf, war aber zu seiner Zeit gang und gäbe. Neu war es, daß der König die Haltung der Toleranz nicht nur einnahm, sondern sie auch durchsetzen konnte. Unter ihm gab es zwei legale Religionen, und dennoch blieb >ein König, ein Gesetz< gewahrt.

Dedans la terre du grand temple celique
Nepueu à Londres par paix faincte meurtry:
La barque alors deviendra scismatique,
Liberté faincte sera au corn & cry.

(Textfassung bei Benoist Rigaud, Lyon 1568)

Übersetzung:

Auf dem Boden des großen prächtigen Tempels
wird in London (der) Neffe während des Scheinfriedens gepeinigt.
Das Boot wird in dieser Zeit spalterisch werden.
Eine unechte Freiheit wird es geben, lauthals (verkündet).

Kommentar zu 6/22:

In Chislehurst bei London starb am 9.1.1873 der "Neffe", der Kaiser der Franzosen Napoléon III., ein Neffe von Napoléon I., an einer Urämie und den Folgen mehrerer Operationen, durch die er "mißhandelt" wurde. Großbritannien heißt hier der "Boden des großen prächtigen Tempels" im Sinne der Heimat der anglikanischen Kirche. Diese Bezeichnung hat in N.s Mund ironischen bis sarkastischen Ton, da er alle protestantischen Bewegungen und Kirchenspaltungen ablehnte, 6/15, auch die englische von 1534.

Dem englischen Exil des Kaisers war ein von Frankreich verlorener Krieg vorausgegangen, in dem "der Neffe" in Gefangenschaft geriet, abgesetzt wurde und dann in England Zuflucht suchte.

Die Bedingungen des Friedens, den die dritte französische Republik mit dem neuen deutschen Kaiserreich schloß, wurden von den Franzosen als demütigend empfunden und trugen mit zu dem Aufstand der Pariser Kommune bei, geschildert in 6/23. Reparationen und die erzwungene Abtretung des Elsaß und Lothringens, 10/51, hielten in der Folgezeit das Ressentiment der Franzosen gegen Deutschland wach. Deshalb wird der am 10.5.1871 erzielte Friedensschluß von N., der auch das zwanzigste Jahrhundert im Blick hat, ein "Scheinfriede" (paix faincte) genannt.

An dem 1870 verkündeten Dogma der Unfehlbarkeit des Papstes entzündete sich ein Streit, der zur Abspaltung der sogenannten Altkatholischen Kirche von Rom führte. Die "Barke", das >Fischerboot<, d.h. die katholische Kirche, 1/4 (Bd.2), wurde "spalterisch".

Am 18. Juli 1870 wurde in Rom das Dogma, am 19. Juli in Paris die Kriegserklärung an Preußen verkündet. Die beiden Vorgänge hatten also den gleichen zeitlichen Ausgangspunkt, weisen aber auch inhaltliche Parallelen auf. Sie führen beide, so urteilt der Seher, in eine populäre, aber "unechte Freiheit", eine "Scheinfreiheit", VH (21). Ohne weltlichen und geistlichen Herrn ist das Volk N. zufolge orientierungslos wie die Kompaßnadel ohne Nordpol, Thron und Kanzel werden zum Tummelplatz für Usurpatoren und Ideologen aller Art.

An die Stelle der Lehren, die den Menschen ihre Bestimmung erklären, und der Personen, die das verkörpern und vermitteln sollen, treten nach deren Vertreibung die Wünsche und Ansprüche des Subjektiven, ohne Grund im Wirklichen und ohne Maß aus sich selbst, sowie die ideologischen Spiegelungen dieser mannigfaltigen Bedürfnisse, 2/8. Das Subjektive will sich an sich selbst orientieren, will Schöpfer und Bildner seiner selbst sein, tritt aus der Schicksalsordnung heraus und muß zugrundegehen.

Pour ne vouloir au consentir au diuorce,
Qui puis apres sera cogneu indigne,
Le roy des Isles sera chassé par force,
Mis a son lieu qui de roy n' aura signe.

(Textfassung bei benoist Rigaud, Lyon 1568)

Übersetzung:

Weil nicht einwilligen will in die Scheidung,
der dann später bekannt wird als unwürdig,
wird der König der Inseln mit Gewalt vertrieben werden.
An seine Stelle (wird) eingesetzt (werden), der das Zeichen des Königs
nicht hat.

Kommentar zu 10/22:

König Edward VIII. von Großbritannien wollte sich nicht ausreden lassen, die der öffentlichen Meinung als >unmöglich< geltende Amerikanerin Wallis Simpson zu heiraten, die bürgerlich und geschieden war. Er wollte sich von ihr nicht trennen, insofern einer >Scheidung< nicht zustimmen. Er galt daher als des Thrones "unwürdig", und im Jahr 1938 zwang man ihn zur Abdankung. Doch Gewalt mußte nicht angewendet werden, "gewaltsam vertrieben" wurde er nicht. Wenn es heißt, daß der Nachfolger "das Zeichen des Königs nicht hat", ist das als kennzeichnender Unterschied zum Vorgänger zu verstehen. Edwards Bruder, der dann als Georg VI. König wurde, war legitimer Thronfolger. Wieso Georg VI. "das Zeichen des Königs" nicht hatte, Edward VIII. aber schon, kann man nicht erklären.

Die Scheidung Heinrichs VIII. von Katharina von Aragon, die ihm den ersehnten männlichen Thonerben nicht gebar, hatte 1534 zu einer >Scheidung< der sinnbildlichen Art, nämlich der Trennung der englischen Kirche von der katholischen Kirche geführt. - König Jakob II. von England und Schottland (Inseln), war Katholik und protegierte die Minderheit der romtreuen Katholiken seines Reiches. Insofern "wollte er" - aus Sicht der Anglikaner - "der Scheidung", der Trennung der anglikanischen Staatskirche von Rom "nicht zustimmen". Ende 1688 mußte er fliehen, 8/58, nachdem eine von englischen Verschwörern eingeladene Armada unter dem Niederländer Wilhelm von Oranien auf der Insel gelandet war. Da die Alternative Kerker und Prozeß nach dem Vorbild von 1649 geheißen hätte, kann man sagen, daß er "gewaltsam vertrieben" wurde.

In der Bill of Rights von 1689 wurde die Thronfolge auf protestantische Erbberechtigte beschränkt. Damit fand die Vertreibung Jakobs eine nachträgliche, quasi offizielle Begründung. Katholische Thronerben galten von nun an per se als des Thrones "unwürdig". Wilhelm wurde durch Beschluß des Parlamentes König an der Seite seiner Frau Maria, der Tochter Jakobs, 4/89. Um die Zustimmung der Engländer zur Thronbesteigung zu erhalten, mußte er beschwören, die besagte Bill of Rights und damit auch die Rechte des Parlamentes anzuerkennen, was vorher noch kein englischer König getan hatte. Das war die sogenannte Glorious Revolution, 4/96. Damit aber fehlte Wilhelm in den Augen des Sehers, der nur ein absolutes Gottesgnadentum akzeptierte, das "Zeichen des Königs".

Zugunsten der erstgenannten, verworfenen Deutung ließe sich anführen, daß die englischen Könige des zwanzigsten Jahrhunderts im Sinne der Bindung an eine Konstitution für N. genausowenig das "Zeichen des Königs" tragen wie Wilhelm III. Das trifft zu, spricht aber nicht gegen die vorgeschlagene Deutung. Denn Wilhelm III. war der **erste** unbestritten dem Parlament verantwortliche König Englands. Den Seher faszinierte der Niedergang des Königtums, wo immer er ihn erschaute. Vergleicht man die Anzahl der Verse, die von dem >großen< Ludwig XIV. und seinem unglücklichen Nachfahren Ludwig XVI. handeln, wird das ganz deutlich.

02/23   Palais, oyseaux, par oyseau dechassé,/ Bien tost apres le
prince preuenu (!),/ Combien qu' hors fleuue enemis repoulsé/
Dehors saisi trait d' oyseau soustenu. (1555)
[Napoléon I.] Palastvögel, durch (einen) Vogel verjagt,/
recht bald danach der Fürst vereitelt./
Zwar über den Fluß (gekommen), werden Feinde zurückgedrängt./
Draußen ergriffen, Vogelzug aufrechterhalten.
1)3) Die Prädikate müßten im Plural stehen.
2) V. prévenir zuvorkommen, entgegentreten, vereiteln
3) Eigentlich: "... aus dem Fluß gekommen", nämlich bei seiner
Überschreitung.

Die "Palastvögel" sind jene Fürsten, die Napoleon im Reich, in Italien und
in Spanien von ihren Thronen und aus ihren Palästen verjagt hat.
Napoléon selbst war der König im Reich dieser >Vögel<, der Adler, 2/44,
weil er ein Imperium gründete.   Im fünfzehnten Jahr seiner Herrschaft
wurde er zur Abdankung gezwungen, im Jahr darauf nach verlorener
letzter Schlacht außerhalb seines Palastes "ergriffen".   Die über den
Rhein gekommenen >Vögel< zogen sich wieder in ihre Paläste zurück,
setzen ihren Zug fort.   Die fremden, in Frankreich stehenden Truppen
zogen nach ihrem Sieg wieder ab, die Preußen zogen sich hinter den
Rhein zurück.
  ---> 3/23, 10/23 (NAP)

03/23   Si France passes (!) outre mer lygustique,/ Tu te verras en isles
& mers enclos:/ Mahômet côtraire: plus mer Hadriatique:/
Cheuaux & d' asnes (!) tu rougeras (!) les os. (1555)
[Napoléon I.]
Wenn du, Frankreich, hinausfährst über das ligurische Meer,/
wirst du dich abgeschieden sehen auf Inseln und Meeren./
Mohammed feindlich, mehr (noch) das Adriatische Meer./
Von Pferden und Eseln wirst du die Knochen abnagen.
2) Altfr. enclos 1° eingeschlossen (inclus) 2° zurückgezogen,
abgeschieden (reclus).
4) rougeras ist ein Setzfehler; nur rongeras ergibt einen Sinn. -
Idiom donner un os à ronger à qu. jdn. vorläufig zufriedenstellen, abspeisen, knapp entschädigen.
4) Oder: "Mit Pferde- und Eselfleisch wirst du dich begnügen".

Im Mai 1798 fuhr eine Flotte unter General Bonaparte von Korsika
(ligurisches Meer) aus nach Ägypten, mit dessen Eroberung man die
Engländer zu treffen hoffte.   Die Franzosen konnte sich gegen die Mame-
lucken durchsetzen, waren bei den Ägyptern dennoch unbeliebt.   Ab
September kam es zu Aufständen, so daß die Truppen im Land gebunden
waren.   Im August hatte die englische Flotte unter Nelson den größten
Teil der französischen Flotte bei Abukir versenkt; die Adria wäre als pars
pro toto des Mittelmeers zu verstehen.   Die zweite Vz soll wohl das Ab-
geschnittensein von der Heimat und die Widrigkeit der Umstände bedeuten. Militärisch geriet die ganze Expedition zu einem "völligen Fehlschlag"
(Dufraisse 1994). -   In Syrien sollen französische Soldaten buchstäblich auf Esel- und Pferdefleisch zurückgegriffen haben.   Die letzte Vz kann
auch so verstanden werden, daß N. den Ägyptenfeldzug als ein Manöver
kennzeichnen will, das von der französischen Unfähigkeit ablenken sollte,
Großbritannien direkt anzugreifen und wirklich fette Beute zu machen.
  ---> 2/23, 10/23 (NAP)

03/73 Quand dans le regne paruiendra le boiteux/ Competiteur aura
proche bastard:/ Luy & le regne viendront si fort rogneux,/
Qu' ains qu' il guerisse son fait sera bien tard. (1555)
[Ludwig XVIII./ Louis-Philippe]
**Wenn zur Herrschaft gelangen wird der Lahme,/
wird er (als) Rivalen einen verwandten Bastard haben./
Er und das Reich werden sehr stark krätzig werden./
Doch bevor es wieder heil werde, was er getan, wird 's recht spät werden.**
Henri Charles de Bourbon, Graf von Chambord, geboren 1820, war
Enkel Karls X., des letzten Bourbonen der älteren Linie auf dem
französischen Thron. Seit 1836 Thronprätendent der Legitimisten, kam
er doch nie (als Heinrich V.) zum Zuge und "zur Herrschaft". Daran
scheitert diese Deutung. - 1815 bestieg nach der Vertreibung
Napoléons der jüngere Bruder Ludwigs XVI. als Ludwig XVIII. den
Thron. Wie vormals sein Bruder war er ein starker Esser und bezahlte
seine Leidenschaft mit der Gicht. Er konnte kaum gehen und wurde mit
dem Rollstuhl bewegt, war somit ein "Lahmer". - >Bastarde<
nennt N. in **8/43** König Karl X. (1824-30), den jüngeren Bruder Ludwigs
XVIII. sowie König Louis-Philippe (1830-48) aus der bourbonischen
Nebenlinie der Orléans, weil sie nicht mehr Könige aus eigenem Recht
waren, sondern sich auf Konstitutionen verpflichten mußten. Ihre Legiti-
mation war eine gemischte, sie waren >Kreuzungen<. - Eine
offene Konkurrenz zwischen älterer und jüngerer Linie der Bourbonen
hatte es seit der Zeit des Philippe >Égalité<, des Vaters Louis-Philippes
gegeben, der im Konvent mit den >Königsmördern< gestimmt hatte,
2/98. - Das >Krätzigwerden< des französischen Königreichs
bedeutet, daß die >Seuche der Demokratie<, einmal eingelassen, sich
immer mehr ausbreiten werde. N. zufolge verspielen die Bourbonen die
Monarchie für eine lange Zeit.
---> 10/23 (Ludwig XVIII.)
---> 4/73, 6/23 (Frankreich 19. Jahrhundert)

06/23 D' esprit de regne munismes descriées/ Et seront peuples
esmeuz contre leur Roy:/ Paix, faict nouueau, sainctes loix empirées,/
Rapis onc fut en si tresdur arroy. (1568)
[Deutsch-französischer Krieg 1870-71/ Napoléon III.] (Kommentar S. 89)
**Vom Geist der Regierung Kommunisten in Verruf gebracht,/
und es werden die Leute aufgewiegelt sein gegen ihren König./
Neuer Friede (wird) geschlossen, (die) heiligen Gesetze verschlechtert./
Paris stand nie unter einer so überharten Besatzung.**
1) munismes kann vielfältig gedeutet und übersetzt werden. In
den Zusammenhang der Deutung paßt die Auffassung, daß hier
das Wort (com)munisme Kommunismus zugrundeliegt und die
ihn vertretenden Personen gemeint sind.
4) Aus Rapis kann man durch Buchstabenumstellung Paris
machen. Es ist ein von Räubern (lat. rapax) beherrschtes Paris,
das so bezeichnet wird.
4) Altfr. n.m. aroi 1° Ordnung (arrangement) 2° Ausstattung,
Mannschaft, Besatzung (équipement, équipage) 3° Gefolge
(suite) 4° Schlachtordnung (ordre de bataille).
---> 4/73 (Napoleon III.)
---> 3/73, 4/73 (Frankreich 19. Jahrhundert)

04/73 Le nepueu grand par forces prouuera,/ Le pache fait du
coeur pusillanime:/ Ferrare & Ast le Duc esprouuera,/
Par lors qu' au soir sera le pantomime. (1568)
[Napoléon III./ Krimkrieg] (Kommentar S. 88)
**Der >große< Neffe wird durch Heeresmacht sich bewähren./
Der Vertrag abgeschlossen mit kleinmütigem Herzen./
Ferrara und Asti werden den Heerführer auf die Probe stellen/
zu der Zeit, wenn abends das Schauspiel sein wird.**
1) Prov. n.f. pacho Handel, Abschluß eines Vertrages.
3) Altfr. v. esprouver 1° auf die Probe stellen (mettre à l'
épreuve), prüfen (vérifier) 4° sich bewähren (faire ses preuves).
Der Singular statt des nötigen Plurals kommt bei N. oft vor.
—> 3/73, 6/23 (Frankreich 19. Jahrhundert)
—> 6/23 (Napoléon III.)

08/23 Lettres trouuees de la royne les coffres,/ Point de subscrit sans
aucun nom d' hauteur/ Par la police seront cachez les offres,/
Qu' on ne scaura qui sera l' amateur. (1568)
Variante: "... nom d' auteur" (Ed. Chevillot 1611)
**[Maria Stuart] Briefe werden gefunden in der Königin Gepäck,/
ganz ohne Unterschrift und ohne Namen des Verfassers./
Durch die Polizei werden verborgen werden die Angebote,/
so daß man nicht wissen wird, wer der Verehrer ist.**
In der Zeit ihrer leidenschaftlichen Liebe zum Grafen Bothwell schrieb
Maria Stuart Gedichte und Briefe, die der Adressat in einer silbernen
Kassette verwahrte, die er ebenfalls von Maria bekommen hatte. Nach
einer überstürzten Flucht wurden sie an seinem Aufenthaltsort gefunden, und die Zeitgenossen hatten keinen Zweifel daran, wer allein als
Urheberin in Frage kommen, trotz der fehlenden Angabe des Verfassers.
In den Prozessen gegen die Königin wurden diese Briefe zu einem
hauptsächlichen Belastungsmaterial. Erst in späteren Jahrhunderten,
als die romantische Verklärung des Lebens der Maria Stuart einsetzte,
wurde die Echtheit der casket letters bestritten. -   In den
letzten beiden Vz scheint es, als sei nach dem Aufkommen der Briefe
von interessierter Seite versucht worden, das belastende Material
zurückzuerwerben. -   Vorgänge wie die im Vers
beschriebenen könnten im Leben mancher Königin vorgekommen sein.
Die Zuordnung des Verses zu Maria Stuart ist daher eine vorläufige.

09/23 Puisnay iouant au fresch dessouz la tonne,/ Le hault du toict
du milieu sur la teste,/ Le pere roy au temple saint Solonne,/
Sacrifiant sacrera fum de feste. (1568)
[Ludwig XVI./ Französische Revolution]
**Nachgeborener spielend im Freien unter dem Einspänner,/
der First des Hauses von der Mitte über den Kopf./
Der Vater König im Tempel (des) heiligen Solon,/
(ihn) opfernd wird (man) weihen Rauch des Festes.**
2) Idiom être tombé sur la tête den Verstand verloren haben.
4) Altfr. n.m. fum 1° Rauch (fumée) 2° Duft (parfum).
Im August 1792 wurde die königliche Gewalt in Frankreich aufgehoben.
Der des Hochverrats angeklagte >Bürger Capet< wurde mit seiner Familie

im Temple interniert, dem düsteren alten Gebäude des Templerordens, das als Gefängnis diente. Die Internierten durften den Garten benutzen, der siebenjährige Dauphin dort spielen. Vz 2 ist unklar. - Der Grieche Solon hob 594 v. Chr. die feudale Ordnung der athenischen Polis auf, befreite die Bauern aus der Schuldknechtschaft und stellte den Stadtstaat auf eine ganz neue gesetzliche Grundlage. In ähnlicher Weise, meint N., werde der verfassung- und gesetzgebende Nationalkonvent in Paris handeln, indem er im August 1792 das Königtum abschaffte, "antiken Phantasien" huldigend, 2/12. Der Konvent also wäre es, der im "Tempel (des) heiligen Solon" tagte. - Den König werde man auf der >Feier der neuen Ordnung< dem neuen Gott zum Opfer bringen, 2/98. Er starb auf der Guillotine.

10/23 **Au peuple ingrat faictes les remonstrances,/ Par lors l' armee se saisira d' Antibe,/ Dans l' arc Monech feront doleances/ Et à Freius l' vn l' autre prendra ribe. (1568)**
[Napoléon I./ Ludwig XVIII.]
Dem undankbaren Volk (werden) Vorhaltungen gemacht (werden),/ wenn er die Armee für sich ergreifen wird von Antibes her./ Im gestohlenen (?) Monaco werden sie Beschwerden vorbringen./ Und bei Fréjus wird der eine dem andern (das) Ufer (?) wegnehmen.
2) Andere Möglichkeit: "wenn die Armee sich in den Besitz von Antibes bringen wird." Aber bei der Landung hatte Napoleon die französische Armee noch nicht unter Kontrolle.
3) N.m. arc Bogen. N.m. larcin Dieb, gestohlenes Gut. Monaco hieß lat. Portus Herculis Monoeci.
4) Altfr. riber v. sich der Prasserei, der Unmäßigkeit ergeben (se livrer à la débauche). Lat. n.f. ripa Ufer, Strand.

In Ludwig XVIII. erkannte N. einen "gebildeten und gutmütigen", 10/90, vor allem aber den legitimen König, 10/76. Beim Volk war er als Protegé der Briten wenig beliebt. Viele unter Napoléon verdiente Männer wurden zurückgesetzt, während emigrierte Adlige auftrumpfen konnten. N. war der Ansicht, das Volk hätte sich um seinen wahren König scharen müssen, als Napoléon, Anfang März 1815 aus seinem Exil kommend, 10/24, im Golf von Juan bei "Antibes" an der Côte d' Azur landete. Da es das aus den genannten Gründen nicht tat, nennt er es "undankbar". - Die Alternative Napoléon war für das kriegsmüde Land nicht mehr das, was sie einmal gewesen war. Doch beim Militär und bei der Landbevölkerung hatte der abgedankte Kaiser immer noch weit mehr Sympathien als die Bourbonen. So konnte er schon nach wenigen Tagen noch einmal triumphal in Paris einziehen. Als Herrschaft der hundert Tage ging das dann folgende Intermezzo in die Geschichte ein, 10/90. - Die "Vorhaltungen" wurden dem Volk nicht mit Worten gemacht, weil das nichts geholfen hätte. Es waren vielmehr "große Anstrengungen von Ausländern" militärischer Art, 10/24, die das undankbare französische Volk wieder zur Räson und den geflohenen König zurück auf den Thron brachten. - Die Vz 3/4 sind unklar. Bei der überfallartigen Rückkehr zog der Exilant von Antibes aus über die Berge, über Grenoble, Lyon nach Paris. Das Land war im Loyalitätskonflikt, im Rhônetal z.B. gab es royalistische Aufstände. Man müßte nachforschen, wie es an der Côte d' Azur aussah.

---> 3/73 (Ludwig XVIII.)
---> 2/23, 3/23 (NAP)

Le nepueu grand par forces prouuera,
Le pache fait du coeur pusillanime:
Ferrare & Ast le Duc esprouuera,
Par lors qu' au soir sera le pantomime.

(Textfassung bei Benoist Rigaud, Lyon 1568)

Übersetzung:

Der >große< Neffe wird durch Heeresmacht sich bewähren.
Der Vertrag geschlossen mit kleinmütigem Herzen.
Ferrara und Asti werden den Heerführer auf die Probe stellen
zu der Zeit, wenn abends das Schauspiel sein wird.

Kommentar zu 4/73:

Napoléon III., französischer Kaiser von 1852 bis 1870, war "Neffe" von Napoléon I., trug dessen Familiennamen Bonaparte.

Die Beteiligung Frankreichs am Krimkrieg endete mit dem Fall Sewastopols siegreich, ohne dem Land viel einzubringen. Aber der Kaiser konnte mit dem Nimbus des Siegers in die Friedensverhandlungen auf dem Pariser Kongreß 1856 gehen, was dem ausgeprägten theatralischen Bedürfnis dieses Mannes entgegenkam. Das Verbum preuver stammt von lat. probare, das auch bedeuten konnte, daß etwas glaubhaft gemacht oder jemandes Beifall gewonnen werden soll. So klingt in diesem Wort das Beifallheischende des kaiserlichen Auftretens mit.

Der Eindruck des Farcenhaften oder Operettenhaften, den Zeitgenossen von ihm hatten, kam daher, daß er **wirklich** Theater spielte, denn er **war** nicht Kaiser, sondern durch Plebiszit mit diesem Titel ausgestatteter Diktator, 6/23. Kaiser ließ er sich nennen, weil das >Drama<, in welchem er die Titelrolle >Der Große Napoléon< spielte, es erforderte.

Das Wort vom ">großen< Neffen" scheint denn auch ironisch gemeint zu sein von Nostradamus, der das Stilmittel der Ironie großzügig einsetzt. Victor Hugo, der als regimekritischer Schriftsteller in seiner Arbeit behindert wurde, nannte ihn "Napoléon den Kleinen", was sarkastisch, also ernst gemeint war.

Auf dem Friedenskongreß von Paris hatte dieser Mann mit der geliehenen Identität zunächst vorgehabt, feierlich die Annullierung der Wiener Verträge von 1815 zu fordern, nahm aber, als er auf diplomatischen Widerstand stieß, Abstand von diesem Vorhaben. Das dürfte es sein, was der Seher "kleinmütig" (pusillanime) nennt.

Zwei Jahre später, am 14.1.1858, entging der Kaiserdarsteller, als er einer abendlichen Theateraufführung (pantomime) beiwohnen wollte, nur knapp einem Bombenattentat. Die Bombenleger "stellten" ihr Glück und das des ausersehenen Opfers "auf die Probe". Haupttäter war der italienische Patriot Orsini, der die Einigung Italiens durch Napoléon III. behindert glaubte, 5/92. Er kam aus der Romagna mit der Hauptstadt Ferrara. Das Königreich Sardinien-Piemont mit der Stadt Asti gehörte zu den Ländern, die Gegnern des Empire Asyl gewährten.

Wie sich aus dem Zusammenhang ergibt, ist die Bezeichnung Duc, die Napoléon III. in der Attentatsszene des Verses erhält, nicht als der Adelstitel eines Herzogs zu verstehen, sondern in dem ursprünglichen Sinne des Heerführers oder Kriegsherrn gemeint, als welcher der französische Herrscher zu Beginn des Verses in Erscheinung getreten war.

D' esprit de regne munismes descriées,
Et seront peuples esmeuz contre leur Roy:
Paix, faict nouueau, sainctes lois empirées,
Rapis onc fut en si tresdur arroy.

(Textfassung bei Benoist Rigaud, Lyon 1568)

Übersetzung:

**Vom Geist der Regierung Kommunisten in Verruf gebracht,/
und es werden die Leute aufgewiegelt sein gegen ihren König.
Neuer Friede (wird) geschlossen, (die) heiligen Gesetze verschlechtert.
Paris stand nie unter einer so überharten Besatzung.**

Kommentar zu 6/23:

Nach der Kapitulation von Paris vor den deutschen Belagerern am 28.1.1871 kam es im März zu einem Arbeiteraufstand, der sogenannten Pariser Kommune. Das Wort munismes wird hier als ein verkürztes (com)munismes gedeutet. Die Aufständischen nannten sich Kommunarden. Sie wollten eine sozialistische statt einer bürgerlichen Gesellschaftsordnung durchsetzen, waren "aufgewiegelt gegen ihren König".

Im Auftrag der nach Bordeaux ausgewichenen Nationalversammlung von ihr gewählten Regierungschefs kämpfte eine französische Armee unter General Mac Mahon im Mai 1871 die Kommune nieder. Diese nennt der Seher eine "überaus harte Besatzung", weil sie mehrere hundert Adlige, Bürger und Kleriker als Geiseln nahm und erschießen ließ.

Der Frieden mit Deutschland wurde am 10.5.1871 in Frankfurt am Main unterzeichnet, auf französischer Seite von Vertretern der Dritten Republik. Denn die Hoffnung Napoleons, mit Hilfe seines Gesinnungsgenossen Mac Mahon auf den Thron zurückkehren zu können, scheiterte, 6/52. Es kam die Dritte Republik, es wurden die "heiligen Gesetze verschlechtert".

Der Kaiser hatte, als Charles Louis Napoléon Bonaparte geboren, den treffenden Titel getragen: "Napoléon von Gottes Gnaden und durch den Willen der Nation Kaiser der Franzosen" - er hatte sich als Präsident der (zweiten) Republik den Titel durch Plebiszit verleihen lassen. Kaiser von Gottes Gnaden, das ist wirklicher Kaiser, war er demnach nicht, sondern durch Plebiszit ernannter Diktator, der den Kaisertitel usurpierte. Aber N. war der usurpatorische Napoléon III. lieber als die offene Vakanz des Thrones.

Das könnte verwundern, weil er doch von dem Gründer der Dynastie so wenig hielt, 1/76. Aber auf Eignung oder Qualitäten eines Throninhabers kommt es dabei nicht an, geschweige denn auf das Urteil eines Untertanen über diese. Das Legitimitätsproblem ist vielmehr gleichbedeutend mit der Frage, ob der Betreffende *wirklich König ist*. Diese Frage wurde ursprünglich im bewaffneten Kampf der Bewerber entschieden, dessen Ausgang als Gottesurteil zu gelten hatte und nur so erwirkt werden konnte. Zur Vermeidung der ständigen Erneuerung dieses Kampfes wurde die Erblichkeit des Königtums eingeführt, welche sich auf das Fortwirken der einmal erwiesenen göttlichen Gnade berufen konnte.

Wenn die Dinge so stehen, war Napoléon III. nicht König der Franzosen, da eine einmal unterbrochene Erbfolge als alleinige Grundlage der Legitimität kaum ausreicht. Diese war im übrigen zweifelhaft, da auch sein Onkel Kaiser der Franzosen "von Gottes Gnaden *und aufgrund der Konstitutionen der Republik*" sich genannt hatte. Ein König oder Kaiser kann an eine Konstitution gebunden sein, den *Grund* seines Herrschertums bildet diese nicht.

02/24   Bestes farouches de faim fluues tranner:/ Plus part du camp
encontre Hister sera,/ En caige de fer le grand fera (!) treisner,/
Quand R in enfant Germain obseruera. (1555)
Variante: "... rien enfant..." (Ed. Chevillot 1611)
[Zweiter Weltkrieg/ Hitler/ Holokaust]
Wilde Tiere, unbändig vor Hunger, überqueren Flüsse./
Größter Teil des Heeresaufmarschs wird gegen >Donau< sein./
In eisernem Käfig wird der Große (die Opfer) verschleppen lassen,/
wenn germanisches Kind (eine) große Nichtigkeit (?) befolgen wird.
1) Lat. v. tranare 1. hinüberschwimmen, durchschwimmen
2. durchschiffen, durchfliegen, überschreiten.
3) N.f. cage Käfig, Gefängnis. Das V. treisner dürfte eine
Abwandlung sein von traîner nachschleppen.
4) N.m. rien Nichts, Nichtigkeit, Bedeutungslosigkeit. Der
Urtext "R in" könnte auch den Rhein (Rhin) bedeuten.

Ein Schauplatz des gemeinten Krieges liegt am Unterlauf der Donau (lat.
Hister), also in Südosteuropa, Vz 2.   Unter anderem auf diese Gebiete
hatte es Hitler, ein Mann aus dem Donauraum, abgesehen, als er seinen
Krieg vom Zaun brach. Wie in **5/29** steht Hister für Hitler und ist zugleich
Ortsangabe. -   Hitler ist auch "der Große" im Sinne von
Mächtige, **3/58**, der Menschen verschleppen ließ.   Auf seinen Befehl
wurden hauptsächlich Juden, zusammengepfercht in "eisernen Käfigen",
nämlich in Güterzügen, in den Osten Europas verschleppt.   Man werde
das Blut von >Evakuierten< vergießen, sagt Vers **9/17**. -   Das
"Folge leisten" der letzten Vz ist vor dem Hintergrund der katholischen
Gesinnung des Sehers als christlicher Gehorsam zu verstehen.   In der
gemeinten Zeit werden die Kinder nicht mehr im christlichen Glauben,
sondern für den Dienst an >anderen Göttern< erzogen.   Für N. ist der
Nationalsozialismus eine "große Nichtigkeit".   Es wird der totalitäre
Anspruch eines Regimes deutlich, das auch die Erziehung der Kinder und
Jugendlichen in seine Hände nahm, **6/84**. -   In der ersten Vershälfte sind Soldaten gemeint, die >hungrig< i.S.v. gierig auf Eroberung
und Sieg, **2/82**, voranmarschieren.   Das paßt gleichermaßen auf deutsche
und alliierte Truppen in den verschiedenen Kriegsphasen.

03/24   De l' entreprinse grande confusion,/ Perte de gens,
thresor innumerable:/ Tu ny dois faire encor extension (!)/
France à mon dire fais que sois recordable. (1555)
[Frankreichs Eroberungen]
Das Vorhaben (führt zu) großem Durcheinander,/
Verlust an Menschen, an unschätzbaren Werten./
Du sollst nicht nochmals eine Expansion unternehmen,/
Frankreich, sieh zu, daß du dich an meine Worte erinnerst !
3) Andere Möglichkeit: "Du sollst nicht noch weiter expandie-
ren".

Ludwig XIV. verfolgte eine Politik der schrittweisen Eingliederung von
Städten und Fürstentümern im Nordosten des Reiches (Reunionspolitik).
Als sein Enkel 1700 auf den spanischen Thron kam, brach ein langjähriger Krieg aus, an dessen Ende der Bourbone auf Spaniens Thron bestätigt wurde, **4/2**. Am Ende der >ruhmvollen< Zeit des >Sonnenkönigs<
aber war das Land erschöpft, 1720 kam es zum Staatsbankrott. -   Der
Vers folgt auf 3/23, der von Napoléons Eroberungsgelüsten im Orient

handelt. Bei Alexandria wurde seine Flotte von den Briten versenkt. Die ganze Expedition wurde ein militärischer Fehlschlag. - Seit 1830, als der Bürgerkönig Louis-Philippe drankam, verstärkte Frankreich den Ausbau seines Kolonialreichs in Afrika, Indochina usw. Der unfreiwillige Rückzug aus den Kolonien im zwanzigsten Jahrhundert ging blutig vonstatten, z.B. kostete allein der Algerienkrieg 1954-62 etwa 1,5 Millionen Menschen das Leben. - Expandiert ist Frankreich dann auch in der >Belle Époque<, als es sein weltweites Kolonialreich arrondierte. Das 1870/71 verlorene Elsaß-Lothringen wurde den Franzosen 1919 in Versailles zurückgegeben. - Welche dieser Expansionen es genau ist, vor der N. warnen will, erschließt sich noch nicht.

06/74 **La dechassee au regne tournera,/ Ses ennemis trouués des coniurés:/ Plus que iammais son temps triomphera,/ Trois & septante à mort trop asseurés. (1568)**
[Elisabeth I. von England]
Die Verjagte wird umkehren zur Herrschaft,/ ihre Feinde werden angetroffen unter Verschworenen./ Mehr als jemals wird ihre Zeit triumphieren,/ drei und siebzig (kommt sie) zu Tode, (seid) hinreichend versichert.
Elisabeth Tudor, die I. von England, wurde am 7.9.1533 geboren und starb am 24.3.1603: "drei", nämlich 1603, "und siebzig", in ihrem siebzigsten Lebensjahr kam sie zu Tode. Im Vorwege wäre genauso 1573 als Todesjahr in Frage gekommen oder hätte ein Alter von 73 Jahren für erreichbar gelten können, hätte man den Vers überhaupt auf Elisabeth bezogen - eine menschenfreundliche Vieldeutigkeit. - Elisabeth war nach der Hinrichtung ihrer Mutter für illegitim erklärt, aber noch vor dem Tode Heinrichs VIII. wieder in die Reihe der Thronfolgeberechtigten aufgenommen worden, 10/19. Im April 1554 wurde sie verdächtigt, am Wyatt-Komplott zum Sturz ihrer Halbschwester Maria beteiligt zu sein und mußte sich nach Gefangenschaft im Tower von der Hauptstadt und vom Hof fernhalten. Aus einem dieser beiden Gründe heißt sie daher "die Verjagte". - Nach dem Tode Marias wurde sie im Januar 1559 zur Königin gekrönt. Die "jungfräuliche Königin" war eine erfolgreiche Monarchin, legte den Grundstein des Kolonialreichs, 10/84, und pflegte im Innern, damals alles andere als selbstverständlich, religiöse Toleranz. - Die von Frankreich unterstützten Ansprüche der Stuart-Linie auf den Thron fanden daher im Lande selbst nie nennenswerte Unterstützung, Vz 2. Ihre Feinde mußten sich bedeckt halten, waren nur "Verschworene".

09/74 Dans la cité de Fertsod homicide,/ Fait & fait multe beuf
arant ne macter,/ Retour encores aux honneurs d' Artemide,/
Et à Vulcan corps morts sepulturer. (1568)
[Französische Revolution/ Napoléon I.]
In der Stadt des großen mächtigen Aufstands (wird) Menschentötung/
geschehen, oft geschehen, um pflügende Ochsen nicht zu opfern./
Rückkehr wieder zu den Ehrungen der Artemis,/
und dem Vulcan begraben sie Leichen.

> 1) Lat. fort(is) sed(iditio) mächtiger Aufstand, Fortsed ist
> dann ein großer mächtiger Aufstand.
> 2) N.f. multitude große Menge, > lat. multi viele.
> Lat. v. arare pflügen, davon das p.p.a. arans pflügend.
> Lat. v. mactare einen Gott durch ein Opfer ehren.

Aus Fertsod wird durch Vertauschen zweier Vokale Fortsed. Lateinisch
aufgefaßt, bedeutet es "mächtiger Aufstand". Die gemeinte Stadt ist
wahrscheinlich das Paris der Revolution. - Während der
Terreure 1793/94 wurden Menschen zu tausenden ohne Gerichts-
verfahren, das diesen Namen verdient hätte, dem Fallbeil überantwortet.
N. erkennt in der Terreure einen als solchen unbegriffenen Opferkult im
Dienst an einer neuen Gottheit, der Vernunft. Ochsen taugen immerhin
zum Pflügen, bleiben deshalb verschont, was der Vernunft einleuchtet.
Das Leben eines Menschen dagegen, der der neuen Göttin nicht huldigt,
ist weniger wert als das eines Ochsen, trotz der Menschenrechte, der
"ersten und menschlichen Gesetze", 2/8. Zur **Terreure als Opferkult** s.a.
1/44, 9/23, 2/98 und den Kommentar zu **4/49**. - Der
sarkastische Ton N.s ist deutlich herauszuhören. Er hielt die vergöttlichte
Vernunft für einen Unsinn, nämlich für einen philosophisch erdichteten
Gott, **7/14**. - In der zweiten Vershälfte ist eine spätere Zeit
gemeint, denn Artemis, die keusche Göttin, ist eine Chiffre für die
Jungfrau Maria, **2/28**, und diese eine Allegorie des christlichen Glaubens.
Zu diesem also kehrt man zurück, denn der Glaube an die neue Ordnung
schwindet angesichts des Mordens. - Vulcanus, der
römische Gott, dessen Anrufung vor dem Feuer schützen bzw. ein
ausgebrochenes Feuer mildern sollte, ist in 5/77, der in ähnlich
sarkastischer Weise von der Zeit der Revolution handelt, auf Napoléon
gemünzt. Er >löschte das Feuer<, bereitete dem Chaos durch Errichtung
einer Diktatur ein Ende. Die Revolutionäre, die umkamen, verbrannten im
selbst gelegten Feuer. Diesem konnte nur der zuständige Gott, verkörpert
durch Napoléon, ein Ende bereiten.

   —> 10/24 (NAP)

10/24 Le captif prince aux Itailes vaincu/ Passera Gennes par mer
iusqu' a Marseille,/ Par grand effort des forens suruaincu/
Sauf coup de feu barril liqueur d' abeille. (1568)
[Napoléons Ende]
Der gefangene Fürst bei den Italern, besiegt,/
wird über' s Meer an Genua vorbeifahren bis nach Marseille./
Durch große Anstrengung von Ausländern überwunden,/
unberührt vom Feuerschlag (das) Faß (mit) Bienenlikör.

1) Lat. Itali Italer, Bewohner Italiens. Andere Übersetzungs-
möglichkeiten: ".. bei/von den Italem besiegt".
3) Lat. adj. forensis äußerer, außen befindlich, auswärtig;
hier als Substantiv gebraucht: Leute von außerhalb,
Ausländer.

Im April 1814 wurde Napoléon I., Kaiser der Franzosen, von der
Übermacht des feindlichen Heeres und der Kampfesmüdigkeit seiner
Getreuen zur Abdankung gezwungen. Er wurde verbannt und mußte ins
Exil auf die Insel Elba gehen, über die er volle Souveränität erhielt. Elba
liegt bei Italien und hieß in vorrömischer Zeit Aithalia. Dessen Bewohner
nennt N. "Itailes". -   Obwohl er nach einem
Selbstmordversuch viele Aktivitäten entfaltete, langweilte er sich bald in
seinem kleinen Reich. Im Februar 1815 bestieg er mit ca. 1000 Soldaten
ein Schiff, das durch den Golf von Genua Richtung Frankreich fuhr, und
landete am 1. März 1815 im Golf von Juan, zwischen Cannes und
Antibes, 10/23. Das Rhônetal meidend überquerte er die Alpen, kam also
nicht durch Marseille, Vz 2. -   Geschickte Reden
haltend, konnte der Exilant viele Soldaten wieder für sich gewinnen und
zog noch im selben Monat in Paris ein. Es waren dann vor allem
Engländer und Preußen, denen sein Heer im Juni 1815 bei Waterloo
unterlag. In diesem Sinne wurde er "durch große Anstrengung von
Ausländern überwunden", Vz 3. -   Die Biene hatte sich der
Korse zum Wappentier erkoren, 4/26, und der kleinwüchsige Mann war
mit den Jahren recht rundlich geworden ("Faß"). Er blieb bei Waterloo
unversehrt, Vz 4, geriet in englische Gefangenschaft und wurde in den
Südatlantik auf die Insel St. Helena verbannt, 1/98, wo er einige Jahre
später starb. -   Zugegeben, die Angabe "bis nach Marseille"
paßt nicht. Aber sie ist das einzige unaufgeklärte Detail. Man wird N.
zugestehen müssen, daß er angesichts der Vielfalt und Detailtiefe seiner
Visionen auch einmal etwas durcheinanderbringen konnte.
    ---> 9/74 (NAP)

01/75   Le tyran Siene occupera Sauone:/ Le fort gaigné tiendra
classe marine:/ Les deux armées par la marque d' Ancone/
Par effraieur le chef s' en examine. (1555)
[Napoléon I./ Papst Pius VI.]
Der Tyrann (von) Siena wird Savona in Besitz nehmen./
Wenn die Befestigung eingenommen ist, wird er die Marine führen./
Die beiden Armeen (ziehen) durch die Mark Ankona,/
entsetzt wird das Haupt sich daraufhin prüfen.
2) Lat. .n.f. classis Flotte, Heer.
4) Effrayeur steht für das n.m. effroi Entsetzen, Schrecken.

Auf seinem Italienfeldzug kam Napoléon im Juli 1796 auch in das
Großherzogtum Toskana, unter Verletzung von dessen Neutralität. Dies
und N.s Urteil über Napoléon im allgemeinen, 1/76, können die Bezeichnung als "Tyrann (von) Siena" erklären. Der sah sich selbst natürlich
nicht so, sondern gab sich als >Befreier der Völker Italiens< aus. Im
November 1796 wurde der Republik Genua, auf deren Gebiet Savona
lag, von Napoléon ein Vertrag diktiert, der sie zu Reparationen und der
Sperrung ihrer Häfen für die Engländer zwang; besetzt wurde die Stadt
nicht. -   Im Januar 1797 konnte die befestigte Stadt Mantua von
den Franzosen nach mehrmonatiger Belagerung eingenommen werden.
Im Oktober desselben Jahres lief eine Flotte unter dem Oberbefehl Napoleons nach Ägypten aus, Vz 2. -   Nach dem Fall Mantuas zog
die französische Armee durch den Kirchenstaat. Man berührte Bologna,
Faenza, Forli, Rimini, Ancona. In den Marken diktierte Napoleon dem
Papst am 19.2.1797 den Frieden von Tolentino. Ein Jahr nach Tolentino,
im Februar 1798, zog eine zweite französische Armee unter General
Berthier durch den Kirchenstaat, besetzte Rom, nahm Pius VI. gefangen
und entführte ihn nach Frankreich, Vz 3. -   In seinem Schrecken
vor den Franzosen mag der Papst seine Politik überdacht haben. Doch
zu einer Anerkennung der Zivilkonstitution des französischen Klerus,
dessen Mitglieder auf die republikanische Verfassung den Eid zu leisten
aufgefordert waren, hatte sich der 80jährige schon im Februar 1797 nicht
bewegen lassen. Das brachte ihm im Jahr darauf >Absetzung< und
Gefangennahme ein.

02/25   La garde estrange trahira forteresse:/ Espoir & vmbre de plus
hault mariage./ Garde deceue, sort prinse dans la presse,/
Loyre, Son. (!) Rosne, Gar. à mort oultrage. (1555)
[Zweiter Weltkrieg]
Die fremde Bewachung wird die Festung preisgeben./
Hoffnung auf und scheinbarer Schutz durch sehr hohe Heirat./
Wache getäuscht, Festung genommen in der Bedrängnis,/
Loire, Saône, Rhône (und) Garonne (erleiden) tödliche Verletzung.
2) N.f. ombre Schatten, Schutz, alte Bedeutung: Vorwand,
> lat. umbra Schatten, leerer Schein
2) prendre sort ist nicht sinnvoll; sort dürfte ein verschrie-
benes fort sein. Eingangs-s und f unterscheiden sich in der
Ausgabe von 1555 typographisch kaum.

Die >Festung< ist Frankreich zu Beginn des zweiten Weltkrieges, als das
Land einer rein defensiven Strategie folgte und sich hinter seiner
Maginot-Linie, den Befestigungen an der französisch-deutschen und zum

Teil französisch-belgischen Grenze, allzu sicher wähnte. Bis März 1940
waren zehn britische Divisionen den Franzosen zu Hilfe gekommen, die in
die Frontstellungen eingereiht wurden (fremde Bewachung oder Schutztruppe). -   Als die Gewalt der deutschen Invasion im Mai 1940
die Front bei Sedan massiv durchbrechen konnte, wurden die englischen
Truppen Ende Mai an die Kanalküste zurückgedrängt und mußten
evakuiert werden. Das nennt N. in 4/65 eine Desertion. Auf seiten der
Schutztruppe (England) wie auch der >Festung< selbst (Frankreich) hatte
man sich über die Wirksamkeit der Maginot-Linie und der deutschen
Blitzkriegstrategie getäuscht (Wache getäuscht), 6/43. -   Am 16.
Juni 1940 bot dann der neue englische Premier Churchill den Franzosen
eine politische Union oder "Konföderation", 1/93, beider Länder an, die
mit der "sehr hohen Heirat" gemeint ist.   Die Hoffnung, die der
französische Premier Reynaud daraufhin schöpfte, den Widerstand mit
Englands Unterstützung fortsetzen zu können, hielt nur wenige Tage vor
(scheinbarer Schutz), Vz 3. -   Der größte Teil Frankreichs,
eineinhalb Jahre später auch der zunächst verschonte Südosten (Rhône),
wurde von den Besatzern überrollt, anders als im Krieg 1870/71, der nur
den Norden des Landes berührte.

**03/25 Qui au royaume Nauarrois paruiendra/ Quand de (!) Secile &
naples seront ioints:/ Bigorre & Landes par Foyx Loron tiendra,/
D' vn qui d' Hespaigne sera par trop côioint. (1555)**
[Heinrich IV.]
**Dieser wird im Königreich Navarra König werden,/
wenn sie verbunden sein werden mit Sizilien und Neapel./
Bigorre und (die) Landes, durch Foix Oloron wird man haben/
von einem, der mit Spanien allzu verbunden sein wird.**
  3) Loron ist ein verkürztes Oloron. Es ergibt einen Sinn, in
  dem "-on" am Ende von Oloron außerdem das Subjekt zu
  tiendra zu erkennen.
Im Juni 1572, mit achtzehn Jahren, erbte Heinrich von Navarra die Titel
seiner Mutter, wurde u.a. König von Navarra; Graf von Bigorre; Herzog
von Albret, eines Herzogtums auf dem Gebiet der Landes; Graf von Foix;
Graf von Béarn mit der Stadt Oloron-Sainte-Marie. -   Sizilien und
Neapel gehörten damals zu Spanien. Daher besagt Vz 2, daß "sie" - die
Mitglieder des französischen Königshauses - im Sommer 1572 mit
Spanien "verbunden" sein würden. Das klingt harmlos, aber gemeint sind
die Ereignisse vom August des Jahres, als allein in Paris mehrere
tausend Hugenotten hingemetzelt wurden. König Karl IX. hatte, von der
Spanien-Guise-Partei bedrängt, sein Einverständnis dazu gegeben. Das
katholische Spanien war immer für ein härteres Vorgehen gegen die
>Ketzer< in Frankreich eingetreten. -   Als Heinrich von
Navarra dann 1589 den zunächst noch umkämpften Thron Frankreichs
bestieg, vereinten sich seine Titel und Ländereien mit der Krone Frankreichs, sie wurden zu Krondomänen. Man - der König von Frankreich
von da an - werde sie >von ihm haben<. -   Von seiner Mutter im
reformierten Glauben erzogen, mit neun Jahren vom Vater unter
Androhung von Prügel zur Teilnahme an der Messe gezwungen, trat
Heinrich von Navarra nach seiner Flucht vom Hof 1576 wieder in die
reformierte Kirche ein und galt damit den katholischen Eiferern, zu denen

N. zählte, als ein >rückfälliger Ketzer<. Auf den Thron Frankreichs gelangt, zog er die Konsequenz aus der Einsicht, daß er den Frieden im Land nur als Katholik werde erwirken können, und trat 1593 erneut über. Aber der Seher mißtraute ihm, er meine es nicht ernst, gebe sich nur den Anschein der Rechtgläubigkeit, werde in diesem Sinne mit der katholischen Vormacht "allzu verbunden" sein, was man an dem "sinnenfrohen Edikt" von 1598 dann ja auch bemerken werde, 5/72.

06/75   Le grand pilot par Roy sera mandé,/ Laisser la classe pour
plus haut lieu attaindre:/ Sept ans apres sera contrebandé,/
Barbare armée viendra Venise craindre. (1568)
[Philipp II. von Spanien/ Don Juan d' Austria]
Der große Steuermann wird durch (den) König beauftragt,/
die Flotte zu verlassen, um (einen) >höheren< Posten einzunehmen. /
Sieben Jahre später wird er hinausgeschmuggelt sein,/
Venedig wird (das) barbarische Heer fürchten.

2) Im Zusammenhang mit pilot Lotse, Steuermann ist hier
mit classe eindeutig das lat. n.f. classis Flotte gemeint.
3) N.f. contrebande Schmuggel, Schleichhandel, de
contrebande geschmuggelt, klassisch auch : hinausgeworfen,
vertrieben aus einer Gesellschaft, der anzugehören man
nicht mehr die nötigen Eigenschaften hat (großer Larousse).
4) Wer Subjekt ist und wer Objekt, ist von der Syntax her
doppeldeutig.

Venedig errang 1571 im Bündnis mit Spanien, Genua und dem Papst bei Lepanto einen großen Seesieg gegen die Türken. Kommandant der christlichen Flotte war Don Juan d' Austria, Halbbruder des spanischen Königs Philipp II. Der grandiose Erfolg machte ihn zum "großen Steuermann". - Don Juan wurde vom König 1576 als Gouverneur in die Niederlande beordert mit dem Hintergedanken, den Unzufriedenen, der zum Gegner hätte werden können, aus Spanien zu entfernen und auf einen gefährlichen Posten in einer aufmüpfigen Provinz abzuschieben. Die "höhere" Lage dieses Postens meint die große Bedeutung der militärischen Aufgabe, die Philipp seinem Bruder geschildert haben wird, bezieht sich aber auch darauf, daß die Niederlande den nördlichsten Teil des spanischen Reichs ausmachten. Es war kein höherer, sondern nur ein weiter oben auf der Landkarte lokalisierter Posten. - Don Juan operierte glücklos und wurde von Philipp II. verdächtigt, mit Elisabeth von England gegen ihn zu konspirieren. Es wurde ihm daraufhin Alexander Farnese zur Seite gestellt, der ihn auf dem Statthalterposten beerbte, als Don Juan im Jahr 1578 mit 31 Jahren an einer fiebrigen Erkrankung starb. Das geschah "sieben Jahre später", sieben Jahre nach seinem großen Erfolg. Direkt "vertrieben" oder "abgesetzt" wurde er nicht, Philipps Kalkül aber war aufgegangen. - Nach dem Tod seines großen Beschützers habe Venedig wieder Grund gehabt, die >Barbaren<, d.h. die Türken zu fürchten. Das war nicht der Fall, und N. dürfte das ironisch gemeint haben.

01/76 D' vn nom farouche tel proferé sera,/ Que les troys seurs
auront fato le nom:/ Puis grand peuple par langue & faict duira (!)/
Plus que nul autre aura bruit & renom. (1555)
[Napoléon I.]
**Eines unbändigen, sehr ausgesprochenen Namens wird er sein,/
den die drei Schwestern ihm (gegeben) haben werden als Weissagung./
Dann wird er ein großes Volk durch Wort und Tat anführen,/ weiter
als der aller anderen werden sein Getöse und seine Berühmtheit reichen.**
1) V. proférer vorbringen, aussprechen, deutlich artikulieren
2) Lat. n.n. fatum Götterspruch, Weissagung; Götterwille,
Schicksal. "fato" ist ablativus modi: nach Art einer Weissagung.
Die "drei Schwestern" Klotho, Lachesis und Atropos sind im griechischen
Mythos die Göttinnen, die den Menschen ihre Bestimmung, den ihnen ge-
bührenden Teil oder Anteil (moira) - am Potential der Gattung - zuspre-
chen (fatum) und ihm damit seinen Namen geben. -   Es ist ein
"wilder" oder "unbändiger" (farouche) Name, denn ein Löwe, ital. leone,
altfr. leon, läßt sich nicht zähmen, höchstens einsperren. Griech. apollyon
bedeutet "Verderben bringend" oder "zerstörend". Das Präfix νη- (nä-)
bedeutet wahrlich, wahrhaftig. Der Name Napoleon, aufgefaßt als griechischer Name, bedeutet also >wahrer Zerstörer<. -   Schon an
seinem "sehr treffenden" oder "deutlich artikulierten" Namen werde zu
erkennen sein, um was für einen Mann es sich bei Napoleon handle. Er
war ein Mann der Tat, der seine militärischen Unternehmungen aber auch
rhetorisch seinem "großen Volk", den Franzosen zu verkaufen wußte,
Vz 3. Zerstörerisch war in der Schau des N. seine Gegnerschaft gegen
die alte, im Glauben gegründete Ordnung der Monarchie. Diese hat er
nur usurpiert, sie nicht wirklich wiederhergestellt, 10/46. Seine auch für
die Franzosen verlustreichen Feldzüge würden das Land teuer zu stehen
kommen, 1/60. -   Über die Zuordnung des Verses zu Napoleon
besteht unter den Kommentatoren ausnahmsweise einmal Einigkeit, wenn
auch die Begründung zum Teil abweicht von der hier gegebenen.
---> 2/26, 4/26, 10/76 (NAP)

02/26 Pour la faueur que la cité fera/ Au gran qui tost perdra
champ de bataille,/ Fuis le rang Po (!), Thesin versera/
De sâg, feuz, morts, noyes de coup de taille. (1555)
[Napoléon I.]
**Wegen der Gunst, welche die Stadt erweisen wird/
dem Großen, der bald das Schlachtfeld verlieren wird,/
fliehe vor (der) Schlachtreihe, Po, Ticino ! (Sie) werden sich umwenden/
von Blut, Bränden, Toten, durch 's Schwert Verwundeten.**
3) N.m. rang kann in militärischem Zusammenhang
Formation, Schlachtreihe bedeuten.
Gemeint ist der Italienfeldzug des Generals Napoléon Bonaparte, der in
der Lombardei (Po, Ticino) alle Gegner besiegte. Er tat das im Auftrag
"der" Stadt Paris, das Direktorium erwies ihm seine Gunst. "Bald" darauf,
achtzehn Jahre später, war dann Napoléon und mit ihm Frankreich den
Heeren der verbündeten Preußen und Engländer endgültig unterlegen.
Der Seher liebt es, den Wechsel des Kriegsglücks oder den Wandel in
der Gunst der Zeitgenossen in einem einzigen Vers zu erfassen, 9/17.
---> 1/76, 4/26, 10/76 (NAP)

04/26   Lou grand essayme se leuera d' abelhos,/ Que non sauran don te
siegen venguddos/ Denuech l' ebousq;, lou gach dessous las treilhos/
Cieutad trahido p cinq lêngos nô nudos. (1555)
[Napoleon Bonaparte]
Der große Bienenschwarm wird sich erheben,/
und man wird nicht wissen, von welchem Ort sie gekommen sind./
Nachts der Hinterhalt, der Verderber unter den Weinspalieren,/
(die) Stadt preisgegeben durch fünf nicht wehrlose Sprecher.
1) Prov. essayme Schwarm (essaim), prov. abeiho Biene (abeille).
3) Prov embousque Hinterhalt (embuscade). N.m. gâcheur Kalk-
einrührer, Pfuscher, Preisverderber.   Prov. trelhau Weinspalier
(treillage).
4) Prov. cioudad Stadt (cité).   Prov. lenguo Sprache, Zunge
(langue).
Mit der Wahl eines Bienenschwarms zum Abzeichen und Wappentier
wollte Napoleon die Tradition (bourbonische Lilie) brechen und an Chlod-
wig anknüpfen, den Merowingerkönig, der im 5. Jahrhundert ein Franken-
reich begründet hatte. -   Das Direktorium, das seit 1795 das Land
regierte, hatte fünf Mitglieder. Der Vers schildert Napoléons Staatsstreich
vom 9.11.1799.   An dem Coup waren zwei der fünf Direktoren beteiligt
(Dufraisse 1994).   Das Großbürgertum ließ den populären General an die
Macht kommen, um die in der Revolution errungenen Vorteile abzu-
sichern, die Ordnung im Land wiederherzustellen.   Aus N.s Sicht begann
eine über vierzehnjährige Tyrannei, 7/13. -   Der Vers ist komplett in
Provencal verfaßt, wohl um anzudeuten, daß mit dem Korsen ein Mann
mit abgelegenem Herkunftsort "sich erheben" werde. -   Vz 3 ist
ungeklärt.
---> 1/76, 2/26, 10/76 (NAP)

05/26   La gent esclaue par vn heur martial,/ Viendra en haut degré
tant esleuee:/ Changeront prince naistre vn prouincial,/
Passer la mer copie aux monts leuee. (1568)
[Rußland 1.WK und 2.WK/ Stalin]
Das slawische Volk wird durch Kriegsglück/
zu hohem Rang kommen, hoch erhoben werden./
Sie wechseln den Fürsten, es erscheint einer aus der Provinz./
Über das Meer fahren Truppen, hinaufgeführt zu den Bergen.
1) Altes n.m. heur Glück.
N.m. esclave Sklave. Mittellatteinisch sclaveni hießen die
Slawen. Die ethnische Bedeutung des Anlauts sl- wurde im
16. Jahrhundert vorherrschend. Es kommen hier bei N.
selbstverständlich beide Möglichkeiten in Frage.
4) Lat. n.f.pl. copiae Mannschaften, Truppe.
Mit dem slawischen oder versklavten Volk sind die Russen gemeint, bei
denen die Leibeigenschaft erst im 19. Jahrhundert aufgehoben wurde.
Während des ersten Weltkrieges zerfiel die Zarenherrschaft, die Bolsche-
wiki kamen 1917/18 an die Macht.   Der Kommunismus hatte damals
große Anziehungskraft, die Sowjetunion wurde ideologisch zur Großmacht, 3/95. -   Lenin war der erste Diktator, auf den 1924 der Georgier
Stalin folgte, Vz 3. -   Militärisch galt das Land noch während des
zweiten Weltkrieges den Westalliierten als unterentwickelt.   Man traute
Stalin nicht zu, einen wesentlichen Beitrag zur Niederringung Hitlers

leisten zu können, **2/55**. Erst durch den siegreichen Feldzug gegen das Deutsche Reich und den Bau der Atombombe errang die Sowjetunion den Status einer zweiten Supermacht, 2/89. Es waren also zwei Kriege, der erste und der zweite Weltkrieg, welche dem kommunistisch beherrschten Rußland seinen "hohen Rang" verschafften. - Daß es keine sowjetischen Truppen waren, sondern die der verbündeten Westalliierten, die 1943/44 über' s Meer kamen und am Ende auch die Alpen überschritten, spricht nicht gegen diese Deutung.

---> 9/76 (2.WK)

07/26 Fustes & galeres autour de sept nauires,/ Sera liuree vne
mortelle guerre:/ Chef de Madric receura coup de vires,/
Deux eschappees, & cing menees à terre. (1568)
[1805] Schiffe und Galeeren rund um sieben Seeschiffe,/
werden sich einen verhängnisvollen Krieg liefern./
Haupt von Madrid wird (einen) Schlag empfangen von Streitkräften,/
zwei (sind) entkommen, und fünf an Land gebracht.

    1) Mittelfr. n.f. fust 1° Stück Holz 2° Balken, Träger (poutre)
    3° Hochwald (futaie) 4° hölzernes Segel- oder Ruderboot.
    3) N.m. virement ist in der Marinesprache ein Wende-
    manöver. Lat. n.f. pl. vires Streitmacht.

Die Angaben des Verses scheinen auf die Seeschlacht bei Trafalgar zu passen, Details nachzulesen bei Ovason (1997). Das "Haupt von Madrid" war damals der Bourbone Karl IV., der sich mit Napoléon gegen Großbritannien verbündet hatte, das bei Trafalgar den Sieg davontrug, 1/77.

08/76 Plus Macelin que roy en Angleterre/ Lieu obscur nay par
force aura l' empire:/ Lasche sans foy, sans loy saignera terre,/
Son temps s' approche si pres que ie souspire. (1568)
[Cromwell/ England 1648ff.]
Mehr Schlächter als König in England,/
von niedriger Herkunft, wird er mit Gewalt die Herrschaft erreichen./
Losgelassen ohne Glauben, ohne Gesetz, wird er (die) Erde bluten
lassen./ Seine Zeit naht so bald, daß ich seufze.

    1) Altfr. n.m. maisel, macel, maisiel 1° Fleischerei
    (boucherie) 2° Gemetzel (carnage), Massaker (massacre), >
    lat. macellum Fleischbank.
    2) Adj. obscur dunkel > lat. obscurus, welches im
    Zusammenhang mit jds. Herkunft unbekannt, unberühmt,
    niedrig bedeutet.
    3) Lasche ist entweder 1. p.p.p. von lâcher loslassen oder
    2. n.m. gemeiner Kerl, Feigling.

Der Vers bezieht sich auf Oliver Cromwell, der niederem Adel entstammte, im englischen Bürgerkrieg 1642-48 obsiegte und dann für ein Jahrzehnt eine Militärdiktatur errichtete. Gleich im ersten Jahr seiner Herrschaft ließ er seinen Gegner König Karl I. hinrichten, ein Vorgang, den die dritte Vz widerspiegelt. - Glaube und Gesetz werden in einem Atemzug genannt, was deutlich macht, daß es die auf den Glauben gegründete Ordnung der Monarchie ist, "ohne" die der Diktator auskommen will. Die Wendung saignera terre wird meist übersetzt: "er wird die Erde mit Blut beflecken", um die Hinrichtung des Königs, die mit dem Beil erfolgte, hier erkennen zu können. Eigentlich bedeutet saignera terre aber "er wird der Erde Blut abnehmen", sie "schröpfen" oder "bluten lassen". Das Blut bedeutet Lebenskraft, vergossenes Blut ist ein Bild vergeudeter Lebenskraft. Der Umsturz des "Schlächters" werde dem Land die Lebenskraft entziehen, welche es nur aus der gerechten, vom Glauben getragenen Ordnung (foy & loy) schöpfen könne. Das "Blut des Gerechten", weil in dieser Ordnung stehenden Königs, werde "fehlen", heißt es in 2/51, und gemeint ist dasselbe wie hier. - Cromwell wurde 1599 geboren, gut vierzig Jahre nach Erscheinen der Centurien.

09/76 Auec le noir Rapax & sanguinaire,/ Yssu du peaultre de
l' inhumain Neron,/ Emmy deux fleuues main gauche militaire/
Sera murtry par loyne chaulueron. (1568)
[Hitler/ Zweiter Weltkrieg]
Überdies wird der finstere Räuber, der blutrünstige,/
hervorgegangen aus dem Strohlager des unmenschlichen Nero,/
inmitten zweier Ströme, (mit) linker militärischer Hand/
verletzt werden durch einen jungen Hitzkopf.
   1) avec ist hier adverbiell gebraucht. Mittelfr. avec, avecques, adverbiell gebraucht wie aussi: ebenfalls; überdies, obendrein. Lat. n.m. rapax Dieb, Räuber.
   2) Altfr. n.m. peautre, peltre Strohsack (pailasse), Pritsche (grabat).
   4) Altfr. n.m. chalderon Kochkessel (chaudron).
Das "Strohlager" ist wie in 6/67 ein Bild für die niedrige Herkunft des Gemeinten. Hitlers Politik zielte auf Landraub im Osten Europas. Nicht wegen seiner kriegerischen Politik, sondern wegen der Vernichtung Unschuldiger, die seine Propaganda zu Sündenböcken machte, wird er wie in **9/17** und 9/53 mit dem römischen Kaiser Nero verglichen. - Am Ende des Krieges werde sein Land "in der Mitte des Druckes" stehen, **2/82**, von den Feinden aus mehreren Richtungen >erdrückt<. Dem entsprechen hier die "zwei Ströme", die Heeresaufmärsche der Westalliierten und der Russen. - Zum Schluß ist das fehlgeschlagene Attentat im Juli 1944 gemeint, das von dem Soldaten Graf Stauffenberg ausgeführt wurde, der in Tunesien die rechte Hand verloren hatte und damit praktisch einarmig war - ein frappierendes Detail.
   —> 5/26 (2.WK)

10/26 Le successeur vengera son beau frere,/ Occuper regne souz
vmbre de vengeance,/ Occis ostacle son sang mort vitupere./
Long temps Bretaigne tiendra auec la France. (1568)
[Heinrich IV./ Heinrich III.]
Der Thronfolger wird seinen Schwager rächen,/
er greift nach der Herrschaft im Schatten der Rache./
Umgebrachte Gegnerschaft klagt sein Geblüt tödlich an./
Lange Zeit wird Britannien sich halten zusammen mit Frankreich.
   3) Altfr. n.m. obstacle 1° Hindernis (ce qui empêche) 2° Widerspruch, Gegnerschaft (opposition) 3° Schwierigkeit (difficulté). Wegen des Attributs occis sind mit ostacle mehrere Personen gemeint.
   4) "Bretaigne" könnte auch die Bretagne sein.
Heinrich III. von Frankreich wurde 1589 von einem Mönch umgebracht.

Als Heinrich von Navarra, in erster Ehe mit Marguerite de Valois, einer Schwester Heinrichs III. verheiratet, sich 1594 den Thron erkämpft hatte, mußten ihm seine katholischen Gegner die Treue schwören. Rache an ihnen hat er nicht genommen, wie es viele Anhänger der hugenottischen Partei erwartet hatten. Er war im Gegenteil darauf bedacht, die Wogen in dem durch jahrzehntelange Glaubenskriege zerrissenen Land zu glätten. Es liegt hier eines von mehreren Beispielen vor für die eigentümliche Verzerrung im Bild des Sehers von Heinrich IV., deren Grund in 5/72 deutlich wird. - Spanien, die Schutzmacht der katholischen Christenheit, erlebte nach 1588 einen Niedergang seiner Vormachtstellung. Im siebzehnten Jahrhundert wurden Frankreich und England zu den stärksten europäischen Mächten.

10/76 **Le grand senat discernera la pompe,/ A l' vn qu' apres sera**
       vaincu chassé,/ Ses adherans seront à son de trompe/
       Biens publiez, ennemis deschassez. (1568)
       [Napoléon I./ Ludwig XVIII.]
       Der große Senat wird abtrennen den Pomp/
       von einem, der später besiegt (und) verjagt werden wird./
       Seine Anhänger werden beim Schall der Trompete/
       - (ihre) Güter konfisziert - als Feinde verjagt werden.
       1) Altfr. v. discemer 1° abtrennen (séparer) 2° unterscheiden (distinguer) > lat. discemere absondern, trennen.
       3) Idiom à son de trompe öffentlich.
       4) Altfr. v. publier 1° bekannt machen (rendre public) 6° versteigern (vendre à l' encan) > lat. publicare konfiszieren, dem Staat zueignen.

Nach der Niederlage Napoléons bei Leipzig im Oktober 1813 und der Eroberung von Paris durch die Alliierten Ende März 1814 stimmte der "Senat", dessen Mitglieder von Napoléon eingesetzt waren, am 3. April für die Absetzung des Kaisers, Vz 1. Der Absetzung zuzustimmen, wurde er dann von seinen Marschällen genötigt. - Am 5. April berief der Senat Ludwig XVIII., einen Bruder des von der Revolution gestürzten Königs auf den Thron. In der Bibel verbindet der Schall von Posaunen und Trompeten Gott mit seinem Volk, 4. Mose 109. Daran, daß ein König aus dem alten Königshaus auf den Thron gelangt, glaubt N. zu erkennen, daß diese Verbindung wiederhergestellt ist. - Erst "später", nach Verbannung und Rückkehr, werde der seiner Kaiserwürde Entkleidete besiegt und endgültig verjagt werden, was im Jahr nach der Abdankung auch geschah. - Am 12.1.1816 beschloß das Parlament in Paris, daß binnen zwei Monaten das Land verlassen müsse, wer während Napoléons Herrschaft der hundert Tage, 10/90, Ämter ausgeübt hatte.
       ---> 1/76, 2/26, 4/26 (NAP)

01/77 Entre deux mers dressera promontoire/ Que puis mourra par
le mords (!) du cheual:/ Le sien Neptune pliera voyle noire,/
Par Calpre & classe aupres de Rocheual. (1555)
[Trafalgar 1805] Zwischen zwei Meeren wird das Kap ansteuern,/
der dann sterben wird durch das Zaumzeug des Pferdes./
Neptun, der Seinige, wird ein schwarzes Segel einholen/
wegen Berg Calpe und (der) Flotte (aus) der Nähe von Rocheval.
  1) Lat. n.n. promontorium Bergvorsprung, Vorgebirge, Kap.
  Mittelfr. Idiom dresser le chemin zugehen auf, fahren in
  Richtung auf (se diriger vers)
Calpe mons ist der antike Name des Felsens von Gibraltar, der sich an
der Grenze zwischen Mittelmeer und Atlantik erhebt. Auf der atlantischen
Seite der Meerenge, an der Reede von Cadiz, war im Sommer 1805 ein
französisch-spanischer Flottenverband vor Anker gegangen, der unter
dem Kommando des französischen Admirals Villeneuve stand.   Seine
Flotte wurde beim Auslaufen im Oktober 1805 von einer englischen Flotte
unter Admiral Nelson beim Kap Trafalgar gestellt und vernichtend geschlagen. -   Villeneuve beging später Selbstmord, ungeklärt wie,
durch Erhängen scheint es hier. -   Heimathäfen der französischen
Schiffe lagen bei Brest und bei Rochefort, nicht Rocheval; aber -val von
lat. vallum Schanze bedeutet als Teil von Ortsnamen das gleiche wie -
fort, ist eine reimbedingte Abwandlung. -   Niederlage und Tod auf
See werden mit Neptuns schwarzem Segel angedeutet. Der Blickwinkel
der französischen Seite wird von N. wie selbstverständlich eingenommen.

03/77 Le tiers climat soubz Aries comprins/ Lan mil sept vingt
& sept en Octobre,/ Le roy de Perse par ceux d' Egypte prins:/
Côflit, mort, pte : à la croix grande opprobe. (1555)
[1727 Osmanisches Reich]
(In) der dritten Gegend, unter Widder erfaßt,/
wird im Jahr siebzehnhundertsiebenundzwanzig im Oktober/
der König von Persien durch die von Ägypten >ergriffen<./
Krieg, Tod, Verlust. Für das Kreuz große Schande.
  1) N.m. climat Klima, Gegend mit einem bestimmten Klima.
  Das altgriech. Wort meint den Neigungswinkel eines Ortes zur
  Polachse, also die geografische Breite. Vgl. 5/98 (Bd.2).
  4) pte ist ein verkürztes perte.
Im Herbst 1727 anerkannten die Perser unter König Ashraf oder Eschref,
daß Teile Westpersiens (Ardilan, Luristan) dem osmanischen Reich zugeschlagen wurden (Jorga Bd. 4 S. 406). Die Osmanen heißen hier "die
von Ägypten", weil das Land am Nil ihnen damals gehörte und
tributpflichtig war. Den Ausgang ihres Krieges gegen Persien beschreibt
N. mit "Tod, Verlust", stellt sich also auf die Seite der Perser. -   Im
Tetrabiblos, dem astrologischen Standardwerk des Ptolemäus, wird
neben Palästina auch Syrien dem Widder zugeordnet, Persien aber dem
Stier. Die "dritte Gegend unter Widder" soll nach einer anderen Tradition
das Breitenband zwischen 28° und 34° n. B. sein (Ovason 1997 S. 255ff.),
wo neben dem heiligen Land Babylonien (Irak) und Persien liegt. -
Das Interesse des Sehers muß mit der "großen Schande" für das
Abendland zu tun haben. In den Persern scheint er Verbündete Europas
zu sehen, weil sie mit den Osmanen verfeindet waren, nach dem Motto:
Der Feind meines Feindes ist mein Freund. Daher gehöre es sich nicht,
die Perser im Stich zu lassen.

02/77 Par arcs feuz poix & par feuz repoussés:(!)/ Cris, hurlements
sur la minuit ouys./ Dedans sont mis par les ramparts cassés,/
Par cunicules les traditeurs fuis (!). (1555)
[Pariser Kommune 1871]
Durch Bögen Brände, Pechfackeln, und durch Brände zurückgedrängt,/
Schreie, Gebrüll um Mitternacht gehört./
Nach drinnen sind sie abgedrängt durch die zerstörten Barrikaden,/
durch unterirdische Gänge die Verräter geflohen.
4) Lat. n.m. cuniculus Stollen, unterirdischer Gang.
Jean-Charles de Fontbrune erkennt hier die Rückeroberung des von der
Kommune besetzten Paris im Mai 1871. Die "Feuerbögen" sind Brand-
geschosse, die damals auf die besetzen Viertel der französischen Hauptstadt abgefeuert wurden von den Truppen der republiktreuen Armee. Das
deutlichste Detail sind die "Barrikaden", die im Straßenkampf vielfach
errichtet wurden. Die "Verräter" sind die aufständischen Kommunarden,
mit denen N. nicht sympathisierte, 6/23.

05/77 Tous les degrez d' honneur Ecclesiastique/ Seront changez
en dial quirinal:/ En Martial quirinal flaminique,/
Puis vn Roy de France le rendre vulcanal. (1568)
Variante: "...le rendra..." (Ed. Jean Ribou, Paris 1605)
[Französische Revolution/ Napoléon I.]
Alle Ränge der kirchlichen Würden/
werden verwandelt sein in den quirinalischen Dial,/
in den quirinalischen Martial, den priesterlichen./
Dann macht ein König von Frankreich sie vulkanalisch.
2) Lat. adj. dialis zu Jupiter gehörig, quirinalis zum Quirinus
gehörig. Quirinus, Jupiter und Mars waren die ältesten
römischen Haupt- und Staatsgötter. Später waren es Jupiter,
Juno und Minerva.
3) Lat. adj. Martialis zu Mars gehörig, dem Mars geweiht.
N.m. flamen Priester einer einzelnen Gottheit.
4) Lat. adj. Volcanius dem Volcanus (Gott des Feuers)
geweiht, die Volcanalia waren das Fest des Volcanus.
Die kirchliche Hierarchie wird "verwandelt" werden, an die Stelle der alten
wird eine Religion treten, die mit jener des antiken Rom verwandt ist,
antiken Göttern werden die Priester huldigen. - Die
Zivilverfassung des Klerus von 1790 ordnete die Kirche gegen ihren
Willen dem neuen Staat und seinen Prinzipien unter, die Klöster und
Orden wurden aufgelöst, der Klerus als Stand existierte nicht mehr. Die
neue konstitutionelle Kirche trat neben die alte, jetzt illegale Kirche der
Eidverweigerer. In Wahrheit huldigten die Revolutionäre nicht mehr dem
christlichen Gott, sondern der Vernunft und dem >Kult des höchsten
Wesens<. - Im Jahr 1792 wurde ein neuer Kalender mit neuer
Zeitrechnung eingeführt zum Zeichen des völligen Bruches mit der
christlichen Tradition, VH (35). Die drei Frühlingsmonate endeten auf -al,
hießen Germinal, Floreal und Prairial. Dieser semantische Anklang an
Wortendungen des Lateinischen war nicht der einzige Rückgriff auf die
Antike. Die Feste der revolutionären Republik waren wie in der Antike die
Feste eines Staatskultes, wurden von staatlichen Machtträgern zelebriert.
Römische Rutenbündel und Gesetzestafeln erschienen in der
Öffentlichkeit. (Wer die Schicht der christlich legitimierten Monarchie

vollständig abträgt, legt die darunterliegende Schicht vorchristlicher Staatlichkeit frei und wird auf sie bauen wollen, wenn ein Bedürfnis nach historischen Vorbildern besteht. In den USA hatte es zuvor schon ähnliche Rückgriffe gegeben). - Im Pariser Konkordat von 1801 wurde die alte Kirche wieder in ihre Rechte eingesetzt, ohne ihre Privilegien vollständig wiederherzustellen. Vom Kult des höchsten Wesens sprach niemand mehr, man kehrte zurück zum christlichen Glauben. Im Feuer des ersten Konsuls Napoleon alias Feuergott Vulcanus wurden >die Leichen des Staatskultes verbrannt<, 9/74. - Das Ressentiment des Sehers gegen die Revolution wird vielerorts deutlich; hier ist es die zerrbildartige Häufung von Wörtern auf -al, die deutlich sarkastischen Klang hat.

---> 9/77 (FR)

09/77   Le regne prins le Roy conuiera/ La dame prinse a mort
iurez a sort,/ La vie a Royne fils on desniera,/
Et la pellix au fort de la consort. (1568)
[Französische Revolution/ Robespierre/ Marie-Antoinette]
Die Herrschaft ergriffen, wird der König vorladen lassen./
Die Dame ergriffen, (sie werden) zu Tode verurteilt durch' s Los./
Das Leben wird man dem Sohn (der) Königin verweigern,/
und die Hure erst recht der Schicksalsgefährtin.
4) Lat. v. pellicere anlocken, verlocken; davon das mittellat.
n.f. pelex, pellex Hure, Konkubine, Mätresse.
Idiom au fort de quelque chose, au plus fort de quelque chose
mitten in, mitten hinein, an der stärksten Stelle von.
Nach der Hinrichtung von Ludwig XVI. im Januar 1793 ging es - nicht offiziell, aber in Wirklichkeit - darum, wer den leerstehenden Thron für sich erobern würde, 4/49. Robespierre "griff nach der Herrschaft", wollte "König" werden und wurde es auch, ohne sich so zu nennen, indem er ab März 1793 die Gründung eines Revolutionstribunals, eines politischen Gerichtshofes betrieb. Dessen Geschworene wurden durch Los aus den Konventsmitgliedern bestimmt. Es hatte unbeschränkte Vollmacht gegenüber Personen, die ihm vom Konvent überstellt wurden. - Zu ihnen gehörte auch die abgesetzte Königin Marie Antoinette. Ihr Sohn, der achtjährige Louis Charles, war im Juli zur Umerziehung einer Handwerkerfamilie übergeben worden, die ihn verkommen ließ; er ist wahrscheinlich früh gestorben. - In der "verführerischen Frau" wird meist die Mme. Dubarry gesehen, ehedem Mätresse des Königs Ludwig XV. In Wirklichkeit meint N. mit der "lockenden Dirne" oder "Hure" das Volk des revolutionären Paris, dessen >Herrenlosigkeit< verführerisch wirkte auf jene, die sich berufen fühlten, nach der >Herrschaft< zu greifen. In dem wenig schmeichelhaften Namen deutet N. die Bereitschaft des Volkes an, mit jedem >sich einzulassen<, der es materiell gut entschädigt oder zu entschädigen verspricht. - Marie-Antoinette war das vom Volk meistgehaßte Mitglied der Königsfamilie, 9/20. Die >Hure< ruhte nicht, bis auch die abgesetzte Königin zum Tode verurteilt war. Sie wurde im Oktober 1793 hingerichtet, erlitt das gleiche Schicksal wie ihr Gatte neun Monate zuvor.

---> 5/77 (FR)

01/78 D' un chief viellard naistra sens hebete,/ Degenerant par sauoir
& par armes/ Le chef de France par sa soeur redouté:/
Champs (!) diuisés, concedés aux gendarmes. (1555)
[Pétain/ Zweiter Weltkrieg]
**Von einem Greisenhaupt wird Schwachsinn in die Welt kommen,/
aus der Art schlagend hinsichtlich Wissen und Waffen./
Das >Haupt Frankreichs< durch seine Schwester sehr gefürchtet,/
Gebiete geteilt, überlassen den Bewaffneten.**

Marschall Pétain hatte vor dem Krieg maßgeblich die rein defensive
französische Verteidigungsstrategie mitbestimmt und war für deren
Scheitern 1940 verantwortlich. Er hatte gehofft, die Deutschen in einen
Stellungskrieg wie in den Jahren 1914ff verwickeln zu können, 8/65.
Die Weiterentwicklung der deutschen Panzerwaffe hatte der "alte
Träumer", 4/59, nicht zur Kenntnis genommen. Sein Vertrauen in die
Fähigkeit, einen Angreifer an den Grenzen des Landes aufhalten zu
können, war so groß, daß keine nennenswerten Reserven bereit-
standen, als die Deutschen im Mai 1940 auf breiter Front durchgebrochen waren. -   Im Juli 1940 entschied Hitler, den süd-
westlichen Teil Frankreichs zunächst nicht zu besetzen. Pétain wurde
dann von dem Rumpfparlament in Vichy im Alter von 84 Jahren zum
Oberhaupt einer französischen Verwaltung dieses Teiles seines Landes
gewählt. Der Herrscher von Hitlers Gnaden nannte sich großspurig
>Chef des Staates<, N. nennt ihn sarkastisch das Greisenhaupt Frank-
reichs. -   Er hatte die Macht im unbesetzten Teil seiner Heimat,
den größeren Teil des Landes hatten deutsche Truppen besetzt.
Insofern war das Land "geteilt". -   Außer von den Franzosen
selbst wurde der Kollaborateur von niemandem gefürchtet. Das nährt
den Verdacht, daß die >Furcht der Schwester<, wohl Italiens vor
diesem französischen >Haupt< ironisch gemeint ist. Vom Stilmittel der
Ironie macht N. inbezug auf Pétain reichlich Gebrauch, 8/65, 8/81.
Welche Vorgänge im Verhältnis Vichy-Frankreichs zu Italien N. hier
meint, ist noch nicht erforscht.

02/28 Le penultime du surnom du prophete/ Prendra Diane pour
son iour & repos:/ Loing vaguera par frenetique teste,/
Et deliurant vn grand peuple d' impos. (1555)
[Papst Johannes Paul II.] (Kommentar S. 107)
**Der Vorletzte mit dem Beinamen des Propheten/
wird Diana als seinen Tag und für seine Ruhe nehmen./
Weit wird er umherschweifen wegen seines leidenschaftlichen Kopfes/
und wird ein großes Volk von Auflagen befreien.**

3) Altfr. teste I. n.f. 1° Kopf (tête) 2° Scherbe (tesson), > lat.
testa irdener Krug II. n.m. 1° Buch der Evangelien (livre des
Évangiles) 2° Text, Bibelstelle (texte). Die Eigenschaft
frénétique leidenschaftlich paßt nur auf einen Kopf. Daneben
kann noch, da N. gem abkürzt, an das altfr. n.m. testemoigne
Zeugnis (témoignage) gedacht werden.
4) Impos ist ein abgekürztes n.f. imposition Steuer, Auflage.

09/78 La dame Grecque de beaute laydique,/ Heureuse faicte de
procs innumerable,/ Hors translatee au regne Hispanique,/
Captive prinse mourir mort miserable. (1568)
[Spanien 1931ff.]
Die griechische Dame von abscheulicher Schönheit,/
>glücklich gemacht< von zahllosen Freiern,/
hinaus- (und) hinübergetragen ins spanische Königreich./
Gefangen, ergriffen, stirbt sie einen elenden Tod.

1) Adj. laid, laide häßlich, hier reimbedingt abgewandelt. Lais
war im übrigen der Name zweier Hetären im antiken Korinth
(Pfändler 1997).   Es ist also die besondere >Schönheit<
käuflicher Damen hier gemeint. Dazu passen auch die "procs"
der nächsten Vz.

2) Lat. n.m. procus Freier, Bewerber; adj. procax zudringlich,
dreist, fordernd, unverschämt.

3) hors wurde auch adverbiell gebraucht im Sinne von "hinaus"
(dehors).

Die "griechische Dame" ist eine Allegorie für einen demokratisch verfaßten Staat, weil eine demokratische Verfassung des Gemeinwesens sich
erstmals in den Stadtstaaten des klassischen Griechenland etablieren
konnte.   Die >Dame< ist in diesem Bild das Volk, **9/20**, das eigentlich N.
zufolge seinem >Herrn<, dem Monarchen, verbunden sein müßte, sich
aber von diesem getrennt hat. -   Nachdem der spanische König
"höchst pflichtvergessen", **6/45**, im Jahr 1931 ins Exil gegangen war,
wurde aus Spanien eine demokratische Republik.   Die antike Idee der
Demokratie wurde aus Griechenland ex- und nach Spanien importiert,
"übertragen ins spanische Königreich", Vz 3. -   Die kurzlebigen
gewählten Vorsteher der Republik gerieten allegorisch zu "zahllosen Frei-
ern", mit denen das spanische Volk >ging<, weil es sich von der
"abscheulichen Schönheit" der demokratischen Idee betören ließ.   Das
Glück, das die Spanier dabei erlebten, war für N. von vornherein ein
höchst zweifelhaftes.   -   Im Bürgerkrieg 1936 bis 1939
kämpften dann unter großem Verlust an Menschen Nationalisten und
Faschisten gegen die Republiktreuen, **2/39**. Die Republik wurde militärisch >belagert<, konnte nicht auskommen und war in diesem Sinne
"gefangen". Am Ende wurde sie "ergriffen" und >getötet<, d.h. sie ging
unter, und es kam die Diktatur Francos.

Le penultime du surnom du prophete
Prendra Diane pour son iour & repos:
Loing vaguera par frenetique teste,
Et deliurant vn grand peuple d' impos (!).

(Urfassung bei Macé Bonhomme, Lyon 1555)

Übersetzung der Urfassung:

Der Vorletzte mit dem Beinamen des Propheten
wird Diana als seinen Tag und für seine Ruhe nehmen.
Weit wird er umherschweifen wegen seines leidenschaftlichen Kopfes
und wird ein großes Volk von Auflagen befreien.

Kommentar zu 2/28:

Die vorliegenden Deutungen dieses Verses bevölkern ein Kuriositätenkabinett, unterhaltsam dargestellt bei Nolan (1996). Allgeier (1988) stellte fest, daß sich Papst Johannes Paul II. durch Reisen hervorgetan hat.

Vom letzten kanonisch gewordenen Propheten Johannes von Patmos stammt das letzte Buch der Bibel. Dessen Namen hat Kardinal Wojtyla als "Beinamen" angenommen, als man ihn zum Papst gewählt hatte. Zuvor hätte man schon bei Papst Johannes XXIII. befürchten müssen, nach ihm komme womöglich nur noch ein weiterer Pontifikat, bevor es mit der Kirche zu Ende gehe. Aber diese Befürchtung ist spätestens seit 1978 zerstreut, einem Jahr, das gleich zwei weitere Päpste über den hinaus brachte, der dann der letzte hätte sein müssen.

Frénésie bedeutet Tobsucht, Raserei, aber abseits des klinischen Bildes auch die Leidenschaft. Ein frenetique teste ist ein leidenschaftlicher Kopf, und dieser bildet den Grund dafür, daß jemand "weit umherschweifen wird". Sein Wunsch, das Evangelium überallhin zu tragen sowie "die Einheit der Weltkirche sichtbar zu machen" (O-Ton), hat Johannes Paul II. ausgedehnte, alle Kontinente berührende Reisen unternehmen lassen. Er ist zweifellos der am weitesten gereiste Papst der ganzen Kirchengeschichte. N. erschaute in ihm einen >Überzeugungstäter, den es umtreibt<.

Bei aller Umtriebigkeit scheint dieser Mann eine starke Persönlichkeit zu sein, und der Vers macht auch deutlich, woher ihm geistiges Licht - Tag ist der Name des Lichts, Gen 15 - scheint und wo er den ruhenden Pol (repos) seiner Kraft findet: Seine Frömmigkeit hat in der Marienverehrung ihre Mitte. Genau davon spricht der Vers, wenn es heißt, daß der Gemeinte "Diana als seinen Tag und für seine Ruhe nehmen" werde. Denn die römische Diana war die griechische Artemis, die dem Seher wegen ihrer sagenhaften Keuschheit und Jungfräulichkeit als Chiffre für die Jungfrau Maria dient, **5/52** (Bd.2).

In Papst Johannes Paul II. erkennt N. die treibende geistige Kraft des politischen Prozesses, in dem Polen den Kommunismus abschüttelte und sich so von der "Auflage" politischer wie ideologischer Fremdherrschaft befreite, noch bevor diese zusammengebrochen war. Den Mut, ein totalitäres System niederzuringen, fanden viele Polen, unter ihnen ihr Vormann Walesa, im Glauben. Bestärkt wurden sie durch den Mut eines Papstes, den der schon als einfacher Priester hatte erkennen lassen. Die Bezeichnung der Polen als "großes Volk" hebt ab auf den in der gemeinten geschichtlichen Lage bewiesenen Mut dieses Volkes.

Und endlich ist Johannes Paul II. der "vorletzte" Papst, weil der Seher den ihm folgenden Interimspapst nicht für legitim hält, **5/15** (Bd.2), und daher nicht mitzählt, und weil der sich anschließende Amtsinhaber die Kirche in ihren Untergang führt, **8/13** (Bd.2), und daher der letzte in der Reihe sein wird.

05/29　La liberté ne sera recouuree,/ L' occupera noir fier vilain
　　　　inique:/ Quand la matiere du pont sera ouuree,/
　　　　D' Hister, Venise faschee la republique. (1568)
　　　　[Hitler/ Zeit vor 2.WK] (Kommentar S. 109)
　　　　Die Freiheit wird nicht wiedererlangt werden,/
　　　　es wird sie an sich reißen ein finsterer König, hochmütig, niederträchtig,
　　　　ungerecht./
　　　　Wenn das Thema der Brücke eröffnet sein wird,/
　　　　(ist) wegen Hister, Venedig erzürnt die Republik.
　　　　　2) Noir schwarz steht zugleich für Roi König, wie in
　　　　　8/70, 3/60 (Bd.2) u.a.
　　　　　3) N.m. pont 1. Brücke 2. Deck (eines Schiffes)
　　　　　3. Achse (eines Fuhrwerks). Brücken und Achsen ist
　　　　　gemeinsam, daß sie eine Verbindung zwischen zwei
　　　　　Seiten herstellen.
　　　　　4) Lat. Hister Donau, insbesondere deren Unterlauf.
　　　　　Parallelstellen mit diesem Wort gibt es in 2/24 (Bd.1)
　　　　　und 4/68 (Bd.2).

07/29　**Le grand Duc d' Albe se viendra rebeller/ A ses grans peres**
　　　　fera le tradiment:/ Le grand de Guise le viendra debeller,/
　　　　Captif mené & dressé monument. (1568)
　　　　[Spanisch-französischer Krieg 1556-1559]
　　　　Der große Herzog von Alba wird sich auflehnen,/
　　　　seinen alten Vätern wird er den Verrat antun./
　　　　Der Große von Guise wird kommen, ihn niederzukämpfen./
　　　　Gefangener vorgeführt, und Monument aufgerichtet.
　　　　　2) Tradiment gibt es nicht, altfr. n.m. traissement Verrat
　　　　　(trahison), > lat. tradere
　　　　　3) Lat. v. debellare niederkämpfen, besiegen.
　　　　　4) Mittelfr. v. mener 1° verwirklichen (effectuer) 2° antreiben
　　　　　(pousser) 6° schlecht behandeln (malmener)
Das Königreich Neapel war im Jahr 1504 an Spanien gekommen. Als
Papst Paul IV. (1555-1559), aus Neapel stammend, die spanischen
Herren, die er haßte, aus Italien vertreiben wollte, trat ihm ein Heer unter
dem spanischen Herzog von Alba entgegen. Ein Katholik bekämpfte das
Oberhaupt seiner Kirche, was N. als Verrat bezeichnet. Diese Gegnerschaft war aber nur eine weltliche, nach seinem Einzug in Rom küßte
Alba dem Papst den Fuß. -　　　　　Der hatte die Franzosen zu Hilfe
gerufen, und im April 1557 war ein französisches Heer unter dem Herzog
von Guise, dem späteren Anführer der katholischen Partei in Frankreich,
über die Alpen gezogen. Doch Guise mußte, als die Spanier in den
Niederlanden bei St. Quentin gesiegt hatten, unverrichteterdinge wieder
abziehen, um seinem bedrängten König zu Hilfe zu kommen. -　　　　Der
Papst war insofern >gefangen<, als ihm keine andere Wahl blieb, als mit
den verhaßten Spaniern Frieden zu schließen. Er wurde behandelt als
>Gefangener<, d.h. bloßgestellt in seiner Machtlosigkeit. -　　　　　Auf
seiten der Spanier kämpfend, somit zu den Siegern gehörig, hatte sich ein
italienischer Adliger namens Marcantonio Colonna einen Namen gemacht
(von Ranke, Die Päpste), derselbe, der sich später auch bei Lepanto
hervortat. Italienisch colonna bedeutet Säule.

La liberte ne sera recouvree,
L' occupera noir, fier, vilain, inique,
Quand la matiere du pont sera ouvree,
D' Hister, Venise faschee la republique.

(Textfassung bei Benoist Rigaud, Lyon 1568)

Übersetzung:

Die Freiheit wird nicht wiedererlangt werden,/ es wird sie an sich reißen ein finsterer König, hochmütig, niederträchtig, ungerecht. Wenn das Thema der Brücke eröffnet sein wird, (ist) wegen Hister, Venedig erzürnt die Republik.

Kommentar zu 5/29:

Mit dem "Gegenstand" oder "Thema der Brücke" könnte die >Achse Berlin - Rom< gemeint sein, von welcher in der europäischen Politik der dreißiger Jahre des 20. Jahrhunderts die Rede war.

Diese >Achse< war auf dem Hintergrund ideologischer Verwandschaft der beiden faschistischen Regime in Deutschland und Italien ein bildhafter Ausdruck für gegenseitige Unterstützung bei der Verfolgung imperialistischer Interessen sowie für eine gemeinsame Haltung im spanischen Bürgerkrieg und gegen die aufstrebende Sowjetunion. Für diese Deutung spricht, daß im Zusammenhang mit der gemeinten >Brücke< die Stadt Venedig erwähnt wird, wo sich Hitler und Mussolini im Oktober 1936 trafen, weitgehende Zusammenarbeit vereinbarten und erstmals den Begriff der Achse für das Verhältnis der beiden Diktaturen zueinander propagandistisch verwenden ließen.

"Die Republik", die über diese Entwicklung "erzürnt" war, ihre Beziehungen zu Italien praktisch abbrach und sich an Großbritannien annäherte, war die französische Republik. Die deutsche Politik, die das Friedensdiktat von Versailles faktisch revidierte, wurde in Frankreich entschieden abgelehnt. Man war "wegen Hister erzürnt" und versuchte, ihn außenpolitisch zu isolieren.

Lat. Hister hieß die Donau, insbesondere deren Unterlauf. Wegen seiner lautlichen Ähnlichkeit mit Hitler kann es hier zur Bezeichnung dieses Mannes werden. Mit dem Namen Hister wird außerdem auf Hitlers Herkunft, **3/58**, Bezug genommen und sein politisches Programm angedeutet, das u.a. im Einzugsgebiet der Donau >Lebensraum< für sein Volk schaffen wollte.

Der >Führer< hatte seinem Volk versprochen, gegen das Diktat der Siegermächte von Versailles zu kämpfen. Das Selbstbestimmungsrecht des deutschen Volkes, auch der Deutschen außerhalb der Reichsgrenzen, 9/90, wollte er wiederherstellen. An die Macht gekommen, errichtete er eine Diktatur, hat die Freiheit seines Volkes "an sich gerissen" oder "mit Beschlag belegt" (occuper). Statt "die Freiheit wiederzuerlangen", tauschten die Deutschen gegen das Diktat der Siegermächte die Diktatur Hitlers ein.

Das Adjektiv noir schwarz ist ein Anagramm von Roi(n) König und hier zugleich inhaltliche Kennzeichnung als Finsterling. Hitler selbst sah sich als Lichtgestalt und wurde von den meisten Deutschen auch so gesehen. Das Böse, ein Prinzip und als solches nicht in der Welt, war für ihn identisch mit den Juden. So glaubte er es durch Vernichtung dieses Volkes aus der Welt schaffen zu können. Die >Reinheit des Blutes der arischen Rasse< sollte auf diese Weise wiederhergestellt werden. Das religiöse Motiv der Reinheit, mißverstanden als Reinheit des Blutes, war Staatsziel. In dem religiösen Wahn von der >arischen Herrenrasse<, denen die >nichtarischen Rassen< als >minderwertig< gegenübergestellt wurden, gingen Hochmut und Niedertracht eine unlösbare Verbindung ein.

**02/80 Apres conflit du lesé eloquence/ Par peu de temps se tramme
faint repos:/ Point l' on n' admet les grands à delivrance:/
Les ennemis sont remis à propos. (1555)**
[Ende des Zweiten Weltkrieges]
**Nach dem Krieg der gekränkten Beredsamkeit/
wird für kurze Zeit eine unechte Ruhe eintreten./
Keinesfalls gestattet man den Großen (eine) Befreiung./
Den Feinden werden sie übergeben gemäß (deren) Vorhaben.**
1) "... de la lesée eloquence" müßte es richtig heißen, aber
das hätte nicht ins Metrum gepaßt.
2) Idiom se tramer quelque chose heimlich Machenschaften
vorbereiten (préparer secrettement quelque machination).
4) Idiom à propos angemessen, zur rechten Zeit.
Die deutsche Propaganda lebte schon vor dem Krieg davon, das
Ressentiment gegen die Siegermächte des ersten Weltkrieges und die
>schändlichen<, in der Tat demütigenden Friedensbedingungen von Ver-
sailles zu schüren. Die >Dolchstoßlegende< wurde verbreitet, derzufolge
landesverräterische Politiker den deutschen, >im Felde unbesiegten<
Streitkräften in den Rücken gefallen seien.   "In Ranküne und Ehrgeiz
enttäuschter Landsknechte, zu denen eine jüngere Generation aufblickte
wie zu tragischen Helden, steckt eine tiefe Pfahlwurzel" der Sprache des
>Dritten Reiches< (Klemperer 1975). -   Manche der großen
Nazis, z.B. Göring, hatten sich bei Kriegsende eingebildet, ungeschoren
davonkommen, gar Hitler beerben zu können. Daraus wurde nichts. Die
zweite Vershälfte handelt vom Tribunal von Nürnberg, wo die Großen der
Nazidiktatur, soweit sie sich nicht durch Selbstmord entzogen hatten, vor
Gericht standen. -   Die Alliierten heißen hier "die Feinde", weil der
Vers den Krieg und die Vorgänge danach aus der Perspektive Deutschlands anspricht.
---> 4/80 (2.WK)

**03/80 Du regne Anglois l' indigne (!) deschassé,/ Le conseillier
par ire mis à feu:/ Ses adherans iront si bas tracer,/
Que le bastard sera demi receu. (1555)**
[Jakob II./ Wilhelm III. von England/ Ludwig XIV.]
**Aus dem englischen Reich wird der Unwürdige verjagt werden,/
der Ratgeber wird im Zorn ins Feuer geworfen./
Seine Anhänger werden so niederträchtige Pläne verfolgen,/
daß der Bastard halb eingeführt ist.**
2) Lat. n.f. ira Zorn.
3) V. tracer eigentlich: (am Reißbrett) aufzeichnen, entwerfen.
Altfr. v. tracier 1° einen Strich ziehen unter (passer un trait sur),
ausstreichen (rayer, effacer) 2° einer Spur folgen (suivre à la
trace),   verfolgen   (poursuivre) 3°   suchen,   durchsuchen
(chercher, fouiller), hetzen (traquer) 4°   führen (guider)
5° umherziehen, reisen (errer, voyager)
Der katholische König Jakob II. von England (1685-89) garantierte seinen
Untertanen, die mehrheitlich der anglikanischen Staatskirche angehörten,
die Freiheit der Religion, förderte aber zugleich die Katholiken.   Er stieß
auf wenig Verständnis.   Seine Toleranz wurde ihm bei den Eiferern aller
Lager, und so auch von N., als Opportunismus ausgelegt. Deshalb und
weil er nicht in der Lage war, sein Volk zu einen, 8/58, nennt N. ihn hier
"den Unwürdigen". -   König wurde dann Wilhelm von Oranien

gemeinsam mit seiner Frau, der älteren Tochter Jakobs, 4/96. Die Zustimmung der Engländer konnte er durch sein "Versprechen" erwirken, 4/96, die Rechte des Parlamentes anzuerkennen. Daß er sich wählen ließ, 4/89, machte ihn in den Augen des Sehers, der nur ein absolutes und erbliches Königtum akzeptierte, zu einem "Bastard". Darunter versteht N. eine >Kreuzung< aus einem - als Gatte der legitimen Erbin - >von oben< legitimierten Monarchen und einem >von unten< gestützten Usurpator der Krone, 8/43. - Mit dem "Ratgeber" ist hier Ludwig XIV. gemeint, auf den sich Jakob außen- und religionspolitisch hauptsächlich stützte. Nach der >Glorious Revolution< führte England als Mitglied einer Großen Allianz Krieg gegen die expansive Großmacht (1690-97) und "warf" sie in diesem Sinne "ins Feuer". - Neben der Bereitschaft, die Rechte eines Monarchen beschneiden zu lassen, um selbst auf den Thron zu kommen, dürfte in der Gegnerschaft Wilhelms gegen das ruhmvolle Frankreich des >Sonnenkönigs< seine und seiner "Anhänger" >Niedertracht< zu sehen sein. So jedenfalls meinte N. diesen Mann beurteilen zu müssen. - Nach dem Krieg wurde Wilhelm III. 1697 im Frieden von Rijswijk auch von Frankreich als Vertragspartner und damit faktisch als König anerkannt. Damit war er dann - knapp acht Jahre nach der Vertreibung des "Unwürdigen" - nicht nur "halb eingeführt", sondern ganz.

04/80   Pres du grand fleuue, grand fosse, terre egeste/ En quinze pars
sera l' eau diuisee:/ La cité prinse, feu, sang, cris conflict mettre/
Et la plus part concerne au collisee. (1568)
[Zweiter Weltkrieg]
Nahe beim großen Fluß (ein) großer Graben, Erde fortgeschafft./
In fünfzehn Teile wird das Wasser geteilt sein./
Die Stadt eingenommen, Feuer, Blut, Schreie, Krieg betreiben sie,/
und der größte Teil ist betroffen vom Zusammenstoß.
1) Lat. v. egerere, egessi, egestum, fortschaffen, entleeren.
3) mettre wird, weil es sich nicht auf egeste reimt, für einen Setzfehler gehalten. Es hätte maest traurig stehen sollen.
4) N.f. collision Zusammenstoß, Anprall ist hier reimbedingt abgewandelt zu collisee.
V. concerner betreffen, anlangen > lat. concerner zusammensieben, vermischen. Die Syntax der letzten Vz ist unklar, wird sinngemäß wiedergegeben.

Der große Fluß ist der Rhein. Hier legten die Franzosen in den 1930er Jahren ein riesiges Kanal- und Bunkersystem an, die sog. Maginot-Linie, um zukünftige deutsche Angriffe zu vereiteln. Dafür mußte "Erde fortgeschafft" werden, Vz 1. - Bei dem "Wasser" der Vz 2 denkt man an den "Graben" der ersten Vz, und schon ist man auf der falschen Spur, denn gemeint ist etwas anderes. Die defensive französische Strategie, verkörpert durch den Graben, war nicht >wasserdicht<, konnte den Einmarsch der Deutschen über Belgien im Mai 1940 nicht verhindern. Das Bild der >Überschwemmung< für einen massiven Einbruch fremder Truppen ist bei N. geläufig, 4/59. - Die Heeresgruppe A verfügte über 7 Panzer- und 3 motorisierte Divisionen, die Heeresgruppe B über drei Panzerdivisionen, welche die Speerspitzen des Einmarschs bildete. Man kommt auf dreizehn >Wassereinbrüche<, während N. von fünfzehn

spricht, Vz 2. -   Auch die Hauptstadt wurde besetzt, Vz 3.
Der Südosten, das sog. Vichy-Frankreich, blieb für einige Zeit verschont,
8/65, aber der "größte Teil" des Landes war "betroffen beim Zusammenstoß", mußte gleich nach Beginn des Krieges die deutsche Besatzung
hinnehmen.
---> 2/80 (2.WK)

05/30   Tout a l' entour de la grande cite,/ Seront soldats logez par
         champs & ville:/ Donner l' assaut Paris, Rome incite,/
         Sur le pont sera faicte grande pille. (1568)
         [Deutsch-französischer Krieg und Italien 1870/71]
         In der gesamten Umgebung der großen Stadt/
         werden Soldaten lagern auf Feldern und in Städten./
         Sie veranstalten den Angriff (auf) Paris, Rom (ist) erregt./
         Auf der Brücke wird dann ein großer Raubzug stattfinden.
         Der Vers bezieht sich auf den Krieg 1870/71, der einen Höhepunkt in
         der Schlacht bei Sedan Anfang September 1870 hatte. Anschließend
         wurde die französische Hauptstadt von deutschen Truppen belagert und
         angegriffen. -   Zur gleichen Zeit, im September 1870, wurde der
         Kirchenstaat von nationalitalienischen Truppen besetzt. Der "Raubzug"
         ist also wörtlich zu verstehen, nämlich als Aberkennung der staatlichen
         Souveränität des Papstes über den Kirchenstaat. Die "Brücke" ist die
         Kommandobrücke des Schiffes, eines alten Sinnbildes für die Kirche,
         1/4 (Bd.2). -   Wie in Vers 3/63 geht es um die Vorgänge in Italien
         und Frankreich 1870/71.   Das Zusammentreffen der Ereignisse in
         beiden Ländern ist ein zeitliches, hat aber auch einen vergleichbaren
         Hintergrund. Den Preußen ging es um die Einigung Deutschlands unter
         ihrer Vorherrschaft, den Italienern um die Einigung Italiens.

01/31 Tant d' ans les guerres en Gaule dureront,/ Oultre la course
du Castulon monarque,/ Victoire incerte trois grands couronneront/
Aigle, coq, lune, lyon, soleil en marque. (1555)
[Zweiter Weltkrieg] (Kommentar S. 117)
**So viele Jahre werden die Kriege in Frankreich andauern,/
über den Lauf des kastilischen Monarchen hinaus./
Der Sieg (noch) ungewiß, werden sie drei Große krönen,/
Adler, Hahn, Mond, Löwe (und) Sonne zu markieren.**

2) Castulon wird hier aufgefaßt als ein abgewandeltes castillan
Kastilier, kastilisch. Kastilien im Zentrum Spaniens steht für das
Land im ganzen.
4) Die Präposition en kann Zweck oder Bestimmung bedeuten,
hier wiedergegeben durch den finalen Nebensatz. Als Prädikat
kann man das v. mettre interpolieren.
---> 5/81, 8/31, 8/81 (2.WK)

03/81 Le grand criard sans honte audacieux,/ Sera esleu
gouuerneur de l' armée:/ La hardiesse de son contentieux,/
Le pont rompu, cité de peur pasmee: (1555)
[Englischer Bürgerkrieg/ Oliver Cromwell]
**Der große Schreier, ohne Scham, vermessen,/
wird gewählt werden zum Befehlshaber der Armee./
Die Dreistigkeit seines (Rechts-)Streites,/
die Brücke zerbrochen, Stadt vor Furcht außer sich.**

3) N.m. contentieux ist modern eingeengt auf Rechtsstreit,
früher allgemeiner i.S.v. Polemik, Debatte usw.

Während des englischen Bürgerkrieges in der Mitte des 17. Jahrhunderts
verselbständigte sich die vom Parlament aufgebotene Armee und begann,
ihre eigenen Interessen zu verfolgen. Eine führende Rolle spielte dabei
Oliver Cromwell, ein Mann aus niederem Adel. Er war Puritaner und von
seiner religiösen Mission durchdrungen. -   Im Sommer 1647 rückte
die Armee auf London vor und bedrohte das Parlament. Der König floh
auf die Isle of Wight. Im Dezember 1648 ergriff die Armee unter Cromwell
die Macht. Alle gemäßigten Mitglieder des Parlamentes wurden von diesem ausgeschlossen. Das Rumpfparlament stellte Karl I. unter Anklage
(Dreistigkeit). Ein >Brückenschlag< zwischen Parlament und König war
unmöglich geworden. Im Januar 1649 wurde Karl I. hingerichtet, 2/51.
Das Volk war nicht begeistert, sondern höchst verängstigt und schockiert,
Vz 4. -   Cromwell schaffte die Monarchie ab, schrieb eine neue
Verfassung und errichtete eine puritanische Militärdiktatur mit sich selbst
als Lord Protector. Als schamlos, dreist und vermessen bezeichnet N.
diesen Mann sicherlich wegen seiner Gegnerschaft gegen die Monarchie.

05/81 L' oiseau royal sur la cité solaire,/ Sept mois deuant fera
nocturne augure:/ Mur d' Orient cherra tonnerre, esclaire,/
Sept iours aux portes les ennemis à l' heure. (1568)
[Zweiter Weltkrieg]
**Der königliche Vogel über der Sonnenstadt./
Sieben Monate zuvor wird er ein nächtliches Vorzeichen wirken,/
Mauer des Ostens wird stürzen, Donner, Blitz./
Sieben Tage, dann (stehen) pünktlich die Feinde vor den Toren.**

3) Natürlich könnte auch das Morgenland (Orient) gemeint sein.

Es soll der preußische Adler über Paris 1870/71 gemeint sein. Aber die

"Sonnenstadt" ist eher Rom als Paris, weil die Sonne bei N. für die christliche Religion steht, 1/8. Am 28.1.1871 kapitulierte die französische Hauptstadt. Nicht sieben, sondern drei Monate zuvor war die Festung Metz an die Deutschen gefallen, sie kann die "Mauer des Ostens" nicht sein. - Im Juli 1943 wurde Mussolini und mit ihm der Faschismus in Italien gestürzt, 6/31. Am 3.9. vereinbarte der italienische Oberbefehlshaber einen separaten Waffenstillstand mit den Alliierten. Daraufhin löste Hitler der >Fall Achse< aus, und deutsche Truppen besetzten "sieben Tage" später, nämlich am 10.9.43 die "Sonnenstadt" Rom. Der großdeutsche Adler kreiste über der italienischen Hauptstadt, die "Adlertruppe", 5/99, zog ein. Nach der Kriegserklärung der italienischen Exilregierung an Deutschland im Oktober wurden die Deutschen auch offiziell zu "Feinden". - Sieben Monate vor der Besetzung Roms durch die Deutschen sah es im "Osten" so aus: Die deutsche Invasion Rußlands hatte im Winter 1942/43 ihre größte Ausdehnung erreicht. Die Kapitulation einer im Kessel von Stalingrad eingeschlossenen deutschen Armee am 2.2.43 wirkte wie ein Dammbruch (Mauer des Ostens wird stürzen). Die sowjetische Armee konnte in den folgenden Wochen weit nach Westen vordringen. - Der Zusammenbruch der Front im Osten ereignete sich genau sieben Monate vor dem Verrat des verbündeten Italien. Ein "Vorzeichen" dieses Verrats wäre Stalingrad nur für den Eingeweihten gewesen, der den Vers damals verstanden hätte. Aber die >Nacht< über seinen Versen wollte N. nicht vor dem Eintreffen der Ereignisse gelichtet wissen, denn dann hätte er sich klarer ausgedrückt.
---> 1/31, 8/31, 8/81 (2.WK)

**06/31   Roy trouuera ce qu' il desiroit tant,/ Quand le Prelat sera
reprins a tort:/ Responce au Duc le rendra mal content,/
Qui dans Milan mettra plusieurs a mort. (1568)**
[Viktor Emanuel III./ Mussolini/ Papst Pius XII.]
**König wird antreffen das, was er so sehr begehrte,/
wenn der Prälat getadelt werden wird zu Unrecht./
(Die) Antwort an den Duce wird ihn unzufrieden machen./
Der in Mailand wird mehrere zu Tode bringen.**
2) Ein Prälat ist ein hoher Würdenträger der Kirche.
Der italienische Diktator Mussolini wurde am 24.7.1943, vierzehn Tage nach der Landung der Westalliierten in Sizilien, durch den faschistischen Großrat gemaßregelt und sollte insbesondere den Oberbefehl über die Armee an den König zurückgeben. Mussolini ersuchte am 25.7. um sofortige Audienz bei König Viktor Emanuel III. Der ergriff die Gelegenheit und eröffnete dem Duce, daß es >leider< keine andere Möglichkeit als die Demission gebe und ließ ihn am selben Tag verhaften. Diese Reaktion des Königs (responce) gefiel dem Diktator natürlich nicht (mal content). - Die Entmachtung Mussolinis hatte der König seit längerem angestrebt (desiroit tant) in der Absicht, sein Königtum über die Zeit des Krieges hinaus zu erhalten. (Erreicht hat er dieses Ziel nicht, 8/66.) - Der abgehalfterte Duce wurde später von den Deutschen befreit und als deren Marionette an die Spitze eines Phantasiestaates am Gardasee gestellt. Durch sein Bündnis mit Hitler seit der Begegnung in Venedig 1936 mit dessen Schicksal verstrickt, 8/31, endete Mussolinis

Leben zeitgleich mit dem Zusammenbruch Deutschlands. Im April 1945 wollte er sich mit einigen Getreuen in die Schweiz absetzen, wurde aber am 27.4. von kommunistischen Partisanen beim Comer See gestellt. Dorthin reiste der Kommandant des Mailänder Widerstandes (Qui dans Milan), der Mussolini und seine Geliebte am 28.4. kurzerhand erschießen ließ. Insgesamt waren es sechzehn Hingerichtete (plusieurs), die am folgenden Tag öffentlich, **5/21**, zur Schau gestellt wurden. - In den Jahren 1943 bis 1945 erreichte der von Hitler angeordnete Holokaust seinen Höhepunkt. Auch in Italien und in Rom kam es nach der Besetzung durch die Deutschen im September 1943 zu Judendeportationen. Zu diesen Ereignissen nicht klar und nicht energisch genug Stellung genommen zu haben, wird seither Papst Pius XII. (le prelat) immer wieder vorgeworfen, **5/56** - "zu Unrecht", meint N., ohne diese Meinung zu begründen.

---> 8/31 (Viktor Emanuel III.)
---> 8/31 (Mussolini)

08/31 **Premier grand fruict le Prince de Pesquiere,/ Mais puis viendra bien & cruel malin,/ Dedans Venise perda sa gloire fiere,/ Et mys à mal par plus ioyue Celin. (1568)**
Variante: "... ioyve Celin." (Ed. Chevillot 1611)
Variante: "... joyeux Celin (Ed. Jean Ribou 1668)
[Viktor Emanuel III./ Mussolini/ 2.WK]
Ersten >großen Verdienst< (erwirbt sich) der Fürst von Peschiera,/ doch dann wird kommen (ein) wahrer und grausamer Übeltäter./ In Venedig wird der seinen stolzen Ruhm verlieren/ und übel zugerichtet werden durch den jüngeren (?) ... (?) .
3) Bei perda fehlt ein -r-, perdra soll es heißen.
4) Idiom mettre à mal übel zurichten, böse mitspielen.
Celin gibt es nicht. Es könnte hier céleste bzw. celique vom lat. caelicus (vgl. **6/22**) reimbedingt abgewandelt sein. Es könnte sich auch um eine Abwandlung von Silen(us) oder Selen(e) handeln.

Im Herbst 1917 wurden die Italiener von den Österreichern bis zur Piave zurückgedrängt; Österreich gewann Friaul. Unter dem Oberkommando ihres Königs Viktor Emanuel III. stehend, versuchten die Italiener mehrfach vergeblich, von ihrer Rückzugslinie am Isonzo aus wieder Boden gutzumachen. In Venetien, zu dem Peschiera am Gardasee gehört, wurden im ersten Weltkrieg die Kämpfe an der italienischen Front ausgetragen. Mit der Bezeichnung des Königs als "Fürst von Peschiera" wird ihm die Verantwortung für die Schwäche der italienischen Landesverteidigung zugewiesen. Die erste Vz dürfte demnach ironisch bis sarkastisch zu verstehen sein. - Auch als er nach dem Krieg im Jahr 1922 den Faschisten Mussolini zum Regierungschef berief, machte sich der König um sein Land nicht verdient. Denn der Duce erwies sich als "wahrer und grausamer Übeltäter". Die aggressive imperialistische Politik dieses Mannes brachte anfangs zwar manche Erfolge auf dem Balkan und in Afrika, er erwarb sich "stolzen Ruhm". - Doch sein Bündnis mit Hitlerdeutschland, das in Venedig 1936 mit der Ausrufung der >Achse Berlin-Rom< seinen Ausgang nahm, **5/29**, war der Anfang seines Endes. An der Seite Hitlerdeutschlands ließ sich das Land in den zweiten Welt-

krieg hineinziehen und zählte zu dessen Verlierern.　Mussolini wurde
umgebracht, 6/31, der König mußte abdanken, 8/66. -　　Die vierte Vz
ist ungeklärt wegen der semantischen Unschärfen.
　　---> 6/31　(Viktor Emanuel III.)
　　---> 6/31　(Mussolini)
　　---> 1/31, 5/81, 8/81　(2.WK)

08/81　**Le neuf empire en desolation,/　Sera changé du
　　　pole aquilonaire,/　De la Sicile viendra l' esmotion/
　　　Troubler l' emprise à Philip tributaire.** (1568)
　　　[Zweiter Weltkrieg/ Pétain]
　　　**Das >neue Imperium< in Trostlosigkeit,/
　　　es wird gewandelt sein von seiten des Reichsadlers./
　　　Von Sizilien her wird die Erschütterung kommen,/
　　　zu durchkreuzen das Unternehmen dem abhängigen Philipp.**
　　　　2) Lat. adj. aquilonius nördlich, lat. n.f. aquila Adler.　Weil der
　　　　Adler Zeichen des Reichs ist, kann aquilonaire bei N. auch
　　　　bedeuten: das Reich betreffend, zum Reich gehörig, 1/49.
　　　　3) N.f. émotion Aufregung, Bestürzung, Erschütterung, > lat.
　　　　emovere hinausschaffen, wegräumen, vertreiben.
　　　　4) Altfr. n.f. emprise 1° Unternehmen, Projekt (entreprise,
　　　　projet) 2° feindliches Unternehmen, Angriff (entreprise hostile,
　　　　attaque).
　　　　Adj. tributaire tributpflichtig, abhängig.
Das alte Imperium oder Reich (empire) erlosch 1806, 10/46.　Dann kam
Napoléons kurzlebiges Empire, 1/60, auf welches der Vers nicht paßt.
Der nächste "Kaiser", 4/65, oder "König der Könige" in Europa, 9/90, war
in der Schau des N. dann Hitler.　>Großdeutschland< und das von ihm
unterworfene Europa könnten das "neue Imperium" sein. -　　　Gemeint
ist etwas anderes:　Wie in 8/65 wird das Regime des Philippe Pétain
voller Ironie das >neue Imperium< genannt.　Im Sommer 1940 blieb ein
Teil Frankreichs zunächst von den Deutschen unbesetzt, das sogenannte
Vichy-Frankreich.　Auf diesem Gebiet errichtete Marschall Pétain ein
autoritäres Regime von Hitlers Gnaden, war von diesem "abhängig".　Der
Seher schmäht ihn wegen seiner "schwachsinnigen" Strategie, 1/78, und
seiner Angst vor Hitler, 3/47. -　　　Im November 1942 ließ der
deutsche Kriegsherr auch dieses Gebiet besetzen, das >neue Imperium<
"wandelte" sich von seiten des Reichsadlers und nahm sich danach noch
trostloser aus als zuvor. -　　　Die erste Landung alliierter Truppen
auf europäischem Boden fand im Juli 1943 auf Sizilien statt.　Hier nahm
die "Erschütterung" des Reichsadlers ihren Ausgang und begann dessen
"Vertreibung" (esmotion).　Erst die Landungen in der Normandie im Juni
1944 und in der Provence im August 1944 brachten das Ende von Hitlers
Macht in Frankreich und von Pétains Regime.
　　---> 1/31, 5/81, 8/31　(2.WK)

Tant d' ans les guerres en Gaule dureront,
Oultre la course du Castulon monarque,
Victoire incerte trois grands couronneront
Aigle, coq, lune, lyon, soleil en marque.
(Urfassung bei Macé Bonhomme, Lyon 1555)

Übersetzung der Urfassung:
So viele Jahre werden die Kriege in Frankreich andauern,
über den Lauf des kastilischen Monarchen hinaus.
Der Sieg (noch) ungewiß, werden sie drei Große krönen,
Adler, Hahn, Mond, Löwe (und) Sonne zu markieren.

Kommentar zu 1/31:
Die spanische Monarchie konnte sich durch erhebliche Turbulenzen im 19. Jahrhundert hindurch bis 1931 erhalten, als König Alphons XIII. sich gezwungen sah, ins Exil zu gehen. Der "Lauf des kastilischen Monarchen" ist demnach 1931 zu Ende gegangen, jedenfalls unterbrochen worden.

Von 1555 her gesehen "jenseits" dieser Zeit dauern die Kriege, in die Frankreich verwickelt ist, an. Gemeint ist hier zunächst der zweite Weltkrieg. Als dieser zu Ende geht, der Sieg aber noch "ungewiß" ist, versammelten sich in Teheran (November 1943), später Jalta (Februar 1945) die damals sogenannten "Großen Drei", der sowjetische Regierungschef Stalin, US-Präsident Roosevelt und der britische Premier Churchill. Sie waren keine gekrönten Könige, erfüllten aber Aufgaben, die früher den Königen zukamen, denn sie bestimmten als Entscheidungsträger der Siegermächte die Grundlinien der Nachkriegsordnung.

Das Verhältniswort "en" kann den Zweck oder die Bestimmung bezeichnen. Es ist der Zweck der >Krönung<, über den die vierte Verszeile eine Angabe macht. Es mußten die Grenzen von Ländern und Machtbereichen neu festgelegt, "markiert" werden. Das entsprechende mittelfranzösische Wort bedeuete neben Zeichen, Spur auch Grenzstein oder Grenze. Vom "Adlerland", 2/44, nämlich Deutschland mußten die Außengrenzen sowie die Binnengrenzen der Besatzungszonen festgelegt werden. Das betraf den gallischen "Hahn" wie auch England, den aus 2/94 bekannten "Seelöwen". Die Einflußbereiche dieser Länder in Nordafrika und Arabien, dem Gebiet des "Mondes", nämlich des Islam, 1/49, bedurften einer Bestätigung, zumal die Sowjetunion auch hier, Libyen betreffend, zunächst Ansprüche geltend machte.

Die Sowjetunion war für den Seher das "Neue Babylon", eine Neuauflage der aus dem Alten Testament bekannten, das Gottesvolk bedrängenden Macht, Vorrede H (19). Die Sonne steht für den in Christus offenbar gewordenen Gott und für die christliche Religion, 5/72. Durch Markierung der Grenzen des sowjetischen Machtbereichs wurden auch die "Grenzen der Sonne" markiert, jenes Bereichs, in dem die christliche Religion anschließend unbehindert ausgeübt werden konnte.

Man mag einwenden, in Jalta, später Potsdam sei es nicht um Religion gegangen, die in der Tat nicht Gegenstand der Verhandlungen war. Aber N. sieht die Dinge vom Standpunkt der Kirche und unter dem Aspekt des christlichen Glaubens. Daß die Bedingungen für Kirche und Glauben jenseits des sogenannten eisernen Vorhangs andere, deutlich schlechtere als im Westen waren, ist Tatsache. Es wird hier an unscheinbarer Stelle einmal mehr deutlich, daß N. sich für das Schicksal der christlichen Religion besonders interessierte.

02/82 Par faim la proye fera loup prisonnier/ L' assaillant lors en
extreme detresse./ Le nay aiant au deuant le dernier,/
Le grand n' eschappe au milieu de la presse. (1555)
[2.Weltkrieg/ Hitler] (Kommentar S. 119)
Aus Hunger wird die Beute den Wolf zum Gefangenen machen./
Der Angreifer wird dann in äußerster Not sein./
Der zuerst Erschienene (ist) der Letzte,/
der Große entkommt nicht in der Mitte des Drucks.

> 3) Wörtliche Wiedergabe: "Der zuvor geboren Habende..."
> nay ist eine alte Form von né, dem p.p.p. von naître geboren-
> werden, abstammen. Metaphorische Bedeutungen: anfangen,
> anbrechen (Tag), auftauchen, entstehen, entspringen (Fluß)
> usw.

06/32 Par trahyson de verges à mort battu,/ Prins surmonté sera
par son desordre:/ Conseil friuole au grand captif sentu,/
Nez par fureur quant Berich viendra mordre. (1568)
[Ludwig XVIII.]
Wegen Verrats von Ruten zu Tode geschlagen,/
gefangen, überwunden wird er werden wegen seiner Verwirrung./
Leichtfertiger Rat vom großen Gefangenen (wird) geahnt,/
Gesicht in Wut, wenn er Berry ermorden wird.

> 4) Es könnte hier auch "Berich" Subjekt sein, aber dann würde
> ein Objekt zu mordre fehlen.

Bei Allgeier (1988) findet sich eine Deutung, die zu passen scheint.
Demnach handelt es sich um einen einzelnen Vorgang, der für N.
interessant ist, weil ein Mitglied des französischen Königshauses
betroffen war. -   Am 13.2.1820 wurde der Herzog von Berry,
Sohn des späteren Karl X., ermordet. Den Attentäter trieb Haß gegen die
Bourbonen zu seiner Tat (Gesicht in Wut). Er soll geistig gestört
gewesen sein (Verwirrung). In dem Prozeß gegen ihn wurde auch der an
seinem Verbannungsort noch lebende Napoléon als Anstifter verdächtigt,
Vz 3. Der Täter wurde wegen Hochverrats zum Tode verurteilt (trahison).
Die Hinrichtung fand auf der Place de Grève statt - aus den Buchstaben
von Grève kann man verge(s) machen, Vz 1.

Pa faim la proye fera loup prisonnier
L' assaillant lors en extreme detresse.
Le nay aiant au deuant le dernier,
Le grand n' eschappe au milieu de la presse.

(Urfassung bei Macé Bonhomme, Lyon 1555)

Übersetzung der Urfassung:

Aus Hunger wird die Beute den Wolf zum Gefangenen machen.
Der Angreifer wird dann in äußerster Not sein.
Der zuerst Erschienene (ist) der Letzte,
der Große entkommt nicht in der Mitte des Drucks.

Kommentar zu 2/82:

Wölfe müssen in die abgesteckten Reviere der Herdentiere eindringen, um Beute zu machen. Um leben zu können, werden sie zu Grenzverletzern, zu Angreifern der friedlichen Herden, die sich dann gegen die Gefahr von außen zusammenschließen. Daher eignet sich der Wolf als Zeichen der Ausgegrenzten, der zu kurz Gekommenen und Unterdrückten, die sich ihr Recht mit Gewalt glauben holen zu müssen.

Mit dem Wolf ist Hitler gemeint, in dessen Person die wölfischen Instinkte der im ersten Weltkrieg unterlegenen und in Versailles gedemütigten deutschen Nation durchgebrochen und zur Macht gekommen waren. Im Denken wie im Handeln Hitlers lassen sich wölfische Merkmale aufzeigen, die ihm und manchem Zeitgenossen auch bewußt waren, 3/33. Der Beutetrieb des >Wolfes< Hitler war durch die kleinen Happen einiger Annexionen nicht zu befriedigen, sondern nur durch die Tilgung der einmal erlittenen Schmach in einem vergleichbaren Beutezug. Aber die Charakterisierung Hitlers als Wolf will besagen, daß genau dies ist nicht möglich sein würde, weil es das Schicksal und die Wirklichkeit des Wolfes ist, als Räuber immer wieder auf den Haß der Herden zu treffen und aus den Ansiedlungen vertrieben zu werden. Darauf muß sich ein Volk gefaßt machen, das von einem >Wolf< angeführt wird.

Wölfe sind immer auch "Angreifer". Den zweiten Weltkrieg, um den es geht, hat Hitler vom Zaun gebrochen, und er ist deshalb der auf dem Schlachtfeld, im Polenfeldzug nämlich, "zuerst Aufgetretene" oder "zuerst Erschienene". "Die Beute", auf die er es abgesehen hatte, machte dann aber den Wolf "zum Gefangenen". Von den vielen Ländern, die Hitler unterwarf, ist hier in erster Linie an die Sowjetunion zu denken, die als einziges Beuteland in der Lage war, den Angreifer in einen Kampf zu verwickeln, aus dem dieser sich nicht wieder lösen konnte. Der >Wolf< hatte sich in eine ebenbürtige >Beute< verbissen und war in dieser Verstrickung zugleich ihr "Gefangener" geworden.

Dabei erwies sich die Beute selbst als hungrig, bekam Appetit auf den Wolf, und gegen Ende des Kampfes war dieser dann "der Letzte" im Sinne des Unterlegenen, war schließlich "in äußerster Not". "Der Große", wiederum Hitler wie auch das von ihm geführte Land, entkam am Ende nicht dem Druck, den die von allen Seiten auf Deutschland und Berlin vormarschierenden Alliierten ausübten. Sie wurden "im Mittelpunkt des Drucks" gewissermaßen zerquetscht. Auch daß Hitler persönlich nicht entkommen würde, ist hier schon abzulesen, wird aber an anderer Stelle noch deutlicher, 6/65.

03/33 En la cité ou le loup entrera,/ Bien pres de là les
ennemis seront:/ Copie estrange grand pais gastera./
Aux murs & Alpes les amis passeront. (1555)
[Zweiter Weltkrieg/ Hitler] (Kommentar S. 122)
In der Stadt, wo der Wolf einziehen wird,/
ganz in der Nähe dieses Ortes werden die Feinde sein./
Fremde Truppen werden ein großes Land verheeren,/
Mauern und Alpen werden die Freunde überqueren.
1) Andere Fundstellen des Wortes loup: **5/4** (S.23), 9/8
(Bd.3), **2/82** (S.119), 10/98 (Bd.2), 10/99 (Bd.2).
3) Lat n.f.pl. copiae Menge, Masse; Mannschaften, Truppen.
Altfr. v. gaster 1° verheeren (ravager), verwüsten (dévaster)
2° zerstören (détruire), vernichten (abîmer) 3° verletzen
(violer) 4° zugrunde richten (perdre)

04/33 Iuppiter ioint plus de Venus qu' à la Lune/ Apparoissant de
plenitude blanche:/ Venus cachée soubs la blancheur Neptune,/
De Mars frappée par la granée (!) branche. (1555)
[Entdeckung Neptuns] (Kommentar S. 123)
Jupiter verbunden mehr der Venus als dem Mond,/
erscheinend in weißer Fülle./
Venus verborgen, unter dem weißen Glanz Neptun,/
von Mars geschlagen mit dem grimmigen Speer.
4) branche Ast, Stange; es wird hier mit Speer wiedergegeben, weil Schild und Speer die Attribute des antiken
Gottes waren. - Altfr. Adj. grainde, grain, grant, gran
1° vergrämt (chagrin), bekümmert, besorgt (soucieux)
2° traurig (triste), niedergeschlagen (désolé) 3° verärgert
(faché), wütend, grimmig (furieux), aufbrausend (colère).

05/33 Des principaux de cité rebellee,/ Qui tiendront fort
pour liberté rauoir:/ Detrencher masles, infelice meslee,/
Crys hurlements à Nantes piteux voir. (1568)
[Nantes 1793]
Einige Anführer der aufständischen Stadt,/
die sich stark machen werden, um die Freiheit wiederzuerlangen.../
Sie zerfleischen Männer, unglückseliger Streit,/
Schreie, Gebrüll in Nantes, elend anzuschauen.
3) Altfr. v. detrenchier 1° in Stücke schneiden (couper en
morceaux) 2° schneiden (couper, trancher)
Nantes war 1793 das Zentrum eines royalistischen Aufstandes in der
Vendée. Truppen unter dem Kommissar des Konvents Jean-Baptiste
Carrier verübten namenlose Greuel unter den Aufständischen. Im
September 1794, nach dem Sturz Robespierres, wurden er und einige
Mittäter zum Tode verurteilt.

06/83 **Celuy qu' aura tant d' honneur & caresses/ A son entree de
la Gaule Belgique:/ Vn temps apres fera tant de rudesses,/
Et sera contre à la fleur tant bellique. (1568)**
[Alexander Farnese/ Heinrich IV.]
**Jener, dem soviel Ehrungen und Schmeichelreden zuteil werden/
bei seinem Einzug ins belgische Gallien,/
wird nach einiger Zeit große Roheiten begehen/
und wird gegen die Blume sehr kriegerisch sein.**

Gallia Belgica hieß eine römische Provinz, die Teile Nordfrankreichs,
des heutigen Belgien und Südwestdeutschlands umfaßte. -   Die
dortigen habsburgischen Besitzungen fielen nach dem Tod Karls V.
1558 an das Königreich Spanien unter Philipp II., der weder politische
noch religiöse Freiheiten duldete.   Herzog Alba hat gleich zu Beginn
seiner Statthalterschaft 1567 eine große Zahl von niederländischen
Adligen hinrichten lassen, während der Gemeinte erst nach einiger Zeit
"Roheiten" begeht. -   Während der Statthalterschaft
Alexander Farneses (1578-92) kam es 1579 zur Spaltung in die
spanientreuen Südprovinzen und den von England unterstützten
protestantischen Norden. Im Jahr 1582 baten die wallonischen Provinzen selbst den spanischen König um die Entsendung von Truppen.
1584 wurde Wilhelm von Oranien, der Führer der Nordprovinzen,
ermordet, nachdem ihn die Spanier für vogelfrei erklärt und ein
Kopfgeld ausgesetzt hatten.   Im Jahr 1585 konnte Farnese Flandern
und Brabant für Spanien zurückerobern. -   Im Jahr 1590
kämpfte er auf seiten der katholischen Partei Frankreichs gegen den
neuen französischen König, den Hugenotten Heinrich von Navarra, der
die Lilie im Wappen führte.

En la cité ou le loup entrera,
Bien pres de là les ennemis seront :
Copie estrange grand pais gastera.
Aux murs & Alpes les amis passeront.

(Urfassung bei Macé Bonhomme, Lyon 1555)

Übersetzung der Urfassung:

In der Stadt, wo der Wolf einziehen wird,
ganz in der Nähe dieses Ortes werden die Feinde sein.
Fremde Truppen werden ein großes Land verheeren,
Mauern und Alpen werden die Freunde überqueren.

Kommentar zu 3/33:

Wölfe brechen als Raubtiere in die friedlichen Herden ein, um Beute zu machen und ihren Hunger zu stillen. So handelte auch Hitler, **5/4**, **2/82**, der sein >Rudel< in fremde Reviere eindringen ließ, sich die Völker Europas unterwarf, um seinen Hunger nach Ruhm, >Lebensraum< für sein Volk usw. zu stillen. Nicht nur seine Ideologie, die mit dem "Kampf ums Dasein" Erkenntnisse der Entwicklungsbiologie zum politischen Programm erhob, sondern auch Hitlers Verhalten hatte wölfische Merkmale. Er baute ein Hauptquartier namens Wolfsschanze. Zu Zeiten des verhaßten Weimarer >Systems<, als er noch nicht der >Führer< war, benutzte er gelegentlich den Tarnnamen eines >Herrn Wolf<, unter dem er damals z.B. auf dem Obersalzberg logierte. Der Vorname Adolph leitet sich her vom althochdeutschen adal + wolf, was >edler Wolf< bedeutet.

In viele Städte ist Hitler "eingezogen": So ließ er sich in Wien 1938 nach dem Anschluß Österreichs einen triumphalen Empfang bereiten, 1939 war er in Prag, 1940 in Paris. Es muß eine Stadt sein, in deren Nähe später, gegen Ende des Krieges, "die Feinde" mit einem "fremden Heer" standen - hier sind die Russen gemeint, die auch die Steppenvölker der SU, Tataren, Kirgisen usw. mobilisiert hatten, im Unterschied zu "den Freunden", Amerikanern und Engländern. N. wird sowjetische Truppenverbände gesehen haben, die im April 1945 vor Berlin und vor Wien standen, 5/94.

Freund und Feind - man weiß auf Anhieb nicht, von wessen Standpunkt dabei geurteilt wird. Aber "die Freunde", welche die Alpen überquerten, können nur die amerikanischen Truppen sein, die von Süden und von Norden her bis zu den Alpen vordrangen, was auch im Interesse des ohnmächtigen Frankreich lag. "Die Feinde" sind zunächst die Feinde des Wolfs, weil sie im selben Satz wie dieser erwähnt werden. Doch es ist vor dem Wertungshorizont des Sehers das "neue Babylon", Vorrede H (19), das hier mit einem "fremden Heer" heranmarschiert, eine das christliche Abendland bedrängende Macht also und damit, über einen größeren Zeitraum gesehen, auch der Feind Frankreichs. Denn die Allianz und Gemeinsamkeit beider erschöpfte sich in dem Interesse an der Niederringung Hitlers. **Grundsätzlich erweist sich der Blickwinkel Frankreichs als ausschlaggebend für die Frage, wer als Freund oder Feind gilt.**

Ein "großes Land", verwüstet durch "fremde Truppen", heißt Deutschland hier, weil es unter Führung des "Wolfs" groß und immer größer wurde, bis man es dann arg zurechtstutzte.

Die "Mauern", welche die befreundeten Armeen überqueren mußten, um die Niederwerfung des Wolfs zu Ende zu bringen, waren der Atlantikwall sowie der Westwall am Rhein, in Lothringen und den Ardennen.

Centurie 4, Vers 33

Iuppiter ioint plus Venus qu' à la Lune
Apparoissant de plenitude blanche :
Venus cachée soubs la blancheur Neptune,
De Mars frappé par la granée (!) branche.

(Urfassung bei Macé Bonhomme, Lyon 1568)

Übersetzung der Urfassung:
Jupiter verbunden mehr der Venus als dem Mond,
erscheinend in weißer Fülle.
Venus verborgen, unter dem weißen Glanz Neptun,
von Mars geschlagen mit dem grimmigen Speer.

Kommentar zu 4/33:
Es handelt sich um die Voraussage der genauen Konstellationen bei der ersten
Sichtung des Planeten Neptun durch den englischen Astronomen Challis.
Er beobachtete am 4.8. und 12.8.1846 Neptun, hielt ihn aber für eine Nova, also
einen Fixstern. Zwischenzeitlich mußte er wegen des Vollmondes am 7.8. seine
Beobachtungen einstellen.

Der Vers enthält insgesamt **fünf** Konstellationsangaben, die **allesamt** auf die Vollmondnächte zwischen den beiden genannten Terminen passen. Im nebenstehenden Horoskop ist die Nacht vom 6. auf den 7. August gewählt, in welcher der Vollmond exakt wurde.

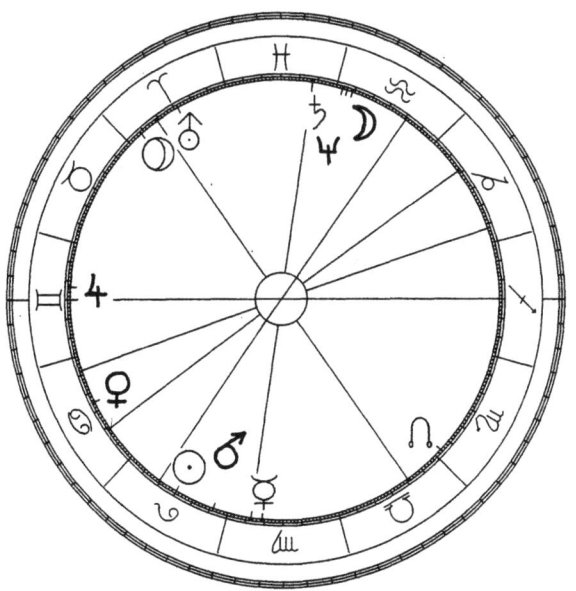

Neptun, Konstellation Vers 4/33 Nostrad.
7.8.1846   23:44:27   GMT :   0
London   0:5:0 w   51:30:0 n

Die Angaben im einzelnen:
1. Vollmond (plenitude blanche),
2. Neptun (♆) nicht sichtbar wegen des Vollmondes (soubs la blancheur Neptune),
3. Neptun wird von Mars (♂) mit dem "grimmigen Speer" geschlagen, technisch ist das eine Opposition Mars-Neptun,
4. Jupiter (♃) näher bei Venus als beim Mond (Verszeile 1),
5. Venus (♀) unter dem Horizont (Venus cachée).
Der Nachweis, daß hier ein neuer Planet entdeckt war, gelang dann wenig später, am 23.9.1846, dem deutschen Astronomen Galle.

Gegen diese Deutung wird eingewandt, man habe mit den Mitteln des 16. Jahrhunderts Neptun noch nicht beobachten und daher auch keine Berechnungen über seine Bahn anstellen können (Pfändler 1996). Aber mit dem gleichen Recht könnte man behaupten, im 16. Jahrhundert habe man die Erfindung der Guillotine nicht voraussehen können, weil es diese noch nicht gab, 1/57. Im übrigen scheint N. hier die angegebene Konstellation mit seinen beflügelten Augen **gesehen** zu haben, ohne Berechnungen anstellen zu müssen, VH (7), Anm (5).

01/34   L' oyseau de proye volant a la senestre/ Auant conflict faict
aux Francoys pareure/ L' vn bon prendra, l' vn ambigue sinistre,/
La partie foible tiendra par bon augure. (1555)
[Hitler/ Zeit vor zweitem Weltkrieg]
Der Raubvogel, an 's Fenster fliegend,/
(wird) vor dem Krieg den Franzosen Garantie bescheinigt (haben)./
Der eine wird es für gut nehmen, der andere als zweideutig, unheilvoll,/
die schwache Partei wird es für (ein) gutes Vorzeichen halten.

1) senestre ergibt keinen Sinn. Da Eingangs-s und f sich
typographisch bei N. kaum unterscheiden, darf man hier an
fenestre denken.
2) pareure. In Frage kommen: n.f. parure Schmuck, n.m.
parère rechtswirksame Bescheinigung eines Brauchs. Das
p.p.p faict spricht für ein n.m. Vom v. parer I. schmücken
II. parieren, abwehren; mittelfr. auch: garantieren, schützen.

Was ist von der Garantie eines Raubvogels zu halten, der für heute seine
Beute geschlagen hat, er werde auch morgen noch satt sein ? Offenbar
wenig, und das teilt N. durch dieses Bild hier mit. Das Bild des "Raubvogels" bezieht sich auf den Reichsadler, seit der römischen Antike das
Wappentier derer, die ein Imperium gründen. Das Fenster ist Symbol für
die Öffentlichkeit des Vorgangs. - Die "Garantie" bezieht sich
darauf, daß Hitler seine Gebietsansprüche im Münchner Abkommen vom
30.9.38 für erfüllt erklärte. Indem er von der Garantie "vor dem Krieg"
spricht, macht der Vers deutlich, daß das Frankreich und anderen
gegebene Versprechen des "Raubvogels" einem Krieg nicht im Wege
stehen werde. - Die offizielle Politik in England und Frankreich
"nahm" die gegebene Zusicherung "für gut". Die auf Beschwichtigung
angelegte Politik der britischen Regierung unter Chamberlain konnte sich,
"wenn auch nicht zu ihren Gunsten", darauf berufen, daß England sehr
schlecht auf einen Krieg vorbereitet war (Churchill, Der Zweite Weltkrieg,
S. 161). So sprach der britische Premier bei seiner Rückkehr aus
München in London davon, durch das Abkommen von München sei
"Frieden für unsere Zeit" geschaffen worden. Militärisch gehörte Großbritannien damals zur "schwachen Partei" (Churchill a.a.O.), die München
für ein gutes Vorzeichen hielt, weil sie es nach der Art, wie die englische
Politik insgesamt angelegt war, dafür halten mußte. Ähnliches galt aber
auch für Frankreich, das sich wegen seiner Maginot-Linie in einer
falschen Sicherheit wiegte, 2/25.
—> 6/84 (Hitler)

06/84   Celuy en Sparthe Claude ne peut regner,/ Il fera tant par
voye seductiue:/ Que du court, long, le fera araigner,/
Que contre Roy fera sa perspectiue. (1568)
[Goebbels/ Hitler]
Jener in Sparta große Hinker kann nicht regieren,/
(doch) er wird viel bewirken im Wege der Verführung./
Und er wird über kurz oder lang den einspinnen,/
der gegen (den) König seine Perspektive stellt.

1) V. claudiquer hinken, > lat. claudus lahm, hinkend.
Claude steht hier verkürzt für claudiquant hinkend, und die
Großschreibung wird explizit wiedergegeben: "großer
Hinkender".
3) V. araigner nicht gebräuchlich, n.f. araignée Spinne.

Altfr. v. araisnier, araisonner 1° sich wenden an (s' adresser à qu.) 2° erzählen (raconter) 3° zu überreden versuchen (chercher à persuader) 4° anklagen (accuser).
Sparta war im klassischen Griechenland ein Staat, den eine allgemeine, schon die Kinder erfassende Militarisierung des Lebens kennzeichnete. Darin glich ihm der vom Nationalsozialismus beherrschte deutsche Staat der Jahre nach 1933. Der "große Hinker" ist Goebbels, den ein frühkindlich erworbener Klumpfuß zum Hinken zwang. Lange einer der engsten Vertrauten Hitlers, wurde er Propagandaminister unter dem >Führer<. Politische Ideologie sowie Kriegsziele wurden von Hitler vorgegeben, Goebbels "konnte" sie nicht ändern und in diesem Sinne "nicht regieren". Er stellte seine großen agitatorischen und demagogischen Fähigkeiten in den Dienst des Führerkultes und des Judenhasses seines Herrn. Er werde "viel bewirken im Weg der Verführung". - Bei dem, der "gegen (den) König seine Perspektive stellen wird", könnte man an die Bestrebungen von Hitlers Paladinen am Ende des Krieges denken, den Diktator zu beerben. Insbesondere Reichsmarschall Göring machte sich Hoffnungen. Aber dem weit intelligenteren Goebbels war klar, daß er sich vom Untergang Hitlers nicht werde abkoppeln können. Seine Perspektive reichte über das Ende des Führers nicht hinaus. - Es sind hier jene kaum bekannt gewordenen Vorgänge gemeint, die Hitler in Berührung mit Nostradamus' Wahrsagungen brachten und das Interesse des Sehers auf sich zogen. Der Astrologe, der die Nazis noch vor dem Krieg vor einem Sieg Stalins warnen wollte, in diesem Sinn "seine Perspektive gegen den >König< stellte", wurde vom Propagandaminister dazu gebracht, seine Deutungen im Sinne des Regimes zu korrigieren, 2/36. Goebbels' Kunst der Verführung erlag auch mancher Gebildete.
   ---> 1/34 (Hitler)

10/34   Gauloys qu' empire par guerre occupera/ Par son beau frere
       mineur sera trahy,/ Par cheual rude voltigeant traynera,/
       Du fait le frere long temps sera hay. (1568)
[Napoléon I./ Joachim Murat]
(Ein) Gallier, der (das) Imperium durch Krieg ergreifen wird,/ wird durch seinen rangniedrigeren Schwager verraten werden./ Durch rüdes, durchgehendes Pferd wird er sich hinschleppen,/ wegen (seines) Handelns wird (der) Schwager lange gehaßt werden.
   3) Der "Gallier" ist in den Vz 1/2 Subjekt, er wird es auch in Vz 3 sein.
   4) frere dürfte hier ein verkürztes beau-frère Schwager sein.
Napoléon war durch seine Leistungen als Feldherr (par guerre) zu einem Despoten geworden, der sich selbst den Titel Kaiser (empereur) verlieh und ein Grand Empire schaffen wollte. "Sein Schwager" ist Joachim Murat, der Napoléons Schwester Caroline heiratete. Er machte unter dem Kaiser Karriere, war "rangniedriger" (mineur) als dieser. Im Winter 1812 eilte Napoléon vorzeitig von dem gescheiterten Rußlandfeldzug nach Paris, und es war Murat, der die Reste der gebeutelten Armee zurückführte. Das "rüde, durchgehende Pferd" dürfte hier ein Bild für Napoléons >Ausfall nach Rußland< sein. - Nach und auch wegen (par) dessen katastrophalem Ende >schleppte< der Kaiser sich nur noch >dahin<, hatte keine durchgreifenden Erfolge mehr, sein Ende kam in

Sicht. Nach der Schlacht bei Leipzig im Oktober 1813 löste sich der Rheinbund und das ganze napoleonische System auf. Murat sagte sich im Januar 1814 vom Kaiser los und verhandelte mit Österreich, um König von Neapel bleiben zu können (Verrat). - Es war umgekehrt auch Napoléon Schwager Murats. Lange nach seinem Tod wurde nicht Murat, sondern Napoléon "gehaßt". Manche Völker, die er unterworfen hatte, vor allem Deutsche und Italiener, erwachten durch Napoléon und die Erinnerung an ihn zu nationalem Bewußtsein.

10/84   **La naturelle à si hault non bas,/ Le tard retour fera marris contens:/ Le Recloing ne sera sans debatz,/ En empliant & perdant tout son temps. (1568)**
[Elisabeth I. von England]
Die Uneheliche (gelangt) sehr hoch hinauf, (bleibt) nicht unten,/ die späte Wiederkehr wird Ehegatten in Streit versetzen./ Der geltend gemachte Anspruch wird nicht unstreitig sein,/ wer sich damit beschäftigt, vertut all seine Zeit.

  1) Idiom enfant naturel uneheliches Kind.
  2) Adj. content zufrieden. Aber einen Sinn ergibt nur die Auffassung, daß hier das Adj. content(ieux) strittig abgekürzt wurde, > lat. contentus gespannt, eifrig.
  3) Altfr. n.m. reclaim, reclain 1° Anruf (appel), Beschwerde (recours) 3° Klage (plainte) 4° Einspruch, Rechtsmittel (réclamation en justice) 5° Anspruch (prétention), Recht, das man geltend macht (droit qu' on fait valoir).

Elisabeth Tudor, geboren 1533, Tochter Heinrichs VIII. aus seiner zweiten Ehe mit Anna Boleyn, kam nach der Hinrichtung ihrer Mutter 1536 für die Nachfolge nicht mehr in Frage. Drei Jahre vor seinem Tod nahm Heinrich sie 1544 wieder in die Reihe der Thronanwärter auf, an dritter Stelle nach Edward und Maria. Für die Katholiken blieb sie illegitim, da der Papst die späteren Ehen Heinrichs nicht anerkannte. Darauf spielt die Anrede Elisabeths als "die Uneheliche" hier an, erkennbar auch an dem "streitigen Anspruch" auf den Thron zwei Zeilen weiter. - Nach dem Tod Marias im November 1558 wurde Elisabeth Königin, 22 Jahre nach ihrem Ausschluß von der Thronfolge. Insofern kam ihre "Wiederkehr", der "Wechsel" ihres Geschicks, 6/74, "spät". - Nach der Krönung waren England und die europäischen Königshäuser sogleich mit der Frage beschäftigt, wen sie heiraten werde. Philipp II. von Spanien und die jüngeren Brüder des Kaisers waren im Gespräch. Sie rivalisierten um die Kandidatin, es lagen potentielle "Ehegatten in Streit". Traumatisiert durch die Hinrichtung ihres ersten Geliebten Thomas Seymour und die damit verbundene Lebensgefahr für sie selbst, äußerte Elisabeth schon früh den Wunsch, >jungfräuliche Königin< zu bleiben. So ließ die virgin queen ihre Not in Tugend umdeuten und nutzte die Offenhaltung der Heiratsfrage zur Festigung ihrer Herrschaft. Die Piratenkapitäne, die sie dann von der Leine ließ, suchten auf den Weltmeeren nach dem Verbotenen. Die Aggression der Kinderlosen gebar den Grundstein des Kolonialreichs. - Neben den entfernten Verwandten der Suffolk-Linie war es vor allem die schottische Königin Maria Stuart, die ihr den Thron mit dem katholischen Argument der Illegitimität streitig machte und dafür am Ende mit dem Leben bezahlte, 1/86. Der Seher deutet an, daß die Konkurrenten keine Chance haben würden.

01/35   Le lyon ieune le vieux surmontera,/ En champ bellique par
        singulier duelle,/ Dans cage d' or les yeux lui creuera:/
        Deux classes vne, puis mourir, mort cruelle. (1555)
        [Tod Heinrichs II.]
        Der junge Löwe wird den alten überwinden/
        auf dem Kampfplatz im Kampf Mann gegen Mann./
        Im Käfig aus Gold die Augen wird er ihm ausstechen,/
        zwei Trompetenstöße, dann stirbt er einen grausamen Tod.
        2) Idiom combat singulier Zweikampf. Anstelle von combat
        steht hier duelle, das allein schon Zweikampf bedeutet.
        4) N.m. glas Totengeläut, > altfr. n.m. clas 1° Lärm, Tumult
        (bruit) 3° Trompetensignal (sonnerie de trompette), > lat. n.n.
        classicum Signal. Die Pluralform hätte korrekt clas sein
        müssen. Lat. n.f. classis ergibt im Kontext keinen Sinn.
        Der Löwe galt den Alten als Fürst aller Tiere (Physiologus). Die Rede von
        Löwen weist demnach hin auf Vorgänge im Königshaus. Heinrich II. war
        1559 erst 40 Jahre alt. Sein >Alter< bedeutet hier seinen hohen Rang.
        Der "junge Löwe" läßt an einen Königssohn denken. Gemeint ist einer aus
        dem Gefolge des Königs, der Kommandant der schottischen Garde Graf
        de Lorge, der im Rang weit unter dem König stand. -   Am
        1.7.1559 traten beide zum Turnierkampf an.   Vor jedem Waffengang
        ertönte eine Fanfare (clas).   Beim dritten Aufeinandertreffen brach die
        Lanze de Lorges, und das zersplitterte Ende drang durch den Helm des
        Königs in ein Auge und weiter ins Hirn ein.   Dann >regierte ein Auge das
        Land<, 3/55, und nach qualvollem Krankenlager starb der König zehn
        Tage später. -   Der Helm war nicht aus Gold. Gold assoziiert bei
        N. das goldene Zeitalter, 9/17, und, weil es als Entsprechung der Sonne
        galt, den in Christus offenbar gewordenen Gott, 5/72. "Käfig aus Gold"
        heißt der Helm, weil er dem König diente, der die gottgewollte Ordnung
        verkörperte, 2/92. -   Die ihm zugetragene Warnung des Sehers hatte
        er für Unsinn gehalten, 4/57. So kam es, daß die Vision sich erfüllte.

03/35   Du plus profond de l' Occident d' Europe,/ De pauures gens vn
        ieune enfant naistra,/ Qui par sa langue seduira grande troupe:/
        Son bruit au regne d' Orient plus croistra. (1555)
        [Napoléon I.] Vom untersten Grund des abendländischen Europa,/
        von armen Leuten wird ein unreifes Kind geboren werden,/
        das durch seine Sprache (eine) große Armee verführen wird./
        Sein Ruhm wird im Reich des Ostens noch stärker wachsen.
        4) Altfr. n.m. bruit 1° Lärm, Zank, Aufruhr (bruit) 2° Ansehen
        (renommée), Ruhm (gloire). -   regne d' Orient kann Reich
        des Orients oder Reich des Ostens bedeuten, 5/81.
        Ein Europäer, der niederen Schichten entstammt, steigt zum Armeeführer
        auf. Er "verführt" Heere mittels seiner rednerischen Begabung. Es kom-
        men Napoléon und Hitler in Frage, beide Emporkömmlinge, große Redner
        und Feldherren. In dem Deutschen sah N. einen "blutrünstigen Räuber",
        9/76, in dem Korsen erkannte er einen Tyrannen, 1/75, und "Verführer"
        der Franzosen, 10/46. Es paßt insofern besser auf Napoléon, als der oft
        unmittelbar zu seinen Truppen sprach und sie mitreißen konnte, während
        Hitlers Reden meist nicht an die Armee, sondern an das Volk gerichtet
        waren. -   Am Schluß kann der Ägypten- oder der Rußlandfeldzug
        gemeint sein. Beide scheiterten, erreichten die angestrebten politisch-

militärischen Ziele nicht. So ist zu vermuten, daß die letzte Vz sarkastisch zu verstehen ist, zumal N. von dem >Verführer< ganz offensichtlich nichts hielt. - Niederste Herkunft, arme Eltern, Unreife und Verführung zeichnen vergröbernd das Bild eines Mannes, den N. als nicht zum Herrschen geeignet und berufen darstellen will.

01/36   **Tard le monarque se viendra repentir/ De n' auoir mis à mort**
son adversaire,/ Mais viendra bien à plus hault consentir/
Que tout son sang par mort fera defaire. (1555)
[Heinrich III. 1588/89]
Spät wird der Monarch (soweit) kommen zu bedauern,/
seinen Widersacher nicht in den Tod geschickt zu haben./
Doch wird er dem Höchsten gänzlich beistimmen/
und wird sein ganzes Geblüt durch Tod eine Niederlage erleiden lassen.

> 1) bis 4) Es ist anzunehmen, daß das Subjekt des ersten Satzes (Vz 1/2) auch das Subjekt des zweiten Satzes (Vz 3/4) ist. Wenn man dem folgt, ist es grammatikalisch zwingend, daß "sein ganzes Geblüt" sich auf den Monarchen bezieht und nicht den "Widersacher".

Es wird ein Monarch und mit ihm "sein ganzes Geblüt durch Tod eine Niederlage erleiden". D.h. es geht ein Herrschergeschlecht durch den Tod seines letzten Vertreters als solches unter, hört auf, den Monarchen zu stellen. Im Hinblick auf das vorrangige Interesse des Sehers am Schicksal Frankreichs kann hier nur eine Zeit und ein Königshaus gemeint sein: das Geschlecht der Valois, das mit dem Tod Heinrichs III. im Jahr 1589 aufhörte, den König von Frankreich zu stellen. Denn die Bourbonen, die mit Heinrich IV. zu Herrscherwürden gelangten und mit einer Unterbrechung in einer Seitenlinie bis 1848 durchhielten, sind nicht endgültig zu Fall gekommen, **4/97** (Bd.2), sondern sollen in dem zukünftigen Befreier Europas wiedererstehen. - Heinrich III. von Frankreich verpflichtete sich gegenüber dem im Sommer 1588 beim Auslaufen von dessen Armada noch mächtigsten Herrscher des christlichen Abendlandes, Philipp II. von Spanien, die >Irrlehre der Hugenotten< aus Frankreich zu vertreiben und mit Heinrich von Navarra weder Waffenstillstand noch Frieden zu schließen. Der Kinderlose mußte sich bereitfinden, Heinrich von Guise zum Generalleutnant des Königreiches und den Parteigänger der Guisen Kardinal Karl von Bourbon in den Rang des ersten Prinzen von Geblüt zu erheben und damit zu seinem Nachfolger zu erklären. Wegen der vollständigen Vereinnahmung durch die katholische Partei in seinem Lande gelang es dem König nicht, sich über die Parteien im Religionskrieg zu stellen, worin der Seher, historisch zutreffend, den Grund von dessen Scheitern erkennt. - Die Ausweglosigkeit seiner Lage bestimmte ihn auf der Versammlung der Stände in Blois, seinen "Widersacher" Heinrich von Guise sowie dessen Bruder Louis ermorden zu lassen, **3/55**. Das geschah "spät", im fünfzehnten und vorletzten Jahr seiner Herrschaft, im Dezember 1588. Im August 1589 wurde er dann selbst ermordet, **3/51**, und mit den Valois auf Frankreichs Thron war es vorbei. - Das späte Bedauern, etwas lange nicht getan zu haben, bedeutet hier also, daß das Unterlassene doch noch getan wird. Erst nach Eintreten der Ereignisse offenkundig, ist der Hintersinn dieser Formulierung typisch für N.s Stil.

01/86 La grande royne quand se verta vaincu,/ Fera exces de
masculin courage:/ Sus cheual, fluue passera toute nue,/
Suite par fer: à foy fera oultrage. (1555)
[Maria Stuart 1568/1587]
Die große Königin wird, wenn sie sich besiegt sieht,/
ein Übermaß an männlichem Mut aufbringen./
Zu Pferde wird sie (einen) Fluß überqueren, ganz nackt./
Verfolgung durch' s Schwert. Dem Glauben wird sie Kränkung zufügen.
1) verta ist ein verschriebenes verra.
3) Altfr. Präposition sus 1° auf, über (sur) 2° oberhalb von (en
haut de) 3° ganz nah bei (tout proche de) 4° gegen, nach (vers),
auf seiten von (du côté de)
Die schottische Königin Maria Stuart lebte 1548 bis 1561 am französischen Hof und war nach dem Tod Heinrichs II. als Frau Franz' II. vierzehn
Monate lang Königin von Frankreich. Nach dem Tod ihres jungen
Gemahls ging die Königinwitwe in ihrem neunzehnten Lebensjahr zurück
in ihr abgelegenes Reich. - Dort vermählte sie sich erneut, war
in die Ermordung ihres zweiten Gatten verstrickt und heiratete dessen
Mörder, den sie leidenschaftlich liebte. Mehrmals ist sie zu Pferde geflo-
hen, um die Krone und ihre Freiheit zu retten, so im Mai 1568 aus dem
Seeschloß Lochleven. Nur dank zahlreicher Helfer gelang ihr diese
Flucht, bei welcher sie noch nicht auf sich gestellt, ohne Gefolge und in
diesem Sinne >nackt< war. Erst nach der im selben Monat verlorenen
Schlacht, bei der ihr Bruder obsiegte, floh sie allein, hatte in ihrem Reich
keinen sicheren Ort mehr (Verfolgung durch' s Schwert). - Nach
England zu gehen, in das Reich der Königin, deren Thron zu beanspruchen sie nie aufgab und die in ihr die ärgste Rivalin sah, war eine Tat
des Mutes und Stolzes. Aber sie wagte zuviel (Übermaß), ihre Zuflucht
wurde zum Ort langjähriger Gefangenschaft. - Im protestantischen England blieb Maria Stuart trotz mancher Anfeindungen ihrem
Glauben treu, durch Verleugnen hat sie diesen keineswegs gekränkt. Die
"Kränkung" besteht für N. vielmehr darin, daß auf dem Schafott von
Fotheringhay Castle die Unantastbarkeit ihres Gottesgnadentums miß-
achtet wurde. Dieses Prinzip wurde >gekränkt<, als Elisabeth I. ihre
Rivalin im Februar 1587 hinrichten ließ.

02/36   Du grand Prophete les lettres seront prinses,/ Entre les mains du tyrant deuiendront:/ Frauder son roy seront ses entreprinses,/ Mais ses rapines bien tost le troubleront. (1555)
[Hitler und die Vorsehung]
Des großen Propheten Schriften werden ergriffen werden,/ in die Hände des Tyrannen werden sie gelangen./ Seinen König zu täuschen, wird sein Vorhaben sein,/ aber seine Räubereien werden ihn sehr bald in Schwierigkeiten bringen.

3) Es kann hier der "Tyrann" Subjekt des Täuschungsvorhabens sein, und dann wären Tyrann und König zwei verschiedene Personen. Die andere Möglichkeit ist, daß eine andere Person Subjekt des Täuschungsmanövers ist, und dann können Tyrann und König identisch sein.

Eine der grammatischen Möglichkeiten ist, daß König und Tyrann identisch sind, siehe Anmerkung.   Unter dieser Prämisse ergibt sich folgendes Bild: Ein tyrannischer Herrscher möchte den Erfolg seiner Unternehmungen prophetisch angekündigt finden, um die >Gunst des Schicksals< auf seiner Seite zu wissen.   Es findet sich auch jemand, der bereit ist, die Prophetie in seinem Sinne zu deuten und ihm Erfolge vorherzusagen.   Dieser Deuter weiß es in Wirklichkeit besser, denn sonst könnte er den Tyrannen nicht täuschen wollen.   Er hat aber keine Scheu, seine falsch positiven Auslegungen dem Tyrannen zu unterbreiten, die Prophetie dadurch für seine persönlichen Zwecke auszubeuten, sich >räuberisch< an ihr zu bedienen, um sich >bei Hofe< beliebt zu machen.   Das zahlt sich am Ende nicht aus, er kommt in Schwierigkeiten, fällt in Ungnade. -   Daß Hitler sich als von der >Vorsehung< dem deutschen Volk bestimmter Führer wähnte, ist bekannt.   Von daher ist das zweckgeleitete Interesse des Regimes an Prophetie leicht zu erklären. -   N.A. Centurio (1977), der ein hoher Beamter im dritten Reich gewesen sein muß, berichtet: Ein Schweizer Astrologe namens Krafft wollte 1938 Goebbels, den Reichsminister für Volksaufklärung und Propaganda, unter Hinweis auf Vers 5/94 vor einem Sieg Stalins in einem womöglich bevorstehenden Krieg warnen.   Von Goebbels beredet, ließ er sich dann aber dazu verführen, aus dem duc d' Armenie, dem "Führer aus Armenien" den duc d' Arminie, den "Führer des Arminiuslandes", sprich Germaniens zu machen und so die ablesbare Niederlage Deutschlands >wegzudeuten<, 6/84.   Er wurde zum Referenten des Propagandaministers und astrologischen Berater des Führers ernannt. -   Nach dem eigenmächtigen Englandflug des Führerstellvertreters Heß, der ernstlich auf Astrologen hörte, begann die Gestapo im Jahr 1941, massiv gegen diese Zunft vorzugehen.   Alle Nostradamusbücher wurden beschlagnahmt.   Centurio zufolge wurde 1944 auch Krafft verhaftet und kam in einem KZ ums Leben. -   Ein anschauliches Beispiel dafür, daß Prophetie nicht für die Mächtigen da ist, jedenfalls nicht für die Hitlers und Goebbels. -   Daß N. sich hier selbst als "großen Propheten" einstuft, 3/94 (Bd.2), mag jeder beurteilen, wie er will.

02/87 **Apres viendra des extremes contrées/ Prince Germain sus**
le throsne doré:/ La seruitude & eaux rencontrees/
La dame serue, son temps plus n' adoré. (1555)
[Georg I. von Großbritannien 1714]
Danach wird kommen von entferntesten Gegenden/
(ein) germanischer Fürst auf den goldenen Thron./
Die Knechtschaft und Fluten zusammengetroffen,/
die Dame dient, ihre Zeit (wird) nicht mehr verehrt.

In der zweiten Hälfte des 17. Jahrhunderts begann England, die Früchte seiner überseeischen Entdeckungen zu ernten. Das Land wurde durch seine Kolonien immer reicher, ein Bild dafür gibt der "vergoldete Thron". Mit Georg, dem Kurfürsten von Hannover, kam 1714 ein "germanischer Fürst" von weither als Georg I. auf den Thron Großbritanniens. Das Land war zu einer der führenden Mächte Europas geworden, während Frankreichs ruhmreiche Zeit unter Ludwig XIV. (bis 1715) sich dem Ende zuneigte. - Die "Dame" ist hier die Jungfrau von Orléans als Sinnbild für die im Kampf gegen England geborene französische Nation sowie deren Freiheit und Einheit. Wenn ein Deutscher auf den britischen Thron gelange, werde Frankreich erneut in die Dienstbarkeit, gar Knechtschaft Englands geraten. - Nach Eintreffen der Vorgänge ist klar, daß eine politische Unterwerfung nicht gemeint ist. Vielmehr geht es um die ungeheure Anziehungskraft, die das englische Regierungssystem von 1689 im achtzehnten Jahrhundert auf die Denker der Aufklärung ausübte. Es waren die Ideen der Utilitaristen sowie die Lehren von der auf einen Vertrag gegründeten Gesellschaft, welche den Kontinent von England aus >überfluteten< und große Aufnahmebereitschaft vorfanden (rencontrees). - Fremde Ideen, die das Land zur Revolution treiben, werden es dadurch in Knechtschaft führen, so deutet N. das Geschehen. Monarchie und Freiheit gehören für ihn zusammen, VH (21).

04/87 **Vn filz du Roy tant de langues aprins,/ A son aisne au**
regne different:/ Son pere beau au plus grand fils comprins,/
fera perir principal adherant. (1568)
[Heinrich III.] Ein Sohn des Königs, in Sprachen sehr gewandt,/
(verhält sich) anders in der Herrschaft als >sein< Erstgeborener./
Sein Schwiegervater, vom größten Sohn (wird es so) aufgefaßt,/
wird untergehen lassen (seinen) vornehmsten Parteigänger.

2) N.m. aîne Erstgeborener, Ältester. "Sein Erstgeborener" müßte sich auf den zuvor erwähnten "Sohn des Königs" beziehen, weil der Subjekt des Satzes ist. Wie die Deutung ergibt, bezieht er sich aber auf den König. Es hätte de lui dessen stehen müssen.
3) N.m. beau-père Schwiegervater, hier zur Verwirrung andersrum.

Der spätere Heinrich III. wird als das intelligenteste Kind aus der Ehe König Heinrichs II. und der Katharina von Medici beschrieben (Hartmann 1994). Nach dem Tod seiner beiden älteren Brüder war er der letzte noch lebende männliche Valois und bestieg 1574 den Thron. - Im Jahr 1575 heiratete er die aus Lothringens Herzogshaus stammende Louise de Vaudémont. Deren Vater, Herzog Karl III. und Kardinal von Lothringen, hielt zur Politik der Guisen, die die katholische Partei anführten. Die Unversöhnlichkeit dieser Partei untergrub die Stellung des Königs und verursachte wesentlich das Scheitern seiner Aussöhnungspolitik. Heinrich III.

war insofern ihr vornehmster "Parteigänger", als er die katholische Religion, die die Guisen zu ihrer Sache zu machen vorgaben, nie verleugnete. Auf dem Sterbebett legte er seinem designierten Nachfolger, dem Hugenotten Heinrich von Navarra, den Übertritt zum alten Glauben nahe.

06/87   L' Election faite dans Frankfort,/ N' aura nul lieu Milan
s' opposera:/ Le sien plus proche semblera si grand fort/
Qu' outre le Rhyn és mareschz chassera. (1568)
[Kaiser im 19. Jahrhundert/ Deutsch-französischer Krieg 1870/71]
Die Wahl, in Frankfurt gehalten,/
wird keinen Ort mehr haben. Mailand wird sich entgegenstellen./
Der Seinige, nächste Verwandte wird so großmächtig erscheinen,/
daß er (ihn) über den Rhein hinweg in Sümpfe jagen wird.
    4) Altfr. n.m. maresc, n.f. maresche Sumpf (marais).

Seit Mitte des 12. Jahrhunderts fand die Kaiserwahl regelmäßig in Frankfurt statt.   Wenn diese Wahl "keinen Ort mehr" hat, findet sie nicht mehr statt.   Es ist von der Zeit nach der Abdankung des letzten Kaisers des alten Deutschen Reichs die Rede.   Kaiser Franz II. legte 1806 als Folge der napoleonischen Kriege die Kaiserkrone nieder, 10/46.   Der Vers handelt von der Zeit danach, von den >Erben des Reichs< und ihrer Balgerei um das Erbe. -   Im Jahr 1804 hatte sich Franz II. vorausschauend zum Kaiser von Österreich-Ungarn machen lassen.   Im selben Jahr wurde Napoléon Kaiser der Franzosen, aber 1815 erlosch dieses Kaisertum schon wieder.   Im Jahr 1848 rief König Karl Albert von Sardinien-Piemont zum Heiligen Krieg auf gegen Österreich, zu dem Mailand damals gehörte, hatte aber noch keinen Erfolg.   1859 wurde Mailand dem entstehenden nationalitalienischen Königreich angegliedert, und Österreich mußte sich zurückziehen, 10/64.   "Mailand wird sich entgegenstellen" und so das verbliebene Kaisertum Österreichs noch weiter schmälern. -   Der "Seinige, nächste Verwandte", nämlich des Kaisers, muß ein Fürst sein, der zum alten Reich gehört hatte.   Gemeint ist Preußen, das in der folgenden Zeit immer mächtiger wurde.   Im Jahr 1866 besiegte es Österreich und 1870/71 mit seinen deutschen Verbündeten das französische Kaiserreich.   Das napoleonische Kaisertum, 1852 neu aufgelebt, verschwand daraufhin in der Versenkung (mareschs), und das deutsche Kaisertum unter Führung Preußens wurde begründet.   Es verleibte sich Elsaß-Lothringen ein, 10/51, dehnte sich aus "über den Rhein hinweg".

08/37   La forteresse aupres de Tamise/ Cherra par lors le Roy
dedans serré,/ Aupres du pont sera veu en chemise/
Vn deuant mort, puis dans le fort barré. (1568)
[Hinrichtung Karls I. von England/ Revolution 1689]
Die Festung bei der Themse/
wird dann stürzen, der König drin eingesperrt./
Bei der Brücke wird er gesehen im Hemd,/
einer vor 'm Tod, dann in die Burg gesperrt.
    1) Die Themse hieß lat. Tamesis oder Tamesa.
    4) Altfr. v. barrer 1° versperren (barrer), behindern (empêcher) 2° anbinden, befestigen (attacher), annageln, fesseln (clouer).

Letztes Gefängnis Karls I. von England war das Schloß Windsorcastle. Das Schafott wurde im Januar 1649 vor Whitehall errichtet, dort wo auch die gerade gekrönten Könige sich dem Volk zeigen. Eine hölzerne Brücke führte von dem Gebäude zum Blutgerüst, wurde errichtet für einen, der >hinübergeht<, nachdem er seine Macht verloren hatte, >im Hemd< seinen Richtern ausgeliefert war. Auf dem Schafott legte er den Mantel ab und gab dann selbst das Zeichen, daß das Schwert nun niederfahren solle. - Die "Festung bei der Themse" müßte der Tower sein, bis 1685 Wohnsitz englischer Könige, aber der "stürzte" nicht. Er wurde auch 1666 bei dem großen Brand, 2/51, nicht beschädigt, den N. wie die Pestepidemie von 1665 als Strafe des Himmels für die Hinrichtung des Königs ansah, 2/53. Mit der >Festung< ist hier eher das englische Königtum gemeint, welches nach 1649 zugleich mit dem Tod Karls I. für einige Jahre komplett unterging. Ab 1660 wurde das Königtum restauriert, aber 1689 nach der unblutigen Revolution von einer Verfassung abgelöst, welche die Befugnisse des Königs beschränkte, ihn an Gesetze >band<. Aus der Sicht N.s, der nur ein absolutes Gottesgnadentum akzeptierte, **10/22**, >stürzte< damit die >Festung< des Königtums, und es wurde der König >in die Burg gesperrt<. - Dem Seher ging es, deutlich erkennbar, weniger um die Person des Königs als um das Königtum.

08/87   Mort conspiree viendra en plein effect,/ Charge donnee &
voiage de mort/ Esleu, creé, receu par siens deffait./
Sang d' innocence deuant foy par remort. (1568)
[Ludwig XVI./ Französische Revolution]
Tod, gemeinsam ausgeheckt, wird voll zur Ausführung kommen./
Zum Angriff geblasen, und (eine) Todesfahrt./ Erwählt,
geschaffen, angenommen, durch (die) Seinen niedergemacht,/
unschuldiges Blut vor dem Glauben, bedauerlich.
Gemeint ist das Schicksal des letzten Königs des Ancien Regime in Frankreich. Ludwig XVI. war nach alter Lehre von Gott "erwählt" und "geschaffen" zum König, von den Menschen war er als legitimer Herrscher "angenommen". Spürbar ist das ungeheure Erstaunen des Sehers darüber, daß ein ganz legitimer König durch das eigene Volk "niedergemacht" wird. Der "Angriff" ist die Revolution, die nicht das Werk einer Verschwörung einzelner war, bei der vielmehr große Kreise des Volkes zusammenwirkten (conspirer). - Das deutlichste Detail des Verses ist die "Todesfahrt". Gemeint ist die Flucht der königlichen Familie im Juni 1791, die in Varennes kläglich endete, **9/20**. Die hochverräterischen Verbindungen ins Ausland, die dem König in diesem Zusammenhang vorgeworfen wurden, trugen bei zu dem Todesurteil, das der Nationalkonvent einanhalb Jahre später fällte. Vor der Konstitution, auf die den Eid zu leisten man ihn genötigt hatte, war der König wohl tatsächlich schuldig geworden. - N. aber hielt den König für unschuldig "vor dem Glauben", weil er die alte, im Glauben gegründete Ordnung nicht verraten habe. Alle Zugeständnisse hat man dem König in der Tat abpressen müssen, er hat sich von dem Revolutionsfieber nicht mitreißen lassen, wie manch anderer Adlige.

01/88 **Le diuin mal surprendra le grand prince/ Vn peu deuant aura**
femme espousée,/ Son puy & credit à vn coup viendra mince,/
Conseil mourra pour la teste rasée. (1555)
[Napoléon I./ Papst Pius VII.]
Das göttliche Unheil wird den großen Fürsten überraschen,/
kurz bevor er (eine) Frau geheiratet haben wird./ Sein Rückhalt
und seine Glaubwürdigkeit werden auf einen Schlag sinken,/
mit dem Ratschluß wird es vorbei sein für den geschorenen Kopf.

2) Es kann auch so übersetzt werden, daß die Heirat vor
dem "göttlichen Unheil" kommt.
3) N.m. appuy versmaßbedingt verkürzt zu puy.
4) V. i. mincir dünner werden, fadenscheinig werden.

In den Jahren der Revolution zunächst noch langhaarig, zeigt das Bild
von der Kaiserkrönung in Notre-Dame ein kurzgeschorenen Napoléon,
der seinem antiken Vorbild Caesar auch in dieser Hinsicht gleichen wollte
und schon an seiner Legende arbeitete. - Im Jahr 1798 hatten
die Franzosen den Papst ins Land der Revolution verschleppt, zehn Jahre
später wehte erneut die Trikolore über Rom, und zum zweiten Mal wurde
das Ende der Papstherrschaft verkündet. Daraufhin exkommunizierte
Pius VII. im Juni 1809 Napoléon, "göttliches Unheil" fiel auf den großen
Fürsten. Der war allerdings nicht beeindruckt und ließ das Kirchenober-
haupt kurzerhand gefangensetzen. Im April 1810 heiratete er dann
Erzherzogin Marie-Louise von Österreich. - Eine erste Nieder-
lage erlitt der Kaiser im Mai 1809 bei Aspern gegen die Österreicher.
Doch das Blatt wendete sich erst mit dem Rußlandfeldzug, der im Winter
1812 katastrophal endete. Im Jahr 1813 begann sich das Bündnissystem
Napoleons aufzulösen. Als eine der Ursachen des Niedergangs nennt die
Geschichtsschreibung (Dufraisse 1994) die mit zunehmendem Alter des
Despoten immer geringer werdende Bereitschaft zur Selbstkritik.

02/38 **Des condemnés sera (!) fait vn grand nombre/ Quand les monarques**
seront conciliés:/ Mais a (!) l' vn d' eux viendra si malencombre/
Que guerres (!) ensemble ne seront raliés. (1555)
[Ende des zweiten Weltkriegs/ Stalin]
Eine große Zahl von Verurteilten wird es geben,/
wenn die Monarchen sich verständigt haben werden./
Aber von einem von ihnen wird ausgehen ein so übles Hindernis,/
daß sie, (in) Kriegen verbündet, nicht wieder vereint werden.

Im Juli 1945 kamen in Potsdam die Siegermächte zusammen, vertreten
durch US-Präsident Truman, den britischen Premier Churchill und den
russischen Parteichef Stalin. Die "Großen Drei" werden schon in Vers
1/31 als gekrönte Häupter angesprochen, weil sie als Entscheidungsträger der Siegermächte Aufgaben hatten, wie sie früher Monarchen
zukamen. - An den gegensätzlichen Standpunkten von Russen
und Westalliierten über die Abgrenzung der Einflußbereiche drohte das
Treffen zu scheitern. Es zeichnete sich ab, daß das Bündnis mit dem
Sieg über Hitlerdeutschland erschöpft war und nicht weiter bestehen
werde (ne seront raliés). "Der eine", von dem das "üble Hindernis" aus-
geht, ist für N. sicherlich Stalin, der Herrscher des >Neuen Babylon<,
VH (19), d.h. des kommunistischen Machtbereichs. - Einig

war man sich immerhin darin, daß Deutschland entmilitarisiert werden müsse und die Verantwortlichen für den Krieg zur Rechenschaft zu ziehen seien. Vom Nürnberger Tribunal, das daraufhin 1945/46 tagte, wurden einige der Hauptkriegsverbrecher verurteilt. Insgesamt sechs Millionen Deutsche mußten schriftlich Angaben machen über ihr Verhältnis zum Regime der Nazis. - Die These von der Kollektivschuld des deutschen Volkes an Krieg und Holokaust wurde und wird verschiedentlich vertreten, wird aber aus mehreren Gründen heute meist abgelehnt.

05/38 **Ce grand Monarque qu' au mort succedera,/ Donnera vie illicite & lubrique,/ Par nonchalance a tous concedera,/ Qu' a la parfin faudra la loy Salique. (1568)**
[Ludwig XV.]
Dieser große Monarch, der dem Toten folgen wird,/ wird sich hingeben einem ungehörigen und unzüchtigen Leben./ Aus Nachlässigkeit wird er allen Zugeständnisse machen,/ bis am Ende das salische Gesetz versagt.
4) Altfr. n.f. parfin Ende (fin); à la parfin am Ende (à la fin).
Altfr. v. faillir 1° fehlen, abwesend sein, versagen (manquer)
2° es fehlen lassen an (manquer à), täuschen (décevoir)
3° enden (finir).

Das in Frankreich geltende "salische Gesetz" besagte seit 1328, daß für die Thronfolge nur die männliche Linie in Frage kam, wodurch die Söhne von Töchtern eines Fürsten von der Thronfolge ausgeschlossen waren. Wenn dieses Gesetz "versagt" oder "fällt", kann das bedeuten, daß es aufgehoben oder daß eine Dynastie aus Mangel an männlichen Nachkommen ausstirbt. - Heinrich III. war kinderlos und der letzte Valois auf Frankreichs Thron. Seine Extravaganzen trugen ihm Unverständnis und manche Verleumdung ein, aber in erotischer Hinsicht hat er, schon aus Mangel an Vitalität, kein sonderlich ausschweifendes Leben geführt. - Aus der Ehe Ludwigs XV. entsprossen acht Töchter und zwei Söhne, von denen einer früh starb; der überlebende wurde Vater des späteren Ludwig XVI. Dieser kam samt Sohn in der Revolution ums Leben. Seine ihn beerbenden Brüder blieben kinderlos oder die Kinder kamen vorzeitig um. Die dann einsetzende Linie Orléans wurde 1848 vom Thron vertrieben. - Ludwig XV. hat das Mätressenwesen (ungehöriges und unzüchtiges Leben) nicht erfunden, das dennoch mit seinem Namen in besonderer Weise verbunden ist als Folge des politischen Einflusses, den dieser König seinen Favoritinnen einräumte. Den >Bankrott des salischen Gesetzes<, d.h. das Ende des Königtums auf die Untreue Ludwigs XV. zurückzuführen, ist nicht so abwegig, wie es klingen mag. Die Willensschwäche dieses Königs und die Macht der Pompadour verdarben die politische Moral, schadeten dem Ansehen des Königtums und halfen mit, den Boden für die Revolution zu bereiten. - Die "Unbekümmertheit" (nonchalance) Ludwigs tat ein übriges: Im Jahrhundert der Aufklärung und während seiner Regierung (1724-74) wurden die nötigen Reformen versäumt. Schon während der Regentschaft waren die Weichen falsch gestellt worden, 3/15.

10/38 Amour alegre non loing pose le siege,/ Au sainct barbar
seront les garnisons,/ Vrsins Hadrie pour Gaulois feront plaige,/
Pour peur rendus de l' armee aux Grisons. (1568)
[Hitler-Stalin-Pakt/ 2.WK]
Muntere Liebe wird nicht lange die Belagerungsarmee aufstellen,/
dem >heiligen< Barbaren werden die Garnisonen gehören./
Bärige werden Hadrian wegen (der) Gallier eine Garantie geben./
(Sie werden) aus Furcht vor der Armee ausgeliefert den Grauen.

1) Mittelfr. n.m. siege 1° Ordensmahlzeit (repas de confrérie)
2° Sitzung einer Versammlung (séance d' une assemblée)
4° königlicher Thron (siège royal) 6° belagernde Armee (armée
assiegante). Im Zusammenhang mit den Garnisonen der Vz 2
ist hier an eine Armee zu denken.
3) Ursins gebildet nach dem lat. adj. ursinus vom Bären, Bären-
4) Altfr. n.m. plege 1° Bürge (celui qui se porte garant) 2° Garantie, Bürgschaft (garantie, caution).   Mittelfr. n.m. plege auch:
Pfand, Bürgschaft (gage).
Die peur de l' armée kann die Furcht der oder vor der Armee
bedeuten.
Grisons Graubündner.   Grisons kann aber auch eine reimbedingte Abwandlung von gris sein: die Grauen.
3)4) Als Subjekt zu rendus kommen die Ursins oder die Gaulois
in Frage. Gemeint sind die Gaulois.

Bedürfte es eines Beweises, daß N. das Stilmittel der Ironie einsetzt, würde
sich dieser Vers eignen: Ein "heiliger Barbar" ist ein Widerspruch in sich.
Als Barbaren sieht N. den Gemeinten. Die >Heiligkeit< ist als Anschauung
von Zeitgenossen zu verstehen, die N. nicht teilt und ironisiert. Hitler wurde,
mindestens bis Kriegsbeginn, von den meisten Deutschen als >Führer<
verehrt und ließ einen regelrechten Kult um seine Person veranstalten
(>heilig<). N. nennt ihn auch "Hadrian" wegen der Radikalität seines Vorgehens gegen die Juden, 1/8, welche die Bezeichnung "Barbar" rechtfertigt.
Barbaren sind für N. all jene, die auf dem Feld der Religion >die Sprache der
katholischen Kirche nicht sprechen<. Man könnte einwenden, daß Hitler bis
zu seinem Tod dieser Kirche angehörte. Aber N. hielt bei Hitler eine christliche Gesinnung für nicht gegeben, zu Recht. -   Der Bär steht
in Vers 5/4 für Rußland, und daher liegt es nahe, in den "Bärigen" die
Russen zu erkennen. Im Nichtangriffspakt vom August 1939 war vereinbart,
sich bei Auseinandersetzungen mit Dritten neutral zu verhalten. Hitler wollte
den Zweifrontenkrieg vermeiden. Als Motiv Stalins gibt N. "Furcht" vor der
deutschen Armee an. Das läßt sich nicht nachweisen. Stalin hat die von
Hitler ausgehende Kriegsgefahr realistischer eingeschätzt als z.B. England.
Daher war er interessiert, Hitlers Aggression gen Westen zu lenken und das
eigene Land aus einem Krieg herauszuhalten. -   Die >muntere
Liebe< der beiden Bestien Hitler und Stalin zueinander ist sarkastisch
gemeint, da sie die Beteiligten nicht hinderte, sich anschließend gegenseitig
zu beargwöhnen, 5/4. Trotz und wegen der Kriegsvorbereitungen ließ Hitler
ständig seine Friedensliebe propagandistisch verbreiten. Er hielt sein Vorhaben bedeckt, wußte es zu tarnen, und mancher fiel darauf herein, 1/34.
Daher sind die Deutschen hier "die Grauen", 6/65. -   Die
deutsche Armee war nach Abschluß des Paktes mit den Russen "nicht
lange" untätig. Schon im folgenden Monat fielen Deutsche und Russen über
das beidseitig >belagerte< Polen her. Neun Monate später ordnete Hitler,
den Pakt im Rücken, den Frankreichfeldzug an. Durch das Arrangement mit
Hitler habe Stalin die Franzosen der deutschen Aggression "ausgeliefert".

01/89 Touts ceux de Jlerde seröt dedans Mosselle,/ Metans à mort tous
ceux de Loyre & Seine:/ Secours marin viendra pres d' haulte velle/
Quand Hespagnols ouurira toute veine. (1555)

[Spanische Niederlande 1581ff]
All die von Lérida werden im Mosel(land) stehen,/
sie bringen den Tod all denen von Loîre und Seine./
Hilfe wird über 's Meer kommen von hohem Segel,/
wenn Spanier alle Adern öffnen.

1) Die Stadt Lérida, Hauptstadt der gleichnamigen nordost-
spanischen Provinz, hieß bei den Römern Jlerda.
3) velle wohl vom lat n.n. velum Segel.
4) Bei N. hat öfters das Prädikat den Singular, wo ein Plural
hingehört hätte.

Spanische Truppen an der Mosel - das müßte die Zeit vor 1648 sein, als
die niederländischen Fürstentümer, darunter Luxemburg (Mosel), um ihre
Unabhängigkeit von Spanien kämpften. - 1567 errichtete der
spanische Statthalter Herzog Alba ein eisernes Regiment in der aufmüpfigen Provinz. Der Brüsseler >Blutrat< verurteilte eine große Zahl
der adligen Rebellen zum Tode, Spanier "öffneten alle Adern". 1581
erklärten sich die Nordprovinzen für unabhängig von Spanien.
Spanische Truppen unter Alexander Farnese suchten sie zurückzu-
erobern, was zum Teil gelang, 9/49. Ab 1585 wurden die abgefallenen
Nordprovinzen offen von England unterstützt, Vz 3. - Die Liga,
die katholische Partei Frankreichs, schloß 1584 ein Bündnis mit Spanien,
um sich gegen die Hugenotten im eigenen Land durchzusetzen. 1590
schickten die Spanier ein Heer gegen Heinrich von Navarra, der Paris
belagerte. Durch die spanische Hilfe konnten Heinrichs Gegner den
Kampf bis Mai 1593 führen.

02/39 Vn an deuant le conflit Italique,/ Germain (!), Gaulois, Hespagnols
pour le fort:/ Cherra l' escolle maison de republique,/
Ou hors mis peu, seront suffoquez mors. (1555)

[Spanischer Bürgerkrieg/ Beginn 2. WK] (Kommentar S. 141)
Ein Jahr vor dem Krieg, dem italischen,/
deutschen, französischen, (kämpfen) Spanier um die Festung./
Einstürzen wird das Schulhaus der Republik,/
wenn sie, außer wenigen, tödlich überrascht sein werden.

2) N.m. fort 1. Starker 2. Stärke.3. Festung, Fort.
4) Das v. suffoquer ersticken wird metaphorisch im Sinne
einer atemberaubenden Überraschung verwendet.

02/89 Du iou (!) seront demis les deux gråds maistres/ Leur grand
pouuoir se verra augmenté:/ La terre neufue sera en ses
haults estres:/ Au sanguinaire le nombre racompté. (1555)
Variante: "Vn jour seront amis ..." (Ed. Jean Ribou, Paris 1668)

[Zeit nach zweitem Weltkrieg]
Vom Joch werden befreit sein die beiden großen Meister,/
ihre große Macht wird vermehrt zu sehen sein./
Die neue Erde wird in hohem Dasein stehen./
Dem Blutrünstigen wird die Anzahl mitgeteilt.

3) N.m. être 1. Existenz, Dasein 2. soziale Stellung.

Das Joch, von dem "die beiden großen Meister" befreit sein werden, ist
die mit der Niederringung Hitlers verbundene Last, welche den USA und

der Sowjetunion auferlegt war, Vz 1. Was die Macht dieser Länder vermehrte, Vz 2, sie zu "großen Meistern" im Sinne der politischen und ideologischen Beherrschung ihrer Sphären machte und ihnen den Namen >Supermächte< eintrug, war die während des Krieges zur Abschüttlung des "Jochs" geschaffene neue Waffe, die Atombombe. Der "neuen Erde", den USA, der von 1555 aus gesehen >neuen Welt<, sagt der Seher für die Nachkriegszeit ein "hohes Dasein" voraus, Vz 3, welches zwanglos als eine Zeit hoher Attraktivität und Machtentfaltung gedeutet werden kann. - Der "Blutrünstige" der letzten Vz kann nicht Hitler sein, dessen Tod zusammenfiel mit der Befreiung seiner Gegner vom Joch des Krieges. Es dürfte Stalin gemeint sein, der im eigenen Land eine Vielzahl von Menschen umbringen ließ. Welche Zahl ihm mitgeteilt wird, hat sich noch nicht erschlossen.

04/39 **Les Rhodiens demanderont secours/ Par le neglet de**
ses hoyrs delaissée./ L' empire Arabe reualera son cours/
Par Hesperies la cause redressée. (1568)
[Griechischer Freiheitskampf 1821-1829]
Die von Rhodos werden Hilfe fordern,/
durch die Vernachlässigung ihrer Erben verlassen./
Das arabische Imperium wird seinen Kurs wieder aufwerten./
Durch die Westmächte wird die Sache geradegerichtet.
    2) Das weibliche p.p.p. delaissée bezieht sich auf Rhodos (n.f.).
    2) Das lat. n.m. neglectus Vernachlässigung ist verkürzt zu
    negle(c)t.

"Die von Rhodos" sind die Griechen. Rhodos gehörte in klassischer Zeit zum attischen Seebund unter der Führung der athenischen Polis, in der sich die Demokratie durchgesetzt hatte. Rhodos' >Erben< sind in N.s Schau die seit 1689 bzw. seit 1789 >demokratisch infizierten< Nationen Großbritannien und Frankreich. Die Westmächte unterstützten die Idee der griechischen Souveränität zunächst nur diplomatisch (Vernachlässigung). - Ein Zentrum der griechischen Erhebung gegen die Türken in den Jahren 1821ff. lag auf der Peloponnes, 5/90. Die Osmanen (Türken) sind nun aber keine Araber, woran die Deutung scheitern würde. Das Osmanenreich heißt hier "arabisches Reich", weil es eine Armee unter einem arabischen, nämlich dem ägyptischen Statthalter des Sultans war, welche 1825 die aufständische Halbinsel unterwarf. - Die vereinten Flotten Großbritanniens, Frankreichs (Westmächte inbezug auf Griechenland) und Rußlands zerstörten dann 1827 die ägyptisch-türkische Marine in Griechenland, brachten aus europäischer Sicht die Sache in Ordnung, Vz 4.

04/89 Trente de Londres secret coniureront,/ Contre leur Roy, sur le
pont l' entreprinse:/ Luy, satalites la mort desgousteront,/
Vn Roy esleu blonde, natif de Frize. (1568)
[Jakob II./ Wilhelm III. von England]
**Dreißig von London werden sich geheim verschwören/
gegen ihren König, auf die Brücke (geht) das Unternehmen./
Ihm werden Mißgeschicke den Tod verleiden./
Ein König (wird) gewählt, blond, gebürtig von Friesland.**
3) satalites gibt und gab es nicht. Es ist hier fatalités
Verhängnisse, Mißgeschicke verschrieben.
4) Mittelfr. adj. blond goldgelb (jaune doré).
Einen großen Teil des Adels und den Episkopat der anglikanischen
Staatskirche hatte sich König Jakob II. von England durch seine Politik
zum Gegner gemacht, welche die Anglikaner zurückdrängte, Katholiken
und protestantische Dissenters dagegen begünstigte. Die Geburt eines
Sohnes Jakobs eröffnete die Aussicht auf eine katholische Dynastie. Das
war Anlaß für die Gegner, mit dem Schwiegersohn des Königs, dem protestantischen Wilhelm von Oranien, ernstlich Verbindung aufzunehmen.
Die Runde, die im Juni 1688 zusammenkam, um Wilhelm >einzuladen<,
bestand aus sieben einflußreichen Männern. Im November 1688 sollen
29 Lords öffentlich als Befürworter einer Einladung Wilhelms nach
England aufgetreten sein (unbestätigt). Ein Motiv der Hochverräter war
es, die Stellung des Königs durch die Rechte der Ständevertretung zu
beschränken, ein anderes Motiv wird in Vz 2 angedeutet: Die "Brücke"
des >Schiffes< der anglikanischen Kirche sollte von Eingriffen des Königs
zu ihren Ungunsten freigekämpft werden, 8/58. -   Als Wilhelm
im November 1688 auf der Insel landete, wurde Jakob von seinen
Truppen so halbherzig unterstützt, daß er sich nicht verteidigen noch gar
auf Leben und Tod um seinen Thron kämpfen konnte, Vz 3. Er mußte
fliehen und seine Hoffnungen auf Ludwig XIV. stellen. Im folgenden Jahr
wurde Wilhelm von Oranien zum König von England "gewählt", die
Herrschaft auf der Insel "neu zusammengefügt", 2/68. -   Wilhelms
Geburtsort Haag gehörte zur Grafschaft Holland. Sie schloß sich mit
anderen Fürstentümern, darunter der Herrschaft Friesland, ab 1648 zur
Republik der Vereinigten Niederlande zusammen. -   Wilhelm
hatte dunkelbraune Haare. Das Kennzeichen "blond", das bei einem
Holländer jeder gleich auf Haarfarbe und Teint bezieht, meint die Her-
kunft des neuen englischen Königs aus dem Haus **Orange-Nassau.**
Blond bedeutet mittelfranzösisch goldgelb, und or ist Gold. An solchem
Hintersinn hatte N. seinen Spaß.

05/39 **Du vraye rameau de fleur de lys issu/ Mis & logé heritier
d' Hetrurie:/ Son sang antique de long main tissu,/
Fera Florence florir en l' armoirie. (1568)**
[Italien 19. Jahrhundert/ Viktor Emanuel II. von Italien]
**Aus dem wahren Zweig der Lilienblume hervorgegangen,/
(wird einer) eingesetzt und nimmt Wohnung als Erbe Etruriens./
Sein uraltes Geblüt, von langer Hand ausgeheckt,/
wird Florenz in dem Wappen erblühen lassen.**

Das Lilienbanner war das Wappen der französischen Könige. -
Es wird der Graf von Chambord vorgeschlagen, Enkel Karls X. und
letzter Bourbone der älteren Linie. Geboren 1820, war er seit 1836
Thronprätendent der Legitimisten. Er heiratete die Tochter des
Herzogs von Florenz, trug aber nicht den Titel und hat daher auch nicht
Etrurien geerbt. - König Viktor Emanuel II. von Sardinien-
Piemont wurde 1861 zum König von Italien ausgerufen, dem sich das
Herzogtum Florenz (Etrurien) anschloß und in dem es aufging, 5/3.
Von 1865 bis 1870 war Florenz die Hauptstadt Italiens. - Zu Viktor
Emanuels Vorfahren zählt Heinrich IV. von Frankreich und dessen
zweite Frau Maria von Medici, Prinzessin von Toskana. Es war eine
Tochter der beiden, von welcher er herstammte, er hatte also nach
salischem Gesetz keinen Anspruch auf den Thron Frankreichs, war
aber ein "wahrer Zweig der Lilienblume". - Die Bemühungen
um die >Wiedergeburt< Italiens, begonnen 1796, gingen auf Napoléons
Feldzüge zurück und waren erst nach einem Menschenalter von Erfolg
gekrönt, waren insofern "von langer Hand ausgeheckt". - Man
kann gegen diese Deutung einwenden, daß Viktor Emanuel die Lilien
nicht im Wappen führte. Aber damit will der Vers nur auf dessen
Abkunft von den Bourbonen ein zweites Mal hinweisen.

05/89 **Dedans Hongrie par Boheme, Nauarre,/ Et par banniere
fainctes seditions:/ Par fleurs de lys pays portant la barre,/
Contre Orleans fera esmotions. (1568)**
Variante: " ... sainctes seditions ... " (Ed. Chevillot 1611)
[Österreich 1618-23]
**In Ungarn wegen Böhmen, Navarra/
und wegen (des) Banners heilige Aufstände./
Wegen Lilienblumen führt das Land den Balken,/
gegen Orléans wird es aufgebracht sein.**
1) Bohême Böhmen. La bohème in der Bedeutung von Lotter-
leben oder Künstlerleben gibt es erst seit dem 19. Jahrhundert.
2) Vorgetäuschte Aufstände sind abstrus, daher dürfte die
Variante von 1611 eher zutreffen.

Die Lilien hatten sich im 14. Jahrhundert als Wappenzeichen der französischen Könige durchgesetzt. Das Herzogtum Orléans gehörte seit der
Zeit Hugo Capets zu den Krondomänen und steht wie die Lilien für Frankreich. Das Wappenschild des Erzherzogtums Österreich, des Kernlandes
der Habsburger, hatte einen weißen Balken auf rotem Grund. Das Königreich Ungarn war wie Böhmen seit 1526 Teil des habsburgischen
Besitzes und steht hier für Österreich-Ungarn im ganzen. - Dort
also werde es zu religiös motivierten Aufständen kommen. Frankreich
werde den Habsburgern zu Hilfe kommen, Vz 3, und so zu Gegnern der

Rebellen werden, Vz 4. -   Seit 1617 König von Böhmen,
wurde der 1619 zum Kaiser gewählte Habsburger Ferdinand II. von den
mehrheitlich protestantischen böhmischen Ständen nicht anerkannt. Sie
stellten Friedrich von der Pfalz zum Gegenkönig auf, Vz 2. An dem
darauf ausbrechenden böhmisch-pfälzischen Krieg nahm Frankreich nicht
teil, duldete aber aktiv die Niederschlagung des Aufstands durch eine von
Österreich angeführte katholische Liga (Hinrichs 1994). Unter Ludwig
XIII. wurde anfangs die antihabsburgische Politik seiner Vorgänger nicht
fortgesetzt, worauf man in Böhmen gehofft hatte. Später hat Frankreich
im dreißigjährigen Krieg Schweden unterstützt. -   Das Navarre
der ersten Vz fügt sich in diese Deutung, wenn es als Deckname für den
Protestantismus schlechthin verstanden wird. 1589 war in Frankreich mit
dem König von Navarra ein Hugenotte auf den Thron gelangt. "Navarre"
war dem katholischen Eiferer N. Name und Inbegriff für aufmüpfiges
Ketzertum.

06/89   Entre deux cymbes piedz & mains estachés,/ De miel face oingt,
        & de laict substanté:/ Guespes & mouche fitine amour fachés,/
        Poccilateurs faucer, Cyphe tempté. (1568)
        [Ludwig XVI./ Französische Revolution]
        Zwischen zwei Becken angebunden Füße und Hände/
        des mit Honig gesalbten Antlitzes, mit Milch darunter./
        Wespen und Fliegen, (aus) Dreckskübelliebe erzürnt,/
        Mundschenke üben Verrat, Becher in Versuchung geführt.
        1) Altfr. n.m. cimble, cimbe Zimbel, Becken (cymbale).
        Altfr. v. estachier 1° anbinden, fesseln (attacher) 2° einrammen
        (ficher) 4° durchbohren (transpercer).
        3) N.f. tine Kübel. Interjektion fi pfui !
        4) Poccilateur nach dem lat. n.m. pocillator Mundschenk.
        Cyphe nach dem lat. n.m. scyphus Becher, Pokal.
Das mit Honig und Milch gesalbte Antlitz meint einen in herkömmlicher
Weise auf den Thron gelangten König, 1/57. Zimbeln, Trompeten und
Glocken erklangen im Alten Testament, wenn ein neuer König den Thron
bestieg, 2/44. -   Des Königs Hände und Füße sind zwischen
zwei Becken gebunden, d.h. er ist gezwungen, den neuen Herren zu
huldigen, kann sich nicht entziehen. Gemeint ist Ludwig XVI., der nach
gescheitertem Fluchtversuch, **9/20**, sich in die Obhut des Konvents begeben und den Eid auf die Verfassung ablegen mußte. -   Die
neuen Herren erscheinen als lästige, Unflat liebende und in ihrem Zorn
gefährliche Insekten. Die Kirche werde von ihnen "in Versuchung
geführt" oder "auf die Probe gestellt" werden, die manch ein Spender der
Kommunion ("Mundschenk") nicht bestehen werde. Etwa ein Drittel des
französischen Klerus war bereit, den Eid auf die republikanische
Verfassung zu leisten, d.h. sich dem neuen Staat zu unterstellen.

09/89 Sept ans sera Philip fortune prospere,/ Rabaissera des
Arabes l' effaict,/ Puis son mydi perplex rebors affaire,/
Ieune ognyon abysmera son fort. (1568)
Variante: "... des Arabes l' effort" (Ed. Chevillot 1611)
**[Louis-Philippe] Sieben Jahre wird Philipp (das) Glück hold sein,/
erniedrigen wird er das Bemühen der Araber./
Dann sein Süden ratlos, die Sache ins Gegenteil verkehrt,/
junge >Zwiebel< wird seine Macht in den Abgrund stürzen.**
2) Nur die Variante von 1611 erfüllt den Endreim.
4) ognion hier aufgefaßt als ein abgewandeltes oignon Zwiebel.
1) bis 4) Wie oft, stellen die Vz 1/2 die erfolgreiche und Vz 3/4
die enttäuschende Phase einer Herrschaft schematisierend dar.

Der Bürgerkönig Louis-Philippe war nur zu Beginn populär, als man sich
noch Reformen von ihm erhoffte.   Seine Regierung nahm gegen die
vielen Revolten zu einer repressiven Politik Zuflucht. "Sieben Jahre" des
Glücks können nicht exakt bestätigt werden. -   Mit der Erniedrigung
der Araber ist die schrittweise Eroberung Algeriens gemeint.   1839/40
war der Höhepunkt der Orient-Krise, in der es um Ägypten und Syrien
ging.   Frankreich stand allein gegen die anderen europäischen Mächte.
Der König machte angesichts der Kriegsgefahr einen Rückzieher und
spielte von da an, außer in Algerien, keine Rolle mehr im Mittelmeerraum,
Vz 3. -   Von den Unruhen im Februar 1848 gezwungen, dankte
Philippe zugunsten seines neunjährigen Enkels ab.   Dieser minderjährige
Thronfolger wird unter dem Bild der >Zwiebel<, d.h. einer noch nicht auf-
geblühten Lilie erfaßt, weil er einem Zweig der Bourbonen entstammte,
die die Lilie in ihrem Wappen führten.   Da er nicht durchgesetzt werden
konnte, ging mit ihm die Macht des Hauses Orléans unter.

10/39 Premier fils vefue malheureux mariage,/ Sans nul enfans
deux Isles en discord,/ Avant dixhuict incompetant eage,/
De l' autre pres plus bas sera l' accord. (1568)
**[Franz II./ Karl IX.]
Erster Sohn (der) Witwe (führt eine) unglückliche Ehe/
ganz ohne Kinder, zwei Inseln in Zwietracht/
vor achtzehn, (in) unfähigem Alter./ Dem anderen, Verwandten
wird (in) noch niedriger(em Alter) die Zustimmung (gegeben) werden.**
"Erster Sohn" der durch den Unfalltod ihres Gatten verwitweten Katharina von Medici war Franz II., der 1559 fünfzehnjährig König von Frankreich wurde.   1558 hatte er die ein Jahr ältere Maria Stuart geheiratet.
Die Ehe der beiden Halbkinder wurde wahrscheinlich nie vollzogen,
blieb kinderlos und war nach den damaligen Maßstäben schon deshalb
nicht glücklich.   Franz war labil, chronisch krank und starb Ende 1560,
noch vor Erreichen des achtzehnten Lebensjahrs, Vz 3.   Volljährig seit
seiner Heirat, war er wegen der Schwäche der natürlichen Autorität
eines Halbwüchsigen und wegen seiner Kränklichkeit in "unfähigem
Alter", das Amt des Königs auszufüllen. -   Seine Witwe Maria
Stuart ging 1560 zurück nach Schottland.   Ihr Anspruch auf den englischen Thron führte zur "Zwietracht" zwischen >zwei Inseln<, zumal
Elisabeth I. die schottische Opposition gegen Maria unterstützte. -
König Franz folgte der zehnjährige Karl als der IX. seines Namens auf
den Thron, ihm wurde der Treueid geschworen, die "Zustimmung"
gegeben.

Vn an deuant le conflit Italique,
Germain (!), Gaulois, Hespagnols pour le fort :
Cherra l' escolle maison de republique,
Ou, hors mis peu, seront suffoqués morrs.

(Urfassung bei Macé Bonhomme, Lyon 1555)

Übersetzung der Urfassung:

Ein Jahr vor dem Krieg, dem italischen,
deutschen, französischen, (kämpfen) Spanier um die Festung.
Einstürzen wird das Schulhaus der Republik,
wenn sie, außer wenigen, tödlich überrascht sein werden.

Kommentar zu 2/39:

Der Bürgerkrieg in Spanien brach 1936 aus, doch erst im März 1939 konnten die
Truppen der Falange unter General Franco den republikanischen Widerstand
brechen und die Hauptstadt einnehmen, die hier wegen ihres Belagerungs-
zustandes "Festung" heißt. Die Schlacht um Madrid endete im **März 1939** mit dem
Sieg der Nationalisten/Faschisten. Der zweite Weltkrieg begann im September
1939 mit dem Überfall auf Polen. Doch für Frankreich, dessen Perspektive der
Seher meist einnimmt, begann dieser Krieg erst im **Mai 1940**, also etwas mehr als
ein Jahr nach dem Endkampf in Spanien.

Der zweite Weltkrieg heißt hier der "italische, deutsche, französische Krieg". Die
drei Länder waren am Krieg beteiligt, aber es wurden erheblich mehr Länder
hineingezogen, es war ein Weltkrieg. Die Beschränkung auf die genannten drei
scheint willkürlich. Eine Erklärung dafür bietet aber die Zeit Frühsommer 1940.
Der deutsche Westfeldzug begann im Mai und endete im Juni 1940. Am 10. Juni
erklärte auch Italien Frankreich den Krieg, der dann zwei Wochen lang an der
Alpenfront geführt wurde. Diesen Nebenkriegsschauplatz hat N. gesehen, **1/93**.
Einwenden läßt sich, daß im Frühsommer 1940 auch Skandinavien und Großbritannien schon in den Krieg einbezogen waren.

Das "Schulhaus der Republik" fügt sich in diese Deutung, wenn darunter die
französische Republik verstanden wird. Die Staatsform einer demokratischen
Republik konnte sich im neuzeitlichen Europa erstmals in Frankreich 1789ff.
durchsetzen. Das Spanien der 30er Jahre des zwanzigsten Jahrhunderts ist in der
Schau des N. gewissermaßen bei seinem nördlichen Nachbarn >in die Schule
gegangen<, als es 1931 seinen König vertrieb und damit die Lunte eines Bürgerkrieges legte, die fünf Jahre später zündete.

Der >Einsturz< dieses >Schulhauses< ist ein Bild für die Niederlage Frankreichs
und die anschließende Fremdherrschaft. Sie kamen für die meisten Franzosen
sehr überraschend. Sie waren entsetzt, weil sie im Fall eines Krieges ihrer
defensiven Strategie, 4/80, zugetraut hatten, die Deutschen in einen Stellungs-
kampf ähnlich wie 1914ff. verwickeln zu können. Stattdessen konnte der deutsche
Gegner einen Durchmarsch mit atemberaubendem Tempo vortragen. Der größte
Teil des Landes wurde besetzt (außer wenigen).

"Trotz seines Rüstungsrückstands galt Frankeich 1939 aufgrund der zahlenmäßi-
gen Stärke seiner Truppen nach wie vor als Europas führende Militärmacht.
Niemand rechnete daher im Mai 1940 mit einem schnellen Ende der Kämpfe. Um
so größer war das Erstaunen auf der einen, das Entsetzen auf der anderen Seite,
als die französischen Linien schon nach wenigen Tagen durchstoßen wurden."
(Kleine Geschichte Frankreichs, Hinrichs 1994)

**01/40   La trombe faulse dissimulant folie/ Fera Bisance vn changement
de loys:/ Hystra d' Egypte qui veult que l' on deslie/
Edict changeant monnoyes & aloys. (1555)**
[Erster Weltkrieg/ Türkei 1917ff.]
**Der unsinnige Aufruhr, der Narrheit verbirgt,/
wird Byzanz eine Wandlung der Gesetze einbringen./
Es wird ausgehen von Ägypten, welches will, daß man es entbindet./
(Eine) Verordnung ändert Münzen und Legierungen.**

1) N.f. trombe Windhose, Wasserhose. Metaphorisch bedeutet
trombe ein schlagartig einsetzendes, Lärm und Aufregung
bringendes Geschehen.
3) Die Futurform hystra kommt vom altfr. v. issir oder istre
1° ausgehen, herkommen (sortir) 2° sich entfernen (s' ecarter),
sich zurückziehen (se soustraire), > lat. exire
4) Altfr. n.m. aloi Münzgeld aus Metallegierungen (monnaie d'
alliage).

Ägypten strebte im 19. Jahrhundert nach Unabhängigkeit vom Osmanenreich. Seit 1866 durfte es eigene Münzen prägen. N. nennt das wohl als
Beispiel für die Auflösungserscheinungen des >kranken Mannes am
Bosporus<. So wurden die Osmanen damals in Europa eingeschätzt.
Dies ist der Ausgangspunkt (hystra). Das Geschehen, das dem Reich der
Osmanen den Todesstoß versetzte, es grundlegend wandelte, war der
erste Weltkrieg. -   Er heißt hier "unsinniger Aufruhr, der Narrheit
verbirgt". Dieses Urteil haben die meisten Zeitgenossen nicht geteilt, aber
aus der Distanz von heute wie von 1555 trifft es gleichermaßen zu. Durch
ihr Bündnis mit den Mittelmächten gehörten die Osmanen zu den Verlierern des Krieges. Die alte Ordnung von Sultanat und Kalifat konnte
nicht erhalten werden. Aus dem Rumpf des Osmanenreiches wurde die
säkulare türkische Republik (changement de loys).
   ---> 5/90 (Auflösung Osmanenreich)
   ---> 2/90 (Zeit nach 1.WK)

**04/40   Les forteresses des assieges sarrés/ Par poudre à feu
profondés en abysme:/ Les prroditeurs seront touts vifs serrés/
Onc aux sacristes n' auint si piteux scisme. (1555)**
[Religionskriege 16./17. Jahrhundert]
**Die Festungen der Belagerten eingeschlossen,/
durch Pulver mit Feuer geworfen in (den) Abgrund./
Die Verräter werden alle lebendig eingesperrt werden,/
nie gab es bei den Dienern der Kirche ein so erbärmliches >Schisma<.**

1) V. sarrer ist ein provencalisch abgewandeltes serrer.
4) N.m. sacristain Kirchendiener, Küster, Mesner.

Es geht um unterschiedliche Auffassungen vom Glauben. Wegen der
bedauernden Haltung des Sehers (piteux scisme) ist es der christliche
Glaube. N.s Standpunkt ist der eines unversöhnlichen Katholiken, **5/72**.
"Verräter" des wahren Glaubens, wie er ihn versteht, werden "lebendig
eingesperrt" in Festungen, die belagert und bekriegt werden. So erging
es vielen Hugenotten, die sich in befestigte Städte, z.B. 1628 nach La
Rochelle zurückzogen, um gegen Angriffe der Katholiken geschützt zu
sein. Die Religionskriege in Frankreich begannen 1562, sieben Jahre
nach Veröffentlichung des Verses. -   Es wird eingewandt, daß
die Hugenotten eigene Glaubensgemeinschaften bildeten, die von vorn-

herein außerhalb der Kirche standen und daher kein Schisma, keine Kirchenspaltung betrieben (Pfändler 1996). In der Tat versteht die katholische Kirche unter einem Schisma, daß hochgestellte Kleriker in kirchenpolitischen Fragen die Unterordnung unter den Papst verweigern und die ihnen folgende Teilkirche abspalten. Reformchristliche Gemeinden, die >von unten< aufgrund von Differenzen in Lehre und Liturgie entstehen, verursachen in diesem Sinn kein Schisma. Aber diese Unterscheidung ist eine akademische, weil beides auf dasselbe hinauskommt: Christen, die vorher vereint einer Kirche angehörten, sind danach in zwei Kirchen getrennt. Die Unterscheidung in Ehren, doch an der Deutung ändert sie nichts. Wer es genau nimmt, wird von einem >Schisma< sprechen. Man kann aber auch scisme mit Glaubensspaltung übersetzen, weil N.s Sprache nun einmal alles andere als technisch exakt ist.

02/90 Par vie & mort changé regne d' Ongrie:/ La loy sera plus aspre que seruice,/ Leur grand cité d' vrlemêts plaincts & crie:/ Castor & Pollux ennemis dans la lyce. (1555)
[Ungarn 1918ff.] (Kommentar S. 147)
Auf Leben und Tod verwandelt die Herrschaft von Ungarn,/ das (neue) Gesetz wird härter sein als Dienst./ Ihre große Stadt (erfüllt von) Heulen, Klagen und Schrei(en)./ Castor und Pollux (sind) Feinde auf dem Kampfplatz.
4) N.f. lice Turnierplatz, Kampfplatz.
---> 1/40 (Zeit nach 1.WK)

05/90 Dans les cyclades, en perinthe & larisse,/ Dedans Sparte tout le Peloponnesse:/ Si grand famine, peste par faux connisse,/ Neuf mois tiendra & tout le cherronesse. (1568)
Variante: " ... peste, paix, par faux connisse" (Ed. J. Ribou 1605)
[Osmanenreich und Griechenland 1821-29]
Auf den Zykladen, in Perinth und Larisa,/ in Sparta, auf dem ganzen Peloponnes/ sehr schwere Hungersnot, Seuche durch falsche Freunde,/ neun Monate wird sie anhalten und die ganze Halbinsel (erfassen).
3) conisse steht reimbedingt, wird aufgefaßt als Abwandlung von connaissance Bekannter, Freund.
4) Griech. n.f. chersonesos Halbinsel. So hieß insbesondere die Halbinsel Gallipoli (thrakische Chersones) und die Krim (taurische Chersones).
Die Zykladen, Larisa, Sparta und der Peloponnes sind heute griechisch, Perinth am Marmarameer ist türkisch. -   Es wird hier der griechische Freiheitskampf gegen die Herrschaft der Osmanen 1821-29 erkannt. Die "Hungersnot" wäre als Freiheitshunger zu verstehen, die "falschen Freunde" wären Engländer, Franzosen und Russen, die die Griechen unterstützten. Die Idee der griechischen Freiheit hatte in Europa viele Sympathisanten. Manch Philhellene (Griechenfreund) ging in das Land der antiken Demokratie und Knabenliebe und förderte den Aufstand. Aber erst nach der Besetzung des Peloponnes durch den ägyptischen Vasallen des Sultans 1824/25 griffen die Großmächte 1827/28 zugunsten der Griechen ein, 4/39. Im Jahr 1829 dann Friedensschluß mit griechischer Souveränität. -   Die "neun Monate" waren also neun

Jahre, es scheint nicht zu passen. Aber am Ende des Freiheitskampfes hatte das griechische Volk unter Mithilfe gleich mehrerer Hebammen einen neuen souveränen Staat >geboren<. Das Bild von Schwangerschaft und Geburt verwendet N. gelegentlich für die Entstehung selbständiger neuer Staaten, 8/97. - Dem Seher, jeglicher Demokratie abhold, 9/78, erscheinen alle Ideen, die den Kampf gegen eine monarchische Herrschaft propagieren, als >Seuche<. Daß die Griechen als orthodoxe Christen sich gegen die Herrschaft des islamischen Sultan wehrten, war für ihn ein minder bedeutsamer Gesichtspunkt.
---> 1/40 (Auflösung Osmanenreich)

05/40 Le sang Royal sera si tresmeslé,/ Contraints seront Gaulois
de l' Hesperie:/ On attendra que terme sois coulé,/
Et que memoire de la voix soit perie. (1568)
[Französische Revolution]
Das königliche Blut wird sehr stark vermischt sein,/
genötigt werden Gallier von den Hesperiden her./
Man wird warten, bis eine Frist verstrichen/
und die Erinnerung an die Zustimmung untergegangen ist.
    4) N.f. voix Stimme konnte auch Zustimmung (consentement)
    bedeuten. Idiom: Il a la voix et approbation du peuple = Er hat
    Zustimmung und Billigung des Volkes (großer Larousse).
Bei der Vermischung königlichen Blutes könnte man an die Heirat von Adligen mit Bürgerlichen denken, vor 1789 undenkbar. Aber mit dem >königlichen Blut< ist eher das lebendige Königtum gemeint. Dieses >Blut< werde mit Elementen einer anderen Ordnung vermischt und so immer weiter >verdünnt< werden. Das geschah in Frankreich seit 1789, in England schon seit 1689. Den Ausgangspunkt der Entwicklung sieht N. bei den Hesperiden, d.h. im Westen, nämlich in der Anziehungskraft der aufklärerischen Ideen, die sich in England früher entfalten konnten als auf dem Kontinent. Gezwungen zu deren Übernahme wurden die Franzosen nicht. Mit der geistigen "Knechtschaft" seines Heimatlandes, 2/87, meint N. die >Herrschaft fremder Ideen<. - Der Seher deutet wie in 2/10 an, daß es auch wieder anders kommen werde. Über die "Frist" bis dahin ist nur zu erfahren, daß sie währt, bis das Königtum >vergessen< wurde, d.h. gar nicht mehr ernsthaft als Alternative zur Demokratie in Betracht kommt, weil diese in ähnlicher Weise als die einzig akzeptable Ordnung des Gemeinwesens gilt wie zu Zeiten des Sehers die Monarchie.
---> 10/40 (FR)

10/40 Le ieune nay au regne Britannique,/ Qu' aura le pere mourant
recommandé,/ Iceluy mort LONOLE donra topique,/
Et à son fils le regne demandé. (1568)
[Französische Revolution]
Der Junge erschienen in der britischen Regierung,/
was der sterbende Vater empfohlen haben wird./
Wenn dieser tot ist, wird (man) Olonne ein örtliches Heilmittel geben,/
und von seinem Sohn (wird) die Herrschaft gefordert.
    3) N.m. topique örtlich wirkendes Heilmittel.
William Pitt der Ältere starb im Jahr 1778. Sein Sohn wurde erstmals 1783 britischer Premierminister und blieb es mit einer Unterbrechung bis

1806. - Olonne ist eine Küstenstadt in der Vendée, wo es 1793 zu einem Aufstand der Königstreuen kam, 5/33. Im selben Jahr trat Großbritannien der Koalition gegen Frankreich bei und unterstützte die französischen Royalisten in der Vendée. Gegen eine Revolution, die das Zentrum und von daher fast das ganze Land erfaßt hatte, verordnete man ein "örtliches Heilmittel", das wirkungslos bleiben mußte. Von Großbritannien unter Führung Pitts wurde "die Herrschaft gefordert", nämlich die des Königs in Frankreich, doch 1793 noch ohne Erfolg.
—> 5/40 (Französische Revolution)

09/90   Vn capitaine de la grand' Germanie/ Se viendra rendre
par simulé secours/ Au Roy des roys ayde de Pannonie,/
Que sa reuolte fera de sang grand cours. (1568)
[Hitler/ Zweiter Weltkrieg]
Ein Feldherr des großen Germaniens/
wird nachgeben wollen durch vorgetäuschten Beistand./
Dem König der Könige (kommt) Hilfe von Pannonien,/
und sein Umsturz wird ein großes Blutvergießen bewirken.

2) V. venir mit Infinitiv bezeichnet den Zweck. V. se rendre sich wohin begeben, fahren; nachgeben, anerkennen.
4) Mittelfr. n.f. révolte konnte schon Aufstand bedeuten. Mittellat. n.f. revolutio Rückkehr, Umdrehung, 1/54.

"Germanien" ist ein Deutschland, das sich an seiner >historischen Größe< orientiert. Treibende Kraft des Größenwahns war Hitler, der sich für einen begnadeten "Feldherrn" hielt. - Seine Expansionspolitik überschritt zunächst die Schwelle des Krieges nicht. Er war bereit, "nachzugeben", sich zu verständigen. Abkommen wurden geschlossen, z.B. mit dem Vatikan, Italien, England, später auch mit Stalin. Als Motiv für die Annexionen wurde angegeben, die deutschen Minderheiten außerhalb des Reichs >heimholen<, ihnen beistehen zu müssen. In Wirklichkeit war die Eroberung Selbstzweck, das Motiv des "Beistandes" war "vorgetäuscht". - Pannonien hieß eine römische Provinz in der ungarischen Tiefebene westlich der Donau bis hinauf nach Wien. Österreichs Nazipartei war stark genug, um im März 1938 den Eindruck einer freiwilligen >Heimkehr ins Reich< erwecken zu können und so dem Okkupator bei der Verwirklichung seines Plans zu "helfen". - Der zweite WK war Hitlers "Umsturz", weil er das Ergebnis des ersten WK korrigieren, die >Freiheit< für sein Volk wiedergewinnen wollte, **5/29**. Während der Krieges wurde der deutsche Diktator zum Herrscher über große Teile des Kontinents, zum "König der Könige", der nach Gutdünken Gouverneure in den eroberten Ländern einsetzte.

10/90   Cent foys mourra le tyran inhumain,/ Mys à son lieu scauant
        & debonnaire,/ Tout le senat sera dessoubz sa main,/
        Faché sera par malin temeraire. (1568)
        [Napoleon I./ Ludwig XVIII.]
        Hundertmal wird sterben der unmenschliche Tyrann,/
        an dessen Stelle ein Gebildeter und Gutmütiger gesetzt (wird)./
        Der ganze Senat wird in seiner Hand sein./
        Erzürnt wird er sein über einen leichtfertigen Übeltäter.
        Die bekannte Deutung auf Napoléon I. und seinen Nachfolger paßt. Als
        einen "unmenschlichen Tyrannen" bezeichnet N. den Kaiser wegen
        seiner Untaten gegen die Kirche, 1/76, und seiner verlustreichen
        Schlachten, 1/60.   "Hundertmal", nämlich hundert Tage lang mußte
        Napoléon nach seiner Rückkehr von Elba erfahren, daß er zwar die
        Armee noch für sich gewinnen konnte, die Begeisterung der Franzosen
        für sein Kaisertum aber weitgehend dahin war.   Er wollte sich als
        Bewahrer der Errungenschaften der Revolution darstellen.   Aber
        während der Herrschaft der hundert Tage gab es im Land royalistische
        Aufstände, viele Franzosen hatten genug vom Empire, >glaubten< nicht
        mehr an Napoléon.   Cent fois hundertmal lautet gleich wie sans foi, was
        ohne Glauben bedeutet. -   Ludwig XVIII., ein Protegé der
        Engländer, wurde von der Koalition der Sieger als König "eingesetzt",
        konnte auf seinen Thron zurückkehren.   Gebildeter als seine beiden
        Brüder, hatte er sich in den Jahren der Emigration mit der Frage des
        Ausgleichs zwischen Königtum und der durch die Revolution ent-
        standenen bürgerlichen Ordnung befaßt.   Er betrieb eine Politik der
        Versöhnung.   Die von ihm erlassene Verfassung erhielt die Verwal-
        tungs- und Rechtsprechungsinstanzen des Empire und verzichtete auf
        Vergeltung und Verfolgung.   Die Mitglieder der Pairskammer ernannte
        er, die Abgeordnetenkammer konnte er auflösen, beide Körperschaften
        waren insofern "in seiner Hand". -   In der letzten Vz ist die
        Ermordung eines Mitglieds des Königshauses 1820 gemeint, 3/96, die
        eine Abkehr des Regimes von seiner bis dahin liberalen Politik bewirkte.

Par vie & mort changé regne d' Ongrie:
La loy sera plus aspre que seruice,
Leur grand cité d' vrlemêts plaincts & crie:
Castor & Pollux ennemis dans la lyce.

(Urfassung bei Macé Bonhomme, Lyon 1555)

Übersetzung der Urfassung:

Auf Leben und Tod verwandelt die Herrschaft von Ungarn,
das (neue) Gesetz wird härter sein als Dienst.
Ihre große Stadt (erfüllt von) Heulen, Klagen und Schrei(en).
Castor und Pollux (sind) Feinde auf dem Kampfplatz.

Kommentar zu 2/90:

In **5/72** sind als Gesetz der Sonne das christliche Sittengesetz im allgemeinen und
die Gebote des Priesterstandes im besonderen angesprochen. Das Beieinander
von Glaube und Gesetz (foy & loy) in 8/76 läßt erkennen, daß dort unter loy das
von Gottes Gnaden verliehene Königtum und die darauf gegründete Rechtsordnung verstanden wird. In **2/8** sind mit den "ersten und menschlichen Rechten"
(loys premieres & humaines) die von der Philosophie der Aufklärung entwickelten
Menschenrechte gemeint, die 1776 in Amerika und 1789 in Frankreich zur Grundlage der staatlichen Ordnung erklärt wurden. Die "fremden und grundlosen
Gesetze" (lois barbares & vaines) in **1/8** sind die Verfügungen der deutschen
Militärkommandantur während der Besetzung der italienischen Hauptstadt im
zweiten Weltkrieg - loi ist dort also eine militärisch erzwungene Fremdherrschaft
ohne geistige Grundlage.

**Demnach meint der Seher mit einer loy nicht ein einzelnes Gesetz, sondern
eine Rechtsordnung als ganze sowie die in ihrem Rahmen ausgeübte
Herrschaft. Eingeschlossen ist, sofern vorhanden, das zugrundeliegende
geistige, namentlich religiöse oder philosophische Prinzip.**

Hier geht es um die Veränderung oder Verwandlung der "Herrschaft" (regne) in
einem Land, woraufhin dort eine Ordnung ensteht, die mit der bisher geltenden
verglichen wird (plus aspre), dieser gegenüber also neu ist.

Das "Dienen" und die "Dienerschaft" (service) früherer Zeiten fanden ihr Gegen-
stück im "Herrschen" und der "Herrschaft" (regne). Diese Zeiten sind in Ungarn
mit dem Zusammenbruch des Habsburgerreiches am Ende des ersten Weltkrieges
zu Ende gegangen.

Der Seher kündigt an, daß es den Menschen in der neuen staatlichen Ordnung
nicht besser als zuvor gehen werde, sondern daß diese "härter" sein werde als
die alte. Castor und Pollux sind Zwillingsbrüder der römischen Mythologie. Wenn
Brüder sich im neuen Staatswesen feindlich gegenüberstehen, gehen die Gegensätze quer durch die Familien und das ganze Volk.

Nach dem ersten Weltkrieg wurde Ungarn, ehedem Zentrum eines Kaiserreichs,
zu einem Kleinstaat zurechtgestutzt. 1918 wurde die Republik ausgerufen, 1919
kam eine Räteregierung unter Bela Kun an die Macht, der im selben Jahr aus dem
Land vertrieben wurde. Nach dem an der Seite Deutschlands verlorenen zweiten
Weltkrieg wurde das Land unter Stalins Herrschaft >von Faschisten gesäubert<.
Es mußten damals alle Ungarn mit Verfolgung rechnen, die nicht kommunistischer
Gesinnung waren. Im Volksaufstand von 1956 entlud sich der Unmut über die
kommunistische Herrschaft, er wurde blutig niedergeworfen.

01/42 Le dix Kalendes d' Apuril de faict Gotique/ Resuscité encor
par gens malins:/ Le feu estainct, assemblée diabolique/
Cherchant les or du (!) d' Amant & Pselyn. (1555)
[1792] Der Tag zehn vor den Kalenden des April der gotischen Tat/
(wird) nochmals wiederauferweckt durch üble Leute./
Das Feuer gelöscht, (eine) teuflische Versammlung/
auf der Suche nach dem dreckigen Gold von Amant und Psellos.
> 1) Die Übersetzung "Der Tag zehn vor..." beruht darauf, daß
> mit dem Wort "Kalenden" der altrömische Kalender und
> seine Zählweise aufgerufen ist.
> 4) les or du ist kein Französisch. Les ordures Schweinereien
> vom n.f. ordure Unrat, Dreck, Schweinerei. N.m. or Gold.
> Daher der Vorschlag "dreckiges Gold".

Die altrömischen Kalenden waren der Name des Monatsersten. Die Tage
wurden gezählt durch Rückrechnung jeweils von den Kalenden, Nonen
und Iden. Somit kommt man hier auf den 22. März, d.h. das Frühlings-
äquinoktium. - Im September 1792 wurde in Frankreich eine
neue Zeitrechnung eingeführt, die mit dem Jahr 1 der Republik begann,
VH (35). Man verlegte den Jahresbeginn auf den 22. September, d.h. auf
das Herbstäquinoktium. Man wollte die christliche Zeitrechnung ganz aufgeben und einen rationalen, von allem >Aberglauben< befreiten Kalender
einführen. Damit näherte man sich heidnischen Bräuchen, die seit Urzeiten die Tag- und Nachtgleichen wie auch die Sommer- und Winter-
sonnenwenden feiern. Die Goten waren ein germanisches Volk, dessen
westlicher Teil sich als erstes "barbarisches" Volk in großer Zahl Zutritt
ins römische Reich verschaffte. N. will andeuten, daß mit dem neuen
Kalender heidnisches Wesen in die bis dahin christlich geprägte Kultur
Europas einbrach. - Die "diabolische Versammlung" ist dann
der französische Nationalkonvent, der am 24.11.1793 (rückwirkend) den
neuen Kalender beschloß. Das ausgelöschte Feuer ist ein Bild für das
Verlöschen der alten Zeit und ihres Kalenders. Für N. sind es "üble
Leute", die von der christlichen Tradition abweichen. - Psellos,
Philosoph und Staatsmann im Byzanz des 11. Jahrhunderts, beschreibt
(De operatione daemonum) Zeremonien, die in gotteslästerlicher Absicht
am Karfreitag vorgenommen wurden, woraufhin Zügellosigkeit die Teil-
nehmer erfasse. Wohin der Sturz der alten Ordnung führen werde, ist
damit angedeutet. Mit Amant ist vielleicht Ammon, der ägyptische Götter-
könig gemeint, was erneut auf das Heidentum der Revolutionäre verweist.
Das >Gold< meint die hohe Wertschätzung der neuen Zeit durch die
Zeitgenossen, welche N. ganz anders beurteilt (dreckig).
—> 6/92 (FR)

02/92 Feu couleur d' or du ciel en terre veu:/ Frappe du hault, nay, (!)
faict cas merueilleux:/ Grâd meurtre humâi: prîs du grâd le nepueu,/
Morts d' espectacles eschappé l' orguilleux. (1555)
[Deutsch-französischer Krieg 1870/ Napoléon III.] (Kommentar S. 151)
Feuer (von der) Farbe des Himmelsgoldes (wird) auf Erden gesehen./
Geschlagen von oben, (wieder) erschienen, nimmt es einen erstaunlichen
Ausgang./
Großes Gemetzel, gefangen vom Großen der Neffe,/
einem spektakulären Tod entkommen der Stolze.
> 2) Zum altfr. n.m. cas s. Anm. zu 2/55 (S. 24).
> 4) wörtlich: "... Todesfällen der Spektakel entkommen ..."
—> 5/92 (Napoléon III.)

05/92 Apres le siege tenu dixsept ans,/ Cinq changeront en tel
reuolu terme:/ Puis sera l' vn esleu de mesme temps,/
Qui des Romains ne sera trop conforme. (1568)
[Louis-Philippe/ Zweite Republik/ Napoléon III.] (Kommentar S. 152)
Nachdem der Thron siebzehn Jahre besetzt war,/
werden fünf wechseln in solcher Umlaufsfrist./
Dann wird für dieselbe Zeit der eine gewählt werden,/
der mit den Römern nicht allzu sehr übereinstimmen wird.
2) Adj. revolu vergangen, (zeitlich) vollendet, vom lat. Ursprung
her: zurückgekommen. Lat. n.f. revolutio Rückkehr, Umlauf von
Himmelskörpern.
V.i. changer hier ohne Sachobjekt (de quelque chose).
2) Mit "solcher Umlaufsfrist" ist hier das Jahr gemeint. Angaben
dieser Art beziehen sich nicht immer auf das Sonnenjahr. In
1/15 (Bd.2) ist vom Marsjahr, in 3/97 vom Mondjahr die Rede.
—> 2/92 (Napoléon III.)
—> 8/42 (Louis-Philippe)

06/92 Prince de beauté tant venuste,/ Au chef menée, le second
faict trahy:/ La cité au glaive de poudre face aduste,/
Par trop grand meurtre le chef du Roy hay. (1568)
[Französische Revolution/ Ludwig XVI./ Robespierre]
Fürst von liebenswürdiger Schönheit,/
sie (wird) zum Vorgesetzten geführt, die zweite Sache verraten./
Die Stadt (gehört) dem Schwert, vom Pulver Antlitz verbrannt./
Wegen zu reichlichen Mordens der Vorgesetzte des Königs gehaßt.
1) Lat. adj. venustus schön; liebenswürdig.
2) Das weibliche p.p.p. menée ist erklärt, wenn es die
"Schönheit" ist, die vorgeführt wird.
3) Lat. v. adurere verbrennen, p.p.p. adustus verbrannt.
Die Porträts des XVI. Ludwig zeigen einen gutmütigen und üppig
genährten Mann, der nach Maßstäben des Rokoko auch schön gewesen
sein mag. Für N. aber ist er >schön<, weil er die alte, im Glauben
gegründete Ordnung verkörpert. -   Wenn der gemeinte
König einen "Vorgesetzten" hat, dem er vorgeführt wird, ist das ein sehr
deutlicher Hinweis auf den durch die Revolution schwer erschütterten
letzten König des Ancien Régime. Seiner >absoluten< Stellung war er
seit 1789 beraubt (erster Verrat). Die Verfassung vom September 1791
stattete ihn noch mit konstitutionellen Rechten aus. Im Jahr darauf setzte
die Nationalversammlung ihn ab und verurteilte ihn, trotz der von der
Verfassung garantierten Unverletzlichkeit seiner Person, zum Tode. So
wurde für N. als Anhänger der Monarchie ein weiterer, zweiter Verrat an
der Treue zum König begangen. -   Nach der Exekution warf
man den abgetrennten Kopf in eine Grube mit ungelöschtem Kalk (Antlitz
vom Pulver verbrannt). -   In den achtzehn Monaten nach der
Hinrichtung des Königs kam die Schreckensherrschaft des Revolutionstribunals zu voller Entfaltung, Vz 4. Allein in Paris wurden mehrere tausend Menschen im Eilverfahren zur Guillotine verurteilt. Robespierre, die
treibende Kraft der Blutjustiz, stieg zum mächtigsten und am meisten
gefürchteten Mann der jungen Republik auf.
—> 1/42 (FR)

08/42 **Par avarice, par force & violence/ Viendra vexer les siens**
chiefz d' Orleans,/ Pres saint Memire assault & resistance./
Mort dans sa tante diront qu' il dors leans. (1568)
[Louis-Philippe]
Aus Habsucht, durch Zwang und Gewalt/
werden Häupter von Orléans die Ihren verheeren./
Bei Saint-Merry Angriff und Widerstand./
Tot in seinem Zelt, werden sie sagen, daß Orléans schläft.
2) Viendra steht statt des erforderlichen Plurals viendront.
4) N.f. tante Tante ergibt keinen Sinn. Altfr. n.f. tente 1° Tapete
(tenture) 2° Zelt (tente), Lagerzelt (pavillon).

Louis-Philippe, Herzog von Orléans, nannte sich Philippe Égalité zur Demonstration seiner revolutionären Gesinnung. Er hatte im Konvent am 17.1. 1793 für die Hinrichtung Ludwigs XVI. gestimmt, 2/98.   Philippe Égalité war "von Geblüt", war Bourbone, und hat zum Untergang der Bourbonen beigetragen, insofern "die Seinen" verheert. -   Sein Sohn Louis-Philippe wurde 1793 nach der Hinrichtung seines Vaters Haupt des Hauses Orléans, einer Seitenlinie der Bourbonen. Er pflegte einen betont bürgerlichen Lebensstil und hatte sich, bevor er 1830 mit 56 Jahren König wurde, vornehmlich der Mehrung seines Vermögens gewid- met (Habgier). Seine Politik war an den Interessen des Großbürgertums orientiert, förderte die Entfaltung der Industrie und galt der Mehrung des französischen Kolonialbesitzes, 9/89. -   Louis-Philippes Regime erwies sich als unfähig, in der sozialen Frage die nötigen Reformen anzupacken. Die Verarmung der Proletarier führte zu Aufständen, die gewaltsam niedergeschlagen wurden (Angriff und Wider- stand). Am 5. Juni 1832 lieferten Aufständische der Pariser Polizei Straßenkämpfe. Um den Platz beim ehemaligen Kloster Saint-Merry (Memire) hatten sich einige hundert Rebellen verschanzt (beschrieben bei Victor Hugo, Die Elenden). Truppen des Regimes schlugen den Aufstand blutig nieder. Sie verheerten insofern "die Ihren", da Louis-Philippes Herrschaft aus der Juli-Revolution hervorgegangen war. Dieser König, von dem N. nichts hielt, 4/64, verdanke seine Herrschaft >der Straße<, denselben, die sich dann gegen ihn erheben würden. -   Die letzte Vz ist ungeklärt, dürfte mit der in den Folgejahren noch weiter sinkenden Popularität dieses Königs zu tun haben.
 ---> 5/92 (Louis-Philippe)

Feu couleur d' or du ciel en terre veu :
Frappe du hault, nay, faict cas merueilleux :
Grâd meurtre humaî : pris du grâd le nepueu,
Morts d' espectacles eschappé l' orguilleux.

(Urfassung bei Macé Bonhomme, Lyon 1555)

Übersetzung der Urfassung:

Feuer (von der) Farbe des Himmelsgoldes (wird) auf Erden gesehen.
Geschlagen von oben, (wieder) erschienen, nimmt es einen erstaunlichen Ausgang.
Großes Gemetzel, gefangen vom Großen der Neffe,
einem spektakulären Tod entkommen der Stolze.

Kommentar zu 2/92:

Gold galt als Entsprechung der Sonne, und diese steht bei N. für den christlichen Gott, **5/72**. Dem christlichen Kaiser wurde im europäischen Mittelalter zugetraut, den Antichristen niederzuringen und die Heraufkunft eines neuen >goldenen Zeitalters< zu befördern, des in der Bibel verheißenen tausendjährigen Reiches Christi. Mit dem "Feuer (von der) Farbe des Himmelsgoldes" ist ein Krieg gemeint, in dem >das Himmelsgold verbrennt<, d.h. ein christlich legitimiertes Kaisertum untergeht.

Der französische Kaiser Napoléon III., ein Neffe von Napoléon I., hatte seine Restauration des Throns auch auf die katholische Kirche gestützt und erschien dem Seher als christlicher Herrscher. Bei sich abzeichnender Niederlage im Krieg gegen Preußen versuchte er Anfang September 1870, in der Schlacht bei Sedan einen "spektakulären Tod" zu finden. Obschon seinem Naturell nach kein großer Feldherr, glaubte er als ein Napoleon als solcher erscheinen zu müssen. In seiner Lage war gefordert, die selbstgewählte Rolle aufzugeben. Mit dieser aber war er so verwachsen, daß es ihm unmöglich schien, sie zu verlassen. Da er die geliehene Identität nicht sterben lassen wollte, blieb ihm nur, an ihrer Statt den Tod zu suchen. Sein Wunsch, auf dem Schlachtfeld zu sterben, entsprang seinem Empfinden der Ausweglosigkeit und ist durch seine Depesche an Wilhelm I. von Preußen vom 2.9. belegt, mit welcher er kapitulierte. Sie lautete:

"Mein Herr Bruder,
da ich inmitten meiner Truppen nicht sterben konnte, bleibt mir nichts, als meinen Degen in die Hände Ew. Majestät zu legen. Ich bin Ew. Majestät guter Bruder
Napoléon"

Es wird die Schlacht geschildert, in der auch Geschütze eingesetzt wurden, die Granaten verschossen, **8/43**. Nostradamus sieht ein "großes Gemetzel", sieht auch "den Stolzen", seiner Rolle entsprechend stolzen Kaiser auf seinem Pferd. Auch er wird im Granatenhagel "von oben geschlagen", aber wenn der Rauch sich verzieht, ist er wieder "erschienen". Für den Seher, der von der Todesabsicht weiß, Vz 4, ist es "erstaunlich", daß er nicht umkommt wie viele andere, sondern am Ende in Gefangenschaft eines "Großen", nämlich des preußischen Königs Wilhelm I. gerät, Vz 3.

Aber es ist klar, warum der Tod auf dem Schlachtfeld nicht gelingen konnte. Charles Louis Napoléon Bonaparte war nicht er selbst, sondern spielte die Hauptrolle in dem Stück >Der Große Napoléon<, **4/73**, welches als letzte Szene den Tod im Exil auf einer Insel vorsah. Und so kam es dann auch, **6/22**.

Apres le siege tenu dixsept ans,
Cinq changeront en tel revolu terme :
Puis sera esleu l' vn de mesme temps,
Qui des Romains ne sera trop conforme.

(Textfassung bei Benoist Rigaud, Lyon 1568)

Übersetzung:

Nachdem der Thron siebzehn Jahre besetzt war,
werden fünf wechseln in solcher Umlaufsfrist.
Dann wird für dieselbe Zeit der eine gewählt werden,
der mit den Römern nicht allzu sehr übereinstimmen wird.

Kommentar zu 5/92:

Der "Stuhl" oder "Thron" kann vor dem Hintergrund der Interessen des Sehers nur
der französische Thron, der päpstliche Stuhl oder der Thron des Kaisers sein. Im
ersten Fall käme von vornherein nur die Zeit nach 1789 in Betracht, da in der
dritten Verszeile einer "gewählt" wird.

Zunächst wird der gemeinte Thron "siebzehn Jahre" von einem Inhaber besetzt.
Dann, heißt es, "wechseln fünf in solcher Umlaufsfrist". Nachdem vorher von
"Jahren" die Rede war, bedeutet "solche Umlaufsfrist" die Umlaufszeit der Sonne,
also das Jahr. Aber welche "fünf" wechseln dann ? Es könnten fünf Herrscher
sein, die sich auf dem Thron ablösen, Kurzzeitherrscher sozusagen.

Oder der Seher spricht hier von >fünf Thronen<. D.h. es zieht der gemeinte
Thron fünfmal an seinem Auge vorüber "in solcher Umlaufsfrist", d.h. einmal für
jeweils ein Jahr. Was dann dort zu sehen ist, wird nicht mitgeteilt. Wahrscheinlich
ist daher, daß nichts zu sehen ist, der gemeinte Thron mithin vakant ist. Diese
Deutung nimmt an, daß N. hier die Technik des >magischen Spiegels< eingesetzt
hat, wie sie z.B. bei Orieux (1985 S.236ff.) beschrieben ist.

Also: Siebzehn Jahre sitzt einer auf dem Thron, der dann fünf Jahre vakant ist,
woraufhin ein anderer für "dieselbe Zeit", d.h. weitere siebzehn Jahre den Thron
innehat.

Nach der sogenannten Julirevolution und der Abdankung von Karl X. wurde am
9.8.1830 Louis Philippe von Orléans zum neuen König der Franzosen gewählt, es
war die sogenannte Julimonarchie. In den folgenden siebzehn Jahren - jeweils im
August - war er König. Dann aber fegte ihn die Februarrevolution des Jahres
1848 vom Thron, sein 18. Jubiläum der Thronbesteigung konnte er nicht mehr
feiern.

Es folgte das Intermezzo der zweiten Republik, welches 58 Monate dauerte.
Fünfmal, August 1848 bis August 1852, war der Thron vakant.

Im Dezember 1851 putschte Louis Bonaparte gegen die Republik, ließ in einem
Referendum den Putsch vom Wahlvolk legitimieren und sich im Dezember 1852
als Napoléon III. zum Kaiser der Franzosen proklamieren. Das siebzehnte Jubiläum seiner Thronbesteigung im Dezember 1869 erlebte er noch als Kaiser, aber
nicht mehr das achtzehnte. Denn im September 1870 wurde er nach verlorener
Schlacht gegen Preußen abgesetzt, **2/92**.

Am Schluß ist die Politik Napoleons im italienischen Einigungsprozeß gemeint,
die auf die Interessen des Papstes mehr Rücksicht nahm, als es sich die italienischen Patrioten wünschten. So ließ er 1849 auf Wunsch des aus Rom geflohenen
Papstes französische Truppen die Stadt besetzen, **8/53**. Neun Jahre später
verübten Verfechter der italienischen Einheit ein Attentat auf ihn, **4/73**.

01/93 **Terre Italique pres des monts tremblera,/ Lyon & coq non**
trop confederés,/ En lieu de peur l' un l' autre saidera/
Seul Castulon & Celtes moderés. (1555)
[Zweiter Weltkrieg] (Kommentar S. 155)
Italienisches Land wird nah bei den Bergen beben,/
Löwe und Hahn (sind) nicht allzu konföderiert./
Aus Furcht wird einer sich des anderen bedienen,/
allein (der) Kastilier und (die) Kelten (sind) gemäßigt.

3) N.m. lieu kann auch Anlaß, Ursache bedeuten. Idiom s' il y a
lieu gegebenenfalls, wenn nötig (= wenn es Grund gibt).
4) Castulon ist ein abgewandeltes castillan Kastilier, wie in 1/31.

---> 6/43 (2.WK)

06/43 **Longs temps sera sans estre habitée,/ Où Signe & Marne**
autour vient arrouser:/ De la Tamise & martiaux tentée,/
Deceuz les gardes en cuidant repouser. (1568)
Textvariante: "Ou Seine..." (Ed. d' Amsterdam 1668)
[Erster und zweiter Weltkrieg]
Lange Zeit wird unbewohnt sein (die Gegend),/
wohin Seine und Marne ringsherum fließen./
(Die Gegend wird) von der Themse und Kriegerischen angegriffen,/ die
Schutztruppen getäuscht, wenn sie sich vorstellen zurückzuschlagen.

1) Die weibliche Endung des Partizips habitee ist erklärt, wenn
das n.f. contrée Gegend als Subjekt interpoliert wird. Dasselbe
gilt für das Partizip tentee in Vz 3. - Eine andere Möglichkeit
wäre, la cité = Paris zu interpolieren.
2) Signe ist eine verschriebene Seine.
3) Tamesis oder Tamesa hieß lat. die Themse. - V. tenter
1. versuchen, auf die Probe stellen 2. verlocken. Altfr. v. tenter
1° zu treffen suchen (chercher à atteindre) 2° ausforschen
(sonder) 3° versuchen (tenter) > lat. v. tentare 1. betasten,
angreifen, zu erobern suchen 2. untersuchen, beunruhigen.
4) Altfr. v. cuidier denken, glauben, meinen, sich vorstellen, >
lat. cogitare

U.a. an der Marne wurden während des ersten Weltkrieges große
Schlachten geschlagen. Bis zur Seine kamen die Deutschen nicht, aber
doch in deren Nähe. Die ehemaligen Frontgebiete sahen anschließend
aus wie Mondlandschaften. Wiederaufbau und Wiederbesiedlung dauer-
ten viele Jahre. - Die zweite Vershälfte bezieht sich auf den
zweiten Weltkrieg. Die "Kriegerischen" sind die Deutschen, die "Schutztruppen" sowie die "Themse" sind die zehn britischen Divisionen, die in
den 30er Jahren in die französische Verteidigung eingereiht wurden. Man
kämpfte im Mai/Juni 1940 im großen und ganzen auf denselben Schlacht-
feldern wie im ersten Krieg, hier daran erkennbar, daß in den Vz 1/2 von
demselben Ort die Rede ist wie in den Vz 3/4, nämlich von der Gegend,
wohin "Seine und Marne ringsherum fließen". - Das Wort von
der "getäuschten Schutztruppe" (garde deceu) verwendet 2/25 im gleichen Zusammenhang, was für die Deutung spricht. Die Wirksamkeit der
Maginotlinie betreffend irrte die Strategie der Franzosen und Engländer,
da man starke deutsche Verbände in einem Stellungskrieg zu binden
hoffte, was dann nicht eintrat. Die Wucht des deutschen Angriffs
dagegen wurde unterschätzt. Die englischen Truppen konnten nur mit
knapper Not von Dünkirchen aus evakuiert werden. Aus dem geplanten
Zurückschlagen wurde nichts.

---> 1/93 (2.WK)

08/43 Par le decide de deux choses bastars,/ Nepueu du sang
occupera le regne,/ Dedans lectoyre seront les coups de dars,/
Nepueu par peur pleira l' enseigne. (1568)
    Variante: "... par pleur ..." (Ed. Chevillot 1611)
[Charles X./ Louis-Philippe/ Napoléon III.] (Kommentar S. 156)
Durch den Sturz der beiden umstrittenen Bastarde/
wird (ein) Neffe von Geblüt das Reich übernehmen./
In Le Torcy werden die Einschläge der Granaten sein,/
der Neffe wird furchtsam die Fahne einrollen.
    1) Das n. decide ist gebildet in Anlehnung an das lat. v.
    decidere herabfallen, niederstürzen.
    Altfr. v. choser 1° erörtern, streiten (disputer) 2° tadeln (blâmer)
    3° in Abrede stellen, sich auflehnen (contester), anklagen
    (accuser), > lat. v. causari Gründe angeben oder vorschützen.
    3) Als lectoyre kann man Le Torcy machen, wobei ein -e- über-
    zählig ist. So heißt ein Städtchen in der Nähe von Sedan.
    3) N.m. dard Wurfspieß. Hier wiedergegeben, wie es der
    modernen Zeit entspricht.

10/43 Le trop bon temps trop de bonté royalle:/ Fais & deffais prompt
subit negligence,/ Legier croira faux d' espouse loyalle,/
Luy mis à mort par sa benevolence. (1568)
[Ludwig XVI./ Marie-Antoinette]
Allzu gute Zeit, allzu große königliche Güte,/
Taten, gleich rückgängig gemacht, plötzliche Nachlässigkeit./
Leichtfertig wird (man) glauben der Verleumdung der loyalen Ehefrau./
Er kommt zu Tode durch sein Wohlwollen.
    3) Es könnte auch er, der König, Subjekt sein.
    N.m. faux das Falsche, das Unwahre. Hier mit Verleumdung
    etwas freier wiedergegeben.
    4) Altfr. n.f. benevolance Wohlwollen, Gunst (bienvieillance),
    Freundschaft (amitié).
Die Zeit Ludwigs XVI. begann hoffnungsvoll mit Sparmaßnahmen und
Reformen, die von großen Teilen des Volkes begrüßt wurden. Doch war
der junge König nicht der Mann, seine Vorhaben auch durchzusetzen.
Gegen den Widerstand der Parlamente und des höfischen Adels, die ihre
Privilegien bedroht sahen, kam er nicht an. Zu den Gegnern seiner Politik
zählte auch seine spendable Ehefrau, die ihre aufwendige Lebensführung
durchaus nicht einschränken wollte und darob als >Madame Defizit<
verhöhnt wurde. Sie zog sich in besonderem Maß den Haß des Volkes
zu, der übelste Verleumdungen mit sich brachte, z.B. nach der Halsbandaffäre. In der Bedrängnis der Revolution erwies sie sich jedoch als loyale
Gattin. -   Ludwig war ein Mann guten Willens, der eine liberale
Politik machte. Diese gestattete es den Gegnern der alten Ordnung, sich
breit zu entfalten. Er hielt sich und den Thron für unangreifbar, und
Naturell wie christliche Gesinnung hielten ihn von einem harten Durch-
greifen zurück, Vz 4. -   Seine Unentschlossenheit und sein
Zurückweichen vor Widerständen hatten beigetragen zum Ausbruch der
Revolution, die ihn schließlich das Leben kostete.

Terre Italique pres des monts tremblera,
Lyon & coq non trop confederés,
En lieu de peur l' un l' autre saidera
Seul Castulon & Celtes moderés.

(Urfassung bei Macé Bonhomme, Lyon 1555)

Übersetzung der Urfassung:

Italienisches Land wird bei den Bergen beben.
Löwe und Hahn (sind) nicht allzu konföderiert.
Aus Furcht wird einer sich des anderen bedienen.
Allein (der) Kastilier und (die) Kelten (sind) gemäßigt.

Kommentar zu 1/93:

Während des Frankreichfeldzuges der deutschen Wehrmacht im zweiten
Weltkrieg erhoffte und erwartete sich das bedrängte Frankreich (Hahn) die Hilfe
des Seelöwen, 2/94, nämlich Englands.

Als die nach Frankreich verlegten englischen Bodentruppen fluchtartig das Land
verlassen mußten, bot der britische Premier Churchill der französischen Regierung
am 17.6.1940 zwar eine "Union" oder "Konföderation" beider Staaten an, konnte
aber die dringend benötigte militärische Hilfe gegen den übermächtigen Eindring-
ling nicht zusagen. Daß eine solche Union zwischen England und Frankreich,
Löwe und Hahn, in der politischen Diskussion stand, 2/25, wird in der zweiten
Verszeile vorausgesetzt.

Diese hat deutlich sarkastischen Klang, weil das angegriffene und schon fast
niedergeworfene Frankreich in der gegebenen Lage alles andere als politische
Diskussionen über eine Union brauchte, sondern eben praktische Hilfe. Die
englische Führung aber befürchtete im Juni 1940, die für die Verteidigung des
eigenen Landes noch benötigten Kräfte vorzeitig zu verausgaben, wenn es zu
diesem Zeitpunkt auf dem Kontinent massiv zugunsten Frankreichs interveniert
hätte - eine nachvollziehbare Überlegung, die aber zum angeblichen hehren Ziel
einer Union nicht recht paßte.

Das Verbum aider bedeutet helfen, reflexiv gebraucht sich helfen, sich helfen
lassen, sich jemandes bedienen. In der dritten Verszeile scheint es beim ersten
Lesen, als ob einer dem anderen hilft, und erst bei näherem Hinsehen erweist
sich, daß die Beteiligten nur sich selber helfen und sich dabei jeweils des anderen
bedienen wollen. Der eine wie der andere handelt in Wirklichkeit "aus Furcht" vor
den Gefahren für das jeweils eigene Land. Das französische Militär verweigerte
denn auch aus Furcht vor italienischen Vergeltungsangriffen der englischen
Luftflotte die südfranzösischen Basen. Daher kamen die Maschinen der Royal Air
Force direkt von der Insel, als sie am 11.6.1940 Turin bombardierten - wodurch
"italienisches Land bei den Bergen" erbebte.

Kastilien steht pars pro toto für Spanien. Der Spanier Franco erklärte Spanien
am 12.6. als nicht kriegführend und verweigerte sich am 23.10.1940 endgültig
Hitlers Ansinnen, an der Seite Deutschlands in den Krieg einzutreten. Dem schloß
sich die Regierung Vichy-Frankreichs am 24.10. an und bewies so, daß sie sich
einen Rest an Unbotmäßigkeit gegenüber dem Fremdherrscher bewahrte - aus
diesem Grunde heißen die Vichy-Franzosen hier "Kelten", ein Ausdruck, den der
Seher für Franzosen verwendet, die sich im Namen der Freiheit gegen die Herrschenden auflehnen, 2/99.

Beide, der "Kastilier" wie die "Kelten", erwiesen sich 1940 als "gemäßigt", weil
sie bei Hitlers Krieg nicht mitmachen wollten.

Par le decide de deux choses bastars,
Nepueu du sang occupera le regne
Dedans lectoyre seront les coups de dars,
Nepueu par peur pleira l' enseigne.
(Textfassung bei Benoist Rigaud, Lyon 1568)

Übersetzung:
Durch den Sturz der beiden umstrittenen Bastarde
wird ein Neffe von Geblüt das Reich übernehmen.
In Le Torcy werden die Einschläge der Granaten sein,
der Neffe wird furchtsam die Fahne einrollen.

Kommentar zu 8/43:
Ein Bastard im alten Sinne des Wortes ist der legitimierte außereheliche Sproß
eines Adligen und einer nicht standesgemäßen Frau. In diesem eigentlichen
Wortsinne waren die beiden hier gemeinten Könige - Charles X. (1824-30) und
Louis-Philippe (1830-48) - keine Bastarde. Der erste war jüngerer Bruder des von
der Revolution gestürzten Louis XVI., also Bourbone reinsten Blutes, der zweite
entstammte einer bourbonischen Seitenlinie, dem Hause Orléans-Bourbon. Der
"Neffe von Geblüt" (nepveu du sang) wiederum, der durch den "Sturz" der beiden,
also nach ihnen an die Macht kam, sich ab 1852, durch ein Referendum legitimiert,
mit dem Titel eines Kaisers schmückte, war Neffe von Napoléon I., also ein
Bonaparte.
   Warum aber nennt dann der Seher dessen zwei Vorgänger "Bastarde" ? Die
Antwort liegt in dem Attribut, das die "Bastarde" hier erhalten. Die beiden gemeinten Könige waren "umstritten", konnten nicht mehr unumschränkt herrschen,
hatten es mit einem aus der Revolution hervorgegangenen Parlament zu tun,
wurden schließlich gestürzt. Charles X. wurde gestürzt, weil er das Ancien
Régime restaurieren, wieder König wie seine Vorfahren werden wollte, was er
nicht war. Louis-Philippe, der sich gern "Bürgerkönig" (Roy-Citoyen) nennen ließ,
zeigte schon dadurch, daß er für den Wunsch stand, das alte Königshaus mit den
Prinzipien von 1789 zu versöhnen. Beide waren also Kinder des Ancien Régime
und der Revolution und in diesem politischen Sinne >Bastarde<, d.h. nicht mehr
unvermischte Könige. Das hatte auch für ihren Vorgänger Ludwig XVIII. (1815-24)
schon gegolten, doch starb der auf dem Thron, wurde nicht wie seine beiden
Nachfolger gestürzt.
   Der "Neffe von Geblüt" dagegen war zwar hervorgegangen aus der II. Republik
(1848-52), deren Präsident er gewesen war, hatte sich aber dann per Plebiszit
zum Kaiser ausrufen lassen und war zumindest in den Anfangsjahren seines
Kaisertums ein Herrscher ohne echten Gegenspieler. Der Seher war daher
anscheinend bereit, die neue Legitimität der Bonapartes anzuerkennen, was auch
schon aus **6/23** geschlossen werden konnte.
   Die beiden letzten Verszeilen sind auf das Ende der Herrschaft von Napoléon III.
gemünzt. Die Chiffre lectoyre wird für ein Anagramm von Le Torcy gehalten, was
wohl zutrifft. In der Präfektur dieses Vorortes der Stadt Sedan verbrachte der von
seiner Nierenkrankheit schwer angegriffene Kaiser ab dem 30. August 1870 die
Nacht (Berl 1947 S. 532). Er versuchte bei sich abzeichnender Niederlage, in der
Schlacht den Tod zu finden, **2/92**, und mußte am 2.9.1870 vor den Preußen
kapitulieren, die "Fahne einrollen" - eine Niederlage, die auch das Ende seines
Kaisertums besiegelte.

01/44 En brief seront de retour sacrifices,/ Contreuenants seront
mis à martyre:/ Plus ne seront moines abbés ne nouices:/
Le miel sera beaucoup plus cher que cire. (1555)
[Französische Revolution 1792-1794]
**In Kürze werden Opferungen zurückgekehrt sein./
Zuwiderhandelnde werden dem Martyrium ausgeliefert werden./
Es wird keine Mönche, Äbte und Novizen mehr geben./
Der Honig wird sehr viel teurer sein als Wachs.**

Wenn "Opferungen" von Menschen "zurückgekehrt" sein werden, vergleicht N. die gemeinte Zeit mit der Kaiserzeit der römischen Antike, als
es üblich war, zum Tode Verurteilte öffentlich auf phantasievolle Weise
zu exekutieren. Unter den Hingerichteten waren Christen, die sich
weigerten, dem vergöttlichten Kaiser zu huldigen, also aus religiösen
Gründen verurteilt und insofern als Opfer dargebracht wurden. Mit der
Antike vergleicht der Seher die Zeiten der französischen Revolution,
5/77, und des letzten Glaubenskampfes im kommenden Jahrhundert.
Die Frage, wo der Vers hingehört, ist schwierig zu beantworten. Den
Ausschlag gibt das Fehlen von Klosterbewohnern. Klöster und Orden
wurden 1790 aufgehoben und vom Konvent 1793 entschädigungslos
enteignet. - Das Prinzip der Zivilkonstitution des Klerus
von 1790 war der Vorrang des Staates vor der Kirche. Priester, die den
Eid auf die Verfassung verweigerten und sich so offen als Gegner der
Revolution zu erkennen gaben, hatten Berufsverbot. Zwischen 1792
und 1794 mußten sie mit Übergriffen und dem Ende auf der Guillotine
rechnen. Vers 9/74 spricht in sarkastischem Ton von Ochsen, die man
dem neuen Gott, der Vernunft, nicht opferte, weil sie immerhin zum
Pflügen taugten. Menschen dagegen, denen es an der nötigen
Ehrfurcht vor der Vernunft mangelte, waren in großer Gefahr, geopfert
zu werden. - In diesem Zusammenhang meint die
letzte Zeile nicht irgendwelche Marktpreise, sondern der Honig steht für
die >Süße des Gotteswortes<, die der des Honigs gleicht, Ps 119103.
An den Inhalten der alten Religion festzuhalten, werde die dem staatlichen Monopolanspruch "Zuwiderhandelnden" teuer zu stehen kommen.
Mit dem >Wachs< ist eine biegsame Haltung gemeint, die dem neuen
Denken sich anzupassen bereit war. Mehr als sich anzupassen werde
es kosten, am Alten festzuhalten, die Existenz und unter Umständen
das Leben. - Der König wurde im Januar 1793
hingerichtet, die Terreure gelangte im Herbst 1793 zu voller Entfaltung,
nicht viel später ("in Kürze") aus der Zeitperspektive des Sehers. Zum
Zusammenhang beider Vorgänge s. **4/49.**
---> 2/44 (FR)

02/44 L' aigle poussée en tour (!) des (!) pauillons/ Par autres oyseaux
d' entour sera chassée,/ Quand bruit des cymbres, tubes & sonnaillôs/
Rendront le sens de la dame insensée. (1555)
[Napoléons Ende]
**Das Adlerwappen weggestoßen im Turm der Wappenzelte,/
durch andere Vögel aus der Umgebung wird er verjagt werden./
Wenn erschallen Zimbeln, Trompeten und Glocken,/
werden sie der irrsinnigen Dame die Vernunft zurückgeben.**
1) N.f. aigle Adlerwappen, Feldzeichen mit Adler.
Das n.m. pavillon ist in der Heraldik eine Art Zelt, welches das
Wappen der Herrscher einfaßt und einhüllt (espèce de tente qui
encadre et enveloppe les armoires des souverains).
3) Altfr. n.m. cimble Becken (cymbale) hier abgewandelt.
Entweder ist bruit n.m., dann muß ein Prädikat interpoliert
werden, z.B. résonner ertönen. Oder bruit ist v.i., und es steht
der Singular statt des erforderlichen Plurals bruissent.

Der Turm ist die höchste Stelle einer Befestigungsanlage; wer dort seine
Fahne hißt, ist der Herr der Burg wie der ganzen Umgebung. **Seit der
römischen Antike ist der Adler das Symbol derer, die ein Imperium,
ein Kaiserreich begründen wollen. -**   Napoléon wollte das
Banner Frankreichs über ganz Europa wehen lassen, und hat manche
"Palastvögel" vertrieben, 2/23.   Doch "andere Vögel" der gleichen
Gattung, die Adler des Kaiserreichs Österreich, des Kaiserreichs Rußland
und des Königreichs Preußen konnten ihn aus seiner hohen Warte am
Ende "verjagen". (Der Seelöwe, 2/94, half auch mit). -   Die
genannten Musikinstrumente erklangen in Zeiten des AT bei der Krönung
von Herrschern. Damit wird hier auf die Neuordnung Europas nach der
Vertreibung Napoleons angespielt. Frankreich bekam wieder einen König
aus dem alten Königshaus.   Die "Dame" ist das französische Volk, das
sich sein Attribut "irrsinnig" durch die Revolution verdient, in deren Folge
es dem "Adler" Napoleon möglich wurde, in den Kreis dieser Tiere
aufzusteigen. Diese >Dame< wurde durch die >anderen Vögel< wieder
zur Vernunft gebracht.
 —> 2/94 (NAP)
 —> 1/44 (FR)

02/94 GRAN.Po (!), grâd mal pour Gauloys receura,/ Vaine terreur
au maritin Lyon:/ Peuple infini par mer passera,/
Sans eschapper vn quart d' vn milion. (1555)
[Napoléon I./ Kontinentalsperre]
**Der kornreiche Po wird großes Unheil wegen Galliern erleiden,/
erfolgloser Schrecken gegen den Seelöwen./
Zahlloses Volk wird das Meer überqueren,/
ohne Entkommen (für) eine Viertelmillion.**
1) Lat. grandis aufgeschossen, schwellend; groß; großkörnig.
Lat. n.n. granum Korn, Beere. Das Amalgam grand/gran-,
verbunden mit "Po", ist demnach der "kornreiche Po"
(GRAN.Po), das fruchtbare Land um den Po.
2) maritin ist ein abgewandeltes maritime.

In Oberitalien hat Napoleon 1796/97 viele Schlachten geschlagen. Insofern erlitt das Land durch die Franzosen "großes Unheil". -   Die
"Armee der drei Löwen" ist in 7/16 die britische. Großbritannien hat drei

Leoparden im Wappen. Der Seelöwe ist das Großbritannien der Kolonial-
zeit. Der "Schrecken" gegen das Land meint Napoléons Kontinentalsperre, mit welcher er Großbritannien 1806 wirtschaftlich in die Knie
zwingen wollte. Erheblichen Schaden hat er mit dem "furchterregenden
Bannstrahl", 4/54, der englischen Wirtschaft zufügen können. Sein
Kriegsziel hat er nicht erreicht, u.a. weil Rußland nicht mitmachte und
England die Seeherrschaft behielt. -   Im Oktober 1797 brach
eine Flotte unter dem Oberbefehl des Generals Bonaparte nach Ägypten
auf, es wurden 65 Schiffe und etwa 38000 Mann aufgeboten. Die "Viertelmillion" ist ungeklärt. Bei Abukir kamen insgesamt etwa 2600 Seeleute
um - auf britischer und französischer Seite zusammengenommen.
---> 2/44 (NAP)

05/94   Translatera en la grand Germanie,/ Brabant & Flâdres, Gand,
Bruges, & Bolongne/ La traifue fainte, le grand duc d' Armenie,/
Assaillira Vienne & la Coloigne. (1568)
[Zweiter Weltkrieg/ Hitler/ Stalin]
Überführen wird er in das große Germanien/
Brabant, Flandern, Gent, Brügge und Boulogne./
Die geheuchelte Waffenruhe. Der große Kriegsherr aus Armenien/
wird angreifen Wien und Köln.

3) Das n.m. duc Herzog kann bei N. bedeuten: einen Herzog,
10/64, einen politischen Führer, **8/66**, einen Kriegsherrn, **4/73**.
Stalin war politischer Führer und Kriegsherr.

1) bis 4) Isoliert betrachtet, liegt es nahe, daß in der ersten
Vershälfte derselbe "Kriegsherr" Subjekt ist, der dann in Vz 3/4
angreift. Der Vers ist aber nicht isoliert, sondern hat einen
(unbekannten) Vorgänger-Vers, den er möglicherweise fortsetzt.
Dann kann eingangs ein anderer Akteur als der aus Armenien am
Werk sein. (Achtung Schlüsselsucher, hier ist ein Ansatzpunkt.)

Nach dem Anschluß Österreichs im März 1938 hieß Deutschland offiziell
"Großdeutsches Reich". "Großdeutschland" wurde in der Kriegspropa-
ganda zum festen Begriff. Weil die Blut-und-Boden-Romantik der Nazis
das Heldentum des germanischen Mythos wiederbeleben wollte, nennt N.
das Deutschland dieser Zeit "das große Germanien". -   Gent
und Brügge liegen in Flandern, das Herzogtum Brabant lag im wallonischen Teil des heutigen Belgien, Boulogne war eine Grafschaft an der
französischen Kanalküste. Im Frankreichfeldzug wurden die Niederlande
und Belgien im Mai 1940 als erste überrannt. Sie wurden der deutschen
Oberherrschaft unterworfen und so "überführt ins große Germanien".
Staatsrechtlicher Teil Deutschlands wurden die Länder nicht, aber das
verlangt der Vers auch nicht. -   Die "vorgetäuschte Waffenruhe"
ist der deutsch-sowjetische Nichtangriffspakt vom August 1939. Es wird
eingewandt (Pfändler 1999 S. 63), daß das Wort trêve Waffenstillstand
einen bereits ausgebrochenen Krieg voraussetzt, was zutrifft. Das
nationalsozialistische Deutschland und die Sowjetunion waren schon seit
1933 ideologische Gegner und Konkurrenten um die Vorherrschaft in
Europa. Dieser Kampf kam 1939 scheinbar zum Stillstand, es war also
ein >Waffenstillstand<. -   Stalin stammte aus Georgien, das
an Armenien grenzt. Seine Truppen waren es, die in der Endphase des

Krieges Wien und Berlin angriffen. Auf Karten des 17. Jahrhunderts sind Cölln und Berlin noch getrennt verzeichnet (Blaeu 1990 S. 50/51). Heute ist Neukölln Ortsteil Berlins. Der Einwand, daß Berlin zu N.s Zeiten schon existierte, trifft zu, ändert aber nichts, weil der Interpret dem Seher nicht untersagen kann, alte, heute nicht mehr gültige Namen zu verwenden. (Ebensowenig kann er ihm von vornherein die Fähigkeit absprechen, moderne Namen zu erschauen, 4/59). - Vor Eintreten der Ereignisse wäre zu befürchten gewesen, daß ein Heer unter der Führung eines Armeniers bis nach Köln **am Rhein** kommen, also ganz Deutschland in seinen Besitz bringen werde. - Dieser Vers wurde schon vor Eintreten von einzelnen zutreffend auf einen Erfolg Stalins bezogen, 2/36.

    ---> 9/94 (2. WK/ Hitler)

08/44   **Le procreé naturel dogmion,/ De sept à neuf du chemin**
       destorner/ A roy de longue & amy aumy hom,/
       Doit à Nauarre fort de PAV prosterner. (1568)
       [Heinrich II./ III./ IV.]
       Der echte Nachkomme des Ogmion/
       wird von sieben bis neun vom Weg abkommen./
       Vor dem König von weither und Freund der Hälfte der Vasallen,/
       vor Navarra, dem Starken von Pau, muß er (sich) niederwerfen.

       1) Idiom enfant naturel uneheliches Kind. Aber diese Spezialbedeutung muß nicht gemeint sein. Adj. naturel echt, natürlich, ohne fremde Zutaten.
       2) Altfr. v. destorner 1° auf einen Umweg bringen (faire suivre un chemin détourné) 2° behindern (empêcher) 3° meiden, ausweichen (éviter, se garer de) 4° bewahren (préserver). Hier ist destorner offenbar intransitiv gebraucht.
       3) Altfr. n.m. mi Hälfte, Mitte. Altfr. n.m. homme 1° Mensch 2° Mann 3° Vasall, Lehnsmann
       4) V. se prosterner à qu. sich niederwerfen vor jemandem. Das reflexive se ist ergänzt.

Heinrich III. von Frankreich war leiblicher Sohn Heinrichs II., ein echter Valois, einer von Geblüt. - Im Oktober 1587 konnte Heinrich von Navarra, der Führer der französischen Protestantenpartei, einen Sieg über die Truppen seiner Gegner erringen. Unter Führung des Herzogs von Guise, des Führers der katholischen Liga, wurden anschließend deutsche Söldner aus dem Land getrieben. Das Ansehen der katholischen Guise stieg, Paris war in Händen der Liga. König Heinrich III. dagegen geriet immer mehr zwischen die Fronten, sein Ansehen sank beständig. Hierin erkennt N. den Anfang vom Ende Heinrichs III., er sieht ihn auf einen >Abweg< geraten, was sich "bis neun" auch erweisen werde. Im Jahr 1589 wurde Heinrich III. von einem fanatisierten Anhänger der katholischen Partei ermordet. - Vor seinem Tod hatte der König die politische Zusammenarbeit mit Navarra aufgenommen, weil ihm die Intransigenz der katholischen Partei keine andere Wahl ließ. Vom Standpunkt der katholischen Partei, den N. einnimmt, erschien das als eine Demütigung des Königs, Vz 3/4. - Es beerbte ihn der besagte Heinrich von Navarra, hier wie damals üblich einfach als "Navarra" angesprochen. Er war "der Starke von Pau", einer Stadt seines abgelegenen Königreichs. Er war nur der "Freund der Hälfte der

Vasallen", weil er die Katholiken seines Reichs zum Feind gehabt hatte. Das Bestreben des neuen Königs war es, die jahrzehntelangen Glaubens-kriege zu überwinden in einem Frieden, der die Ausübung beider Religionen garantieren würde, 1/54. Der katholische Eiferer N. hielt ihn darum unbeirrt für einen >Ketzer<, 5/72. - Heinrich II., der Vater des gescheiterten Königs, erhält den Namen einer keltischen Gottheit, der kriegerische Heldentaten zum Wohle der Menschen nach-gesagt wurden, was N. als Huldigung seines Königs gemeint haben dürfte, VH (1).

09/94 **Foibles galleres seront vnies ensemble,/ Ennemis faux le plus**
fort en rampart:/ Faible assaillies Vratislaue tremble,/
Lubecq & Mysne tiendront barbare part. (1568)
[Zweiter Weltkrieg/ Hitler]
Schwächliche Schiffe werden miteinander vereint sein,/
Feinde betrügerisch, der stärkste noch machtvoller./
Schwache angegriffen, Preßburg bebt,/
Lübeck und Meißen werden Besitz ergreifen von barbarischem (Erd-)Teil.
2) Altes v. remparer verstärken (renforcer).
3) Vratislaue. Es können gemeint sein 1. Breslau, lat. Vratislavia 2. Bratislava, früher Preßburg. Daß Preßburg nicht in Frage komme, weil es lateinisch anders geheißen hat, ist nicht schlüssig. Namen können bei N. lateinisch gemeint sein, sie müssen nicht.
4) Andere Übersetzungsmöglichkeit: "... werden halten zur barbarischen Partei". - La Barbarie ist ein alter Name für Nordafrika.

Zahlenmäßig war die britische zusammen mit der französischen Flotte am Beginn des zweiten Weltkrieges der Marine der Achsenmächte überlegen, doch die meist erst nach dem Flottenabkommen von 1935 erbauten deut-schen Kriegsschiffe waren moderner ausgerüstet als die ältere britische Armada. N. aber wird die alliierte Marine "schwächlich" erschienen sein, weil das verbündete Großbritannien den Durchmarsch Hitlers im West-feldzug 1940 nicht verhindern konnte. - Ob Freund oder Feind, beurteilt N. vom Standpunkt Frankreichs, 3/33. Ende September 1938 beteuerte Hitler, daß mit der Abtretung des Sudetenlandes seine Gebiets-ansprüche erfüllt seien, erteilte aber schon einen Monat später den Geheimbefehl zur >Erledigung der Rest-Tschechei<. Im März 1939 besetzten die Deutschen dann das Land, Vz 3, Hitler wurde noch mächtiger, Vz 2. Mit den "betrügerischen Feinden" dürften Hitler und Stalin gemeint sein. Deren vermeintliche Friedensliebe (Hitler-Stalin-Pakt, 5/94) machte Hitlers Westfeldzug erst möglich. - Anfang 1941 wurde das >Deutsche Afrikakorps< aufgestellt, das die von Italien verlorene libysche Cyrenaika für die Achsenmächte zurückerobern konnte, Vz 4. Lübeck war ein deutscher Kriegshafen. Deutsche Marine (Lübeck) und deutsche Heeresstreitkräfte (Meißen) ergriffen Besitz von Teilen Nordafrikas.
---> 5/94 (2.WK/ Hitler)

03/95 La loy Moricque on verra defaillir:/ Apres vne autre
beaucoup plus seductiue,/ Boristhenes premier viendra faillir:/
Par dons & langue vne plus attractiue. (1555)
[Ende osman. Reich/ Aufstieg der Sowjetunion] (Kommentar S. 164)
Das maurische Gesetz wird man schwach werden sehen./
Danach (kommt) ein anderes, sehr viel verführerisches (Gesetz)./
(Der) Dnjepr wird ihm als erster verfallen./
Durch Gaben und Sprache (wird es) noch anziehender.
1) V. defaillir schwach werden, nachlassen, versagen.
3) Lat. Boristhennes heißt heute Dnjepr. Er entspringt 200 Km
westlich von Moskau, fließt durch Weißrußland und die Ukraine
ins Schwarze Meer.

06/45 Le gouuerneur du regne bien scauant,/ Ne consentir voulant
au faict Royal:/ Mellile classe par le contraire vent,/
Le remettra à son plus desloyal. (1568)
[Franco/ Spanischer Bürgerkrieg/ Spanien 1975ff]
Der Steuermann, im Regieren sehr geschickt,/
will nicht zustimmen dem, was der König getan hat./
Die Flotte (von) Melilla (wird er) durch widrigen Wind (steuern)./
Er wird es zurückgeben seinem höchst Pflichtvergessenen.
1) N.m. gouverneur Vorsteher vom lat. n.m. gubernator Steuermann, Lenker.
3) Lat. n.f. classis Flotte, Armee.
4) Nomina masculina im Vers, auf die sich das Pronomen "le"
beziehen kann, sind regne, faict Royal und vent. Einen Sinn
ergibt nur regne.

König Alphons XIII. von Spanien dankte 1931 ab und ging ins Exil. Damit
und mit der Republik, die sich daraufhin konstituierte, ist General Franco
nicht einverstanden gewesen, Vz 2. Auch dem Seher als Anhänger der
Monarchie hat die spanische Republik nicht gefallen, 9/78. - Am
Ausbruch des Bürgerkrieges im Jahr 1936 war Franco maßgeblich beteiligt, 9/16. Er war damals Kommandeur der Truppen in Spanisch-Marokko
mit der Küstenstadt Melilla. Von dort aus setzten ihm unterstellte Truppen
nach Südspanien über und kämpften in einem fast drei Jahre dauernden
Bürgerkrieg - bei >widrigem Wind< - gegen die republiktreuen Teile der
Armee um die Macht, Vz 3. - Nach seinem Sieg war
Franco bis 1975 Vorsteher des Staates, Vz 1. Am Ende seiner Zeit über-
trug er "es", das Reich, die Herrschaft, nicht dem "pflichtvergessenen"
König, aber dessen Nachkommen, gab sie in diesem Sinne zurück, Vz 4.
Darin dürfte der Hauptgrund für N.s positives Urteil über den General
liegen.

09/45 Ne sera soul iamais de demander,/ Grand Mendosus
obtiendra son empire/ Loing de la cour fera contremander,/
Pymond, Picard, Paris, Tyrron le pire. (1568)
[Heinrich IV.] Kein einziger wird jemals danach verlangen,/
Der große Vendôme wird seine Herrschaft erwerben./
Weitab vom Hof wird er Gegenbefehl geben./
(Für) Piemont, Pikardie, Paris, Tyrrhenisches (Meer ist er) der Ärgste.
1) Soul ist ein provencalisch abgewandeltes seul.
2) Lat. adj. mendosus fehlerhaft, auch im moralischen Sinn.
Heinrich IV. hatte von seinem Vater, Antoine de Bourbon, 1562 den Titel

eines Herzogs von Vendôme geerbt. Aus MENDOSVS kann man VENDOSME machen, wobei ein S überzählig ist und ein E fehlt. "Großer" Vendôme heißt er, weil er 1589 König wurde und "seine Herrschaft" bis 1594 "durchsetzen" konnte, Vz 2. - Vorher hatte er 'an den Religionskriegen auf der Seite der Reformierten als deren Anführer teilgenommen, "weitab vom Hof Gegenbefehl gegeben", Vz 3, und ab 1590 mehrere Jahre lang Paris belagert. - Der Kirchenstaat grenzte an das Tyrrhenische Meer. Vom Papst 1585 mit dem Bann belegt, wurde Heinrich IV. nach seinem Übertritt zum Katholizismus vom Papst anerkannt. Darin glaubte N. einen Mißgriff Roms zu erkennen, 10/18.

 ---> 10/45 (Heinrich IV.)

10/45 L' ombre du regne de Nauarre non vray,/ Fera la vie
   de sort illegitime:/ La veu promis incertain de Cambray,/
   Roy Orleans donra mur legitime. (1568)
   [Heinrich IV./ Ludwig XIV.]
   Der Schatten der Herrschaft Navarras (ist) nicht wirklich./
   Er wird das Leben führen eines illegitimen Verhängnisses./
   Das abgelegte Gelübde von Cambray ist unsicher./
   Der König (von) Orléans wird (die) Stadt legitim machen.
   2) Idiom faire la vie sich dem Vergnügen überlassen (se livrer
   au plaisir), unausstehlich sein (être insupportable).
   4) mur Mauer hier metaphorisch für Stadt.

König Heinrich IV. war, bevor er 1589 den Thron von Frankreich bestieg, König von Navarra und wurde bis 1589 oft einfach "Navarra" genannt, ein Sprachgebrauch, den N. hier aufgreift. Navarra war nach dem Tod Heinrichs III., des kinderlosen letzten Valois, als dessen Vetter aufgrund des salischen Gesetzes, 5/38, der nächstberechtigte Thronanwärter. Die Erbfolge war also in Ordnung, aber der Seher nimmt den Standpunkt der katholischen Partei ein, von dem aus 1. das protestantische Bekenntnis des Erben = sein >Ketzertum<, 2. sein >Ausschluß aus der Christenheit< durch den Bann des Papstes und 3. sein jahrzehntelanger Kampf gegen die katholische Partei, 9/45, als Hindernisse für seine Anerkennung angeführt wurden ("illegitim"). - Im April 1559 hatte Heinrich II. mit Spanien, auf dessen Gebiet Cambrai damals lag, Frieden geschlossen (Friede von Cateau-Cambresis). Wenn mit Heinrich von Navarra ein Protestant auf den französischen Thron komme, sei dieser Friede gefährdet, es werde dann zu Auseinandersetzungen mit der katholischen Vormacht kommen, deutet N. in Vz 3 an. In der Tat mußte Heinrich IV. sich mit spanischen Truppen auf dem Boden seines Landes herumschlagen, um sich durchzusetzen. Doch hatten die Spanier in die jahrzehntelangen Kriege in Frankreich schon mehrfach eingegriffen, nicht erst, als Heinrich von Navarra König wurde. Was diesen angeht, war N.s Sicht durch Ressentiment stark verzerrt, **5/72.** - Cambrai kam 1678 im Frieden zu Nimwegen an Frankreich, die Stadt wurde "legitim", d.h. der Hoheit Frankreichs unterworfen. Mit dem Namen der Stadt Orléans verbindet sich der Kampf um die Freiheit Frankreichs. Daher dürfte mit dem "König (von) Orléans" Ludwig XIV. gemeint sein, der, anknüpfend an Jeanne d' Arc, das Land zu Größe und Ruhm führte.

 ---> 9/45 (Heinrich IV.)

La loy Moricque on verra defaillir:
Apres vne autre beaucoup plus seductiue,
Boristhennes premier viendra faillir:
Pardons & langue vne plus attractiue.
(Urfassung bei Macé Bonhomme, Lyon 1555)

Übersetzung der Urfassung:
Das maurische Gesetz wird man schwach werden sehen.
Danach (kommt) ein anderes, sehr viel verführerischeres (Gesetz).
(Der) Dnjepr wird ihm als erster verfallen.
Durch Gaben und Sprache (wird es) noch anziehender.

Kommentar zu 3/95:
Gesetz (loy) nennt N. die Verfassung und Rechtsordnung des Gemeinwesens und
das ihr zugrundeliegende geistige, namentlich religiöse oder philosophische
Prinzip, 2/90. Mauren wurden von den Christen die in Spanien und Nordwest-
afrika ansässigen Berber oder Araber islamischen Glaubens genannt. Demnach
ist das "maurische Gesetz" ein Deckname für den Islam und eine auf ihn
gegründete politische Ordnung.

N. erschaute zwei Zeiten, in denen eine islamisch geprägte Ordnung eine
Schwäche, einen Niedergang erleben werde, 8/59 (Bd.2). Nach dem Niedergang
des Osmanenreiches im 19. Jahrhundert werde es einen weiteren Zusammenbruch geben, der auch heute noch in der Zukunft liegt, 3/97.

Das Bündnis des osmanischen Reiches mit Deutschland im ersten Weltkrieg
beschleunigte und besiegelte sein Ende. Danach kam der säkulare Staat Türkei
des Kemal Pascha, der den Islam aus dem öffentlichen Leben verbannte und die
Türkei dem Westen öffnete. In dieselbe Zeit fällt der Aufstieg eines >anderen
Gesetzes<, das N. für "noch verführerischer" hält, nämlich des Kommunismus.
>Verführung< bedeutet hier Wegführung vom christlichen Glauben als gemein-
samer Nenner von Islam und Kommunismus.

Diese Lehre vergleicht er in der Vorrede an seinen König direkt mit dem Un-
glauben Babels, des alttestamentarischen Feindes des Gottesvolks. Das >neue
Babylon< werde durch die Greuel des ersten Holokaustes groß werden, VH (19).
Der Dnjepr fließt durch Rußland, Weißrußland und die Ukraine und steht hier für
diese Länder Osteuropas. Es wird eingewandt, daß St. Petersburg, von wo die
Revolution 1917 ausging, nicht am Dnjepr liege. Aber mit den >ersten Opfern des
neuen Babylon< ist hier das russische Volk als ganzes gemeint, dem später
andere Völker des sogenannten Ostblocks folgen sollten.

Neben militärischer Gewalt wurden von den Kommunisten "Geschenke" und
"Sprache" als Mittel der Verführung eingesetzt. Die "Gaben" sind die zivilisatori-
schen und technischen Errungenschaften, deren Verbreitung und allgemeine Ver-
fügbarkeit im neuen Staat den Menschen versprochen wurde (Lenin: Sozialismus
ist Elektrifizierung plus Sowjetmacht). Die "Sprache" ist die Propaganda als Mittel
der Politik, die damals in großem Stil zur Umerziehung der Menschen eingesetzt
wurde.

Im Kommunismus trat an die Stelle der alten Herren eine neue Klasse von Herren
im Zeichen der Klassenlosigkeit. Um den Umschichtungscharakter der Revolution
verschleiern zu können, war dann eine Sprache erforderlich, die das noch nicht
Vorhandene, den utopischen Zustand des kommunistischen Ideals statt der
wirklichen Verhältnisse in den Mittelpunkt der Aufmerksamkeit rückte.

03/96 Chef de FOVSSAN aura gorge couper/ Par le ducteur du
limier & leurier:/ Le faict patré par ceux du mont TARPEE/
Saturne en Leo XIII. de Feurier. (1555)

[1820] Dem Haupt von Fossano wird die Kehle durchschnitten werden/
durch den Führer des Spür- und Windhundes./
Die Tat vollbracht durch die vom tarpejischen Felsen,/
Saturn zum Löwen, dreizehnter Februar.

2) Lat. n.m. ductor Führer.
3) Lat. v. patrare vollbringen, ausführen, vollenden.
4) Satum en Leo kann "Saturn im Löwen" bedeuten. Da en
auch Richtung und Bestimmung bezeichnet, ist auch die o.a.
Übersetzung möglich.

Es wird folgende Deutung angeboten (Allgeier 1988): Charles-Ferdinand,
Herzog von Berry, ein Sohn des Grafen von Artois, des späteren König
Charles X., wurde am 14.2.1820 von einem fanatischen Republikaner,
dem Sattlergesellen namens Pierre Louvel ermordet. Die Mutter des Er-
mordeten war Marie-Thérèse von Savoyen, wo Fossano liegt. Er aber
war nicht Herzog von Savoyen, also auch nicht Haupt von Fossano.
Daher ist die Deutung fraglich. -   Der Name des Mörders
Louvel ähnelt dem Wort louvetier, welches Hundeführer bedeutet. Die
Tat aus politischen Gründen war ein Akt des Hochverrats, wurde
"vollbracht durch die vom tarpejischen Felsen", von dem im antiken Rom
die verurteilten Hochverräter gestürzt wurden. Am 14.2.1820 stand der
Planet Saturn bei 29° Fische, also nicht im Löwen. Saturn wäre hier dann
in der geläufigen Bedeutung des Todesbringers zu verstehen, und der
Löwe, das königliche Tier, als ein Mitglied des Königshauses.

04/96 La soeur aisnée de l' isle Britannique/ Quinze ans deuant
le frere aura naissance:/ Par son promis moyennent
verrifique,/ Succedera au regne de balance. (1568)

[Maria II./ Wilhelm III. von England]
Die ältere Schwester der britischen Insel,/
fünfzehn Jahre zuvor wird der >Bruder< geboren werden./
Durch sein Versprechen verhandelnd (und) bestätigt,/
wird er nachrücken im Reich des Gleichgewichts.

1)2) Andere Möglichkeit: "Die ältere Schwester ... / wird
fünfzehn Jahre vor dem Bruder geboren werden." Diese
Auffassung liegt nahe, weil die Schwester die "ältere" heißt.
3) Präp. moyennant mittels. Es kann aber auch ein p.p.a. sein,
altes v. moyenner für Vermittlung sorgen (procurer par son
entremise), vermitteln (négocier), verhandeln (traiter).
3) V. vérifier nachprüfen, bestätigen, > lat. v. verificare wahr
machen, davon das p.p.p. verificatus wahr gemacht.
3)4) In den letzten beiden Vz könnte auch sie, die "ältere
Schwester" Subjekt sein. Aber Maria war legitime Thronerbin,
brauchte nichts versprechen und nichts aushandeln, um auf
den Thron zu gelangen, im Unterschied zu dem >Bruder<.
4) N.f. balance 1. Waage 2. Gleichgewicht 3. Schwebe,
Unentschlossenheit 4. Bilanz

Aus der ersten Ehe Jakobs II. von England (1685-89) stammten Maria,
geboren 1662, und Anna, geboren 1665. Maria war die "ältere" zweier
Schwestern. Sie heiratete 1677 Wilhelm von Oranien, geboren 1650, der
also nicht fünfzehn, sondern nur zwölf Jahre älter war. Er ist hier mit dem
>Bruder< der englischen Königstochter gemeint, weil beide gemeinsam
wie >Geschwister< im Wege einer Doppelkrönung 1689 den briti-

schen Thron bestiegen. Diese doppelte Inthronisation galt den Zeitgenossen wegen fehlender historischer Vorbilder als etwas Eigentümliches, das besonderer Begründung und Absprache bedurfte. - Der Krönung vorausgegangen waren Verhandlungen des Niederländers mit dem englischen Oberhaus, in denen es um die Stellung des Königs und seine Rechte ging. Das "Versprechen" ist als die Bereitschaft Wilhelms zu verstehen, die Rechte des Parlaments anzuerkennen und in Übereinstimmung mit dessen Statuten zu herrschen. Für N. kam damit ein Mann auf den englischen Thron, der ein >Bastard< war, 3/80, und "das Zeichen des Königs" nicht mehr trug, **10/22**. - "Reich des Gleichgewichts" nennt er England wegen der Verbindung des englischen Parlamentarismus mit dem Prinzip der dynastischen Legitimität. Die Rechte der Ständevertretung und des Thrones wurden in einem Kompromiß miteinander versöhnt in einer Zeit, in der fast überall sonst in Europa die Könige noch >absolut< herrschten. Auf diese Weise wurde "die Herrschaft auf der Insel neu zusammengefügt", 2/68.

06/46 **Vn iuste sera en exil renuoyé,/ Par pestilence aux confins**
de Nonseggle,/ Responce au rouge le fera desuoyé,/
Roy rerirant à la Rane & à l' aigle. (1568)
[Papst Pius VI./ Französische Revolution/ Kaiser Franz II.]
Ein Gerechter wird wieder ins Exil geschickt werden/
durch Verseuchung an den Grenzen des Nicht-Säkularen./
(Die) Antwort, die das rote (Land) erhält, wird es vom Weg abbringen./
(Ein) König zieht sich zurück vom Frosch und vom Adler.

2) Altfr. n.m. secle   irdisches Leben (vie terrestre), Welt (monde), weltlicher Staat (état séculier). Der Zusammenhang ergibt, daß Nonseggle ein Land ist. Wenn es zutrifft, daß hier secle reimbedingt zu seggle abgewandelt wurde, ist mithin ein nicht-säkulares, d.h. kirchlich beherrschtes Gebiet gemeint.
4) rerirant ist ein verschriebenes retirant. Lat. n.f. rana Frosch.

Der "Gerechte", der "ins Exil geschickt" wurde, ist Pius VI., der im Februar 1798 von einer französischen Armee gefangengenommen und gezwungen wurde, ins Land der Revolution überzusiedeln. Schon einmal war ein Papst von Franzosen in deren Gewalt gebracht worden: Bonifaz VIII. im Jahr 1303. Schon einmal waren Päpste im französischen Exil gewesen: die Päpste im Exil von Avignon, beginnend mit Clemens V. 1309. Insofern wurde der Papst "wieder" ins Exil geschickt. - Grund für die Verschleppung war neben der allgemeinen Glaubens- und Kirchenfeindlichkeit des Pariser Regimes die standhafte Weigerung des Papstes, die Zivilkonstitution des französischen Klerus anzuerkennen, was ihm das positive Urteil des Sehers einträgt. Der "Nicht-Säkulare" (Nonseggle) ist der Kirchenstaat, in welchen mit den französischen Soldaten auch die neuen Ideen eindrangen. Diese hielt N. wie der damalige Papst für eine >Seuche< (Breve *Quod aliquantum* gegen Menschenrechte und Gedankenfreiheit). - Das "rote (Land)" ist das revolutionäre Frankreich, 1/3. Die Weigerung des greisen Papstes, den Ansinnen des französischen Republik zu entsprechen ("Antwort"), habe zu der dann einsetzenden Entwicklung beigetragen, will Vz 3 nahelegen. Der gebeutelte Papst starb im August 1799, im November wurde der Staatsstreich inszeniert, durch den Napoléon an die Macht kam. Die demokratische

und kirchenfeindliche Republik >kam< in der Folge >vom Weg ab< insofern, als der Korse ein autoritäres Regime errichtete und die französische Kirche in einem Konkordat mit Rom in alte Rechte wieder einsetzte. - Nach der bei Austerlitz verlorenen Schlacht mußte Österreich im Diktatfrieden von Preßburg im Dezember 1805 Venetien, Dalmatien und Istrien aufgeben. Das von Napoléon bezwungene Land zog sich vom Mittelmeer, insbesondere aus Venetien zurück. Mit dem "Frosch", einem Grenzgänger zwischen Land und Gewässer, ist die ins Meer gebaute Hauptstadt Venetiens gemeint. - Der Adler ist das Hoheitszeichen des Kaiserreiches, 2/44. Somit will der >Rückzug vom Adler< besagen, daß der König, der sich aus Venetien zurückziehen werde, auch die Kaiserwürde aufgeben werde. Das trat dann im August 1806 ein, als Kaiser Franz II. die Kaiserkrone niederlegte, 10/46, womit das >Heilige Römische Reich< nach über achthundert Jahren endete. (Er blieb aber als Franz I. Kaiser von Österreich-Ungarn, zu dem er sich zwei Jahre zuvor vorausschauend hatte machen lassen.)
---> 10/46 (Kaiser Franz II.)

06/96 **Grande cité à soldatz abandonée,/ Onques n' y eust mortel**
tumult si proche:/ O quel hideuse calamité s' approche,/
Fors vne offence n' y sera pardonée. (1568)
[Französische Revolution]
Große Stadt den Soldaten preisgegeben,/
noch nie war ein tödlicher Aufruhr so nah./
O welch abscheuliches Elend nähert sich,/
außer für eine Beleidigung wird kein Pardon gegeben werden.
4) Altfr. adv./prép. fors 1° außerhalb (hors, dehors) 2° außer, abgesehen von (hors, au-dehors de) 3° ausgenommen (si ce n' est que, excepté)

Wegen des Fehlens von Besonderheiten kann der Vers nicht sicher zugeordnet werden. Aus der Gesamtschau kann als wahrscheinlich gelten, daß hier das Paris der Revolution, besonders während der Terreure 1793/94 gemeint ist. Es wurden damals ziemlich wahllos Menschen der Guillotine überantwortet, die bei den Machthabern als Gegner der Revolution denunziert worden waren. Eine Anklage bedeutete in aller Regel auch die Verurteilung. - Besonders wenn prominente Verurteilte auf dem Schafott standen, wurden nicht nur Polizeikräfte, sondern auch die Nationalgarde eingesetzt. Insofern war die Stadt den eigenen "Soldaten überlassen". - Die einzige erlaubte und sogar erwünschte "Beleidigung" - im Urteil des Sehers - war die Schmähung der papsttreuen Kirche und die Verfolgung jener Kleriker, die sich den neuen Herren nicht fügen wollten. Von denselben Vorgängen handelt z.B. Vers 9/77.

08/96 La synagogue sterile sans nul fruit/ Sera receue
entre les infideles/ De Babylon la fille du porsuit/
Misere & triste lui trenchera les aisles. (1568)
[Staat Israel] (Kommentar S. 169)
Die Synagoge, ohne Empfängnis, ohne Frucht,/
wird aufgenommen werden unter den Ungläubigen/ von Babylon.
Die Tochter des Verfolgten,/
elend und traurig, wird ihm (Babylon) die Flügel abschneiden.

1) bis 4) Das komplette Fehlen von Satzzeichen gibt zu
denken. Wenn hinter "Babylon" ein Punkt gesetzt wird,
entstehen zwanglos zwei vollständige Sätze. Ohne diese
Prämisse ergeben sich andere Übersetzungen.
3) Altfr. v. porsuir 1° suchen (rechercher), verfolgen
(poursuivre) 2° fortfahren (poursuivre), weiterführen (continuer);
davon das p.p.p. porséùt verfolgt (poursuivi).
Altfr. n.f. porsuite Verfolgung, n.m. porsuit Anstrengung (effort).
4) Ebenso möglich: "... wird ihr die Flügel abschneiden".

10/46 Vie sort mort de L' OR vilaine indigne,/ Sera de Saxe non
nouueau electeur:/ De Brunsuic mandra d' amour signe,/
Faux le rendant au peuple seducteur. (1568)
[Kaiser Franz II./ Napoléon I.]
Leben weicht, Tod des Goldes, abstoßend, unwürdig,/
es wird keinen neuen Kurfürsten Sachsens geben./
Von Braunschweig wird (man ein) Zeichen der Liebe beauftragen,/
(ein) Unwahrer gibt es dem Volk zurück, (ein) Verführer.

4) Das Attribut au peuple kann sich auf rendant wie auch auf
seducteur beziehen. Beides ergibt einen Sinn.

Es geht um das Ende des Reiches in der Zeit der napoleonischen Kriege.
Gold galt als Entsprechung der Sonne, und diese steht bei N. für den
christlichen Gott, **5/72**. Mit dem >Gold< ist hier der Kaiser als oberster
Repräsentant des Heiligen Römischen Reiches gemeint, und mit dem
>Tod des Goldes< dessen Ende, **2/92**. Dieses bedauert N. als "absto-
ßend" und "unwürdig". - Nicht der Kaiser als Person,
aber sein Kaisertum >starb< im August 1806, als Franz II. die Krone
niederlegte, "sich vom Adler zurückzog", 6/46, und alle Reichsstände,
Fürsten und Kurfürsten von ihren Pflichten gegenüber dem Reich
entband. Vorausgegangen war die Niederlage Österreichs bei Austerlitz
im Dezember 1805. Hilfe sollte dem Reichsadler, dem "Zeichen der
Liebe" von Preußen, der zweiten Großmacht des Reiches kommen, das
u.a. mit dem Herzog von Braunschweig verbündet war. Aber auch
Preußen unterlag gegen Napoleon, im Oktober 1806 bei Jena und
Auerstedt. - Schon Ende 1804 hatte sich Napoléon zum
Kaiser der Franzosen ausrufen lassen und sein Empire begründet,
welches nach den Siegen gegen Österreich und Preußen zu einem ganz
Europa umfassenden Grand Empire ausgebaut werden sollte. Sein
Kaisertum sollte an die Stelle des alten Reiches treten, Napoléon werde
das "Zeichen der Liebe", den Reichsadler als Zeichen des christlichen
Kaisers "zurückgeben" wollen - ein illegitimes Vorhaben nach Ansicht
des Sehers, dem nicht gefiel, daß der Emporkömmling seine Herrschaft
auch auf den Willen des Volkes stellen wollte ("gibt es **dem Volk**
zurück"), es >verführte<, um die Krone zu usurpieren.
   —> 6/46 (Kaiser Franz II.)

La synagogue sterile sans nul fruit
Sera receue entre les infideles
De Babylon la fille du porsuit
Misere & triste luy trenchera les aisles.

(Textfassung bei Benoist Rigaud, Lyon 1568)

Übersetzung:

Die Synagoge, ohne Empfängnis, ohne Frucht,
wird aufgenommen werden unter den Ungläubigen
von Babylon.   Die Tochter des Verfolgten,
elend und traurig, wird ihm (Babylon) die Flügel abschneiden.

Kommentar zu 8/96:

Die Synagoge bedeutet den jüdischen Glauben. Menschen dieses Glaubens wanderten seit der zweiten Hälfte des neunzehnten Jahrhunderts nach "Syrien, Judäa und Palästina" ein, 3/97, aufgenommen "unter", nicht von Menschen, die diesen Glauben nicht teilen, auch dem christlichen Bekenntnis überwiegend nicht angehören und in diesem Sinne - nur in diesem Sinne - "ungläubig" sind.

Die Araber Judäas, Palästinas sowie der Nachbarländer werden hier in Verbindung gebracht mit "Babylon". Darin dürfte der Hinweis stecken, daß der religiöse Gegensatz und die territoriale Konkurrenz zwischen jüdischen Einwanderern und arabischen Eingesessenen das Potential zu einer Feindschaft enthält, wie sie schon in alttestamentarischer Zeit das Verhältnis der Juden zum König von Babylon prägte.

Der Grund dafür, warum N. die jüdische Religion bzw. das jüdische Volk "unfruchtbar" nennt, ist mit Pfändler (1997) darin zu erkennen, daß nach christlicher Anschauung aus dem Gesetz des alten Bundes kein Heil mehr erwächst, dieses vielmehr durch den Glauben an Christus abgelöst ist.   Darüber hinaus dürfte gemeint sein, daß die Juden zur Zeit ihrer Aufnahme in Palästina den ihnen einst verheißenen Messias - nach eigener Auffassung - noch immer nicht hervorgebracht haben würden.

Bis hierher ist die Deutung einigermaßen sicher. Für die zweite Vershälfte gibt es unterschiedliche Vorschläge. Klar ist eines: >Damen< oder >Töchter< bedeuten bei N. Völker als ganze, 8/70. Pfändler (1997) will hier die Muslime erkennen, weil "der Verfolgte" der einst aus Mekka vertriebene Religionsgründer Mohammed sei. Aber das ist unwahrscheinlich, weil in der Bezeichnung als Verfolgter eine Anteilnahme zum Ausdruck kommt, die bei N. inbezug auf den Islam und seinen Begründer nicht zu erwarten ist, VH (9).

Mit "dem Verfolgten" dürfte eher Jesus Christus gemeint sein, der einst vom jüdischen Tempel verfolgt und zur Strecke gebracht wurde. Darin, im Erleiden einer tödlichen Verfolgung glich das jüdische Volk der 30er und 40er Jahre des zwanzigsten Jahrhunderts Jesus von Nazareth. Es >folgte ihm nach auf dem Kreuzweg< und war in diesem Sinn die >Tochter des Verfolgten<.

Wenn diese Deutung zutrifft, wäre der Schluß des Verses so zu verstehen, daß die gerade noch selbst aus ihrer europäischen Heimat vertriebenen Juden nun ihrerseits >Babylon<, d.h. die arabischen Muslime ihres Umfeldes vertreiben oder sie ihrer Freiheit berauben würden (Abschneiden der Flügel). Das wäre auf die zahlreichen, von Israel siegreich geführten Nahostkriege seit 1948 gemünzt. "Elend und traurig" nennt N. ein Volk, das, obzwar wieder seßhaft im Land der Väter, 7/32 (Bd.2), seinen Frieden nicht findet.

03/47 Le vieux monarche deschassé de son regne/ Aux Orients son
secours ira querre:/ Pour peur des croix pliera (!) son enseigne,/
En Mitilene ira pour (!) port et terre. (1555)

[Pétains Ende]

**Der alte >Monarch<, verjagt aus seinem Reich,/
wird bei denen im Osten Hilfe suchen./
Aus Furcht vor den Kreuzen wird er sein Banner einholen./
Auf Muschelinsel wird er gehen wegen Hafen und Erde.**

2) Zum altfr. v. querre s. 4/1, > lat. quaerere suchen, fragen.
4) Mytilene war Hauptstadt der Insel Lesbos.   Sie könnte
gemeint sein.   Griech. n.m. mytilos Miesmuschel.   Die Wiedergabe mit "Muschelinsel" ist zugegeben eine freie.

Les Orients könnten die Orientalen sein, aber das lat. n.m. oriens meint
eigentlich die aufgehende Sonne, die Himmelsrichtung Osten und dann
erst das Morgenland. -   Der "alte Monarch" ist Marschall
Pétain, der von Juni 1940 bis Juni 1944 von Hitlers Gnaden den Süden
Frankreichs autoritär regierte.   Man könnte einwenden, daß Pétain nicht
Monarch im Sinne von Alleinherrscher war, weil er in Hitlers Diensten
stand.   Aber von Pétain spricht N. meist in ironischem oder sarkastischem
Ton, 1/78, und so ist auch die Bezeichnung als >Monarch< ironisch zu
nehmen. -   Der Vers handelt vom Ende seiner Regierung
nach der Landung der Westalliierten in der Normandie im Juni 1944.   Im
August wurde die Exilregierung unter de Gaulle nach Paris verlegt, es
begann die Jagd auf die Kollaborateure.   Am 17.8. ließ Hitler Pétain,
dessen Zuverlässigkeit er bezweifelte, nach Sigmaringen bringen.   Man
drohte ihm mit der Bombardierung Vichys, wenn er seine Truppen nicht
an der Seite Deutschlands kämpfen lasse. -   Er gab nach
"aus Furcht vor den Kreuzen", vor denen mit dem Hakenkreuz.   Aber
seine Befehle wurden vielfach nicht mehr ausgeführt, so oder so mußte er
"sein Banner einholen". -   Am 14.8.45 wurde er wegen
Kollaboration mit der Besatzungsmacht zum Tode verurteilt und anschließend zu lebenslanger Haft begnadigt.   Er wurde auf der Insel Yeu
interniert, die von der Muschelzucht lebt.   Dort fand er einen >Hafen< im
Sinne eines Zufluchtsortes.   Er starb 1951 (Erde).

04/47 Le noir farouche quand aura essayé/ Sa main sanguine par
feu, fer, arcs tendus:/ Trestout le peuple sera tant effraie:/
Voyr les plus grads par col & pieds pendus. (1555)

[Karl IX. 1572]

**Der finstere ungesellige König, wenn er erprobt haben wird/
seine blutige Hand mit Feuer, Eisen, gespannten Bögen,/
wird das ganze Volk sehr erschrocken sein./
die Größten an Hals und Füßen aufgehängt zu sehen.**

1) noir ist wie andemorts Anagramm von Roi(n) und zugleich
Hinweis auf das finstere Wesen des Gemeinten.
4) Bei grads fehlt der übliche Zirkumflex, gemeint sind grands.

Hier haben sich die Kommentatoren auf Karl IX. von Frankreich und die
sogenannte Bartholomäusnacht am 23./24. August 1572 geeinigt, 4/8.
Was stark für diese Deutung spricht, weil es Karl IX. kennzeichnet, ist das
"Erproben der Hand mit Feuer, Eisen".   Karl IX. hatte ein Steckenpferd,
das alle Biographen vermerkten, weil man es als absonderlich und eines
Königs unwürdig empfand: Er hatte sich eine Schmiedewerkstatt

einrichten lassen, wo er sich an der Herstellung von Waffen versuchte. Dort habe er geübt und seine Fertigkeiten voll zur Geltung gebracht, als der Mordbefehl gegeben war, scheint N. nahezulegen. Das ist allerdings nicht wörtlich zu nehmen, da der König das Morden geschehen ließ, sich daran aber, soweit bekannt, nicht selbst beteiligte. - Es wird eingewandt, daß nicht der erst zweiundzwanzigjährige König, sondern seine Mutter die treibende Kraft hinter dem Gemetzel war. Aber wer die treibende Kraft war, ob die Spanier, die Guisen oder die Medici, ist einerlei, weil nur der König den Befehl unterzeichnen konnte. Und das tat er. - Gegen die Deutung spreche auch (Pfändler 1997), daß nicht alle Pariser, also nicht das "ganze Volk erschrocken" waren. Mindestens die im Blutrausch Metzelnden selbst als zumeist gestandene Soldaten seien sicher nicht erschrocken gewesen. Das wird nicht bestritten, aber trestous le peuple als "jeden Einzelnen" zu deuten, über-interpretiert den Text. Es waren im übrigen nicht nur der versammelte hugenottische Adel des Landes, der abgeschlachtet wurde. Manch offene Rechnung wurde auch unter katholischen Bewohnern beglichen, man ergriff die >Gelegenheit<. Insofern war schon das "ganze Volk erschrocken". - Auch die Anführer der Hugenotten ("die Größten") schonte man nicht, der Leichnam des Admirals Coligny z.B. wurde öffentlich aufgehängt. "Groß" ist bei N. im übrigen kein Werturteil, sondern kennzeichnet eine herausgehobene Stellung, 1/31.

03/97 Nouuelle loy terre neufue occuper/ Vers la Syrie,
Iudee & Palestine:/ Le grand empire barbare corruer,/
Avant que Phebés son siecle determine. (1555)
[Israel/ Osmanisches Reich/ Arabisches Reich] (Kommentar S. 173)
(Ein) neues Gesetz besetzt neues Land/
in Richtung Syrien, Judäa und Palestina./
Das große Barbarenreich wird zusammenbrechen,/
bevor Phoibe ihr Jahrhundert beschließt.

3) Lat. v. corruere zusammenstürzen, einstürzen.
3)4) betreffen zukünftige Vorgänge. Einige Verse setzen zeitlich weit auseinanderliegende Vorgänge in Beziehung zueinander.
1) bis 4) Die Deutung auf den ersten zionistischen Weltkongreß von 1897 und den Zusammenbruch der Sowjetunion von 1991 (Pfändler 1997) kann den Zusammenhang der Vorgänge nicht erklären und ist hauptsächlich deshalb nicht schlüssig.

08/97 Aux fins du VAR changer le pompotans,/ Pres du riuage les
trois beaux enfans naistre,/ Ruyne au peuple par aage
competans/ Regne au pays changer plus voir croistre. (1568)
[Nordafrika 1956 bis 1962]
An den Grenzen des VAR wandelt sich der Pompotans,/
in Ufernähe werden die drei schönen Kinder geboren./
Zerrüttung dem Volk in heiratsfähigem Alter,/
Herrschaft im Land wandelt sich stärker, (ihr werdet sie) wachsen sehen.

1) Lat. n.f. finis Ende, Grenze, n.f.pl. fines das von Grenzen
umschlossene Gebiet.
Zu pompotans s.a. das Glossar S. 199.
3) Mittelfr. Idiom age competant heiratsfähiges Alter.
1) bis 4) Dieser Vers folgt wahrscheinlich auch in der ursprünglichen Reihenfolge auf **8/96**. Dafür spricht neben der zeitlichen
Abfolge (1948 –> 1956-62), daß beide Male Großbritannien
direkt oder indirekt beteiligt ist.

Wie in 10/100 ist das "der Pompotans" Chiffre für Großbritannien,
andeutend dessen Triumphzug durch die Welt, die jahrhundertelange
Großmachtstellung und das gewaltige Kolonialreich. Der "Wandel" findet
statt "an den Grenzen des VAR", mit dem die Vereinigte Arabische
Republik gemeint ist, französisch Unie Arabe Republique; typographisch
sind U und V bei N. austauschbar. Die panarabische Politik des
ägyptischen Präsidenten Nasser führte 1958 zur Ausrufung der VAR, die
Ägypten, Syrien und Jemen umfaßte. - Schon 1956 war es
um den Suezkanal, der international war, zum Konflikt mit Großbritannien
und Frankreich gekommen. Er endete für die Großmächte mit einer
Niederlage. Der "Wandel" ist also im Sinne eines Machtverlustes zu
verstehen. 1958 wurde in Irak, der an die VAR grenzte, eine prowestliche
Monarchie gestürzt. - Die "drei schönen Kinder", die "in
Ufernähe geboren" werden, dürften mit Allgeier (1988) die drei Mittel-
meeranrainer Marokko, Algerien und Tunesien sein, weil diese in
derselben Zeit, zwischen 1956 und 1962, ihre Unabhängigkeit von
Frankreich gewannen und damit einen Wandel im gleichen Sinne, dem
des Rückzugs der alten Kolonialmächte bewirkten. - Die
zweite Vershälfte scheint noch nicht erfüllt sein, ist aber sehr undeutlich.
Mit dem "volljährigen" oder "heiratsfähigen Alter" dürfte das Alter der
>Kinder< gemeint sein, die es wohl auch sind, die wir noch "wachsen
sehen" werden, **6/54** (Bd.2). Den "Ruin" dürfte das den ehemaligen
Kolonialherren bescheren. Die >Heirat< kann bei N. bedeuten, daß ein
Volk einen König erhält.

Nouuelle loy terre neufue occuper
Vers la Syrie, Iudee, & Palestine :
Le grand empire barbare corruer,
Auant que Phebés son siecle determine.
(Urfassung bei Macé Bonhomme, Lyon 1555)

Übersetzung der Urfassung:

(Ein) neues Gesetz besetzt neues Land
in Richtung Syrien, Judäa und Palästina.
Das große Barbarenreich wird zusammenbrechen,
bevor Phoibe ihr Jahrhundert beschließt.

Kommentar zu 3/97:

Ein erster großer Erfolg der zionistischen, auf einen eigenen Judenstaat abzielen-
den Bewegung war die Deklaration der britischen Regierung vom 2.11.1917,
welche die "Errichtung einer nationalen Heimstätte für das jüdische Volk in
Palästina" unterstützte. Im April 1920 wurde Palästina von den Siegermächten
unter britisches Mandat gestellt. Erst nach dem zweiten Weltkrieg und dem
Holokaust konnte die zionistische Bewegung am 14.5.1948 ihr Hauptziel mit der
Gründung des Staates Israel erreichen, **8/96**.

Da der Vers von der "Besetzung" neuen Landes spricht, könnten außer den drei
genannten Terminen noch andere Zeiten in Frage kommen: Erste jüdische
Einwanderungswellen hatte es schon 1881ff. und 1904ff. gegeben, und einen
starken Schub erhielt die Einwanderung 1933ff. Aber der Vers meint nicht die
Tatsache der Einwanderung als solche, sondern die **Einwanderung infolge der
Konstituierung eines neuen staatlichen Prinzips (loy), 2/90**, und somit bleibt es
bei den oben genannten Terminen.

In der zweiten Hälfte des Verses gerät das Umfeld der jüdischen Besiedlung
Palästinas in den Blick, denn "Barbaren" nennt N. außereuropäische Völker,
besonders jene des Orients. Zugleich macht die Rede von Mondjahrhundert und
Barbaren**reich** klar, daß zukünftige Vorgänge gemeint sind. Denn ein islamisch
geprägtes **Reich** hat es trotz mancher Bestrebungen, 8/97, seit dem Untergang
des Osmanenreiches nicht mehr gegeben. Der Prophet hat den erneuten
weltlichen Aufstieg der islamisch geprägten Länder am Ende des zwanzigsten,
1/48 (Bd.2), und zu Beginn des einundzwanzigsten Jahrhunderts, **6/54** (Bd.2),
gesehen.

Doch werde "das große Barbarenreich" auch wieder "zusammenbrechen", und
zwar "bevor Phebes", die griechische Phoibe, eine mit dem Mond identifizierte
Titanin, "ihr Jahrhundert beschließt". "Phoibes Jahrhundert" dürfte auf dem
islamischen Mondjahr basieren, das 354 bzw. 355 Tage zählt; das Mondjahrhundert entspricht 97 Sonnenjahren unseres Kalenders. Ausgehend von 1917
kommt man auf 2014, von 1948 aus auf 2045 für den erneuten "Zusammenbruch"
eines arabischen Großreiches.

Der Balfour-Deklaration vom November 1917 folgte wenige Monate später der
Zusammenbruch des osmanischen Reiches. So scheint es, daß der Seher zwei
Zusammenbrüche islamischer Großreiche in zeitliche Beziehung zueinander setzt:
der erste 1917 und der zweite ein Mondjahrhundert später 2014.

Dieser Zusammenbruch dürfte zusammenhängen mit der Unterwerfung der Araber unter das Regime der >Weltfriedensordnung<, Vorrede H (28). Er würde sich
somit bis 2014 vollziehen.

01/98 Le chef qu' aura conduit peuple infini/ Loing de son ciel, de
meurs & lâgue estrâge:/ Cinq mil en Crete & Thessale fini,/
Le chef fuiant sauué en marine grange. (1555)
[Napoléons Ende]
Das Haupt, das zahlloses Volk regiert haben wird,/
weit weg von seinem Himmel, (unter einem Himmel) fremder Sitte und
Sprache./ Fünftausend in Kreta und Thessalien, erledigt,/
das Haupt auf der Flucht in Sicherheit gebracht in (einer)
Meeresscheune.

Es dürfte das Exil Napoléons auf der Insel St. Helena im Südlichen
Atlantik gemeint sein. Die "Meeresscheune" ist Longwood House, ein
ehemaliges Lagerhaus, in dem der abgedankte Herrscher in seinem
Exil untergebracht war. - Kreta war in klassischer Zeit
eine wenig angesehene Insel am Rande der griechischen Welt. Die
Insel St. Helena hat (heute) 5600 Einwohner. Nachdem er vorher ganz
Europa dominiert hatte, blieben ihm am Ende nur die wenigen
Inselbewohner. - "In Sicherheit gebracht" oder "gerettet" auf
der Insel war einerseits Napoléon vor seinen europäischen Feinden.
Außerdem haben sich die über Napoléon siegreichen Engländer vor
dem Tyrannen nicht anders als durch dessen Verbannung zu retten
gewußt.
---> 10/48 (NAP)

02/98 Celuy du sang resperse le visaige/ De la victime proche
sacrifiée:/ Tonant (!) en Leo augure par presaige:/
Mis estre à mort lors pour la fiancée. (1555)
[Philippe Égalité/ Ludwig XVI.]
Jener von Geblüt (wird) bespritzt (haben) das Gesicht,/
(mit dem Blut) des Opfers, des nahestehenden, der Gottheit
dargebrachten./
Donner gegen (den) Löwen (ein) Vorzeichen durch Vorhersage:/
(Er wird) zu Tode gebracht (werden) wegen der Verlobten.
1) Lat. respergo, -rsi, -rsum besprengen, bespritzen.
2) N.f. victime Opfer (eines Verbrechens). N.m. sacrifice Opfer
(für einen Gott), v. sacrifier opfern.
3) Lat. v. tonare donnern, dröhnen, krachen, lat. tonans
Donnerer, (der Gott) Jupiter, mittellat. tonans Gott.
Louis Philippe von Orléans war Sproß einer Seitenlinie des französischen
Königshauses Bourbon, war insofern "von Geblüt". Über den gemein-
samen Vorfahren Louis XIII. verwandt (proche) mit dem König, stellte sich
dieser Adlige auf die Seite des Volkes, machte mit den Vertretern des
Dritten Standes gemeinsame Sache. - Er stimmte im Januar
1793 in der Nationalversammlung für die Verurteilung des Königs zum
Tod, für dessen Opferung, **4/49**. Dabei hoffte er, selbst einmal auf den
(erneuerten) Thron zu gelangen, als dem Volk >Verlobter< dieses
irgendwann auch >heiraten< zu können. - Die dritte Vz dürfte
so zu verstehen sein, daß die Verurteilung des Königs zum Tod, der
>Donner gegen den Löwen<, das königliche Tier, als Vorzeichen für den
Tod des Verwandten zu werten ist. Philippe Égalité, wie er sich nannte,
um seine Gesinnung zu demonstrieren, wurde am 7.4.1793 verhaftet und
am 6.11.1793 hingerichtet, nur einige Monate später als der König. Es
war der Beschluß der >Verlobten<, ihn zu töten.

10/48 Du plus profond de l' Espaigne enseigne,/ Sortant du bout & des
fins de l' Europe,/ Troubles passant aupres du pont de Laigne,/
Sera deffaicte par bande sa grand troppe. (1568)
[Napoléons Ende]
Vom hintersten Winkel Spaniens (eine) Fahne,/
sie geht aus vom Ende und von den Grenzen Europas./
Aufgeregte kommen vorbei an der Brücke von Ligny (?),/
seine große Truppe wird besiegt werden durch gebündelte Anstrengung.

1) Altfr. n.f. enseigne 1° Zeichen (marque) 2° Fähnlein der Lanze
(banderole de la lance) 3° Zeichen, Signal (signe, signal) 5° Ruf
zum Sammeln (cri de ralliement). Der Fahnenträger einer
Kompanie hieß auch enseigne.
3) Altfr. n.m./f. laigne, leigne Wald, Holz (bois). Ein pont de
laigne wäre eine Holzbrücke. Aber groß geschrieben, ist es eher
ein Eigenname, reimbedingt verfremdet. Pont kann auch Meer
bedeuten, griechisch pontos.
4) troppe reimbedingte Abwandlung von troupe.
4) Mittelfr. n.f. bande I. Armee, Truppen II. Band, Bindung.
Mittelfr. v. bander 1. binden (lier) 2. nach etwas streben (tendre
vers) 3. Kräfte anspannen gegen (tendre contre) 4. sich gegen
jdn. zusammentun (se bander ensemble contre qn.)

Franco kam aus Galizien im äußersten Nordwesten Spaniens, aber er hat
sich durchgesetzt, während der Gemeinte unterliegt. Mit Laigne soll ein
Nest an der asturischen Küste gemeint sein (de Fontbrune 1991), aber
was es mit dem spanischen Bürgerkrieg zu tun hat, müßte dann auch
erklärt werden. -   Es ist hier eher an die Landung der
Engländer an den Küsten Spaniens und Portugals in den Jahren 1808ff.
zu denken. Denn sie kamen vom westlichen "Ende und von den Grenzen
Europas". -   Am 16.6.1815, zwei Tage vor der endgültigen
Niederlage bei Waterloo, konnten Truppen Napoléons die Preußen beim
belgischen Ligny noch einmal schlagen (Sieburg 1956 S. 340). Zwei
Tage später wurde er dann durch "gebündelte Anstrengung", hauptsächlich von Preußen, Briten und Österreichern endgültig überwunden.
Das mittelfranzösische bande kann bedeuten, daß Armeen ihre Kräfte
bündeln, um ein gemeinsames Ziel zu erreichen. -   Der abrupte
Wechsel von der Perspektive des Überblicks zum Detail kommt bei N.
öfters vor, z.B. in **8/43**.

---> 1/98 (NAP)

01/49   Beaucoup beaucoup auant telles meneés/ Ceux d' Orient par
        la vertu lunaire/ Lan mil sept cent feront grand emmenées/
        Subiuguant presque le coing Aquilonaire. (1555)
        [Türkenkriege um 1700] (Kommentar S. 179)
        Sehr sehr lange vor diesen Umtrieben/
        werden die vom Morgenland durch die mondene Kampfkraft/
        (um) das Jahr 1700 herandrängen zu großen Eroberungen./
        Sie unterjochen beinah die aquilonische Ecke.
        1) Die erste Verszeile ist auf Vers 1/48 gemünzt, der in Band 2
        besprochen wird.
        3) N. emmenées gebildet nach dem v. emmener mitnehmen,
        wegnehmen, > lat. v. imminere drohend gegenüberstehen,
        begehrlich etwas anstreben.
        3) Wenn man darauf besteht, daß hier vom Jahr 1700 und
        keinem anderen Jahr die Rede ist, dann paßt die Deutung nicht,
        denn im Jahr zuvor war der Frieden von Karlowitz geschlossen
        worden. Im Jahr 1700 selbst griffen die Türken nicht an.
        4) Lat. n.f. aquila Adler, lat. n.m. aquilo Nordwind.

02/99   Terroir Romain qu' interpretoit augure,/ Par gent Gauloyse sera
        par trop vexée:/ Mais nation Celtique craindra l' heure,/
        Boreas, classe trop loing l' auoir poussee. (1555)
        [Französische Revolution/ Napoléon I.]
        Römisches Gebiet, so verstand es der Seher,/
        wird durch gallisches Volk schlimm drangsaliert werden./
        Aber die keltische Nation wird fürchten die Stunde,/
        (wenn) Nordwind (die) Armee allzu weit vorwärtsgetrieben hat.
        4) Lat. n.m. boreas Nordwind, Norden.
        Die "keltische Nation" ist das Frankreich der Revolution, das - im Urteil
        des Sehers - vorchristliche und in diesem Sinn >keltische< Zustände in
        Geltung setzte.   Die Armeen des revolutionären Frankreich, später des
        Kaiserreichs drangen mehrmals nach Italien vor, in den Jahren 1797,
        1798 und 1808.   Papst Pius VI. wurde 1798 verschleppt, 6/46.   Auf
        italienischem Gebiet wurden Republiken, später vom Kaiser abhängige
        Königreiche nach Gutdünken des Korsen installiert.   Der >Nordwind< ist
        ein Bild für das Treiben und Getriebensein des großen Strategen
        Napoléon, der seine >Große Armee< 1812 nach Rußland marschieren
        ließ. In der Weite des Landes mit seinem strengen kontinentalen Winter
        scheiterte das Unternehmen bei riesigem Verlust an Menschen, 9/99.
        —> 4/49 (FR)
        —> 9/99 (NAP)

04/49   Deuant le peuple sang sera respandu/ Que du haut ciel ne
        viendra eslogner:/ Mais d' vn long temps ne sera entendu/
        L' esprit d' vn seul le viendra tesmoigner. (1555)
        [Ludwig XVI./ Französische Revolution] (Kommentar S. 180)
        Vor dem Volk wird Blut vergossen werden,/
        welches vom hohen Himmel aus (man) nicht wird abwaschen wollen./
        Aber für lange Zeit wird (das) nicht begriffen werden,/
        der Geist eines Alleinstehenden wird das bezeugen.
        3) V. éloigner entfernen, beseitigen, hier im Zusammenhang mit
        Blut sinngemäß wiedergegeben.
        —> 2/99 (FR)

05/99 Milan, Ferrare, Turin, & Aquilleye./ Capne Brundis vexés
par gent Celtique:/ Par le Lyon & phalange aquilee/
Quant Rome aura le chef vieux Britannique. (1568)
Variante: "Capue, Brundis..." (Ed. d' Amsterdam 1668)
[Zweiter Weltkrieg/ Churchill]
Mailand, Ferrara, Turin und Aquileia,/
Capua (und) Brindisi durch keltische Leute verheert,/
durch den Löwen und (das) Adlerheer,/
wenn Rom das alte britannische Oberhaupt haben wird.
3) Lat. adj. aquilinus vom Adler, Adler- (von aquila Adler). Lat.
adj. aquilus dunkelbraun, schwarzbraun.
Es geht um einen Krieg, der ganz Italien erfaßt, den Süden (Brindisi,
Capua) wie auch den Norden, wo in der Poebene Mailand, Turin und
Ferrara zu finden sind und auch Aquileia lag, eine antike Stadt in der
Nähe von Triest. In ganz Italien also stehen "keltische", zum "Löwen"
gehörige und dem "Adler" folgende Truppen. - >Kelten<
nennt der Seher Franzosen, die in der Auflehnung gegen kirchliche oder
weltliche Herrscher oder im Kampf gegen fremde Herren ihre Freiheit
suchen, 2/99. Gemeint ist hier das französische Expeditionscorps, das zu
den alliierten Verbänden gehörte, die 1943-45 Italien freikämpften. Die
"Armee der drei Löwen" ist wie in 7/16 die englische, weil England drei
Löwen, eigentlich Leoparden, im Wappen trug. Wie öfters andernorts
(1/31, 1/93, 2/94) ist hier der **Löwe** ein Deckname Englands. Neben
amerikanischen Truppen bildeten englische Kampfverbände das alliierte
Heer in Italien. - Der Adler ist seit dem antiken Rom ein
Symbol derer, die ein völkerübergreifendes Reich gründen, 2/44, ein
Vorhaben, das nach Napoléon auch Hitler für ein paar Jahre ins Werk
setzte. Seine Truppen sind das **"Adlerheer"** (phalange aquilee), das
Italien seit dem September 1943 besetzt hielt. - Es war
die 5. US-Armee unter Glt. Clark, die am 4.6.1944 in Rom einzog. Aber in
der vierten Vz ist der britische Premierminister und Oberkommandierende
Churchill gemeint, der 1944 siebzig Jahre alt wurde und im Mai 1943 bei
Beratungen über die einzuschlagende Strategie einer Flankenoffensive
über den Süden Europas das Wort geredet und sie maßgeblich in die
Wege geleitet hatte. Er war auch einer der "großen Drei", die Ende 1943,
als der Sieg noch nicht erkämpft war, "gekrönt" wurden, 1/31, und von
Iran aus der Völkergemeinschaft den Weg wiesen, 4/59.

09/49 Gand & Bruceles marcheront contre l' Anvers/ Senat de Londres
mettront a mort leur Roy,/ Le sel & vin luy seront à l' envers,/
Pour eux avoir le regne en desarroy. (1568)
[Niederländischer Unabhängigkeitskrieg/ Karl I. von England]
Gent und Brüssel werden gegen Antwerpen marschieren./
(Die im) Senat von London werden ihren König zum Tode verurteilen,/
Salz und Wein werden sich gegen ihn wenden,/
wegen ihnen haben sie das Reich in Unordnung.
Im Jahr 1585 wurde Antwerpen, das sich zusammen mit anderen
Städten der spanischen Nordprovinz von Philipp II. losgesagt hatte,
durch die Spanier zurückerobert. Gent und Brüssel lagen in dem zum

Mutterland haltenden südlichen Teil der spanischen Niederlande. Erst im Westfälischen Frieden vom Oktober 1648 wurden die General-staaten nach langjährigem Kampf als Republik der Vereinigten Nieder-lande unabhängig von Spanien. Im Januar 1649 verurteilte in London ein von den siegreichen Puritanern beherrschtes Gericht König Karl I. von England zum Tode. -   Es stellt sich die Frage, weshalb N. örtlich geschiedene und voneinander unabhängige Vorgänge in einem Vers nennt. Seit der Thronbesteigung durch Karl I. im Jahr 1625 hatten sich Londoner Gentry und Bürger zunehmend gegen den König gestellt, Freiheiten gefordert und öfters die zur Kriegführung benötigten Gelder verweigert. "Wein und Salz", d.h. die Kaufleute wandten sich gegen ihren König, Vz 3. Die Untertanen des englischen Königs waren nicht mehr das >Salz< der Erde und tranken nicht mehr den >Wein<, das Blut des Bundes, soll heißen: sie ließen den christlichen Gehorsam vermissen. Ab 1642 kam es zum Bürgerkrieg, der mit der Enthauptung Karls endete. -   Auch in den Niederlanden stand der durch den Handel gestiegene Reichtum und das gewachsene Selbstbewußt-sein der Bürger im Hintergrund des Aufstandes gegen die spanische Herrschaft. Das Gemeinsame der Vorgänge ist der Niedergang des spanischen und des englischen Königtums durch das aufstrebende Bürgertum, kulminierend in den Jahren 1648/49.

09/99   Vent Aquilon fera partir le siege,/ Par murs getter cendres,
chauls, & poussiere:/ Par pluyes apres, qu' il leur fera bien piege,/
Dernier secours encontre leur frontiere. (1568)
[Napoléon I.]
Nordwind wird den Thron aufbrechen lassen,/
um über Mauern Asche, Kalk und Staub zu werfen./
Unter Regen danach, der ihnen eine echte Falle stellen wird,/
treffen letzte Hilfstruppen auf ihre Landesgrenze.

    1) Lat. n.m aquilo, aquilonis Nordostwind, griechisch Boreas,
2/99.
    2) Altfr. v. geter 1° schleudern (lancer) 2° hinausschaffen (faire
sortir), befreien (dèlivrer) 3° verlassen, preisgeben (abandonner).
    4) Altfr. v. encontrer begegnen, treffen (rencontrer).

Der hier gemeinte >Nordwind< weht erst nach Norden, und dann noch heftiger von dort zurück, nämlich in Richtung Rußland und anschließend aus dieser Richtung. Der dorthin aufbricht, ist Kaiser Napoléon (Thron), der im Sommer 1812 eine >Große Armee< anführte, um Rußland zu erobern. Am 14. September zog er in Moskau ein, das am folgenden Tag in Flammen aufging, Vz 2, angezündet von den Russen. -   Hunger und der Wintereinbruch mit Regen und Schnee ließen den Rückmarsch der Armee zum Desaster werden. Von den ausgezogenen 600000 Mann kamen nur 1000 zurück, erreichten im Dezember die Landesgrenze des verbündeten Preußens. "Die keltische Nation", das nachrevolutionäre Frankreich, lernte "die Stunde fürchten, wenn Nordwind (die) Armee allzu weit vorwärtsgetrieben hat", 2/99.
    ---> 2/99 (NAP)

Beaucoup beaucoup auant telles menees
Ceux d' Orient par la vertu lunaire
Lan mil sept cens feront grand emmenees
Subiuguant presque le coing Aquilonaire.

(Urfassung bei Macé Bonhomme, Lyon 1555)

Übersetzung der Urfassung:

**Sehr sehr lange vor diesen Umtrieben
werden die vom Morgenland durch die mondene Kampfkraft
(um) das Jahr 1700 herandrängen zu großen Eroberungen.
Sie unterjochen beinah die aquilonische Ecke.**

Kommentar zu 1/49:

Der Vers schließt sich an **1/48** an, der vom Beginn des dritten nachchristlichen Jahrtausends handelt, einer wahrscheinlich ereignisreichen Zeit. "Sehr sehr lange vor diesen Umtrieben", nämlich dreihundert Jahre vorher, kam es zu den Türkenkriegen, in denen Abendland und Morgenland aufeinandertrafen. Es war allerdings nicht genau und ausschließlich das Jahr 1700, wie man nach dem Wortlaut des Verses hätte vermuten dürfen, sondern die Zeit um "das Jahr 1700", in welcher sich das Abendland mit dem Osmanischen Reich auseinandersetzte. Der erste Türkenkrieg fand 1663/64, der zweite 1683-99 und der dritte 1716-18 statt. Für die Zeit um 1700 sah N. voraus, daß die Türken "herandrängen" würden "zu großen Eroberungen".

Es gelang den Türken auch beinah, "die aquilonische Ecke zu unterjochen". Mit Aquilon ist das Gebiet des Heiligen Römischen Reiches Deutscher Nation gemeint, das den Gedanken des Universalreichs und den Reichsadler als Hoheitszeichen vom antiken Rom übernommen hatte, 2/44. Die "aquilonische Ecke" ist jener südöstliche Rand des Reiches, an dem es die Kämpfe mit den herandrängenden Osmanen ausfechten mußte. Das am Rand des Reiches gelegene Wien zu unterjochen, gelang ihnen aber nur "beinah" - das Adverb presque kann sich nur auf subiuguant beziehen. Daß die Türken ihr Ziel, Wien zu erobern, verfehlen würden, vom Rand des Reiches letztlich würden ferngehalten werden können, ließ sich aus dem Vers also schon vor Eintritt der Ereignisse entnehmen.

Bei ihren Unternehmungen wurden die Türken beflügelt durch ihre "Kampfkraft", die noch das Attribut "monden" erhält. Gemeint ist der zunehmende Halbmond als Symbol des Islam. Die Verbreitung des Glaubens an Allah sowie der Erweis seines Vorrangs vor dem Gott der Christen war ein Motiv des türkischen Vordringens, 10/62. Schon lange erfüllt, ist der vorliegende Vers somit Beleg dafür, daß Nostradamus mit dem >Mond< den Islam meint.

Das Verspaar **1/48** (Bd.2) und **1/49** zeigt recht deutlich, daß es dem Seher nicht um eine Chronologie ging. Er nennt Jahrhunderte auseinanderliegende Vorgänge in dichter Folge, weil sie inhaltliche Gemeinsamkeiten aufweisen: Das Vordringen des Islam einmal um die Wende vom 17. zum 18. Jahrhundert und dann wieder um 2000. Er sah, daß der Orient **zweimal** "oben" sein und das Abendland schwächen, aber ebenso auch **zweimal** einen Abstieg erleben würde, **8/59** (Bd.2). Denn die Frage, wie es mit der christlichen Religion weitergehen würde, welchen Bedrängnissen sie ausgesetzt sein würde, hat das Interesse des Sehers vorrangig erweckt.

Deuant le peuple sang sera respandu
Que du haut ciel ne viendra esloigner:
Mais d' vn long temps ne sera entendu
L' esprit d' vn seul le viendra tesmoigner.

(Urfassung bei Macé Bonhomme, Lyon 1555)

Übersetzung:

Vor dem Volk wird Blut vergossen werden,
welches vom hohen Himmel aus (man) nicht wird abwaschen wollen.
Aber für lange Zeit wird das nicht begriffen werden,
der Geist eines Alleinstehenden wird das bezeugen.

Kommentar zu 4/49:

Ludwig XVI., der von der Revolution gestürzte König, wurde am 21.1.1793 öffentlich, mithin "vor dem Volk" durch das Fallbeil hingerichtet, 1/57. Die in der Verfassung vom 13.9.1791 verankerte Unverletzlichkeit und Heiligkeit der Person des Königs war schon nichts mehr wert. Die Person des Königs war in allen Jahrhunderten zuvor heilig und unverletzlich gewesen, ohne daß dies ausdrücklich festgeschrieben war. Sechzehn Monate nach der Festschreibung und Verkündung der Unverletzlichkeit des Königs wurde der hingerichtet. Mit den Menschenrechten, 2/8, war es nicht anders. Der Terreure, ausgebrochen wenige Jahre nach Verkündung der Menschenrechte und wenige Monate nach dem Königsmord, fielen Tausende zum Opfer.

Der Seher erkennt, daß das Volk mit der Tötung seines Königs eine Schuld auf sich lädt, die lange Zeit, nämlich bis "das Ganze in Ordnung gebracht ist", 2/10, fortwirken werde, weil der Himmel sie nicht vergeben, das vergossene Blut nicht "abwaschen" werde - doch dies werde "lange nicht gehört" bzw. es werde "lange nicht begriffen werden". Was es ist, von dem der Seher meint, daß man es nicht begriffen werde, kann wie folgt skizziert werden.

Jedes Volk hat eine Königsstelle, den Thron, etwa so wie jedes Kind eine Vaterstelle hat. Der Vater des Kindes ist notwendiger Teil seines Lebens, und seine Stelle kann unbesetzt bleiben, aber nicht aus der Welt geschafft werden. So kann zwar der Thron unbesetzt bleiben, aber nicht abgeschafft werden, denn er ist als Vermittler dessen, was dem Volk bestimmt ist, eingesetzt. Man kann den König hinrichten, auch dessen ganze Familie töten, aber der Thron als die transzendental fundierte Königsstelle ist nicht aufhebbar. Will man davon nichts wissen, dann tritt nach der >Abschaffung des Königtums<, mit der auch die Regeln der Erbfolge, des friedlichen Übergangs über Bord gehen, der Urzustand in Geltung: Der neue König wird ausgekämpft, gleich unter welcher zivilen Maske.

Charakteristisch für das Blutvergießen von 1793/94 war die Blindheit und Ziellosigkeit der über Tod und Leben entscheidenden Instanzen. Es konnte jeden treffen. Danton, die >Bundeslade der Revolution< in seinem Selbstverständnis, hatte sich für unangreifbar gehalten und, als er dann verurteilt war, *nicht begriffen, warum* das Volk, an das er glaubte, seine Hinrichtung zuließ. Die Terreure war eigentlich ein Opferkult, 1/44, durch den eine erzürnte Gottheit versöhnt werden sollte, von der man nicht wußte, was oder wen sie eigentlich fordert. Der Name des neuen Gottes war die Vernunft. **In Wahrheit ging es darum, wer in ihrem Namen König werden sollte.**

In den Jahren 1789ff. wurde der Zugang zu jener Instanz langfristig verbaut, die wahrscheinlich allein totalitären und menschenverachtenden Tendenzen jedweder ideologischer Prägung wirksam Paroli bieten kann.

03/50 La republicque de la grand cité/ A grand rigeur ne
voudra consentir:/ Roy sortir hors par trompete cité/
L' eschele au mur, la cité repentir. (1555)
[Französische Revolution/ Ludwig XVI.]
Die Republik der großen Stadt/
wird großer Strenge nicht zustimmen wollen./
(Der) König verläßt >mit Fanfaren< durch Täuschung (die) Stadt,/
die Leiter an der Mauer, die Stadt bedauert.
3) N.f. trompette Trompete. V. tromper täuschen, n.f. tromperie
Täuschung. Die Deutung ergibt, daß beides gemeint ist, daher
die doppelte Übersetzung.

Im Oktober 1789 war die französische Königsfamilie von einer aufge-
brachten Volksmenge zur Übersiedlung nach Paris genötigt worden, wo
sie in den Tuilerien Quartier bezog. Als die Tanten des Königs im
Februar 1791 Paris verlassen hatten, wurde ein Gesetz eingebracht, das
die Auswanderung verbot. Auf Betreiben Mirabeaus, der heimliche
Kontakte zur Königin hatte, wurde es abgelehnt. Die Republik werde
"großer Strenge nicht zustimmen wollen". Doch an Ostern 1791 durften
die Eingesperrten nicht einmal wie gewohnt einen Landsitz aufsuchen.
Die Kommune verdächtigte den König heimlicher Kontakte ins Ausland,
war äußerst argwöhnisch, zu Recht. -   Am 21. Juni verließ
die Königsfamilie nachts heimlich die Stadt. Die "Leiter an der Mauer" als
Bild für eine heimliche Flucht ist darauf gemünzt. Man konnte die
Bewacher überlisten (tromperie). Fanfaren waren unter diesen Umständen natürlich keine zu hören. Den König ankündigende Fanfaren aus
"Trompeten" erklangen innerlich bei den sich Absetzenden (trompette).
Ludwig hatte große Pläne, wollte vom Ausland her die Revolution niederkämpfen. Die Flüchtlinge wurden in Varennes gestellt und zur Rückkehr
genötigt, 9/20, scheiterten kläglich. -   Man könnte einwenden,
daß zu dieser Zeit Frankreich formell noch Monarchie und noch nicht
"Republik" war. Aber die reale Macht des Königs tendierte bereits gegen
null, wie die beschriebenen Vorgänge verdeutlichen.

04/50 Libra verra regner les Hesperies,/ De ciel, & terre tenir
la monarchie:/ D' Asie forces nul ne verra peries/
Que sept ne tiennent par rang la hierarchie. (1555)
[Europa 19. Jahrhdt./ Sowjetunion 20. Jahrhdt.] (Kommentar S. 183)
Waage wird (man) beherrschen sehen die Hesperiden,/
über Himmel und Erde die Alleinherrschaft besitzen./
Keiner wird Asiens Macht untergegangen sehen,/
bevor sieben der Reihe nach die Hierarchie innehaben.
1) Lat. n.f. libra 1. Waage 2. Sternbild Waage 3. römisches
Pfund. Weitere Fundstellen des Begriffes in 1/28, 2/81. Das
französische Wort für libra ist balance, vorkommend in den
Versen 4/96, 5/42, 5/61 und 6/70. Aus dieser Gruppe mit dem
Wort Libra oder Balance sind 4/96 und 4/50 bereits erfüllt. -
1)2) Es wird hier die Vormachtstellung der USA nach dem
zweiten Weltkrieg erkannt (Allgeier 1988). Aber was die USA
mit dem Begriff und Symbol der Waage zu tun haben, wird nicht
erklärt. Die USA erkannte N. als demokratisches Land, 5/31
(Bd.2). Von der Demokratie aber hielt er nichts, 9/78. So
scheidet die Möglichkeit aus, er habe die USA als Land mit einer
gerechten Herrschaft kennzeichnen wollen, welche die Waage
herkömmlich bedeuten kann.

09/50 **Mandosus tost viendra à son haut regne,/ Mettant arriere vn**
peu les Norlaris:/ Le rouge blaisme, le masle à l' interregne,/
Le ieune crainte & frayeur Barbaris. (1568)
[Heinrich IV.] Übler Vendosme wird bald in seine hohe Herrschaft
hineinkommen/ und dabei ein wenig zurücksetzen die Lothringer./
Der Rote erblaßt, der Mann im Interregnum,/
der Junge gefürchtet und Furcht (vor) Ausbreitung der Barbaren.
   1) Lat. adj. mendosus fehlerhaft, auch im moralischen Sinne.
   2) Aus Norlaris wird Lorrain Lothringen, mit einem überzähligen -s-.
   3) Altfr. v. blesmir 1° erblassen lassen (rendre livide), zerquetschen
   (meurtrir) 3° verletzen (blesser).
   4) Barbaris vom n.f. barbaris(ation) Ausbreitung der Barbaren.
Mandosus ist ein Anagramm für Vendosme, 9/50. Damit ist Heinrich IV.
gemeint, seit 1562 Herzog von Vendôme. Dieser Hugenotte wurde 1589
nach dem Tod des letzten Valois König von Frankreich. Die katholische
Partei hatte Heinrich III. 1588 gezwungen, Karl von Bourbon, den Kardinal von Lothringen, zum Nachfolger zu ernennen. Er war "Lothringer" und
wegen seines Kardinalspurpurs "der Rote". -   Als Heinrich III.
1589 ermordet worden war, wurde Heinrich von Navarra nominell König,
und die katholische Liga stellte Karl von Bourbon zum Gegenkönig auf.
Der "gefürchtete Junge" ist Heinrich von Navarra, weil er als Anführer der
"Barbaren", d.h. hier der Hugenotten, für deren "Ausbreitung" sorgte. Er
konnte seinen Thronanspruch in mehrjährigem Kampf gegen die
katholische Partei durchsetzen. -   Die Zeit von 1589 bis zur
Krönung Navarras im Jahr 1594 oder bis zur Aufhebung des päpstlichen
Banns 1595 kann man als "Interregnum" ansehen, weil dann der Gegenkönig "erblaßt", sein Anspruch auf den Thron abgewehrt war.

10/100 **Le grand Empire sera par Angleterre,/ Le pempotam des ans**
plus de trois cens:/ Grandes copies passer par mer & terre,/
Les Lusitains n' en seront pas contens. (1568)
[Großbritannien] Das große Reich wird durch England (eingenommen)
werden,/ den Triumphzügler vieler Jahre, mehr als dreihundert./
Große Heere ziehen über Meer und Land,/
die Portugiesen werden nicht zufrieden sein.
   1) Pempotan wird auch als pan-potens Allmächtiger gedeutet.
Der pempotam erscheint in 8/97 in der Variante "pompotans" und in VH
(37) wie hier als "Pempotam". Griechisch pempein schicken, eine pompe
war ein Festzug, die römische pompa auch ein Triumphzug. Griechisch
potamos ist der Fluß, der Strom. Es sind offenbar Ströme, die
ausgesandt werden, Ströme von Menschen, "große Heere ziehen über
Meer und Land". Pempotam ist Chiffre für ein Land, das hinauszieht und
in der Welt triumphiert. Das weltweite Kolonialreich Englands, seit 1707
Großbritanniens ist damit angedeutet. -   Nun kann man noch
überlegen, welche "mehr als dreihundert" Jahre N. meinte. Die Andeu-
tung der kolonialen Konkurrenz mit der iberischen Halbinsel läßt an den
Untergang der spanischen Armada im Jahr 1588 denken, der das Ende
der Vormacht der Iberer auf den Weltmeeren einläutete. Die
Verselbständigung der ehemaligen Kolonien nach dem ersten, zum Teil
erst nach dem zweiten Weltkrieg mit der Umwandlung des Empire in das
British Commonwealth of Nations ließ "das große Reich" dann
ausklingen, nach mehr als dreihundert Jahren.

Libra verra regner les Hesperies,
De ciel & terre tenir la monarchie:
D' Asie forces nul ne verra peries
Que sept ne tiennent par rang la hierarchie.

(Textfassung bei Benoist Rigaud, Lyon 1568)

Übersetzung:

Waage wird (man) beherrschen sehen die Hesperiden,
über Himmel und Erde die Alleinherrschaft besitzen.
Keiner wird Asiens Macht untergegangen sehen,
bevor sieben der Reihe nach die Hierarchie innehaben.

Kommentar zu 4/50:

Die Hesperiden des antiken Mythos waren die Töchter der Nacht, und Hesperien hieß das beim Sonnenuntergang gelegene Land im Westen. England wird in 4/96 "Reich des Gleichgewichts" genannt wegen des Ausgleichs zwischen Volks- und Königsherrschaft, der 1689 in der Glorious Revolution zustandekam. Die Herrschaft war zugleich >von oben<, von Gott, wie auch >von unten<, von den Menschen legitimiert, 3/80. Es wurde ein Gleichgewicht erwirkt zwischen den Rechten der Ständevertretung und des Thrones. **Dieser Ausgleich als Prinzip der konstitutionellen Monarchie ist mit dem Begriff der "Waage" gemeint.** Sie werde "den Westen" beherrschen. Da diesem in der zweiten Vershälfte die "Macht Asiens" gegenübergestellt wird, bedeutet "der Westen" nicht nur England, sondern Europa im ganzen.

Die konstitutionelle Monarchie als Herrschaftsform werde also über Europa >herrschen<, und zwar allein (monarchie), es werde keine andere als gleichwertig anerkannte Herrschaftsform mehr geben. Sie werde "über Himmel und Erde" herrschen, d.h. ideologisch und politisch dominieren.

Das englische Regierungssystem hatte schon im 18. Jahrhundert die Vordenker der Aufklärung fasziniert, 2/87. Es >beherrschte den Himmel<, d.h. galt als fortschrittlich und als geistig auf der Höhe der Zeit. Doch in den meisten europäischen Ländern herrschten die Fürsten noch >absolut<, ohne das Volk zu beteiligen. Das änderte sich erst nach der französischen Revolution. In Frankreich kam die konstitutionelle Monarchie ab 1815 zum Zuge und währte dann immerhin, mit einer Unterbrechung, bis 1870. In fast allen europäischen Ländern sahen sich die Fürsten genötigt, Verfassungen zuzustimmen, die Parlamente mit eigenen Befugnissen vorsahen. Die Vorhersage einer politischen und ideologischen Dominanz der verfaßten Monarchie in Europa ist im 19. Jahrhundert im großen und ganzen eingetroffen.

Die zweite Vershälfte springt ins 20. Jahrhundert. So wie die Staatsform einer konstitutionellen Monarchie bis zum ersten Weltkrieg in der Welt führend sein werde, so werde es nach diesem Einschnitt die "Macht Asiens" werden. Gemeint ist, daß dann ein anderes Prinzip in den staatlichen Ordnungen vorwiegen werde, nämlich das der Volksherrschaft ganz ohne Monarchen (gleich wer dann im Namen des Volkes herrscht). Dieser Paradigmenwechsel und der angegebene Zeitpunkt seines Eintreffens kann hier - nach Erfüllung des Verses - daraus gefolgert werden, daß "Asiens Macht" eindeutig auf die Sowjetunion abhebt.

Denn an der Spitze der politisch-ideologischen "Hierarchie" der aus der Revolution von 1917 hervorgegangenen Sowjetunion standen nacheinander sieben Führer: Lenin, Stalin, Chruschtschow, Breschnew, Andropow, Tschernenko und Gorbatschow, der die Nummer sieben in dieser Reihe trug. In seine Zeit fiel der Untergang der Sowjetunion (forces peries), nach mehr als 73 Jahren, VH (19).

Detaillierte Analyse des Verses 1/51

Chef d' Aries, Iuppiter & Saturne,
Dieu eternel quelles mutations !
Puis par lõg siecle son maling têps retourne,
Gaule & Itale quelles esmotions !

Haupt des Widders, Jupiter und Saturn,
Ewiger Gott, welche Umwälzungen !
Dann kehrt für lange Zeit seine böse Zeit zurück,
Frankreich und Italien, welche Erschütterungen !

1) Chef d' Aries

Der noch zu Lebzeiten des Sehers erschienene und hier zugrundegelegte Text von 1555 hat "Chef" in der Einzahl. In späteren Ausgaben hat sich öfters ein Plural-s eingeschlichen, es ist von "Chefs" die Rede.

Beim "Haupt des Widders" denkt der astrologisch Unterrichtete an den Planeten Mars, der in der Astrologie den mit Widder bezeichneten Abschnitt der Ekliptik >regiert<, also dessen Haupt oder Chef ist. Mars hieß aber auch der römische Gott des Krieges, und daher kann das "Haupt des Widders" auch Krieg bedeuten. In der dritten Verszeile ist diese Assoziation schon vorausgesetzt, wenn es heißt, daß "seine böse Zeit" zurückkehren werde, nämlich die böse Zeit des Krieges. Diese Deutung ist hier schlicht naheliegend und eine andere wäre gekünstelt.

Anders ist es in der ersten Verszeile, wo für "Chef d' Aries" mehrere Bedeutungen in Frage kommen und zudem ein Prädikat interpoliert werden muß, da weit und breit keines zu sehen ist. Die Möglichkeiten sind in Tabelle 1 zusammengestellt.

Tabelle 1	Syntaktische Varianten und Bedeutungsspielraum in Verszeile 1		
"Chef d' Aries" Syntaktisch	Bedeutung	Übersetzung der ganzen Zeile	mit interpoliertem Prädikat
Satzgegenstand	(Planet) Mars	Mars, Jupiter und Saturn	(treffen sich) (bilden disharm. Aspekt)
Satzgegenstand	Krieg	Krieg — Jupiter und Saturn	(ist, wenn sich treffen oder disharm. Aspekt bilden)
Umstand des Ortes	Erste Grade Widder	(Am) Anfang des Widders — Jupiter und Saturn	(stehen)
Umstand des Ortes	Haupt des Widders	(Beim) Haupt des Widders — Jupiter und Saturn	(stehen)

2) Mars, Jupiter und Saturn

Es wurde vorgeschlagen, daß in Vz 1 die drei Planeten gemeint sind. Das entspricht der ersten Variante der Tabelle 1. Ein Zusammentreffen der drei ist wahrscheinlicher als andere Konstellationen. Denn N. beschreibt weitgehend, was er sieht. Konjunktionen sind aber die einzigen mit einem Blick erfaßbaren Konstellationen, während andere Winkelstellungen sich erst aus vergleichender Betrachtung ergeben und genaugenommen nur durch Berechnung bestimmt werden können. Eine Opposition wie in **4/33** wird dort besonders sprachlich gekennzeichnet, wofür hier überhaupt kein Anhaltspunkt vorliegt.

Im hauptsächlichen Vorhersagezeitraum, zwischen 1555 und 2055, **3/94**, treffen sich Mars, Jupiter und Saturn allerdings öfters. Tabelle 2 enthält alle Konjunktionen der drei Planeten mit einem Orbis von bis zu acht Grad. Das angegebene Datum ist der Tag mit dem engsten Orbis der jeweiligen Konjunktion aller drei Planeten.

Tabelle 2	Jupiter-Saturn-Mars-Konjunktionen in den Jahren 1555 bis 2055		
Datum	**Position im Tierkreis**		**Orbis**
1564 5.6.	1,5° Löwe	bis 7,1° Löwe	5,6°
1604 28.9.	10,0° Schütze	bis 17,5° Schütze	7,5°
1642 1.6.	16,0° Fische	bis 24,0° Fische	8.0°
1682 20.9.	13,7° Löwe	bis 16,1° Löwe	2,4°
1703 16.1.	4,2° Widder	bis 8,1° Widder	3,9°
1723 10.1.	23,8° Schütze	bis 24,3° Schütze	0,5°
1743 19.5.	29,1° Löwe	bis 4,7° Jungfrau	5,6°
1821 5.5.	15,5° Widder	bis 20,0° Widder	4,5°
1861 11.9.	10,0° Jungfrau	bis 13,6° Jungfrau	3,6°
1901 15.12.	15,7° Steinbock	bis 17,5° Steinbock	1,8°
1921 14.11.	4,2° Waage	bis 10,1° Waage	5,9°
2000 16.4.	12,6° Stier	bis 17,3° Stier	4,7°
2020 31.3.	24,3° Steinbock	bis 0,6° Wassermann	6,3°
2040 31.8.	4,8° Waage	bis 10,6° Waage	5,8°

Wir erhalten eine ganze Reihe von Zeitpunkten, aber Krieg, Umwälzungen und Erschütterungen in Frankreich und Italien, also einschneidende Ereignisse sind nicht bekannt geworden, soweit die Zeit schon abgelaufen ist. Eine Ausnahme bildet am ehesten das Jahr 1703, das in die Zeit des Krieges um die spanische Erbfolge (1701 bis 1713) fällt. Aber die Schlachtfelder dieses Krieges lagen sämtlich außerhalb Frankreichs. Und der Aufstand der Kamisarden in den Cevennen von 1702 war ein lokal begrenztes Geschehen.

<u>3) Jupiter-Saturn-Konjunktion</u>

Die zweite Variante der Tabelle 1 scheidet aus, weil sich Jupiter und Saturn alle zwanzig Jahre treffen. Man käme auf etwa 25 Termine im Zeitrahmen. Eine solche Aussage ist so unscharf, daß >Treffer< zu Recht immer im Verdacht stünden, Zufallstreffer zu sein.

<u>4) Jupiter-Saturn-Konjunktion auf den ersten Graden Widder der Ekliptik</u>

Tabelle 3	Jupiter-Saturn-Konjunktionen auf den ersten Graden Widder in den Jahren 1555 bis 2055
Datum	Position im Tierkreis
22.5.1702	6,6° Widder
19.3.1762	12,4° Widder

Zum Jahr 1702 siehe schon oben unter 2). Auch diese Variante scheidet aus.

<u>5) Jupiter und Saturn beim Haupt des Widders</u>

Jupiter-Saturn-Konjunktionen finden im Durchschnitt alle 19,86 Jahre statt (mehrfaches Zusammentreffen durch Rückläufigkeit nicht eingerechnet). Bei jedem dritten Treffen erscheinen die beiden Planeten wieder an etwa der gleichen Stelle. Der genaue Treffpunkt verschiebt sich aber um durchschnittlich acht bis neun Grad. Die in Frage kommenden Konstellationen ergeben sich aus

Tabelle 4	Jupiter-Saturn-Konjunktionen im Umfeld des Widderkopfes in den Jahren 1555 bis 2055
Datum	Position im Tierkreis
20.6.1821	24,7 ° Widder
18.4.1881	1,6° Stier
8.8.1940	14,5° Stier
20.10.1940	12,5° Stier
15.2.1941	9,1° Stier
28.5.2000	22,6° Stier

Der Widderkopf wird in den alten Darstellungen mal im Profil von rechts, mal im

Halbprofil von links gezeigt und den drei Sternen Alpha, Beta und Gamma Arietis unterlegt. Den Mittelpunkt des Kopfes bildet übereinstimmend der Stern Alpha Arietis. Er ist bei einer einer ekliptikalen Länge von 6,3° Stier anzutreffen (Werner/ Schmeidler 1986). Am weitesten westlich steht Gamma Arietis mit einer Länge von 1,8° Stier. Um den Mittelpunkt von 6,3° Stier wird daher hier ein Umfeld von plus/minus 4,5 ° zugrundegelegt, also der Bereich 1,8° bis 10,8° Stier.

Exakt gilt das aber nur für das Jahr 1900. Wegen der langsamen Kreiselbewegung der Erdachse verschieben sich die Sternbilder ständig entlang der Ekliptik, sie rücken scheinbar in östlicher Richtung vor (Präzession). Die Dauer dieses Zyklus, des sogenannten Platonischen Jahres, wird mit 25700 Jahren angegeben (Herrmann 1990). Dementsprechend verschieben sich die Sterne in rund 72 Jahren um einen Längengrad. Auf der Basis einer ekliptikalen Länge λ = 36,3° des Sterns Alpha Arietis für das Jahr 1900 ergeben sich die Positionen des Widderkopfes in den fraglichen Jahren aus Tabelle 5.

Tabelle 5	Die ekliptikale Position des Widderkopfes in den Jahren der Tabelle 4		
Jahr	Mitte des Widderkopfes = ekliptikale Länge λ von Alpha Arietis	ganzer Widderkopf = λ +/- 4,5°	ekliptikale Länge der Jupiter-Saturn-Konjunktion
1821	35,20°	30,7° bis 39,7°	24,7°
1881	36,03°	31,5° bis 40,5°	31,6°
1940	36,86°	32,4° bis 40,5°	44,5 ° bzw. 42,5°
1941	36,87°	32,4° bis 41,4°	39,1°
2000	37,7°	33,2° bis 42,2°	52,6°

Es wird erkennbar, wie sich der Treffpunkt der beiden Planeten spungweise der nur langsam vorankriechenden Position des Widderkopfes nähert und dann diesen Bereich auch wieder verläßt.

Genauere Betrachtung verdienen die Konjunktionen der Jahre 1881, 1940/41 sowie 1999/2000, weil sie in unmittelbarer Nähe des Widderkopfes stattfinden. Einen Eindruck von Dauer und Genauigkeit der Annäherung vermittelt Tabelle 6 (S. 188). Auf der Abszisse ist die ekliptikale Länge λ abgetragen unter Hervorhebung des Widderkopfes, und die Ordinate dient als Zeitstrahl.

Die Konjunktion der Jahre 1940/41 tritt hervor durch die lange Dauer des Verweilens in Höhe des Widderkopfes, durch das dreimalige Zusammentreffen in seinem Umfeld und die Exaktheit der Annäherung. Das nächste genaue Zusammentreffen findet dann erst wieder in den Jahren 2794/95 n. Chr. statt.

Die Auslegung, derzufolge "Chef d' Aries" den Widderkopf bedeutet, führt also zu einer überprüfbaren Aussage.

Tabelle 6 Gemeinsame Annäherung von Jupiter und Saturn an die ekliptikale
Länge des Sterns Alpha Arietis in ausgewählten Jahren

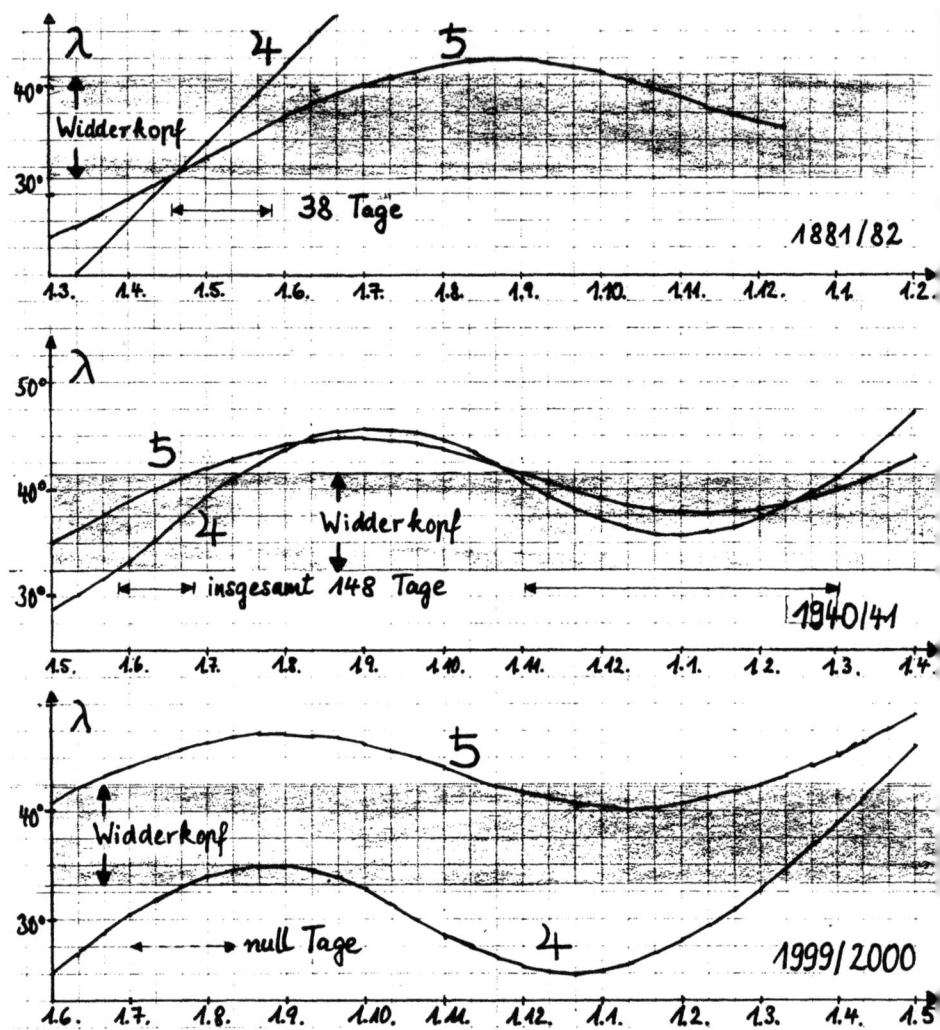

6) Krieg, Umwälzungen und Erschütterungen
in Frankreich und Italien

Das ist der Ereignisgehalt des Verses, nicht sehr präzis, aber die emotionale
Ausdrucksweise macht doch deutlich, daß es um ein außerordentliches Geschehen
geht.

Im Jahr 1881 gab es in Frankreich und Italien keine außerordentlichen Ereignisse.
Befürchtungen wegen Vers 1/51 hätte man haben können, aber ebenso hoffen

dürfen, daß es erst 1940 soweit sein werde. Denn erst 1940/41 verharren Jupiter und Saturn fünf Monate lang beim Widderkopf und treffen sich dort so genau, wie es nur alle 800 bis 900 Jahre der Fall ist. (Genau sind es jeweils 835 oder 895 Jahre.) Für 1999/2000 ist aus Vers 1/51 nichts mehr ableitbar, da die Annäherung nicht besser ist als die von 1881 und der Vers sechzig Jahre zuvor in Erfüllung ging.

Was 1940 geschah, ist bekannt. Der deutsche Frankreichfeldzug begann am 10.5. 1940, der Waffenstillstand datiert vom 22.6.1940. Danach stand das Land vier Jahre lang (long siècle) unter fremder Besatzung.

Italien erklärte am 10.6. Frankreich den Krieg, der dann zwei Wochen lang an der Alpenfront geführt wurde. Daß N. diesen Nebenkriegsschauplatz gesehen hat, wohl wegen der Nähe zu seiner Heimat, ergibt sich aus Vers **1/93**. Anschließend führte Italien auf dem Balkan und in Nordafrika Krieg. Das Mutterland war erst ab 1943 massiv betroffen, als die Alliierten in Sizilien landeten, 8/81.

7) Ergebnis

Die Deutung des Chef d' Aries als Teil eines Sternbildes führt zu einer klaren zeitlichen Zuordnung des Verses. Die Stichhaltigkeit dieser Zuordnung kann - nach Eintreten der Ereignisse - auch erwiesen werden. Daher ist **nur** diese Deutung und die ihr entsprechende Übersetzung richtig.

Diese Deutung wurde schon von N.A. Centurio vorgeschlagen, ist also nicht neu. Es wird hier nur die exakte Begründung nachgereicht.

Zum Schluß sei noch der Einwand besprochen, Nostradamus habe detaillierte und genaue Berechnungen wie die obenstehenden mit dem Wissen seiner Zeit noch nicht ausführen können oder wäre, wenn doch, mit seinen 1000 Versen nicht fertig geworden, hätte er überall solchen Aufwand getrieben.

Dieser Einwand beruht auf einem Mißverständnis. In der Vorrede H (11) (Bd.2) macht N. deutlich, daß seine Intuitionen "begleitet" waren "vom Lauf der Gestirne", diese mithin Bestandteil seiner Schau waren. Anders gesagt, er hat Jupiter und Saturn beim Widderkopf **gesehen**. Gerechnet hat er dann, wenn überhaupt, nur nachträglich, um die Vielfalt seiner Visionen zu ordnen.

Bei allen paragnostisch Begabten zeigt sich, daß die gewährten Einblicke an den Interessenkreis und den Bildungshorizont des Betreffenden anknüpfen. Und da war Nostradamus als "astrophile" - Amateurastronom würde man heute sagen - klar vorbelastet.

Quellenhinweis:
Die Gestirnstandsangaben wurden mit Hilfe des Astrologie-Programms von Ralf Klüppel Version 2.0 ermittelt. Dieses Programm verwendet die Ephemeriden von Alois Treindl und dem Astrodienst Zürich.

Abkürzungen

(1555)	Text aus der ersten, noch zu Lebzeiten des Sehers von Macé Bonhomme besorgten Lyoner Ausgabe, von der nur die erste Hälfte bis Vers 4/53 erhalten ist; dieses Textfragment, das als Faksimile 1984 in Lyon nachgedruckt wurde und im Buchhandel erhältlich ist, wird hier als Urtext bezeichnet.
(1568)	Der Text stammt aus der häufig benutzten ersten posthumen Ausgabe der Centurien, von Benoist Rigaud in Lyon verlegt, Nachdruck Frankfurt am Main 1940.
2/10	Hinweis auf einen ganzseitig besprochenen Vers
1/3	Hinweis auf einen Vers, für den eine Deutungsskizze vorliegt
***	Ein Kommentar ist ausgearbeitet
**	Eine Deutungsskizze liegt vor
(!)	Hinweis auf eine bedeutsame Abweichung des Urtextes von oft benutzten späteren Textausgaben
[...]	Zuordnung des Verses; gehört nicht zur Übersetzung
3)	Anmerkung zu Verszeile 3
--->	Hinweis auf Verse in der betreffenden 50-100-Gruppe, die in denselben Zusammenhang gehören; in Klammern wird das Kriterium des Zusammenhanges angegeben
"..."	so werden Zitate kenntlich gemacht, insbesondere Zitate aus dem Nostradamus-Text oder aus der Bibel
>...<	so werden Ausdrücke und Aussagen kenntlich gemacht, die nicht wörtlich zu verstehen sind oder Wertungen oder Anschauungen enthalten, die der Autor nicht übernehmen will
>	entstanden aus
adj.	adjectivum Eigenschaftswort
adv.	adverbium Umstandswort
Altfr.	Altfranzösisch, alle Angaben nach A.J. Greimas, Dictionnaire de l' Ancien Francais, 2. Aufl. 1986
AT	Altes Testament
FR	Französische Revolution
lat.	lateinisch

Mittelfr.	Mittelfranzösisch, alle Angaben nach A.J. Greimas/ T.M. Keane, Dictionnaire du moyen francais. La Renaissance. Paris 1992
N.	Nostradamus
NAP	Napoléon Bonaparte, als Napoléon I. Kaiser von Frankreich
n.f.	nomen femininum Hauptwort weiblichen Geschlechts
n.m.	nomen masculinum Hauptwort männlichen Geschlechts
NT	Neues Testament
o.a.	oben angegeben
p.p.a.	participium praesens activum
p.p.p.	participium perfectum passivum
präp.	Präposition Verhältniswort
v.	verbum Tätigkeitswort, Verb
v.i.	verbum intransitivum Verb ohne Objekt
v.t.	verbum transitivum Verb mit Objekt
Vorrede H = VH	Vorrede an Heinrich II., König von Frankreich zur Zeit der Abfassung der Verse
Vorrede C = VC	Vorrede an César Nostradamus, Sohn des N.
Vz	Verszeile
WK	Weltkrieg

Glossar

Es werden Begriffe aufgeführt, die in mehr als einem Vers vorkommen und im historischen Band vertreten sind, letzteres mit wenigen Ausnahmen. Die Erläuterungen stützen sich hauptsächlich auf die erfüllten Verse, sind insoweit historisch fundiert. Kursiv werden die Fundstellen aus Band 2 und 3 ausgewiesen; vom dritten Band sind nur die der Vierzeiler enthalten.

Begriff	Fundstellen	Erläuterung
aigle **aquilee** **oyseau de proye** **oiseau royal**	8/4, 4/70, 6/71, **1/31**, 5/81, 1/34, 2/44, 6/46, 5/99 *- Bd.2: 6/78, 1/38, 8/46, 10/27* *- Bd.3: 3/52, 8/8, 8/9, 4/69* *1/23, 1/24, 2/85,* *3/37, 5/42*	Der Adler wurde den römischen Legionen vorangetragen und war das Hoheitszeichen des antiken römischen Imperiums. In späterer Zeit wurde der Adler als Wappentier und Hoheitszeichen vom Heiligen Römischen Reich (Kaiserreich) übernommen, 8/4, 6/46. Für alle, die nach dessen Ende ein völkerübergreifendes Imperium gründen wollen, wendet N. das Adlersymbol auch an, z.B. für Napoléon, 2/44, und für Hitler, 5/81.
Aquilon **Aquilonaire**	8/81, **1/49**, 9/99 *- Bd.2: VH (30), (37), (40),* *(42), (44)* *- Bd.3: 8/15, 10/69, 8/85,* *10/86, 2/91*	Lat. aquila ist der Adler, lat. aquilo ist der Nordwind. Beide Herkünfte kommen in Betracht. Der Adler (--> **aigle**) war Hoheitszeichen des Kaiserreiches, **1/49**, oder eines späteren völkerübergreifenden Imperiums, 8/81. Der vent Aquilon in 9/99 ist dagegen ein >Nordwind<.
arche **arq**	*- Bd.2: 5/9, **3/13***	Die Arche, das >Schiff des Heils<, ist eine Variante des Schiffes (--> **nef**) als Symbol für die (katholische) Kirche.
argente	*- Bd.2: 1/53, 3/3, 6/9,* ***9/12**, **3/13**, 8/14, **8/28**,* *- Bd.3: 7/25*	Silber galt (bei Astrologen, Alchemisten usw.) als Entsprechung des Mondes. Der Mond ist bei N. Symbol des Islam (--> **lune**). Das Silber bedeutet daher die schriftlichen Offenbarungen und Lehren des Islam.
Artemis **Diane** **tauropole**	9/74, **2/28** *- Bd.2: **5/52** (implizit),* ***9/12**, **4/27**, **1/79*** *- Bd.3: 10/35*	Der römischen Göttin Diana entsprach die griechische Göttin Artemis mit dem Beinamen "die Taurische". Wegen ihrer Keuschheit und Jungfräulichkeit dienen N. die Namen dieser Göttinnen als Decknamen für die Jungfrau Maria. Der "Tempel der Artemis" bedeutet die katholische Kirche. "Rückkehr zu den Ehrungen der Artemis" heißt in 9/74 die Restauration der Kirche unter Napoléon.

Stichwort	Verweise	Erläuterung
Babylon **Babel**	**1/55, 8/96** - Bd.2: VH (19), 2/30, **8/69** - Bd.3: 10/86	Der König von Babylon ist im AT ein Feind des jüdischen Volkes. Im NT bedeutet Babylon die römische Weltmacht. Beiden gemeinsam ist die Feindschaft gegen das Gottesvolk. In VH (19) steht Babylon für den Kommunismus und die von ihm beherrschten Länder als >Ort des Unglaubens<. In **8/96** nennt N. die Araber im Umfeld Israels "die Ungläubigen von Babylon" weil sie (überwiegend) keine Christen sind. In **1/55** ist Babylon reine Ortsangabe: Irak.
balance **Libra**	**4/96, 4/50** - Bd.2: **5/70**, 1/28, **2/81** - Bd.3: 5/61, 5/42	Britannien nach der Verfassungsänderung von 1689 heißt in 4/96 "Reich des Gleichgewichts", weil ein Ausgleich zwischen Königs- und Volksherrschaft zustandekam. In **4/50** ist "Waage" (Libra) Allgemeinbegriff der konstitutionellen Monarchie.
barbare	**1/8, 6/75, 9/94, 9/50, Legis** **Cantio** (Nachwort Bd.2) - Bd. 2: 2/4, 9/60, 5/13, 5/19, 6/21, 1/28, 5/78, 5/80, **9/80, 3/97,** 10/97 - Bd.3: 7/6, 3/59, 9/60, 10/61, 1/71, 2/73, 8/73, 10/38, 9/42, 8/49	Barbaren nannten die Griechen alle Nichtgriechen, deren Sprache sie nicht verstanden und denen sie sich kulturell überlegen fühlten. Bei N. heißen "Barbaren" alle, die in religiöser Hinsicht >die Sprache der katholischen Kirche nicht sprechen<: Protestanten, 9/50, Muslime, 6/75, und andere, **1/8**.
bastard	**3/73, 3/80, 8/43** - Bd.2: **5/15** - Bd.3: 9/19, 8/24, 5/45, 8/50	In den historischen Versen heißen die gemeinten Könige "Bastarde", weil sie sich auf Konstitutionen verpflichteten und ihr Recht nicht mehr nur von Gott, sondern auch von den Menschen herleiteten. Ihre Legitimation war eine gemischte, sie waren sonach >Kreuzungen<.
barque	**6/22** - Bd.2: **1/4**, 1/28, 5/78 - Bd.3: 10/58, 10/93	Die Barke ist eine Variante des Schiffes als Symbol für die katholische Kirche (--> **nef**). Es kann damit aber auch ein reales Schiff oder eine Flotte gemeint sein.
blanc **blanche**	2/2, 1/3, **9/20, 9/21** - Bd.2: VH (26), **6/10, 9/73** - Bd.3: 9/1, 7/2, 10/53, 4/75, 4/85, 10/86	Wie die Lilie galt die Farbe weiß als Symbol für Keuschheit und Jungfräulichkeit und daher für die Jungfrau Maria. Weiß war die Farbe des christlich legitimierten Ancien Régime, in der Revolution die Farbe der Königstreuen, 1/3. In **6/10** ist es die Farbe der christlichen Kirchen.

Begriff	Fundstellen	Erläuterung
Castulon **Castillon**	**1/31, 1/93**, - Bd.2: VH (27), **10/9**, - Bd.3: 8/48	Kastilien ist Zentralspanien und steht bei N. für Spanien im ganzen.
Celtes **Celtique**	4/63, 2/69, **6/22, 1/93**, 2/99, 5/99, - Bd.2: 6/4, - Bd.3: 5/1, 6/3, 6/53, 4/4, 5/10, 6/60, 2/72, 6/28, 3/83, 2/85, 4/99	Die Kelten Galliens wurden von der antiken Zivilisation assimiliert. Diese war seit dem 4. Jahrhundert von der christlichen Religion geprägt. "Keltische", d.h. für N. vorchristliche und unzivilisierte Zustände reißen ein, wenn die christliche Religion ihre die Gesamtgesellschaft prägende Kraft verliert. "Kelten" nennt N. Franzosen, die den christlichen Gehorsam vermissen lassen und im Aufstand gegen die eigenen Herren, 2/99, oder im Kampf gegen fremde Herren, 5/99, ihre Freiheit suchen.
Chiren **Chyren**	- Bd.2: 6/70, 2/79, 4/34, - Bd.3: 8/54, 6/27, 9/41	Chiren/Chyren ist wahrscheinlich Anagramm, das Henric/Henryc von lat. Henricus, also Heinrich bedeutet. In 6/70 als "Haupt der Welt" angesprochen, in 8/54 positiv beurteilt, kann er nicht identisch sein mit dem Weltherrscher, in dessen Zeit die katholische Kirche ihre größte Niederlage erleidet, 1/4 (Bd.2). Erst später wird er "christlicher König der Welt" sein, 4/77 (Bd.2).
colonne **collon** **piler** **pilier**	10/64, - Bd.2: 8/67, **8/29**, 10/30, **9/32, 1/43**, - Bd.3: 5/51, 1/82, 10/93	Säulen tragen im Mythos den Himmel. Die "Säule des Herkules", heute Gibraltar, ist reine Ortsangabe, 5/51. Die in 10/64 sich wandelnde >Säule< ist ein Bild für die Institution des Papsttums, das seine weltliche Macht verliert. Porphyre >Säulen< bedeuten in Bd.2 Institutionen, die mit weltlicher Macht ausgestattet sind und erheischen, >den Himmel zu tragen<.
dame **femme**	4/2, 2/53, 4/54, 4/57, 6/63, **8/70**, 9/77, 2/87, 1/88, - Bd.2: 4/58, 5/9, **10/9**, **8/13, 5/65, 6/72,** 8/25, - Bd.3: 9/54, 6/59, 7/9, 7/11, 8/63, 7/18, 6/19, 10/25, 1/85, 1/41, 1/94, 10/47	In 6/63 und 9/77 bedeutet die Dame jeweils eine Königin. Aber >Damen< können auch für Völker als ganze stehen, 4/2. N. greift das in der Bibel geläufige Bild der Ehebundes auf, den das Volk mit seinem Herrn, dem König, geschlossen hat. Attribute (z.B. griechisch, unfruchtbar) und Modifikationen (z.B. Weib, **8/13**, Hure, 9/77) kommen vor. Eine besondere >Dame< ist die katholische Kirche als >Gattin< des Vaters im Himmel und als >Mutter< (--> **mère**) der Gläubigen, **8/19** (Bd.2).

Begriff	Fundstellen	Bedeutung
dame Grecque antique dame terre Attique	2/51, 9/78 - Bd.2: **5/31**	Die antike oder griechische Dame (--> **dame**) bedeutet ein Volk, das sich eine demokratische Verfassung gibt, weil sich die Demokratie erstmals in den Stadtstaaten des antiken Griechenland durchsetzen konnte.
Duc **Duché**	5/3, 10/64, **8/66**, **4/73**, 7/29, 6/31, 5/94 - Bd.2: 59, **9/80**, **10/80** - Bd.3: 4/51, 6/53, 7/4, 6/55, 10/11, 10/15, 4/17, 9/27, 10/33, 9/87, 4/38, 4/91, 9/41, 9/95, 9/96, **4/98**	Duc Herzog steht in dieser Bedeutung in 5/3, 10/64 und 7/29. In der Bedeutung eines Heerführers oder Kriegsherrn findet sich Duc in **4/73** und 5/94. In **8/66** und 6/31 ist einer gemeint, der sich "Führer" nannte, der italienische Duce der Jahre 1922 bis 1943 bzw. 1945.
Esclavonie **gent Esclave** **Sclavonie**	10/62, 5/26 - Bd.2: **1/14**, 5/88 - Bd.3: 2/32, 4/82	Die gent esclave in 5/26 ist die Völkerfamilie der Slawen. Sclavonie bedeutet in 10/62 Slawonien, das Land zwischen Drau und Sawe.
espouse **espousailles** **fiancée** **fiance**	8/8, 1/88, 2/98 - Bd.2: **4/71**, **5/49** - Bd.3: 6/73, 8/39	>Damen< können Völker als ganze bedeuten (--> **dame**). Die "geraubte Ehefrau" in 8/8 bedeutet die Völker Süditaliens, als >Gattin< des italienischen Königs im Jahr 1861. Die >Verlobung< in **5/49** bezieht sich auf ein >Verwandtschaftsverhältnis< der katholischen Kirche.
faim **famine**	**1/55**, 2/64, **1/70**, 2/24, **2/82**, 5/90 - Bd.2: **3/5**, 6/5, **2/7**, 4/15, **1/16**, 1/67, **1/69**, 2/19, 3/19, **4/30**, 4/90, 3/42 - Bd.3: 2/6, 3/6, 7/6, 2/62, 8/17, 2/75, 10/81, 2/37, 2/91, 2/96, 8/50	Hunger und Hungersnot können wörtlich gemeint sein, 2/19. Sie können aber auch >Freiheitshunger<, 5/90, >Siegeshunger<, **2/82**, oder das ungestillte Verlangen nach zuträglicher geistiger Nahrung bedeuten, insbesondere das Verlangen nach dem Brot des Abendmahls, 2/64, 1/67.
foudre **fulgure** **feu du ciel** **frappé du ciel** **Anatheme**	2/51, 4/54 - Bd.2: **8/2**, 2/56, **3/13**, **1/65**, **2/27**, **2/81**, 2/43, **4/43**, 5/98 - Bd.3: 3/6, 3/7, 9/57, 2/16, 2/18, 9/19, 1/26, 2/76, 9/36, 4/99, 5/100	Es kann ein >Bann< im Sinne einer Blockade gemeint sein, 4/54, oder ein reales Feuer, das N. als >Rache des Himmels< auffaßt, 2/51. foudre bedeutet Blitz, foudre de l' Eglise hieß der Bannstrahl der Kirche, der Einzelpersonen und religiöse Gemeinschaften treffen konnte. Der Kirchenbann war der schriftlich erklärte Ausschluß aus der kirchlichen Gemeinschaft (Exkommunikation). Bei N. bedeutet das >Feuer vom Himmel< einen Bannstrahl auf dem Feld der Religion durch eine übergeordnete Instanz.

Begriff	Fundstellen	Erläuterung
Hadrie	**1/8, 2/55,** 1/9, 3/11, 10/38	Hadrian hieß ein römischer Kaiser, in dessen Regierungszeit der Bar-Kochba-Aufstand der Juden fiel. Weil dieser Kaiser Jerusalem radikal zerstören ließ, wird sein Name zum Decknamen für den radikalen Juden-verfolger Hitler.
Hesperie(s) **hesperique** **Esperie** **Arethusa**	4/39, 5/40, **4/50** - *Bd.2: 1/28, 1/87* - *Bd.3: 6/56, 2/65, 10/81,* 4/36, 10/94, 4/99	Die Hesperiden, die Töchter der Nacht, bewohnten ein fernes >Land bei Sonnenuntergang<. In 5/40 ist Großbritannien gemeint, in 4/39 sind es Großbritannien und Frankreich als Westmächte, bezogen auf den Schau-platz Griechenland. Die Hesperiden in **4/50** bedeuten Europa im ganzen.
Hister	2/24, **5/29** - *Bd.2: 4/68*	Der lat., aus dem Griechischen übernommene Name Hister bedeutet den Unterlauf der Donau. Hister steht, pars pro toto, für die ganze Donau. In 2/24 und **5/29** ist Hister zugleich Deckname für Hitler 1) wegen der ähnlichen Lautung, 2) wegen seiner Herkunft aus dem Donauraum und 3) wegen seines Krieges, der u.a. um den Donauraum geführt wurde.
Iupiter **Iovialiste** **Iovis** **ioue** **Ieudi** **sceptre**	**1/51, 4/33** - *Bd.2: VH (13), (23), (28), (39), (47),* 5/14, **10/71,** 10/73, **5/24, 6/24, 1/80,** **6/35** - *Bd.3: 6/3, 5/6, 9/55, 10/67,* 7/23, 5/48, 8/48, 8/49	In den historischen Versen und in VH (47) ist der Planet gemeint. Sonst ist Jupiter, der griechische Zeus, der oberste Gott der römischen Antike. Seine Spezialität war das Blitzeschleudern (--> **foudre**), besonders gegen andere Götter. In Rom war der Mittelpunkt seines Kultes, der vom Staat betrieben wurde. Jupiter dient N. als Deckname für den Weltherrscher. Der >Donnerstag< (Ieudi) ist die Zeit seiner Herrschaft, **10/71.**
lis **lys** **anthene** **fleur**	8/2, 9/18, 6/83, 5/39, 5/89 - *Bd.2: 5/52 (implizit),* 8/18, 4/20, 5/50 - *Bd.3: 6/62, 10/79, 9/35*	Stilisierte Lilien führten die französischen Könige seit dem 12. Jahrhundert im Wappen. Abgelöst wurde das Lilienbanner 1792ff. durch die Trikolore der französischen Republik. Die "Lilienblume" oder "Lilie" steht für Monarchen französischer Herkunft.
loup	**5/4, 2/82, 3/33** - *Bd.2: 10/98, 10/99* - *Bd.3: 9/8*	Wegen der wölfischen Merkmale seines Verhaltens und seiner Ideologie steht der Wolf in den historischen Versen für Hitler wie auch für das vom ihm geführte Land, **2/82.**

Stichwort	Fundstellen	Erläuterung
loy	1/8, 2/8, 10/62, 2/64, 8/66, 5/72, 6/23, 8/76, 5/37, 5/38, 1/40, 2/90, 3/95, 3/97 - Bd.2: 1/53, 5/53, 6/5, 2/9, 5/18, 5/24, 1/79, 5/80, 4/32, 4/43 - Bd.3: 1/53, 5/55, 9/57, 3/61, 6/62, 9/75, 3/82, 7/36, 1/47	"Gesetz der Sonne" (--> sol) heißt in 5/72 die auf ein christlich legitimiertes Königtum gegründete Rechtsordnung. In 8/76 gehören "Glaube" und "Gesetz" eng zusammen, weil für N. eine legitime Rechtsordnung auf den Glauben gegründet ist. "Erste und menschliche Gesetze" heißen in 2/8 die von der Philosophie der Aufklärung erdachten Menschenrechte als Grundlage der Rechtsordnung. Die loy in 2/64 ist die Religionsgesetzgebung Heinrichs IV. **Eine loy ist bei N. eine Rechtsordnung als ganze oder ein wesentlicher Teil derselben, gegründet auf ein Prinzip religiöser oder philosophischer Art.**
lune luna lunaire croissant	1/31, 4/33, 1/49 - Bd.2: 7/4, 1/56, 9/65, 5/66, 1/25, 6/78, 4/30, 4/31, 5/32, 1/84, 5/93, 10/95, 1/48, 6/98 - Bd.3: 7/7, 7/25, 6/27	Die "mondene Kampfkraft" (vertu lunaire) ist in 1/49 der auch vom Islam beflügelte Eroberungswille der Türken im Südosten Europas um 1700. Der Mond steht bei N. für den Islam, der "Zunehmende" für einen Islam, der seine weltliche Macht vermehrt. Vereinzelt ist auch der Himmelskörper selbst gemeint, 4/33, oder seine >Heimat< am Firmament, 5/93. Siehe auch --> Selin.
Lyon lyon Leo	7/16, 6/71, 1/31, 1/35, 1/93, 2/94, 3/96, 2/98, 5/99 - Bd.2: 8/2, 6/4, 5/14, 5/25, 6/35, 3/46, 10/99 - Bd.3: 3/52, 8/3, 7/4, 3/56, 8/6, 10/59, 1/11, 9/68, 9/19, 9/69, 9/70, 1/72, 1/33, 2/83, 8/34, 2/85, 5/91, 3/93, 9/98	"Drei Löwen", 7/16, eigentlich Leoparden, führt Großbritannien im Staatswappen. Der "Seelöwe" ist Großbritannien als Seemacht, 2/94. Der Löwe, das königliche Tier, kann einen König oder ein Mitglied des Königshauses bedeuten, 1/35, 2/98, 3/96. Selbstverständlich kann Lyon auch die Stadt sein, 3/46, oder das Tierkreissymbol (Sternbild oder Ekliptikabschnitt), 5/14.
Mendosus	9/45, 9/50	Lat. mendosus fehlerhaft, lasterhaft ist zugleich Anagramm von Vendosme. Gemeint ist der Hugenotte Heinrich von Navarra, seit 1562 Herzog von Vendôme. Ihn hielt N. für einen >Ketzer<, 10/18.
Mercure Hermes	- Bd.2: 3/3, 9/12, 9/73, 10/75, 4/28, 4/29, 5/93, 4/97 - Bd.3: 9/55, 2/65, 10/67, 10/79	Es kann der Planet gemeint sein, 4/97. Aber in 9/12 steht der sonnennahe Götterbote als Chiffre für Jesus Christus. Diese Deutung paßt auch in 3/3, 10/75, 4/28 und 4/29.

Begriff	Fundstellen	Erläuterung
Mars **martial** **Aries**	**1/51**, **3/57**, 5/26, 3/77, 6/43, **4/33** - Bd.2: VH (23), **8/2**, 3/3, 6/4, 3/5, 5/59, 5/14, **1/15**, **4/67**, **10/72**, **9/73**, **6/24**, **5/25**, **6/25**, 1/80, 1/83, **6/35**, 8/46, **4/97**, **6/50** - Bd.3: 7/2, 9/55, 3/56, 9/63, 9/64, 10/67, 1/23, 5/23, 3/32, **4/84**, 8/85, 5/91, 5/42, 1/94, 6/95, 2/48, 8/48, 8/49, 1/94, 4/100	Mars, der römische Kriegsgott, kann bedeuten: - Krieg, **1/51**, - kriegerische Personen oder Nationen, 6/43, **3/57**, - den Planeten, **4/33**, - den Monat März, **3/5**. In **1/51** und **1/15** bedeutet Mars Krieg *und* den Planeten.
mère **mammelle**	- Bd.2: 1/67, **5/73**, 8/75 - Bd.3: 4/7, 7/11, 8/73	>Mutter< der Gläubigen ist die katholische Kirche in ihrem Selbstverständnis. Ihre >Tochter< ist die Gemeinde der Gläubigen, **2/54** (Bd.2), **4/71** (Bd.2).
mur	5/81, **3/33**, 10/45, 9/99 - Bd.2: **8/2**, **10/65**, 5/18, **1/29**, 10/89 - Bd.3: 6/51, 4/52, 3/6, 2/57, 9/26, 3/84, 9/37, 8/38, 9/39, 4/90, 9/93	Wegen ihrer schutzbietenden Mauer konnte eine Stadt mit ihrer Mauer identifiziert werden (pars pro toto), 10/45. Auch befestigte Verteidigungsanlagen werden >Mauer< genannt, 3/33. In 5/81 ist es ein unbefestigter Frontverlauf, der >Mauer< heißt. Die Mauern der Kirche bedeuten den geistlichen Schutz vor dem Bösen, 5/18, oder das Gehäuse des lebendigen Glaubens, **10/65**.
nef **nacelle** **navire** **navalle** **naufrage**	3/1, 7/26 - Bd.2: **5/62**, 8/16, **1/30**, **10/80**, **5/31**, 2/33, 2/86, 2/40, 2/93, **5/49**, 9/100 - Bd.3: 5/2, 10/2, 7/3, 2/15, 2/65, 1/18, 3/29, 9/29, 4/81 10/32, 7/37, 4/91, 6/91, 9/43	Die Schiffsreise als Bild für den Lebensweg hat die Kirche früh auf sich angewandt. Sie will die >Arche des neuen Bundes< sein, die durch die Wogen der Welt das himmlische Neue Jerusalem ansteuert. Ihren >Passagieren< vermittelt sie Weg und Ziel der Lebensreise. Der Klerus ist die >Mannschaft< des Schiffes mit dem Papst als >Kapitän auf der Brücke<. Ein >Schiff< kann in Seenot geraten, geentert werden,10/52 (Bd.2), Schiffbruch erleiden, **5/31**, und auf Grund liegen, **10/80**.
Neptun **Tridental**	3/1, 1/77, **4/33** - Bd.2: VH (37), **5/62**, 2/78 - Bd.3: 2/59, 6/90	Neptun, der römische Meeresgott, bedeutet in 1/77 die französische Marine nach einer Niederlage. "Der große Neptun" steht in 3/1 für die USA wegen ihrer im Krieg überlegenen Marine. Der Planet ist in **4/33** gemeint.

Stichwort	Belege	Erläuterung
Nero	9/53, **9/17**, 9/76	Der römische Kaiser Nero ließ Christen kreuzigen, z.T. anzünden, weil er sie zu Schuldigen am Brand Roms erklärt hatte. Der Vergleichspunkt zu Hitler ist die Verfolgung und Verbrennung Unschuldiger, die zu Sündenböcken gemacht wurden.
noir	10/57, **8/70**, **9/20**, 9/76, **5/29**, 4/47 - Bd.2: 7/5, **3/60**, **6/10**, **1/74**, 2/79, 10/30, 3/43 - Bd.3: 7/2, 9/58, 6/16, 6/33, 6/38, 9/41, 10/91	Menschen finsterer Gesinnung nennt N. >schwarz<. Es kann auch ein König (noir --> Roi(n)) oder Herrscher gemeint sein. Oder beides zusammen, dann ist noir ein finsterer, übler Herrscher, wie in 4/47 und **8/70**.
oeil	1/6, 2/12, 2/14, 1/35 - Bd.2: 4/15, **1/27**, 3/41, 3/92 - Bd.3: 7/11, 10/70, 1/23	In 1/35 ist ein reales Auge gemeint, das verletzt wird. Das >Auge< kann auch einen Papst bedeuten, weil er die Aufsicht führt über die christliche Wahrheit, 1/6, **1/27**.
or **doré**	6/8, 1/35, **9/17**, 2/87, **2/92**, 10/46 - Bd.2: VH (46), 3/2, 1/53, 6/9, **9/12**, **3/13**, 8/14, 5/66, 5/19, 5/69, **8/28**, **8/29**, **4/30**, **7/32**, 5/41, **9/44**, 10/95 - Bd.3: 7/3, 6/14, 3/72, 7/25, 6/49	Gold galt als Entsprechung der Sonne (-->**sol**). Diese steht bei N. für den in Jesus Christus offenbar gewordenen Gott. >Götterbilder aus Gold< sind daher die Lehren der christlichen Religion, **8/28**. Bringt N. Herrscher in Verbindung mit Gold, stehen sie an der Spitze einer christlich legitimierten Ordnung, 1/35, **2/92**, 10/46. Nach deren Ende werde noch mehrmals ein >Goldenes Zeitalter< ausgerufen werden, **9/17**, 5/41 (--> **Saturn**). Spät erst werde wirklich eine >goldene<, d.h. christlich motivierte Streitmacht auftreten, 5/69. Gold kann auch eine hohe Wertschätzung markieren, die N. nicht teilt, **9/12**.
Pempotans **Pompotans**	8/97, 10/100 - Bd.2: VH (37)	Abgeleitet von griech. pempein schicken und potamos Fluß sowie von lat. pompa Triumphzug, bezeichnet die Chiffre ein Land, das hinauszieht und in der Welt triumphiert. Gemeint ist das Großbritannien der Kolonialzeit.
poisson **pesche** **pescheur** **pisces** **piscature**	- Bd.2: **1/4**, 2/3, **3/21**, 6/25, **1/29**, **4/32**, 7/35, 5/98 - Bd.3: **2/5**, 4/17, 8/91, 2/48	>Fische< waren in christlicher Frühzeit ein Symbol für die Getauften, die Christen, 2/3, 5/98. So wird auch ein besonders vielseitiger >Fisch< als Christ erscheinen, **1/29**, **3/21**. Viele andere >Fische< wird er in die Netze eines Gegenfischers locken, 6/25. Als Köder wird ihm >Fisch< dienen, geistige Fastennahrung, **4/32**. >Fische< heißt auch ein Abschnitt der Sonnenbahn, 8/91.

Begriff	Fundstellen	Erläuterung
prophetie	2/36, 4/57 - *Bd.2: 5/53, 3/94, 1/48* - *Bd.3: VC (11)*	An diesen Stellen sagt N. etwas darüber, wie man seine Prophezeiungen auffassen werde oder wann sie insgesamt in Erfüllung gehen.
rose	- *Bd.2: 5/31, 5/96, 2/97*	Die "Rose der Welt", **5/31**, steht für den >wiedergekommenen Heiland<, **2/97**.
rouge rubre rubriche	3/1, 1/3, 6/57, 6/46, 9/50 - *Bd.2: VH (26), 6/10, 8/19, 6/25, 10/30, 5/46, 9/46, 9/100* - *Bd.3: 9/51, 9/2, 7/7, 9/58, 9/59, 4/11, 9/15, 5/22, 8/22, 1/82, 7/36, 10/86, 4/37, 6/38, 6/91, 9/41, 5/44*	Rot ist die Farbe des Blutes, des Lebens. Die Lebenden können das ihnen Aufgegebene tragen oder sich gegen Gott stellen. >Rot< nennt N. Menschen, die sich gegen eine im Glauben gegründete Ordnung stellen, 1/3, oder einen Krieg anfangen, 3/1, und Blutvergießen heraufbeschwören. Wegen ihres roten Ornats, dessen Röte die Bereitschaft zum Gehorsam gegen Gott bis zum Martyrium bedeutet, können Bischöfe oder Kardinäle als >Rote< tituliert werden, 9/50, **5/46, 8/19**.
sang sanguin saigner	2/51, 4/1, 2/53, 9/53, 1/57, 5/60, 6/12, **9/17**, 8/76, 1/36, 5/39, 5/40, 9/90, **8/43, 4/49** - *Bd.2: VH (43), 5/52, 9/52, **4/56, 6/10, 2/60, 3/60, 10/10, 5/62, 3/65, 10/65**, 8/17, 3/19, 5/19, 8/20, 6/21, **5/74**, 5/27, **8/77**, 10/78, 8/79, 8/80, 5/87, 8/40, 5/41, **8/45**, 5/96, 6/98* - *Bd.3: 8/1, 9/2, 4/3, 8/3, 4/55, 10/56, 6/7, 7/7, 8/7, 3/59, 5/10, 9/60, 5/63, 3/66, 1/18, 1/18, 3/68, 7/18, 3/75, 9/29, 7/30, 6/81, 2/32, 3/87, 4/38, 6/38, 10/88, 4/94, 2/46, 9/96, 1/97, 4/98, 8/98*	sang kann das Geblüt einer Königssippe bedeuten, 1/36, oder das Geblüt eines Volkes, 9/53. Wird ein König hingerichtet, stirbt für N. "das Blut des Gerechten", 2/51, es "blutet die Erde", 8/76. Die Welt stellt sich gegen die gottgewollte Ordnung, die vom Blutopfer Christi lebt. Von demselben Blutopfer leben die Kirchen. Ihr >Blut< ist der lebendige Glaube, den sie lehren, **10/65**. Dieses >Blut< kann vergiftet werden, **3/65**. Wenn das >Blut der alten Götter<, d.h. der alten Religionen >vom Himmel regnet<, **5/62**, bedeutet das, daß sie im Kampf unterliegen.
scisme scismatique	9/16, **6/22**, 4/40 - *Bd.2: 8/93, 1/45, 5/46*	Von der katholischen Kirche in besonderer Weise verstanden, 4/40, wird der Begriff des Schismas von N. allgemeiner im Sinne von Spaltungen auch politischer Art verwendet, denen weltanschauliche Differenzen zugrundeliegen, 9/16. In **6/22** ist die Abspaltung der Altkatholiken gemeint.

Saturn Saturnins falcigere faulx Cron.	**1/51**, **1/54**, 3/96 - Bd.2: VH (46), (47), 6/4, 5/11, 5/14, **5/62**, **1/16**, **4/67**, **9/73**, **5/24**, 8/29, 1/83, **4/86**, 5/87, 8/40, 3/91, **9/44**, 3/45 - Bd.3: 2/65, 6/17, 10/67, 9/72, 5/91, 3/92, 2/48, 8/48, 8/49, 10/50	Saturn kann der Planet sein, **1/51**, **1/54**, oder der todbringende Sensenmann, 3/96, 2/65. Kronos alias Saturn herrschte auch im >goldenen Zeitalter< des Mythos, als die Menschen im Frieden mit den Göttern lebten. Wenn demnächst der Weltfrieden ausgerufen wird, werden viele Christen ein >goldenes Zeitalter< (--> **or**), d.h. eine Blütezeit der christlichen Religion für gekommen halten. "Saturnins" heißen die Vertreter eines globalen Staates, der den Frieden in die Welt hineinzwingen will, **5/24**, 8/40.
sel	9/49 - Bd.3: 8/22, 5/34, 7/34	Das >Salz der Erde< sind die Christen, die in Matth 5 Vers 13 ermahnt werden, >Salz< zu bleiben. In 9/49 tun Christen genau das nicht.
Selin Selyn	- Bd.2: 6/58, **2/73** (implizit), 4/77, 6/78, 2/79 - Bd.3: 2/1, 10/53, 8/54, 4/23, 6/27, 5/35, 6/42, 1/94	Selin/Selyn ist eine abgewandelte Selene. So hieß die griechische Mondgöttin. Der Mond steht bei N. für den Islam (--> **lune**).
secte	2/51, **1/55**, **7/14** - Bd.2: 6/66, 3/67, **1/45**, **1/95**, **1/96** - Bd.3: 9/51, 1/7, 3/61, 10/96	Eine Sekte ist bei N. eine durch ein weltanschauliches Bekenntnis ihrer Mitglieder geschlossene Vereinigung. Sie kann auch als Bekenntnis zu einer politischen Partei in Erscheinung treten, **7/14**.
sexe	5/60 - Bd.2: **5/70** - Bd.3: 7/8	"Beide Geschlechter" (tout sexe) bedeuten in 5/60 die Völker, verstanden als >Damen< (--> **dame**), zusammen mit ihren Herren, den Fürsten.
Sol Soleil solaire	6/52, **8/53**, 1/8, 1/64, **5/72**, 1/31, 5/81 - Bd.2: **8/2**, 2/3, **5/53**, 4/58, 6/58, 5/11, **5/62**, 5/66, **9/73**, **5/24**, **5/25**, 5/27, **4/28**, 4/29, **4/30**, **5/32**, **9/83**, 3/34, **6/35**, **4/86**, 1/38, **2/41**, **1/48**, 6/98 - Bd.3: 9/19, 1/23, 4/84, 2/35, 1/37, 2/91, 4/48	Die Stellung der Sonne am Firmament kann zur Angabe einer Zeit im Jahreslauf dienen, z.B. März, 6/52, oder Mai, **9/83** (Bd.2). Als Symbol bedeutet die Sonne den in Christus offenbar gewordenen Gott. Das "Gesetz der Sonne" ist die christliche Religion und das auf sie gegründete Königtum. "Tempel der Sonne" heißt in **8/53** der Kirchenstaat. Die "Sonnenstadt" (cité solaire) ist Rom, weil der Katholizismus sein Zentrum dort hat, **1/8**, 5/81.

Begriff	Fundstellen	Erläuterung
Troyen **Troien**	6/52 - *Bd.2:* **5/74**, 5/87, - *Bd.3:* 2/61, 1/19	Aeneas, einen Überlebenden der Schlacht um Troja, verschlug es danach in die Fremde. Der Versprengte war später an der Gründung Roms beteiligt. Wer eine "trojanische Hoffnung" hegt, 6/52, hofft ein im Krieg verlorenes Reich neu begründen zu können. Einer "von trojanischem Geblüt" ist einer, der es wie Aeneas macht, **5/74**, 5/87.
urne **hurne**	6/52 - *Bd.2:* **9/73**, **8/29**, **2/81**, 5/41 - *Bd.3:* 10/50	Aus einem Krug gießt der Wassermann im gleichnamigen Sternbild Wasser aus; die "Urne" ist dann ein Ort am Firmament, 6/52. Sie kann auch ein Grab bedeuten, von Personen, 5/41, oder von Ideen, **8/29**. Und sie kann für den Tod durch Feuer stehen, **2/81**, Feuer vom Himmel nämlich (--> **foudre**).
Venus	**5/72**, **4/33** - *Bd.2:* **5/53**, 5/11, 4/68, **5/24**, **5/25**, **4/28**, **10/28**, **4/97** - *Bd.3:* 8/32, 4/84, 10/67	Venus ist die römische Göttin der Liebe. Astrologisch ist sie zuständig für die Kollektive und deren Frieden. Aus beiden Gründen wird sie in **5/72** zum Symbol für die Aussöhnungspolitik Heinrichs IV. von Frankreich. In Bd. 2 ist Venus ein Symbol des bevorstehenden globalen Staates, **5/53**. Selbstverständlich kann auch der Planet gemeint sein, **4/33**, **4/97**.
Vesta	- *Bd.2:* 10/6, **9/9**, **5/66**, **4/71**, 4/95 - *Bd.3:* 2/17	Das kultische Feuer im Tempel der Vesta, einer römischen Göttin, war magisch mit dem Wohlergehen des Imperiums verknüpft. Ihr Kult wurde nicht dem Staat dienstbar gemacht, sondern hatte den Staat zum Gegenstand. Die Verehrung des Staates galt und erschien als Religion. Einen solchen >Vestakult< wird es noch einmal geben, **9/9**.
gris **Grisons**	6/65, **9/20**, 10/38 - *Bd.3:* 10/91, 8/22	Die Farbe grau bedeutet in den historischen Versen, daß die so Gekennzeichneten ihr Vorhaben tarnen, es nicht offen anstreben.
classe	4/2, **1/9**, 2/64, 6/75, 1/77, 1/35, 6/45, 2/99 - *Bd.2:* 10/2, **2/60**, **8/13**, 2/22, 1/73, 9/79, **9/32**, 7/33 - *Bd.3:* 52, 5/2, 2/5, 5/8, 2/59, 3/64, 6/64, 4/23, 5/23, 1/75, 6/77, 10/77, 5/35, 1/90, 3/90, 5/48	In 1/35 ist classes ein irregulärer Plural vom altfr. n.m. clas Fanfare. Sonst handelt es sich um das lat. n.f. classis (Kriegs-)Flotte; Armee. Eine Flotte ist classe in **1/9**, 6/75, 1/77, 6/45, eine Armee in 2/99. Eine Flotte besteht aus Schiffen; das >Schiff< ist Symbol der katholischen Kirche (--> **nef**). Daher kann eine classe auch eine Mehrzahl von Glaubensgemeinschaften bedeuten, 2/64, **8/13**, **9/32**.

port
2/14, 2/64
- Bd.2: 8/21, 1/30, *10/80*
- Bd.3: 2/1, 6/28, 1/37, *1/94*

Der Hafen in 2/14 ist wörtlich zu verstehen. In 2/64 sind die protestanti-schen Kantone der Schweiz gemeint, die 1685ff als Auffangbecken für die aus Frankreich vertriebenen Hugenotten dienten.

Die letzten drei Begriffe wurden nachgetragen. Auf dieser Seite können weitere Nachträge notiert werden.

Nachwort

Noch ein Nostradamus-Buch - muß das sein ?

Die Literatur zu Nostradamus ist unübersehbar. Wer sich Unterhaltung der gruseligen bis grotesken Art erhofft, wird mit reich ausgestatteten Bildbänden gut bedient. Es gibt auch keinen Mangel an Werken, die >den Schlüssel< zum Nostradamus >endlich gefunden< oder ihm gleich noch die >letzten< Geheimnisse entrissen haben wollen. Autoren, die auf der Höhe der Zeit sind, bedienen sich dabei natürlich komplizierter Computer-Programme.

Die Ergebnisse haben es in sich. "Der Bedeutungszuwachs der Raumfahrt wird unser Überleben sichern" und "Die Existenz außerirdischen Lebens findet Bestätigung" (Dimde 1991), um nur ein Beispiel zu nennen. Ist das Werk des Verseschmieds aus dem 16. Jahrhundert vielleicht ein Vorläufer der Literaturgattung Science Fiction, seiner Zeit weit voraus, noch viel weiter als die utopischen Romane eines Jules Verne ? Es fragt sich dann nur, warum N. Aussagen dieser Art in schwer verständlichen Verslein versteckt haben sollte. Das hätte er doch auch klar sagen können. Man hätte ihm in seiner Zeit natürlich nicht geglaubt, ihn verlacht, und er hätte die Genugtuung gehabt, in ferner Zukunft als Prophet des technischen Stadiums der Zivilisation anerkannt zu werden.

Es gibt auch die These, N. habe vor >Auswüchsen< technischer Entwicklungen warnen wollen, die der Beherrschung durch den Menschen entgleiten könnten, sei so etwas wie ein früher Wissenschaftskritiker und Umweltschützer. Vers **3/44** lautet in der Übersetzung von Kurt Allgeier (1988):
>"Wenn das vom Menschen gezähmte Tier wird zu sprechen
>beginnen, nach großen Mühen und Sprüngen, wird der Blitz aus
>dem Stab so verderblich sein, daß er von der Erde genommen
>und in die Luft gehängt wird."
Es soll sich da um die Manipulation am Genom von Tieren handeln, die deren Intelligenz sprunghaft steigern und sie zum Sprechen befähigen werde, und dann gehe es um Laserstrahlen, die in den Weltraum verbannt werden - beides Entwicklungen, die auf nicht näher erklärte Weise Unheil bringen. (Der Vers ist in Wahrheit nur zu deuten, wenn man an die Offenbarung des Johannes, das letzte Buch der Bibel anknüpft und ein paar Grundkenntnisse der Alchemie mitbringt, s. die Besprechung in Band 2.)

Bei Interpretationen dieser Art kommt der Verdacht auf, daß in den Text etwas hineingelesen wird, was nicht wirklich gemeint ist. In solchen Ergebnissen spiegelt sich nicht das Bewußtsein des Sehers, sondern das des betreffenden Interpreten. Der füttert mit solchen Interpretationen den Wissenschaftsglauben, gleich ob in der optimistisch-utopischen oder in der kritisch warnenden Variante. Denn die Kritik an Wissenschaft und Technik geht auch meist davon aus, daß der Mensch schon noch alles im Griff habe, wenn er nur immer brav seine Hausaufgaben mache.

Viel interessanter als sich selbst zu spiegeln wäre es aber doch, die Schau eines Mannes auf unsere Zeit nachzuvollziehen, der bei allem ihm eigenen, ganz unmittelalterlichen Wissensdurst im wesentlichen noch ganz im Weltbild des Mittelalters verankert war. Manches, was heute als selbstverständlich gilt, würde dann als in Frage gestellt erscheinen. Man muß ja vom Mittelalter nichts übernehmen, hätte dann aber eine Chance, ins Nachdenken zu kommen.

Die erwähnte Textausgabe von Allgeier ist im übrigen das Beste, was zur Zeit angeboten wird. Sie ist ein Fundament, auf dem man weiterbauen kann. Die von ihm zusammengetragenen oder selbst gefundenen Deutungen werden im vorliegenden Band in nicht wenigen Fällen bestätigt. Nur geht sein Ehrgeiz, den gesamten Text darzubieten, manchmal auf Kosten der Qualität der Übersetzung wie auch der Deutung, wo Begründungen des öfteren fehlen. (Beispiel: Im erwähnten Vers steht nicht verge Stab, sondern vierge Jungfrau).

Es ist die crux aller Nostradamus-Kommentatoren, des hier schreibenden eingeschlossen, daß sie als Amateure von den >Fachleuten< ganz im Stich gelassen werden. Diese wollen sich wahrscheinlich ihren guten Ruf nicht auf einem so dubiosen Gebiet verderben, das nach Gaukelei, Scharlatanerie und Jahrmarkt riecht. Dabei hätte ein Team aus unterschiedlich spezialisierten Historikern, Philologen, insbesondere Altphilologen gute Chancen, den hermetischen Text zu bewältigen. Gelegentlich wäre ein Astrologe oder ein in Alchemie Bewanderter beizuziehen. Den Vorsitz des Teams müßte selbstverständlich ein christlicher Theologe führen, weil N. beansprucht, im Namen des christlichen Gottes zu weissagen.

Notwendigkeit der Verschleierung

Das führt dann zu der Frage, warum N. es der Nachwelt so schwer gemacht hat. Er wollte nicht Klartext reden, erstens weil er fürchtete, sich bei den Herrschern unbeliebt zu machen, wie er in Abschnitt (5) der

Vorrede an seinen König zu Protokoll gibt. Das ist insofern begreiflich, als es für das Königsgeschlecht der Valois, mit dem er Umgang hatte, nicht viel Angenehmes vorauszusagen gab. Der herrschende Valois-König wurde nicht alt, und gleiches galt für alle noch kommenden Herrscher aus diesem Haus. Das Land war ab 1562 in Glaubens-kämpfen zerrissen, und dann starben die Valois 1589 auch noch aus.

Mehr als die Ungunst der Herrscher fürchtete Nostradamus, bei kirch-lichen Instanzen als Ketzer, als Abweichler vom rechten Glauben verdächtigt und denunziert zu werden. Das war damals sehr gefährlich, konnte Haft, peinliches Verhör und Scheiterhaufen bedeuten. Um dem vorzubeugen, beteuert der Seher in der erwähnten Vorrede mehrfach seine Treue zum Glauben und zur römischen Kirche.

Um dem vorzubeugen, drückt er sich aber auch absichtlich unklar aus. So benutzt er zum Beispiel den Ausdruck le prelat, zu deutsch der Prälat verschiedentlich, z.B. im historischen Vers 6/31 und im noch nicht erfüllten Vers 6/93, um jeweils einen Papst zu benennen. Ein Prälat ist der Inhaber der Jurisdiktion einer Ortskirche oder ein anderer hoher Würdenträger der Kirche. Derer gibt es viele, und so hätte der Seher immer abstreiten können, daß von Päpsten und damit die ganze katholische Kirche betreffenden Vorgängen die Rede sei.

Aber manche Verse, gerade jene, die schon erfüllt sind, handeln von politischen Ereignissen und betreffen den Glauben nur mittelbar oder gar nicht. Hier war es noch aus einem anderen Grund notwendig, die Prophezeiung so zu formulieren, daß sie erst nach Eintreffen der Ereignisse verstanden wird. Wenn Vorhersagen die Ergebnisse des Handelns der Menschen vorwegnehmen, können sie, soweit sie verstanden werden, sich als Eingriff in die Handlungsfreiheit auswirken. Sie können dann geglaubt werden, und es kann sich in der Vorstellung bewußt oder unterbewußt ein Zwang zur Erfüllung festsetzen. Dann wird in unerlaubter Weise Macht ausgeübt, eine Versuchung, der schon mancher Wahrsager erlegen ist. Also dürfen Vorhersagen äußerer Geschehensabläufe im vorhinein nicht verstanden werden und müssen entsprechend vieldeutig formuliert sein, wenn man sich nicht entschlie-ßen kann, sie für sich zu behalten.

Sinn der Prophetie

Wenn Prophetie schon ein so heikles Gebiet ist, stellt sich um so mehr die Frage nach ihrem Sinn. Eine Antwort bietet Paulus im ersten Korintherbrief, Kapitel 14: Die prophetische Rede sei "ein Zeichen für die Gläubigen", 1422, und sie diene den Gläubigen "zur Erbauung, Ermahnung und Tröstung", 143. Das dürfte so zu verstehen sein: Aus eigenem Vermögen kennt kein Mensch die Zukunft. Wenn aber doch einer weissagen kann, muß ihm diese Fähigkeit von Gott verliehen sein. Sie ist also ein Zeichen dafür, daß Gott bei seiner Gemeinde ist und kann so die Gläubigen erbauen, d.h. ihren Glauben stärken.

Meist geht es den Propheten darum, vor nahendem Unheil zu warnen und es dadurch womöglich noch abzuwenden. Aber da haben sie in der heutigen Zeit schlechte Karten: Man kann nicht einfach wie Jeremia zu seinem König gehen und ihn mahnen und warnen, denn es gibt keine Könige mehr. Die herrschenden Mächte sind ja längst anonym geworden, verbergen sich in den Mechanismen und Zwängen der wirtschaftlichen und technologischen Prozesse, die die Katastrophe herbeiziehen.

Wahre und falsche Propheten

Die meisten Propheten behaupten, nicht im eigenen Namen, sondern im Namen Gottes zu sprechen. Sie sind sich aus dem eigenen Erleben gewiß, nur ein Werkzeug zu sein, dessen sich Gott bedient. Auch N. beteuert das in den beiden Vorreden. Wie aber können die Angesprochenen, selbst nicht Berufenen entscheiden, ob diese Behauptung zutrifft ? Woran erkennt man einen echten Propheten ? In der Bibel werden drei Gesichtspunkte genannt: 1) Es müßte etwas Vorhergesagtes auch schon einmal eingetroffen sein. 2) Es müßte deutlich sein, daß der Prophet den Willen Gottes verkündet. 3) Paulus zufolge müßte er sich zu Jesus Christus als Gottessohn bekennen.

Gibt es bei N. erfüllte Prophezeiungen ?

"Wenn der Prophet redet in dem Namen des HERRN und es wird nichts daraus und es tritt nicht ein, dann ist das ein Wort, das der HERR nicht geredet hat. Der Prophet hat' s aus Vermessenheit geredet; darum scheue dich nicht vor ihm," 5. Mose 18,22. Daraus kann geschlossen werden: Wenn eingetreten ist, was einer prophezeit hat, ist das ein Hinweis darauf, daß er von Gott berufen ist.

Was Nostradamus angeht, kann der vorliegende Band dazu dienen, dieses Merkmal echter Berufung zu prüfen. Man wird feststellen, daß bei N. die Dinge nicht so einfach liegen. Denn was ist davon zu halten, wenn ein Wahrsager zwar viele Treffer hat, aber manchmal auch danebenliegt ? So ist es nämlich bei den Zeitangaben. In der Vorrede an Heinrich, (35), wird z.B. erwähnt, daß man 1792 glauben werde, es gebe eine Erneuerung des Zeitalters. Treffer: Im Jahr 1793 beschloß der aus der Revolution hervorgegangene Nationalkonvent, ab dem 22.9.1792 rückwirkend eine neue Zeitrechnung einzuführen. Man wollte die christlich geprägte Ära hinter sich lassen. Der neue Kalender konnte sich zwölf Jahre halten. Anderes Beispiel: Den großen Brand Londons bringt N. in 2/51 mit "den drei Sechsen" in Verbindung, und er fand tatsächlich 1666 statt. Letztes Beispiel: Die Jupiter-Saturn-Konjunktion beim Widderkopf, von der Vers 1/51 spricht, gab es im Zeitrahmen nur 1940/41, und der vorausgesagte Krieg in Frankreich und Italien ist damals eingetroffen.

Aber wie ist es mit Vers 10/72 (Bd.2), demzufolge heuer im Juli ein "großer König des Schreckens vom Himmel" hätte kommen sollen ? Entweder ist der Vers so nicht richtig verstanden, oder N. hat sich geirrt. Wer mit den manchmal hintersinnigen Formulierungen in den Centurien vertraut ist, weiß, daß das letzte Wort über diesen Vers noch nicht gesprochen werden kann. Aber es scheint, daß der Seher sich hier zu weit aus dem Fenster gelehnt hat.

Propheten als Sprachrohr Gottes

Wahre Propheten des alten Bundes verkünden den Willen des Jahwe genannten Gottes, neben dem man keine anderen Götter haben soll. Betrügerische Propheten dagegen "sagen denen, die des HERRN Wort verachten: Es wird euch wohlergehen -, und allen, die nach ihrem verstockten Herzen wandeln, sagen sie: Es wird kein Unheil über euch kommen," Jer 2322. Falsche Propheten weissagen im Namen anderer Götter. Sie verkünden z.B. im Namen der Wissenschaft technische Utopien oder machen den Menschen weis, sie könnten durch Einsatz der Vernunft, also aus eigenem Vermögen Frieden schaffen.

Bei echten Propheten wird immer deutlich, daß es der Abfall von Gott ist, in dem alles Unheil letztlich wurzelt. Was er sagt über das Abweichen des Volkes von dem Weg, den der Himmel markiert hat, macht er an den drohenden Folgen deutlich. Seine Voraussagen sind die Konsequenz aus seiner Diagnose der zunehmenden Entfernung der Menschen von Gott. Als Grund zukünftigen Unheils nennt N. neben dem Verfall der Kirche, dessen Gründe z.T. auch deutlich werden, die Vertreibung der Herrscher, von welcher sich die Völker die Freiheit erhoffen, die sie aber in Wahrheit in die Unfreiheit führe, VH (21).

Christliches Bekenntnis

"Daran sollt ihr den Geist Gottes erkennen: Ein jeder Geist, der bekennt, daß Jesus Christus in das Fleisch gekommen ist, der ist von Gott; und ein jeder Geist, der Jesus nicht bekennt, der ist nicht von Gott" (1. Joh 43-4). Der Christ wird diesem Satz dem Grunde nach wohl zustimmen, sich aber auch darüber klar sein, daß ein Bekenntnis in dieser Form leicht ein Lippenbekenntnis sein kann. Man wird nicht umhin kommen, darauf zu lauschen, wes Geistes Kind einer ist, der sich anheischig macht, Seher oder Prophet zu sein.

Neben dem Schicksal seines Heimatlandes war es vor allem das Schicksal der christlichen Religion, insbesondere ihrer Behausung in der katholischen Kirche, welches Nostradamus am Herzen lag. Das wird in Band 2 noch deutlicher als im vorliegenden Band. Dieses mit Bedauern und Erschrecken einhergehende Interesse des französischen Sehers am Verfall und an den Bedrängnissen des christlichen Glaubens ist für den Autor dieser Zeilen der deutlichste und sicherste Erweis dessen, daß er kein falscher Prophet ist.

Ausblick

Wer neugierig ist auf Details über zukünftige Katastrophen, kann sich das Geld für den zweiten Band sparen. Er wird nicht viel von Belang erfahren, weil diese Dinge weitgehend ausgespart sind. Es wird dort um die Zeit *nach* der Katastrophe gehen und welche Aufschlüsse der Seher darüber geben kann. Wer der christlichen Religion anhängt, wird einiges für seinen Glauben vielleicht nicht Unwichtige erfahren. Daher kann die Lektüre des zweiten Bandes vor allem Geistlichen empfohlen werden und darüber hinaus allen Christen, die sich eigene Urteile bilden wollen - nicht nur über Nostradamus.

Im November 1999   C.B. Carius

Nachwort zur zweiten Auflage

Die erste Auflage wurde vollständig überarbeitet. Es waren Fehler zu beseitigen, die Anmerkungen zu Semantik und Syntax zu vervollständigen, manche Kommentare zu ergänzen und genauer zu fassen. Einwände gegen einzelne Deutungen werden diskutiert.
Vers 9/36 wurde als zu unsicher entfernt, die Verse 5/3, 8/8, 2/64, 5/33, 10/38 und 4/39 wurden aufgenommen. Die im zweiten Band gegebene Deutung von 4/39 ist überholt, nachdem der Vers sich als historisch erschlossen hat.
Das neu hinzugekommene Glossar kann dazu dienen, den Zugang zu erleichtern.

Im August 2000   C.B. Carius

Literatur

(in Klammern die Zitierweise angegeben)

a) allgemeine Literatur

Avril, J.T., Dictionnaire Provencal-Francais, Nachdruck Marcel Petit 1980

Die Bibel, Einheitsübersetzung der Heiligen Schrift, Gesamtausgabe, 4. Aufl., Stuttgart 1987

Blaeu, Der Große Atlas, Die Welt im siebzehnten Jahrhundert, Wien 1990 (Blaeu 1990)

Blüher, Hans, Die Achse der Natur, Hamburg 1949 (Blüher 1949)

Brockhaus, Die Enzyklopädie: In 24 Bänden, 20. Aufl., 1996 - 1999

Cooper, J.C., Illustriertes Lexikon der traditionellen Symbole, Leipzig 1986

Döbereiner, Wolfgang, Astrologisch-homöopathische Erfahrungsbilder, 2. Aufl. München 1983 (Döbereiner 1983)

Döbereiner, Wolfgang, Seminare Band 11, Der Zorn des Poseidon, München 1996 (Döbereiner 1996)

Eicher, Peter (Hsgr.), Neues Handbuch theologischer Grundbegriffe, München 1991

Fasching, Gerhard, Sternbilder und ihre Mythen, Ausburg 1996 (Fasching 1996)

Forster, Dorothea/Becker, Renate, Neues Lexikon christlicher Symbole, Innsbruck, Wien 1991

Georges, Karl Ernst, Ausführliches Lateinisch-Deutsches Handwörterbuch, zwei Bände, Nachdruck Hannover 1998

Greimas, A.J., Dictionnaire de L' Ancien Francais, 2. Aufl., Paris 1986

Greimas, A.J./ Keane, T., Dictionnaire de Moyen Francais, Paris 1992

Herrmann, Joachim, dtv-Atlas zur Astronomie, 10. Aufl. 1990 (Herrmann 1990)

Hiltbrunner, Otto, Kleines Lexikon der Antike, 5. Aufl. 1974

Kerényi, Karl, Die Mythologie der Griechen, 2 Bände, 16. Aufl., München 1994

Kösters-Roth, Ursula (Hsgr.), Lexikon der französischen Redewendungen, Eltville am Rhein 1990

Larousse, Dictionnaire de la Langue Francaise, Paris 1989 (großer Larousse)

Lorber, Jakob, Die Wiederkunft Christi, Lorber-Verlag, Bietigheim/Württ. o.J.

Lurker, Manfred, Wörterbuch biblischer Bilder und Symbole, München 1973

Lurker, Manfred, Wörterbuch der Symbolik, 5. Aufl. 1991

Neubecker, Ottfried, Heraldik, Augsburg 1990

Roob, Alexander, Alchemie und Mystik, Köln 1996

Seel, Otto, Der Physiologus, Tiere und ihre Symbolik, 7. Aufl., Zürich 1995

The Rosicrucian Ephemerides, International Edition, Maison Rosicrucienne
(Hsgr.),1900 - 2000, und 2000 - 2050

Troll, Hildebrand, Die Papstweissagung des heiligen Malachias, Aschaffen-
burg 1985 (Troll 1985)

Werner, H./ Schmeidler, F., Synopsis der Nomenklatur der Fixsterne, Stuttgart
1986 (Werner/Schmeidler 1986)

b) Geschichtsliteratur

Appel, Sabine, Elisabeth I. von England, Die Biographie, München 1994

Berl, Heinrich, Napoleon III., München 1947 (Berl 1947)

Bernier, Olivier, Ludwig XIV., Eine Biographie, Zürich 1989

Burke, Peter, Ludwig XIV., Die Inszenierung des Sonnenkönigs, Berlin 1993

Brandenburg, Ingrid und Klaus, Hugenotten, Geschichte eines Martyriums,
Wiesbaden 1998

Castelot, André, Heinrich IV., König von Frankreich und Navarra, Paris 1986

Churchill, Winston S., Der Zweite Weltkrieg, 3. Aufl. Bern, München, Wien 1995

Cronin, Vincent, Napoleon, Stratege und Staatsmann, Düsseldorf 1995

Defoe, Daniel, Die Pest zu London, (erstmals erschienen 1722 als "The Journal of
the Plague Year"), Augsburg 1994

Deschner, Karlheinz, Mit Gott und dem Führer, Die Politik der Päpste zur Zeit des
Nationalsozialismus, Köln 1988, (Deschner 1988)

Dufraisse, Roger, Napoleon, Revolutionär und Monarch, Eine Biographie, München 1994 (Dufraisse 1994)

Edmonds, Robin, Die Großen Drei, München 1994

Fenske, Hans/ Mertens, Dieter/ Reinhard, Wolfgang/ Rosen, Klaus, Geschichte der politischen Ideen, Von der Antike bis zur Gegenwart, Frankfurt am Main 1987

Ferdinandy, Michael de, Philipp II., Augsburg 1996

Flake, Otto, Die Französische Revolution 1789 bis 1799, 2. Aufl. Zürich 1989

Fölsing, Albrecht, Galileo Galilei, Prozeß ohne Ende, München 1983 (Fölsing 1983)

Hartmann, Peter C. (Herausgeber), Französische Könige und Kaiser der Neuzeit, Von Ludwig XII. bis Napoleon III., München 1994 (Hartmann 1994)

Handbuch der Kirchengeschichte, Herder Verlag, 7 Bände

Heer, Friedrich, Der Glaube des Adolf Hitler, Anatomie einer politischen Religiosität, Esslingen, München 1968

Hinrichs, Ernst (Herausgeber), Kleine Geschichte Frankreichs, Stuttgart 1994 (Hinrichs 1994)

Jorga, Nicolae, Geschichte des Osmanischen Reiches, 5 Bände, Gotha 1908-13, Nachdruck 1997, (Jorga 1908)

Klemperer, Victor, LTI, Notizbuch eines Philologen, Leipzig 1975 (Klemperer 1975), (LTI = Lingua Tertii Imperii = Sprache des dritten Reiches)

Lever, Evelyne, Ludwig XVI. , Stuttgart 1988

Maier, Hans, Revolution und Kirche, 4. Aufl., Freiburg im Breisgau 1975

Maier, Hans, Die christliche Zeitrechnung, 3. Aufl., Freiburg im Breisgau 1997

Maurer, Michael, Kleine Geschichte Englands, Stuttgart 1997

Michelet, Jules, Bilder aus der französischen Revolution, München 1989

Neale, John E., Elisabeth I., Königin von England, 3. Aufl., München 1995

Orieux, Jean, Katharina von Medici, 4. Aufl. Paris 1985 (Orieux 1985)

Pabst, Siegfried, Die Köpfe der Französischen Revolution 1789 bis 1799, Frankfurt/M. 1989

Palmer, Alan, Verfall und Untergang des Osmanischen Reiches, München 1994

Propyläen Geschichte Europas, 6 Bände, Nachdruck, Frankfurt/M. 1992ff.

Propyläen Weltgeschichte, 10 Bände, Nachdruck, Berlin, Frankfurt/M. 1991

von Ranke, Leopold, Die Päpste, 1834-39, Nachdruck 1996

von Ranke, Leopold, Französische Geschichte, Nachdruck o.J.

von Ranke, Leopold, Englische Geschichte, Nachdruck o.J.

Rieder, Heinz, Napoleon III., Abenteurer und Imperator, München 1998

Ruffié, Jacques/Sournia, Jean-Charles, Die Seuchen in der Geschichte der
    Menschheit, 2. Aufl., München 1993 (Ruffié/Sournia 1993)

Seibt, Ferdinand, Karl V., Der Kaiser und die Reformation, Augsburg 1997

Sieburg, Friedrich, Napoleon, Die hundert Tage, 7. Aufl., Stuttgart 1960
    (Sieburg 1960)

Sieburg, Robespierre, Eine Biographie, Neuausgabe 1987

Wende, Peter (Herausgeber), Englische Könige und Königinnen, Von Heinrich VII.
    bis Elisabeth II., München 1998

Zweig, Stefan, Marie Antoinette, Eine Biographie, Frankfurt/M. 1980

c) Literatur zu Nostradamus (Auswahl)

Allgeier, Kurt, Die großen Prophezeiungen des Nostradamus im moderner
    Deutung, München 1982   (Allgeier 1982)

Allgeier, Kurt, Die Prophezeiungen des Nostradamus, Erstmals vollständig
    übersetzt, kommentiert und neu gedeutet München 1988 (Allgeier 1988)

Allgeier, Kurt, Nostradamus - Zeitenwende, München 1994

Brennan, J.H., Nostradamus, Visionen der Zukunft, München 1994

Centurio, N. Alexander, Die großen Weissagungen des Nostradamus, Bietigheim
    1977 (Centurio 1977)

Dimde, Manfred, Die Weissagungen des Nostradamus, Neu entschlüsselt, 2.Aufl.
    1991 (Dimde 1991)

Dumézil, Georges, Der schwarze Mönch in Varennes, Frankfurt am Main und
    Leipzig 1999

de Fontbrune, Jean-Charles, Nostradamus, Historiker und Prophet, 4. Aufl. Wien
    1991 (de Fontbrune 1991)

Nolan, Ray, Das Nostradamus Testament, München 1996 (Nolan 1996)

Nostradamus, Michel, "Les Prophéties", Lyon 1555, la 1ère édition enfin retrouvée,
    Roanne (Loire) 1984, (Urtext)

Nostradamus, Les vraies Centuries et Propheties, Nachdruck der Edition Chevillot,
    Troyes 1611, mit den Abweichungen der Ausgabe von Amsterdam 1668

Ovason, David, Das letzte Geheimnis des Nostradamus, München 1997
    (Ovason 1997)

Pfändler, Jean-Claude, Nostradamus, Seine Prophezeiungen, Chieming 1996
    (Pfändler 1996)

Pfändler, Jean-Claude, Der mißverstandene Nostradamus, Chieming 1999
    (Pfändler 1999)